目录

手书古诗文

目录

手书古诗文

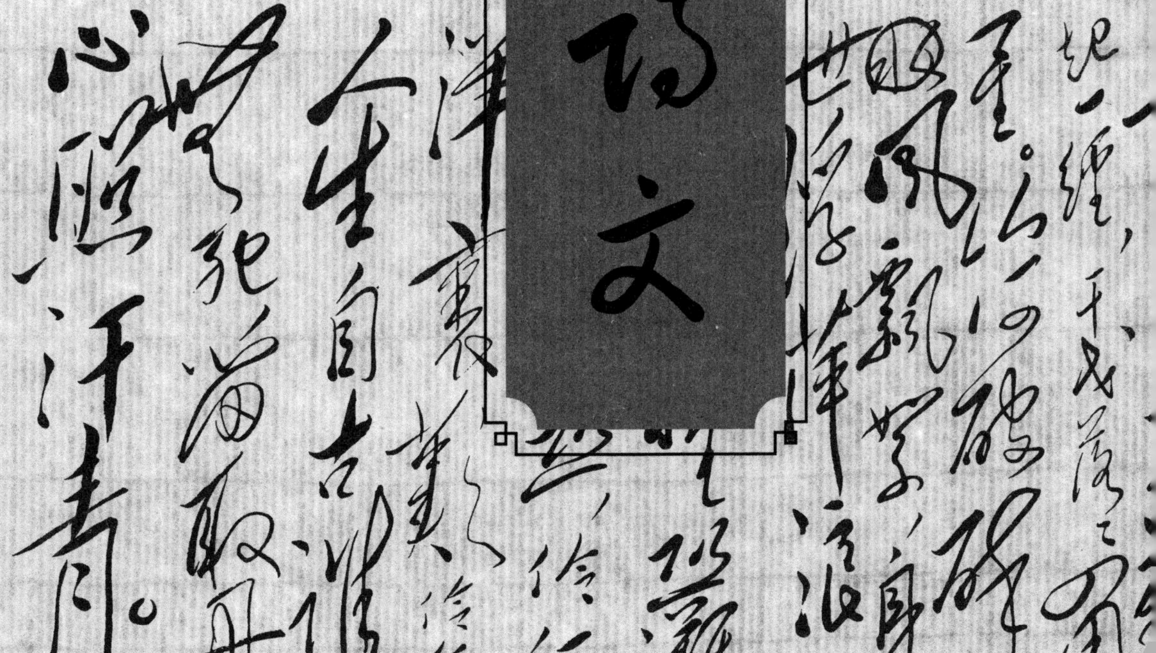

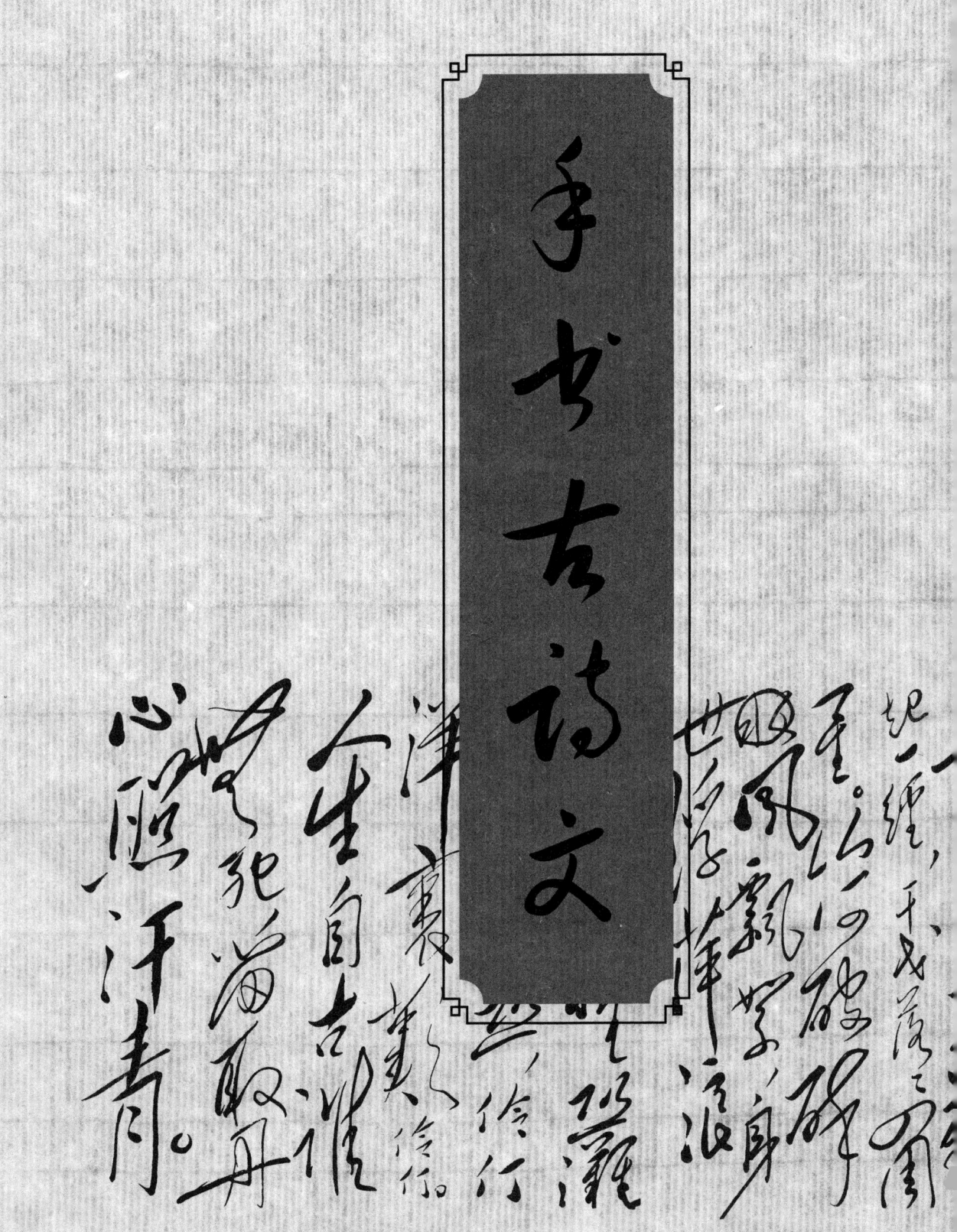

屈原
离骚（部分）

帝高阳之苗裔兮，朕皇考曰伯庸。摄提贞于孟陬兮，惟庚寅吾以降。皇览揆余于初度兮，肇锡余以嘉名。名余曰正则兮，字余曰灵均。纷吾既有此内美兮，又重之以修能。扈江离与辟芷兮，纫秋兰以为佩。汩余若将不及兮，恐年岁之不吾与。朝搴阰之木兰兮，夕揽洲之宿莽。日月忽其不淹兮，春与秋其代序。惟草木之零落兮，恐美人之迟暮。不抚壮而弃秽兮，何不改此度也。

乘骐骥以驰骋兮，来吾导乎〔夫〕先路。昔三后之纯粹兮，固众芳之所在。杂申椒与菌桂兮，岂惟纽夫蕙茝。彼尧舜之耿介兮，既遵道而得路。何杰〔桀〕纣之昌披兮，夫惟捷径以窘步。惟党人之偷乐兮，路幽昧以险隘。岂余身之惮殃兮，恐皇舆之败绩。忽奔走以先后兮，及前王之踵武。荃不察余之忠情兮，反信谗而斋怒。余固知謇謇之为患兮，忍而不能舍也。指九天以为正兮，夫惟灵修之故也。初既与余成言兮，后悔遁而有他。余既不难离别兮，伤灵修之数化。余既滋兰之九……

约一九一九三年十月至十二月书

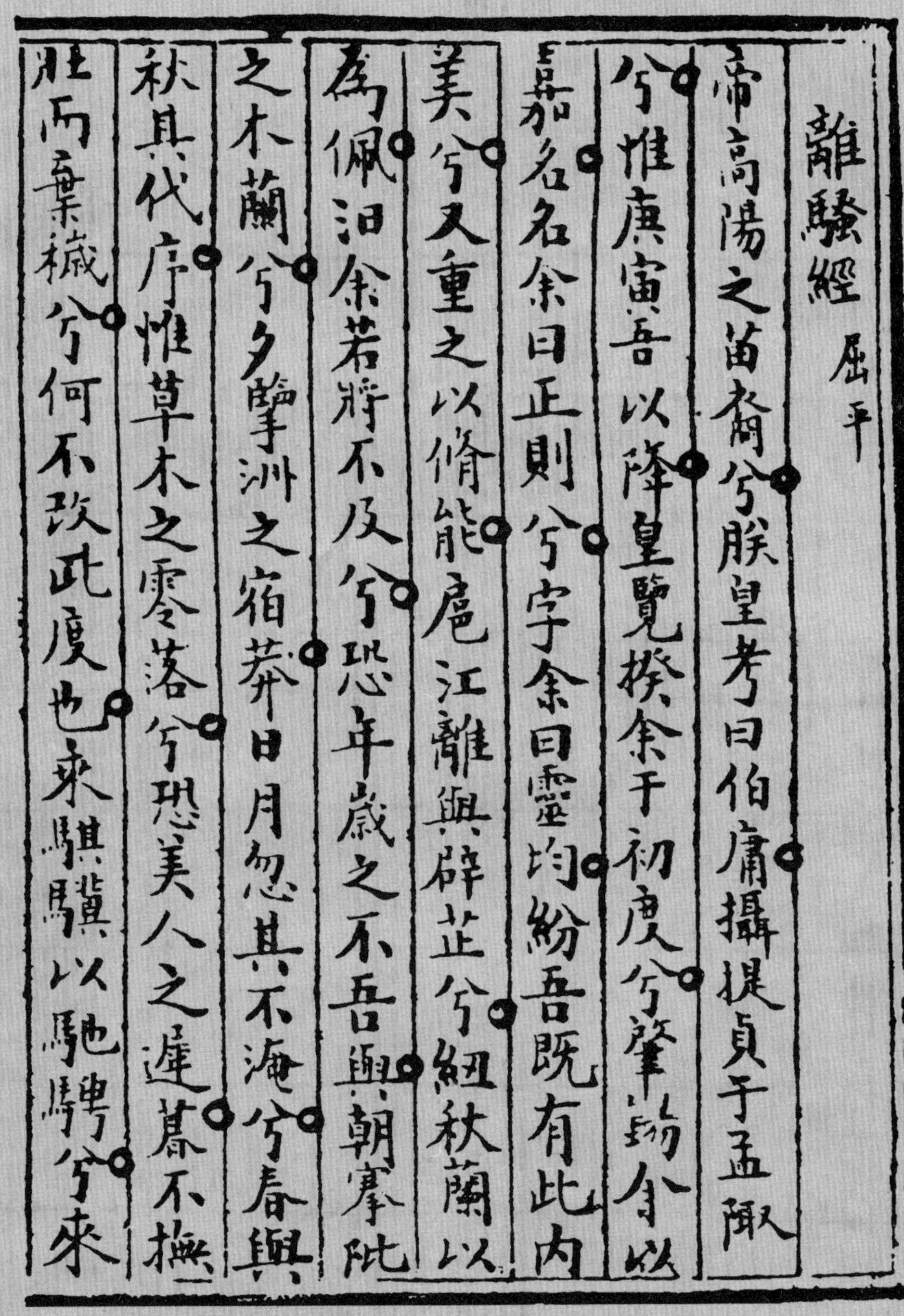

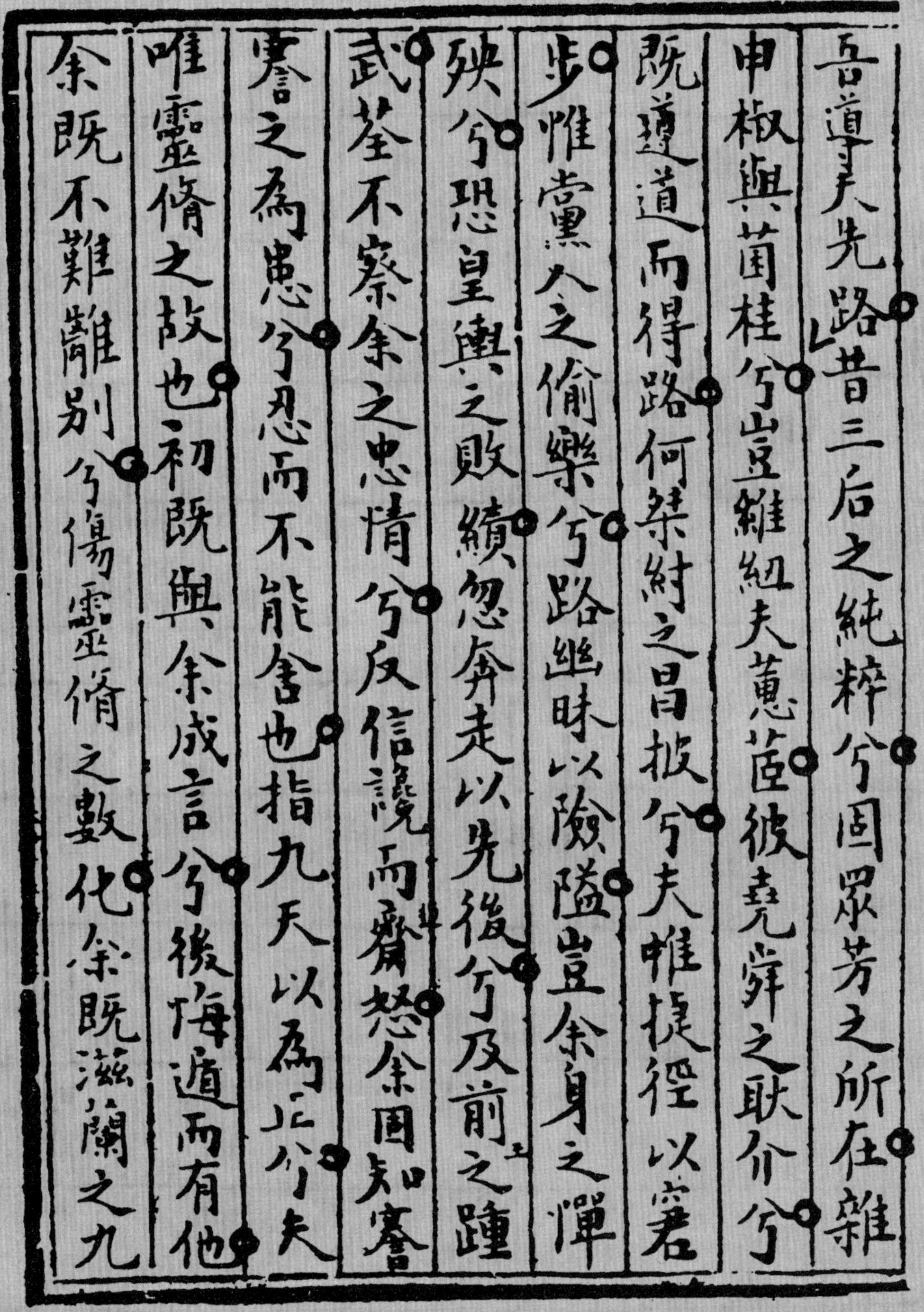

项羽

垓下歌

力拔山兮气盖世，时不利兮骓不逝。骓不逝兮可奈何，虞兮虞兮奈若何？

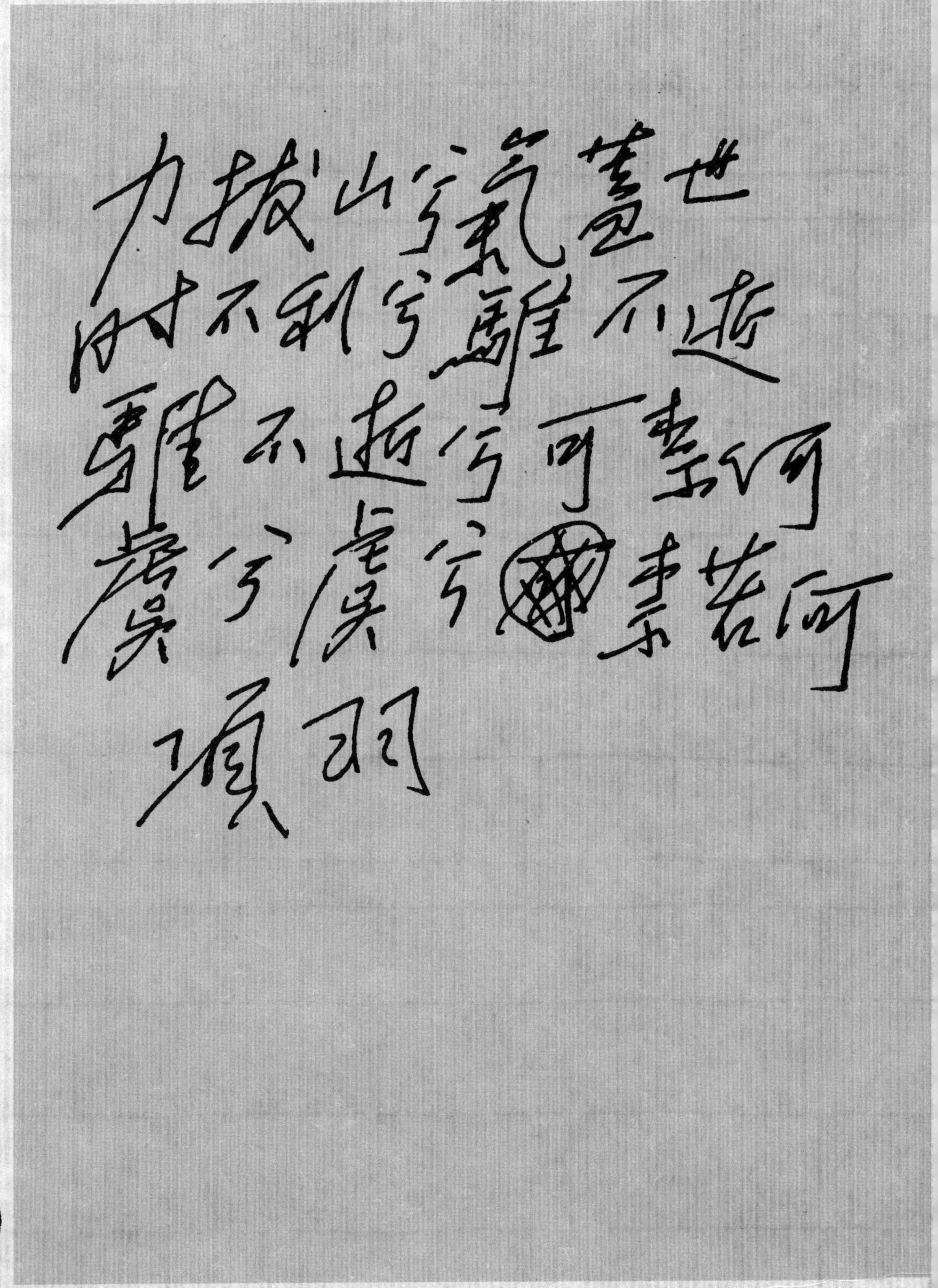

手书古诗文

枚乘

七发（部分）

楚太子有疾而吴客往问之，曰：『〔伏〕闻太子玉体不安，亦少间乎？』太子曰：『惫！谨谢客。』客因称曰：『今时天下安宁，四宇和平，太子方富于年。意者久耽安乐，日夜无极。邪气袭逆，中若结轖。纷屯澹淡，嘘唏烦酲。惕惕怵〔怵〕，卧不得瞑。虚中重听，恶闻人声。精神越渫，百病咸生。聪明眩曜，悦怒不平。久执不废，大命乃倾。太子岂有是乎？』太子曰：『谨谢客。赖君之力，时时有之。然未至于是也。』客曰：『今夫贵人之子，

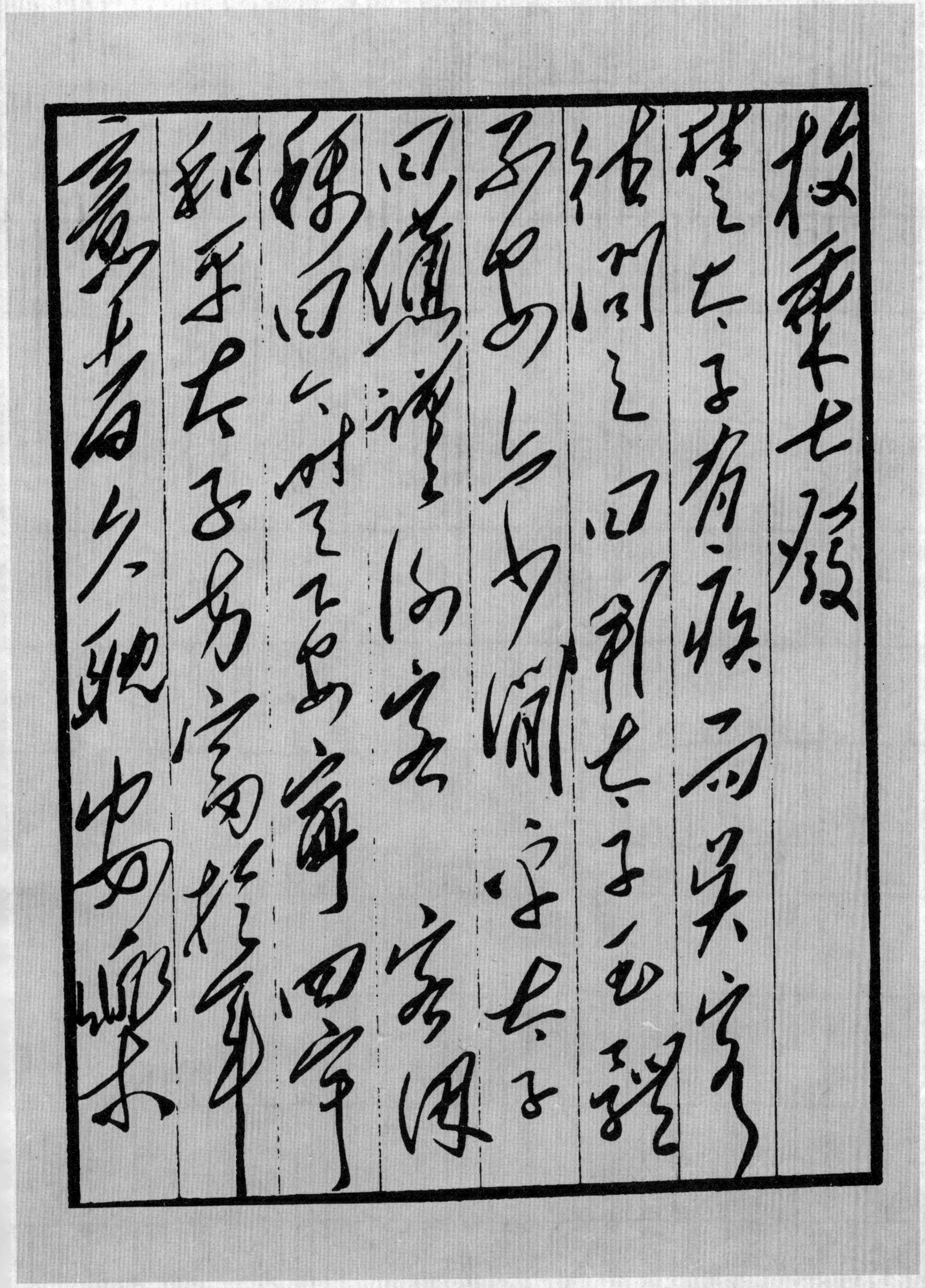

必宫居而闺处，内有保母，外有傅父，欲交无所。饮食则温淳甘脆，脭酿肥厚。衣裳则杂遝曼暖，燂烁热暑。虽有金石之坚，犹将销铄而挺解也，况其在筋骨之间乎哉？故曰：恣〔纵〕耳目之欲，恣支体之安者，伤血脉之和。且夫出舆入辇，命曰蹶痿之机。洞房清宫，命曰寒热之媒。皓齿娥眉，命曰伐性之斧。甘脆肥脓，命曰腐肠之药。今太子肤色靡曼，四支委随，筋骨挺解，血脉淫浊〔濯〕，手足堕窳。越女侍前，齐姬奉后。往来游宴，纵恣于曲房隐间之中。此甘餐毒药，戏猛兽之爪牙也。所从来者至深远，淹滞

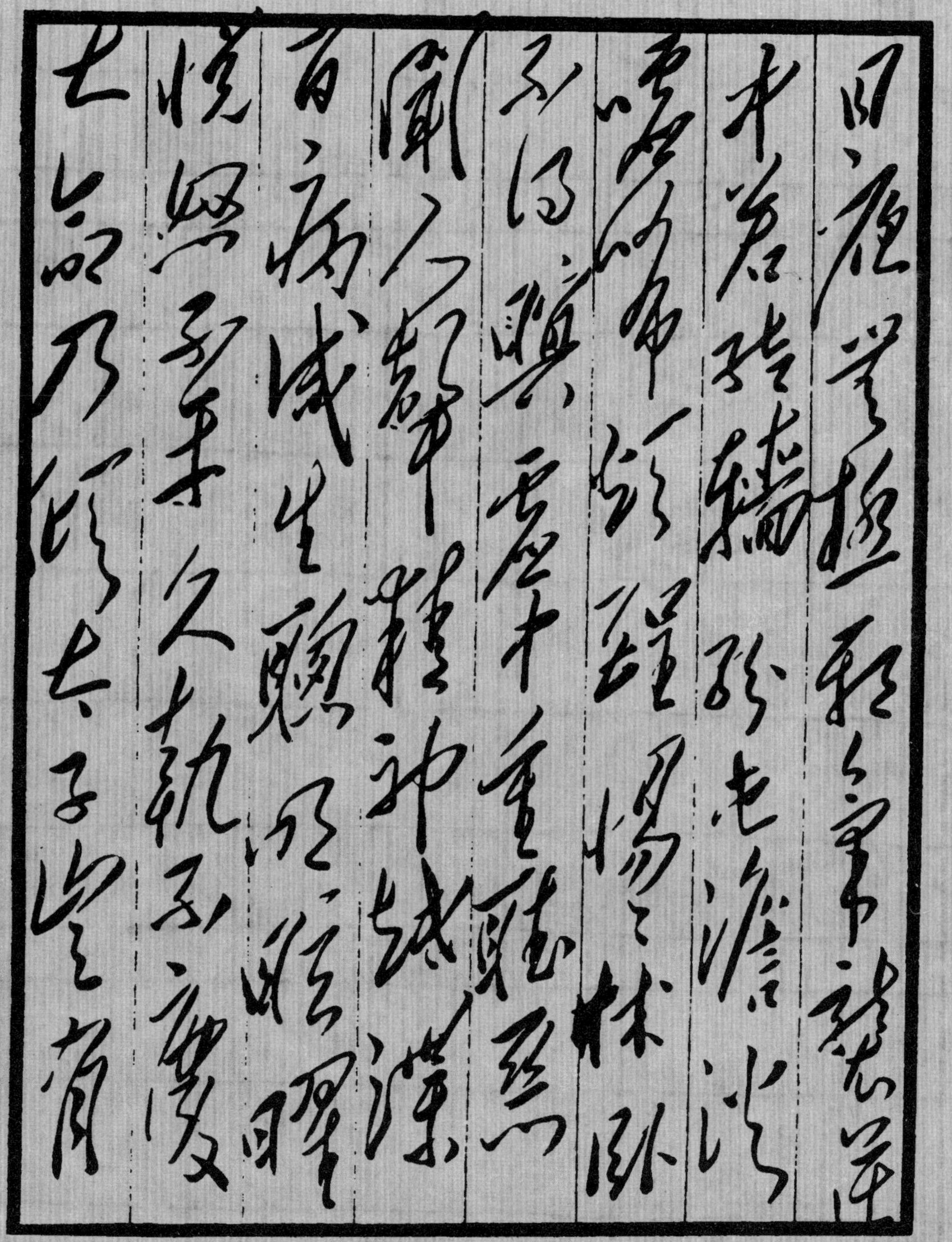

永久而不废，虽有扁鹊治内，巫咸治外，尚何及哉！今如太子之病者，独宜世之君子，博闻〔见〕强识，承间语事，变度易意，常无离侧，以为羽翼。淹沈之乐，浩唐之心，遁佚之志，其奚由至哉！』太子曰：『诺。病已，请事此言。』

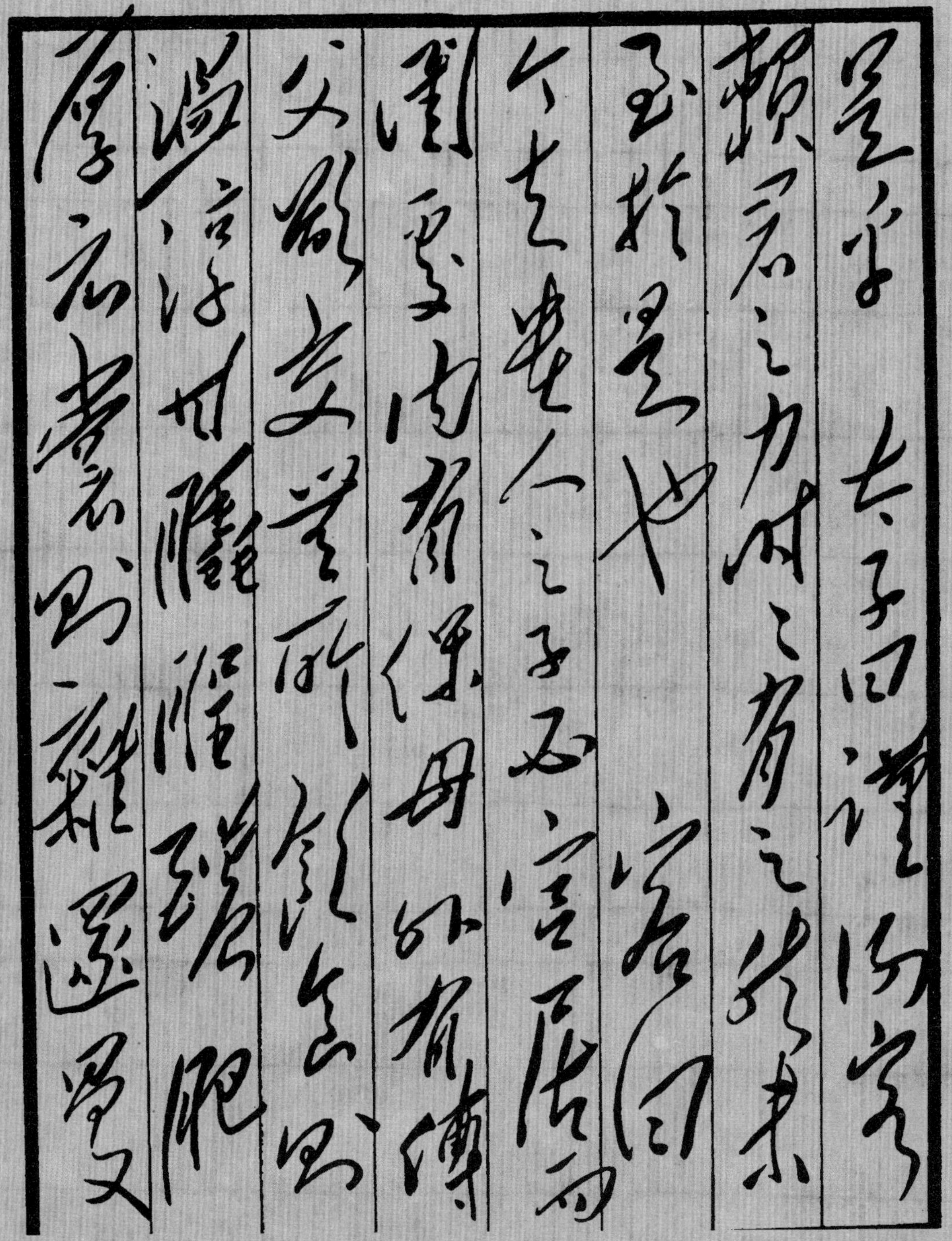

煖燂爍熱暑雖有
金石之堅猶將銷鑠而
挺解也況其在筋骨之
間乎哉縱耳目之
欲恣支體之安者傷
血脈之和且夫出輿入輦
命曰蹷痿之機洞房
清宮命曰寒熱之

媒皓齒蛾眉命曰伐性
之斧甘脆肥膿命曰腐
腸之藥今太子膚色靡
曼四支委隨筋骨挺
解血脈淫濯手足墮
窳越女侍前齊姬奉
後往來遊讌縱恣於
曲房隱間之中此甘

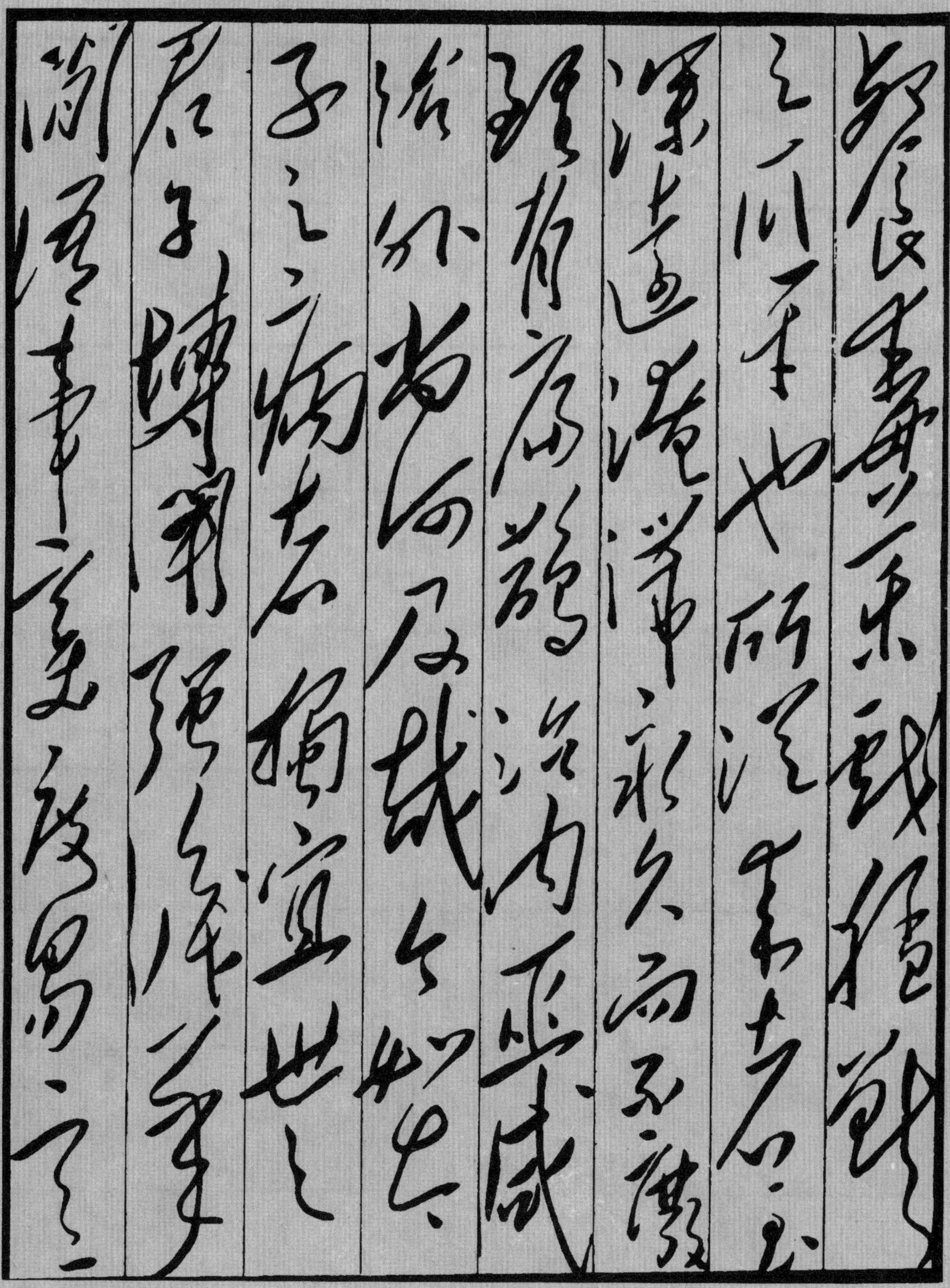

手书古诗文

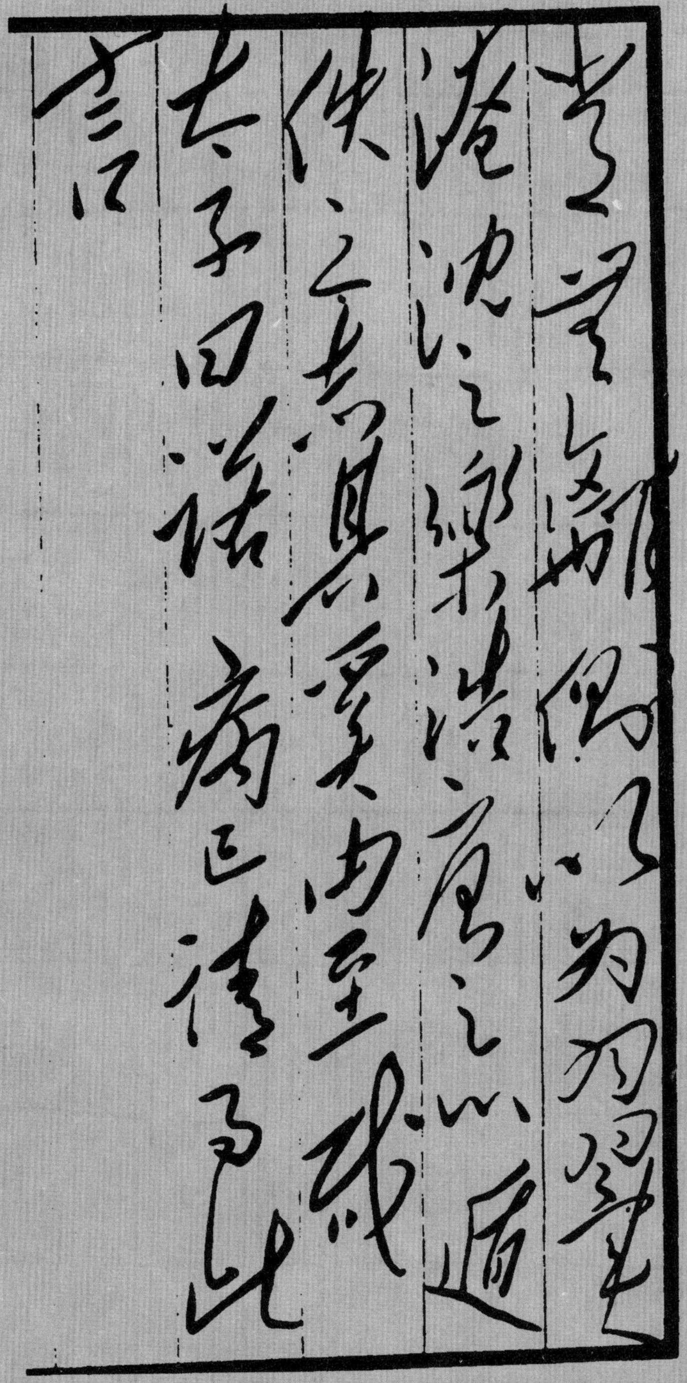

傅毅

舞赋（部分）

梦襄王既游云梦，使宋玉赋高唐之事。将置酒宴饮，谓宋玉曰：『寡人欲觞，群臣何以娱之？』玉曰：『臣闻歌以咏言，舞以尽意。是以论其诗，不如听其声。〔听其声，不如察其形。〕激楚结风，阳阿之舞。材人之穷观，天下之至妙。噫！可以进乎？』王曰：『如其郑何？』玉曰：『大小〔大小〕殊用，郑雅异宜。张驰之度，圣哲所施。是乐记干戚之容，雅美蹲蹲之舞。礼设三爵之制，颂有醉归之歌。夫咸池六英，所以陈清庙协神人也。郑卫之乐，所以娱密坐接欢欣也。余日怡荡，非以风民也，其何害哉！』王曰：『试为寡人赋之。』玉曰：『唯唯！夫何皎皎之闲夜兮，明月烂以施光。朱火晔其炎〔延〕起兮，耀华屋而喜洞房。刺帐袪而结组兮，铺首炳以昆皇。陈茵席而设坐兮，溢金田而列玉觞。腾〔滕〕觚爵之斟酌兮，漫既醉其乐康。严颜和而怡怿兮，幽情形而外扬。文人不能怀其藻兮，武毅不能隐其刚。简情跳肖般纷拿兮，渊塞陈〔沉〕荡改恒常兮。于是郑、出进，二八徐侍姣服极丽，名俞……

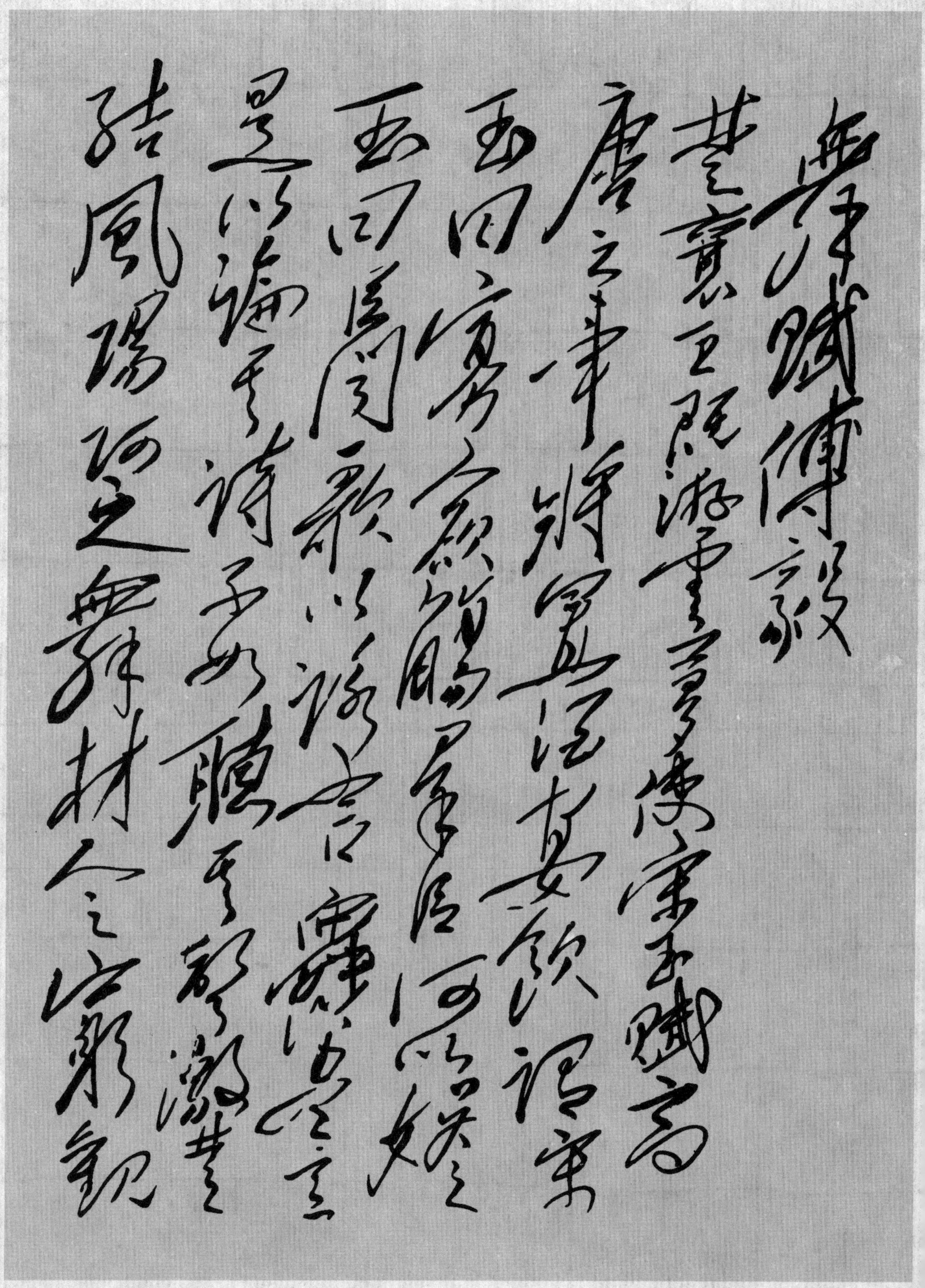

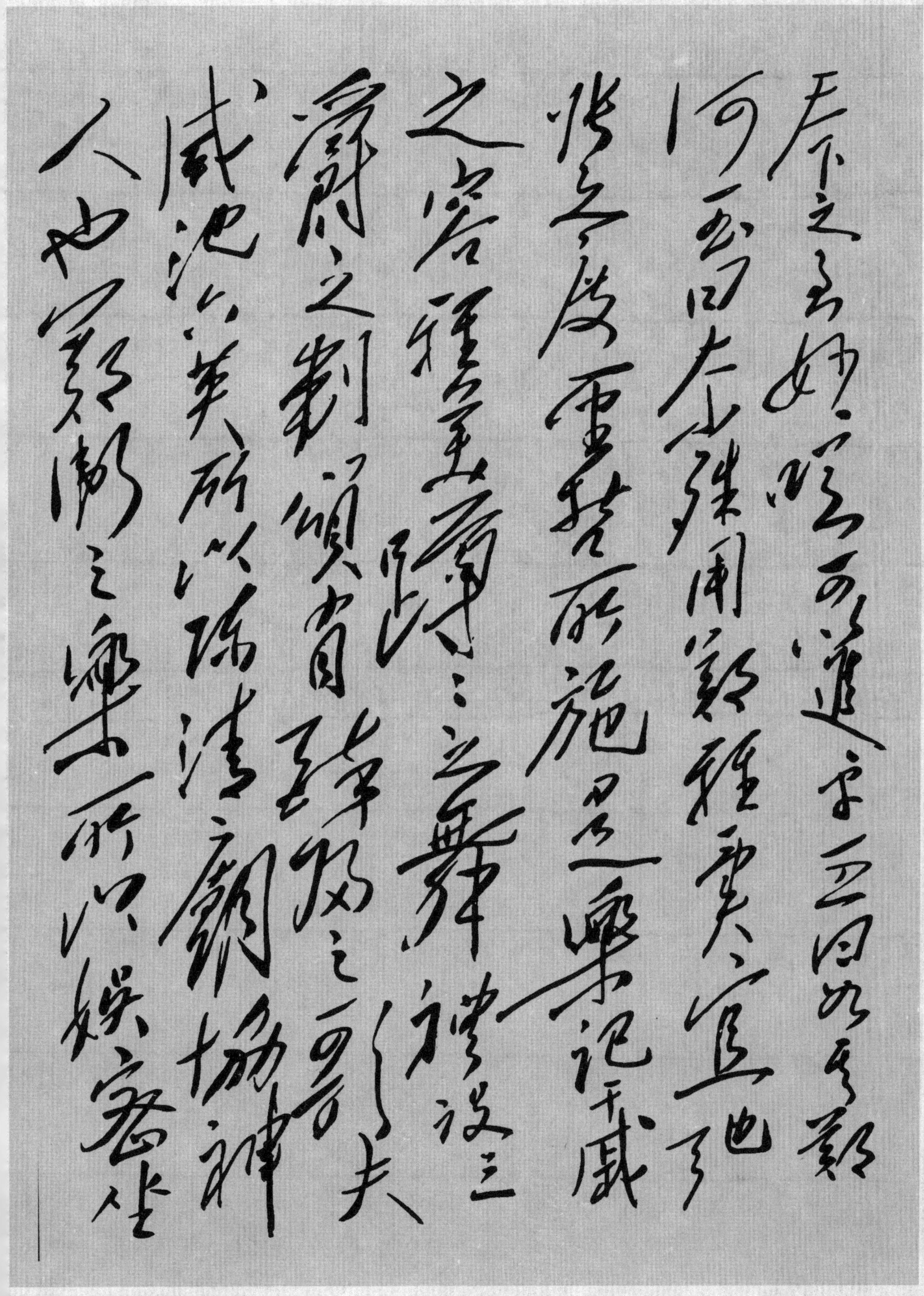

手书古诗文

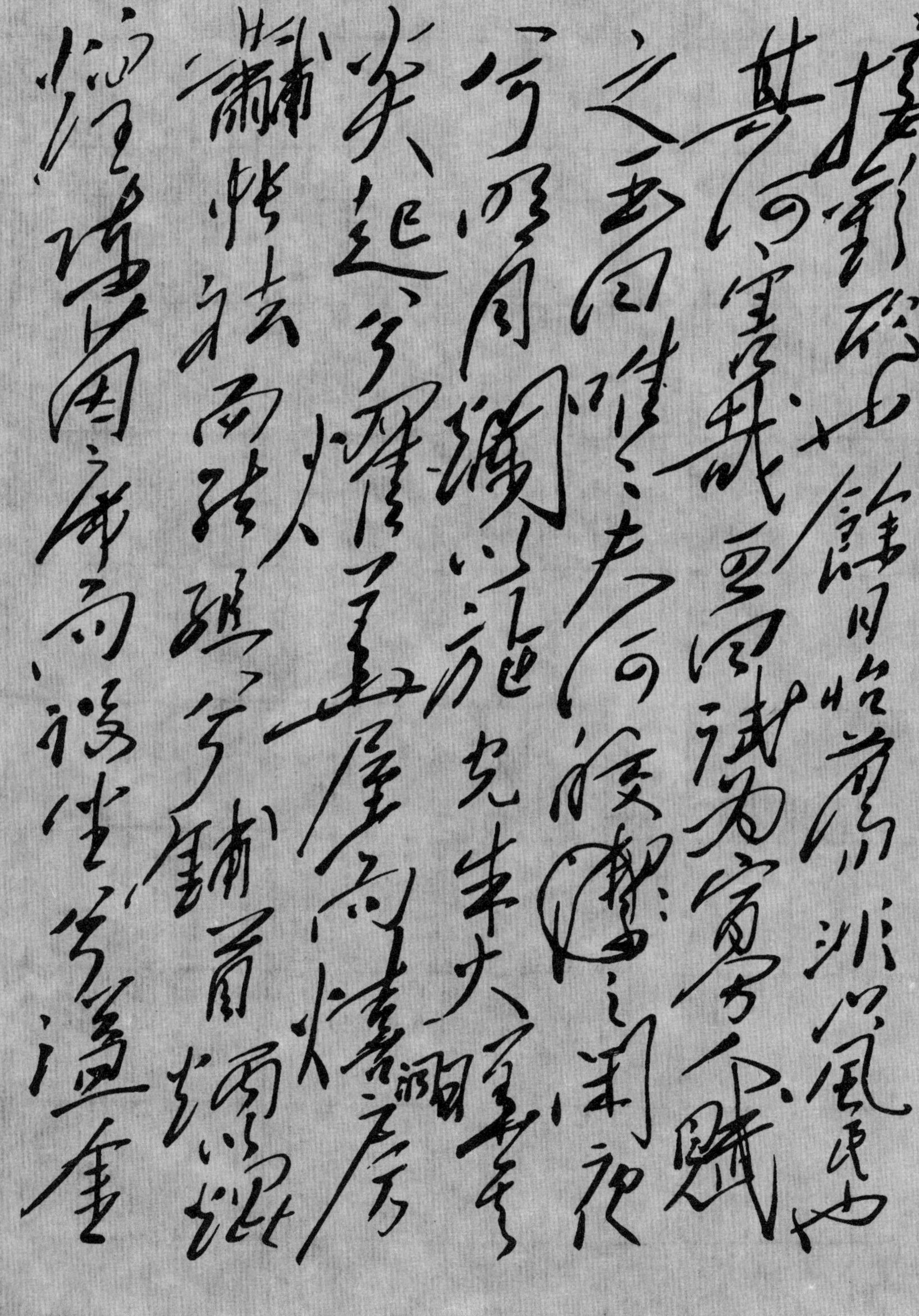

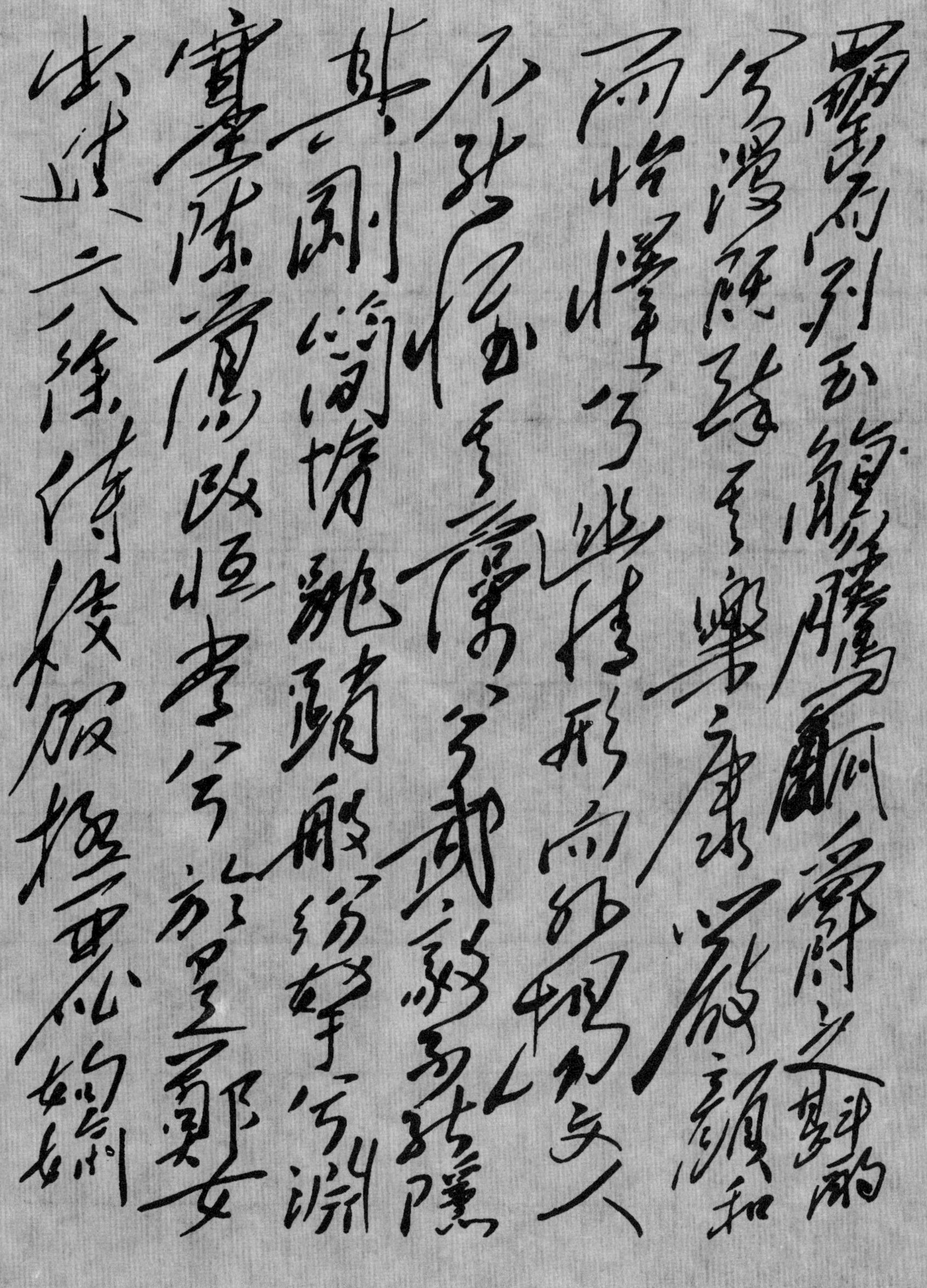

曹操
步出夏门行·观沧海

东临碣石，以观沧海，水何澹澹，山岛耸〔竦〕峙。树木丛生，百草丰茂。秋风萧瑟，洪波涌起。日月之行，若出其中。星汉灿烂，基出其里。幸甚至哉，歌经咏志。

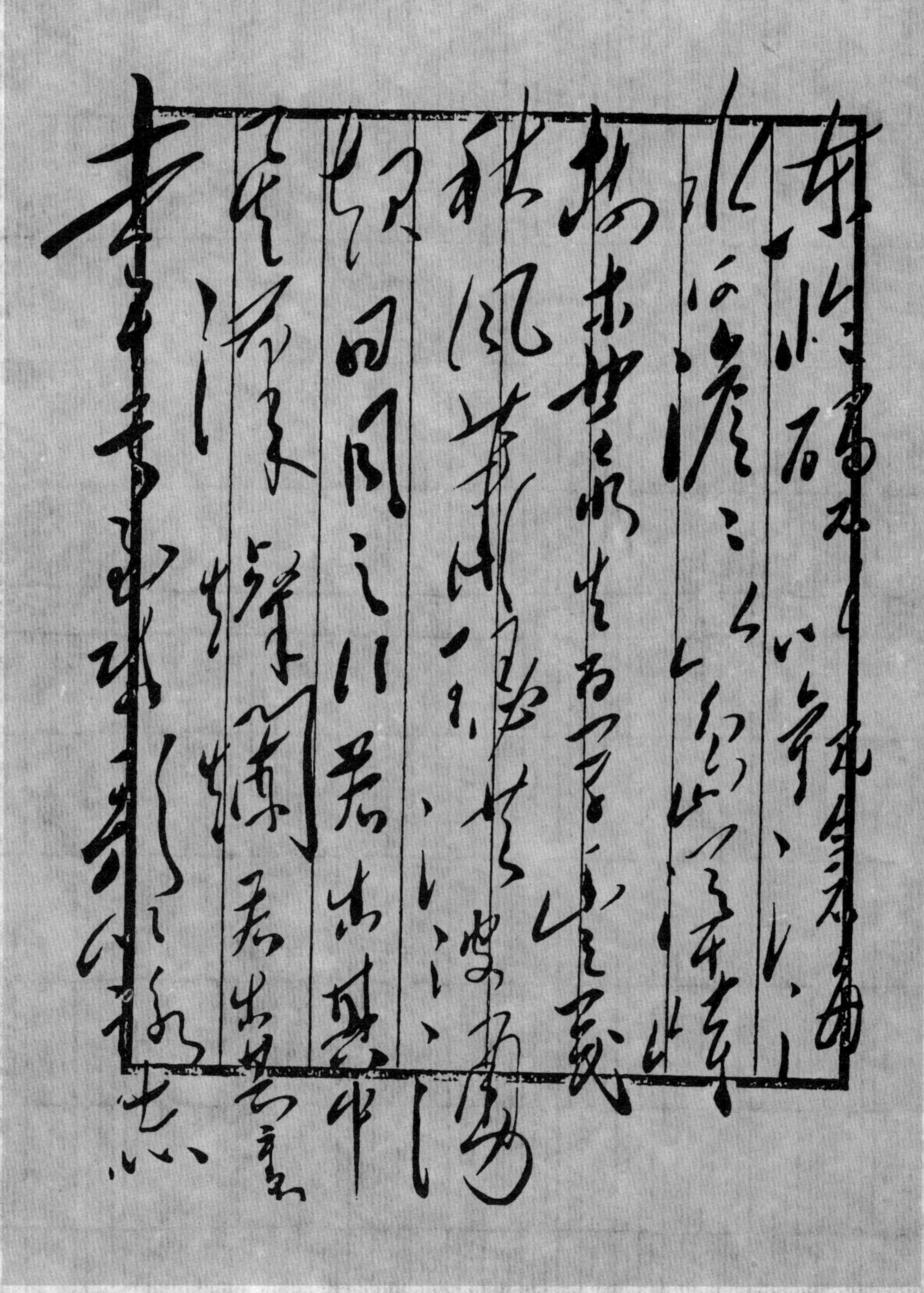

曹操
龟虽寿

神龟虽寿，犹有竟时。腾蛇成雾，终为死〔土〕灰。老骥〔志在〕伏枥，志在千里，烈士暮年，壮心不已。盈缩之期，不独在天。养怡之福，可以〔得〕永年。

曹孟得诗一首

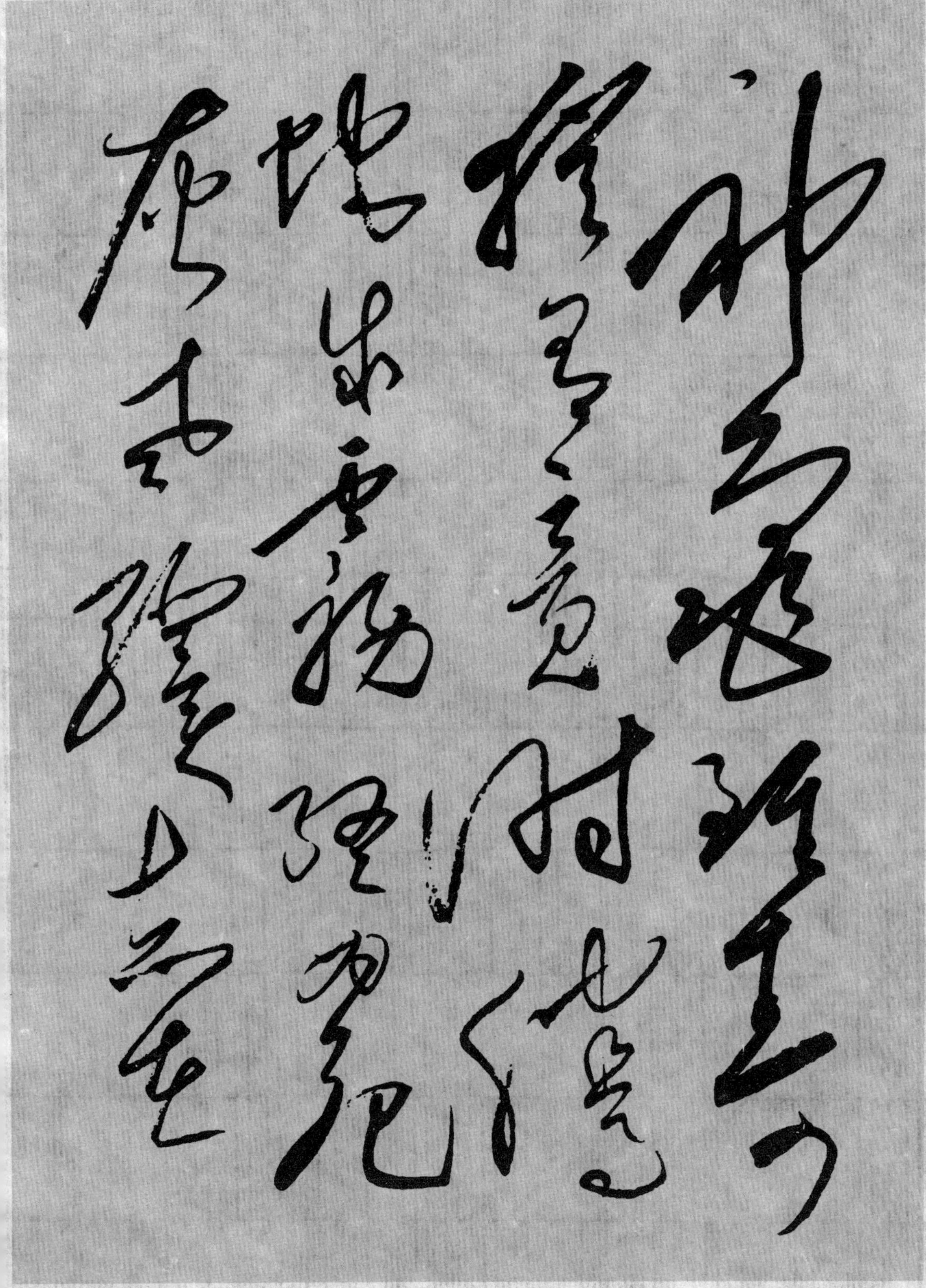

手书古诗文

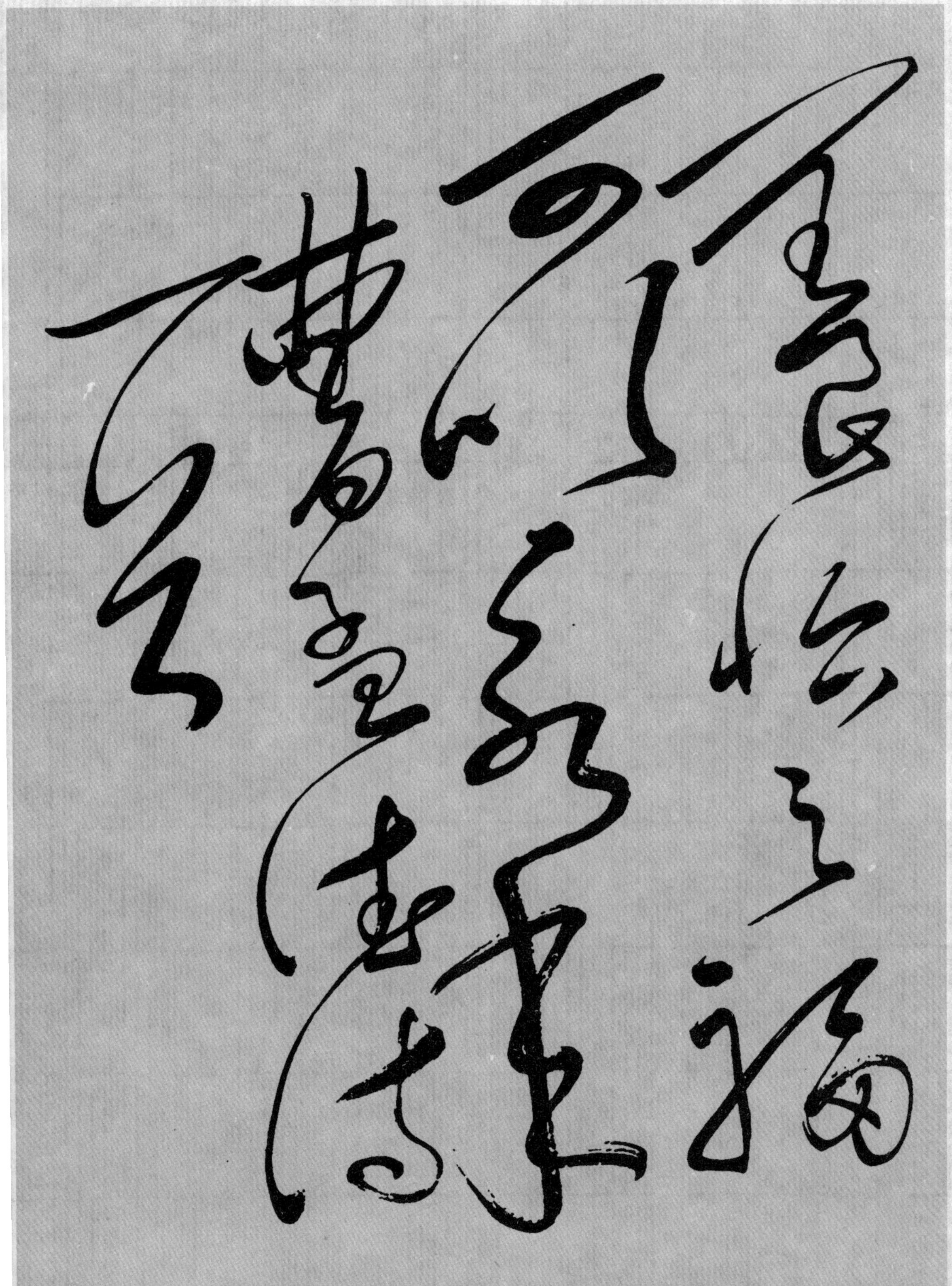

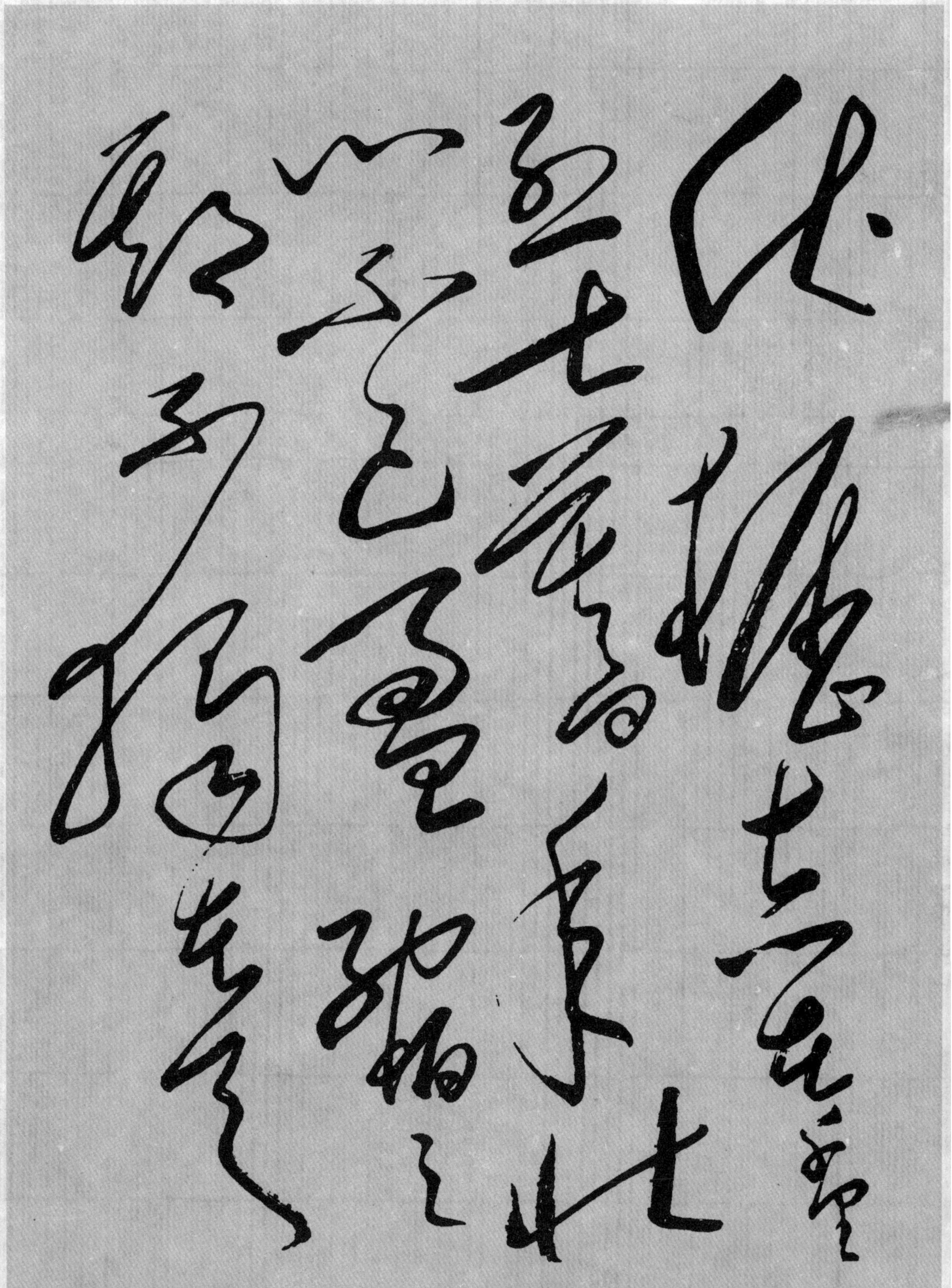

手书古诗文

佚名

敕勒歌

敕勒川，阴山下，天似穹庐，笼罩四野。天苍苍野茫茫，风吹草低见牛羊。

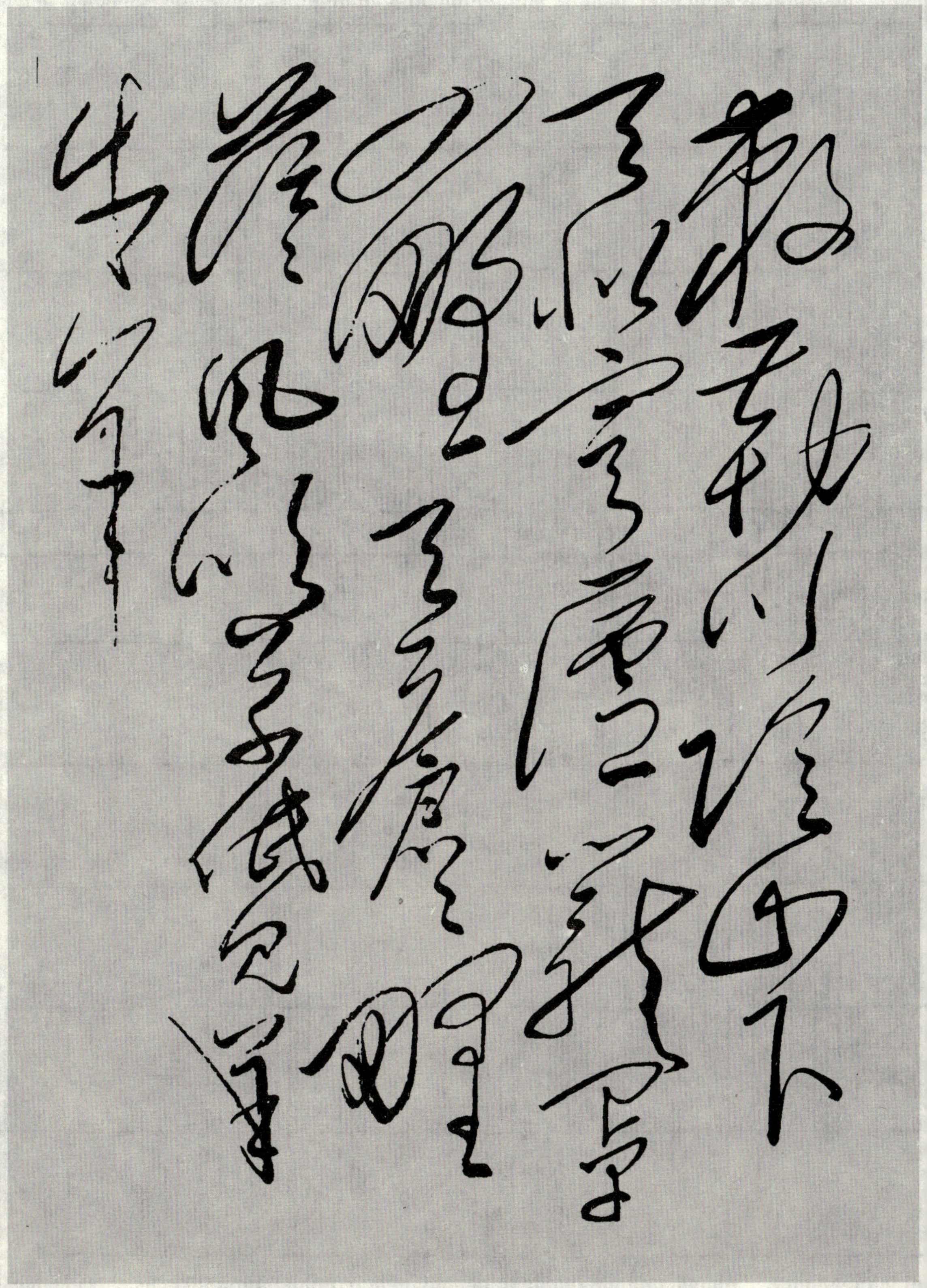

左思

咏史（八首之一）

弱冠弄柔翰，卓荦观群书。著论准过秦，作赋拟子虚。边城苦鸣镝，羽檄飞京都。虽非甲胄士，畴昔览穰苴。长萧凌清风，志若无东吴。铅刀贵一割，梦想逞〔骋〕良图。左眄凌〔澄〕江湘，右盼定羌胡。功成受爵，长揖归田庐。

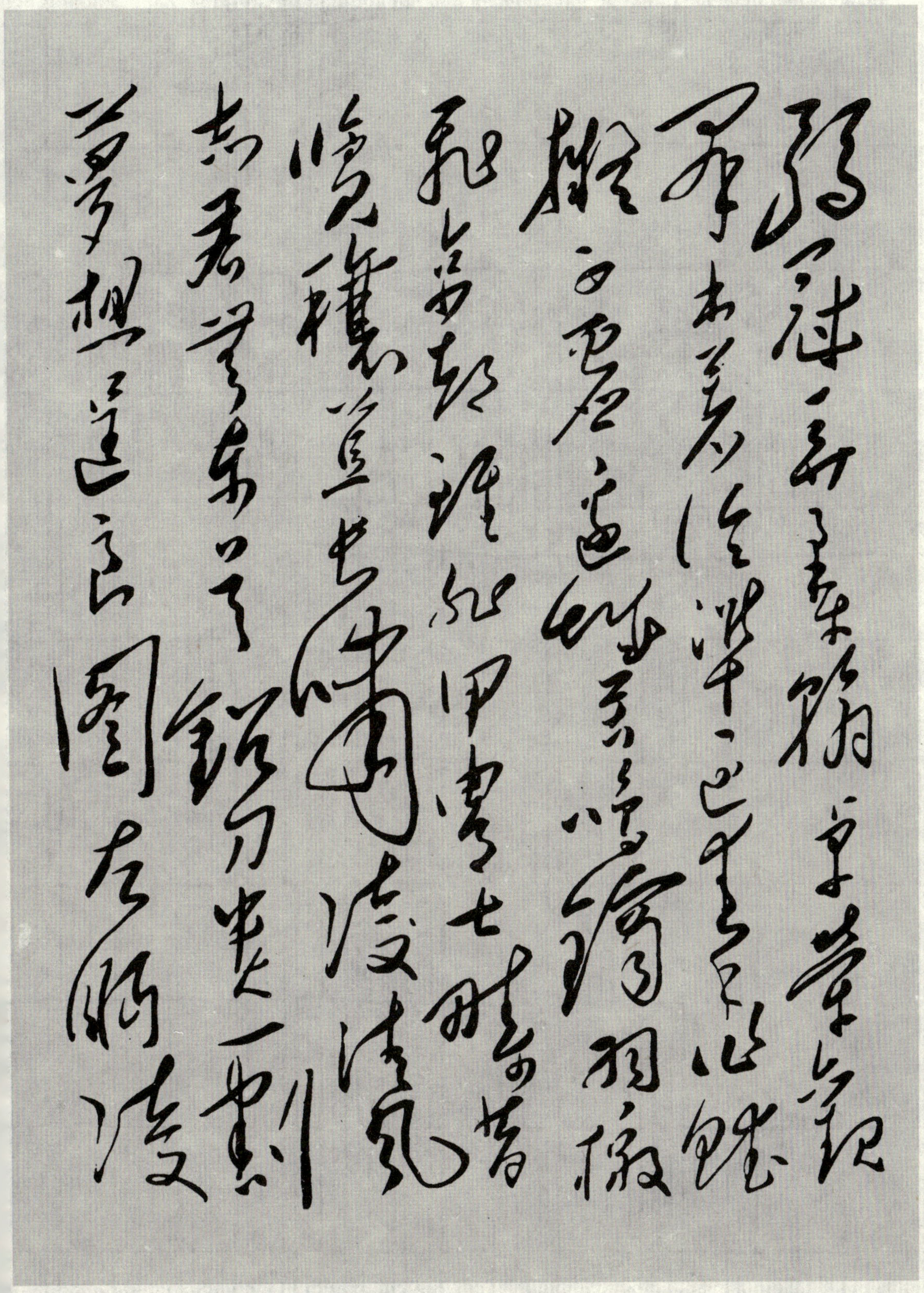

手书古诗文

王羲之

兰亭序（部分）

此地有崇山峻岭，茂林修竹。又有清流急〔激〕湍，映带左右，引以为流觞曲水。列坐其次，虽无丝竹管弦之盛，一觞一咏，亦足以畅叙幽情。是日也，天朗气清，惠风和畅。仰观宇宙之大，俯察品汇〔类〕之盛……

夫人之相与，俯仰一世。〔或取诸怀抱，晤言一〕室之内；或因寄所托，放浪形骸之外。虽取舍万殊，静躁不同，当其欣于所遇，〔暂得于己〕，快然自足，曾不知老之将至。及其所之既倦，情随事迁，感慨系之矣。

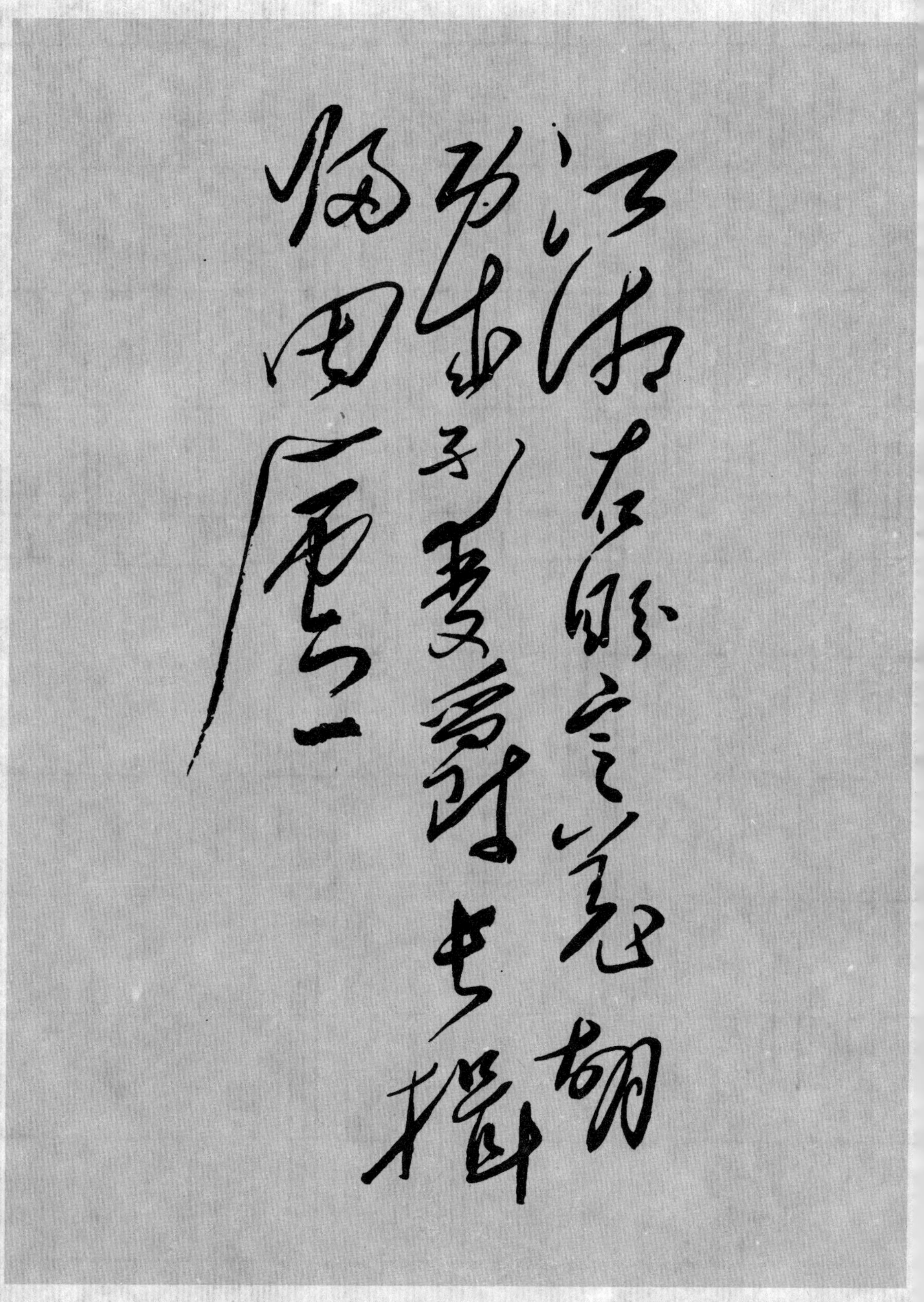

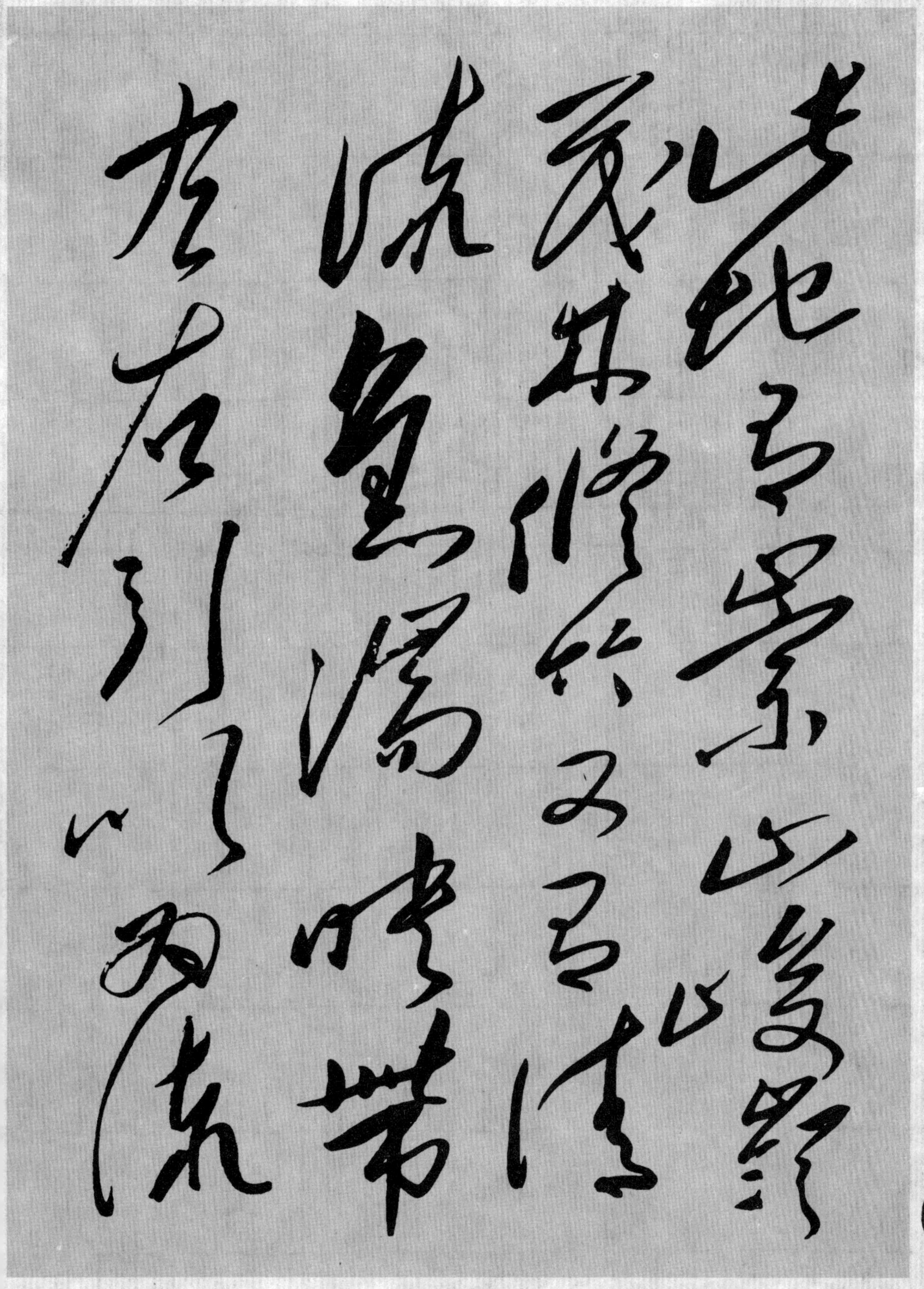

手书古诗文

……故〔固〕知一死生为虚诞，齐彭殇为妄作。后之视今，亦犹今之视昔，悲乎〔夫〕！故列叙时人，录其所述。虽世殊事异，所以兴怀，其致一致也。……

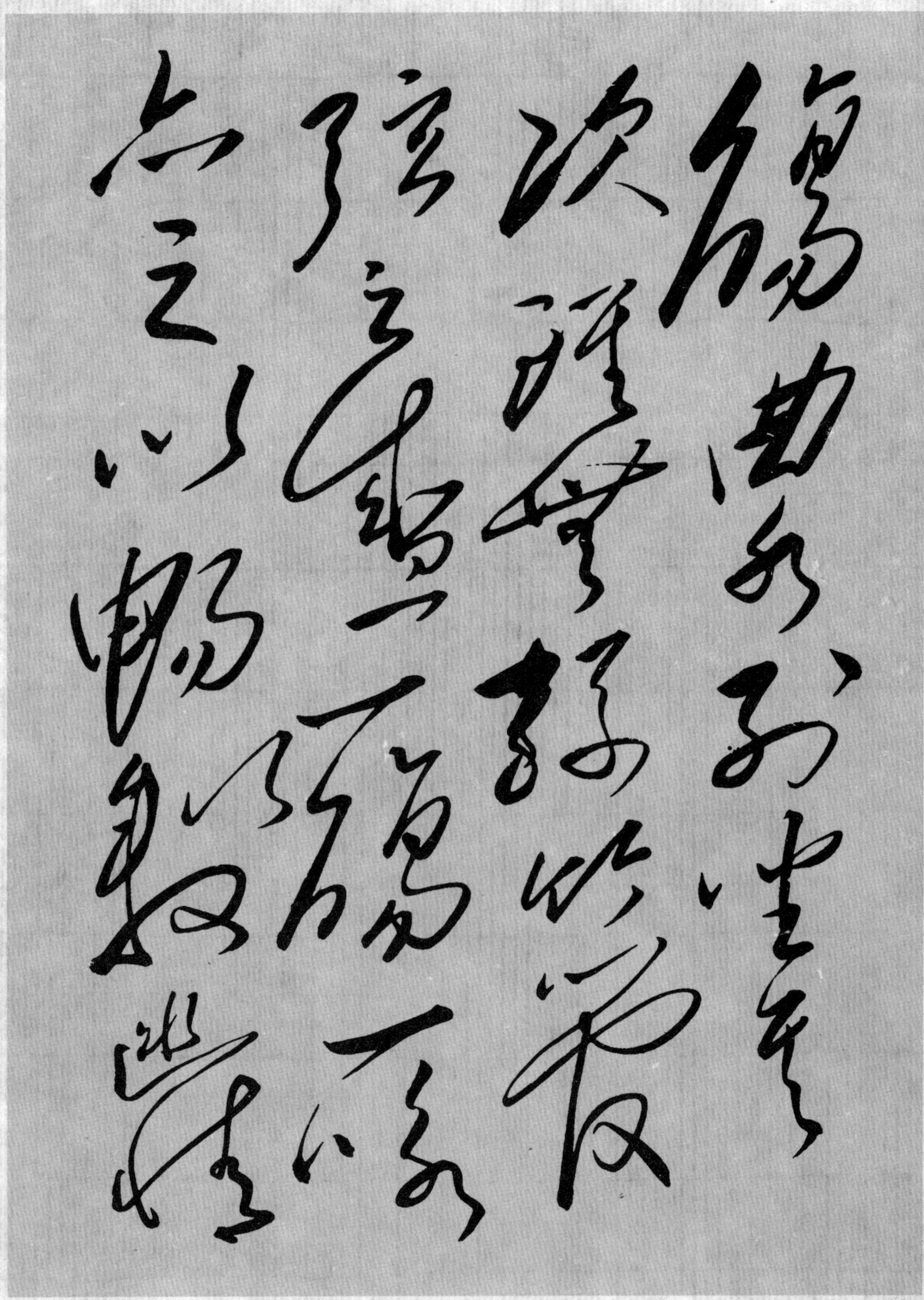

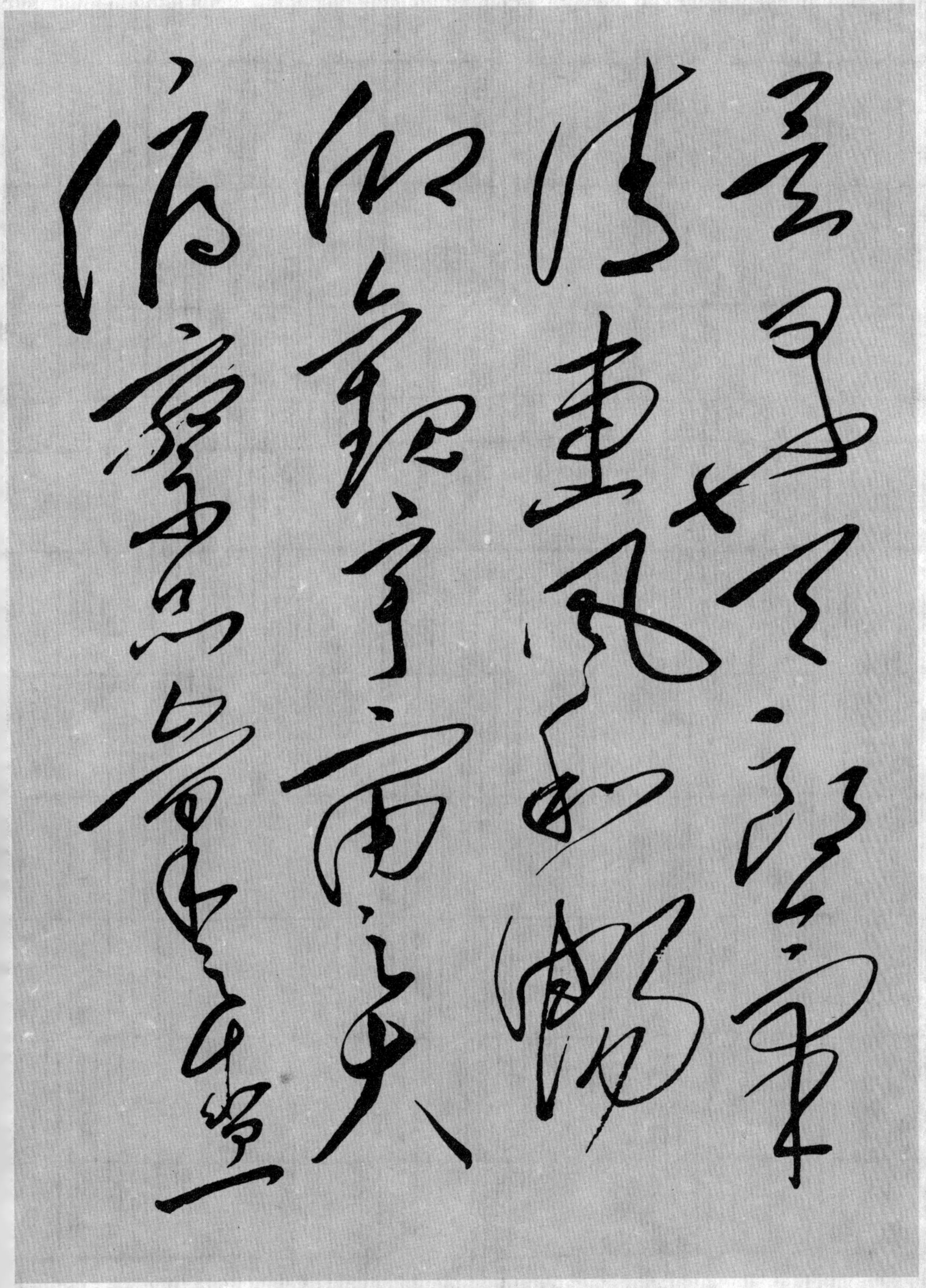

夫人之相與俯仰一世之內或因寄所託放浪形骸之外雖趣舍萬殊靜躁不同當其欣於所遇暫得於己快然自足不知老之將至及其所之既倦情隨事遷感慨係之矣

故知一死生為虛誕齊彭殤為妄作後之視今亦猶今之視昔悲夫故列敘時人錄其所述雖世殊事異所以興懷其致一也

谢庄
月赋（部分）

陈王初衰〔丧〕应刘，端忧多暇，绿〔苔〕生阁，芳尘凝榭。悄然〔焉〕疚怀，不怡中夜，乃清兰路，肃桂苑。腾吹寒山，弭盖秋坂。临峻壑而怨遥，登崇岫而伤……

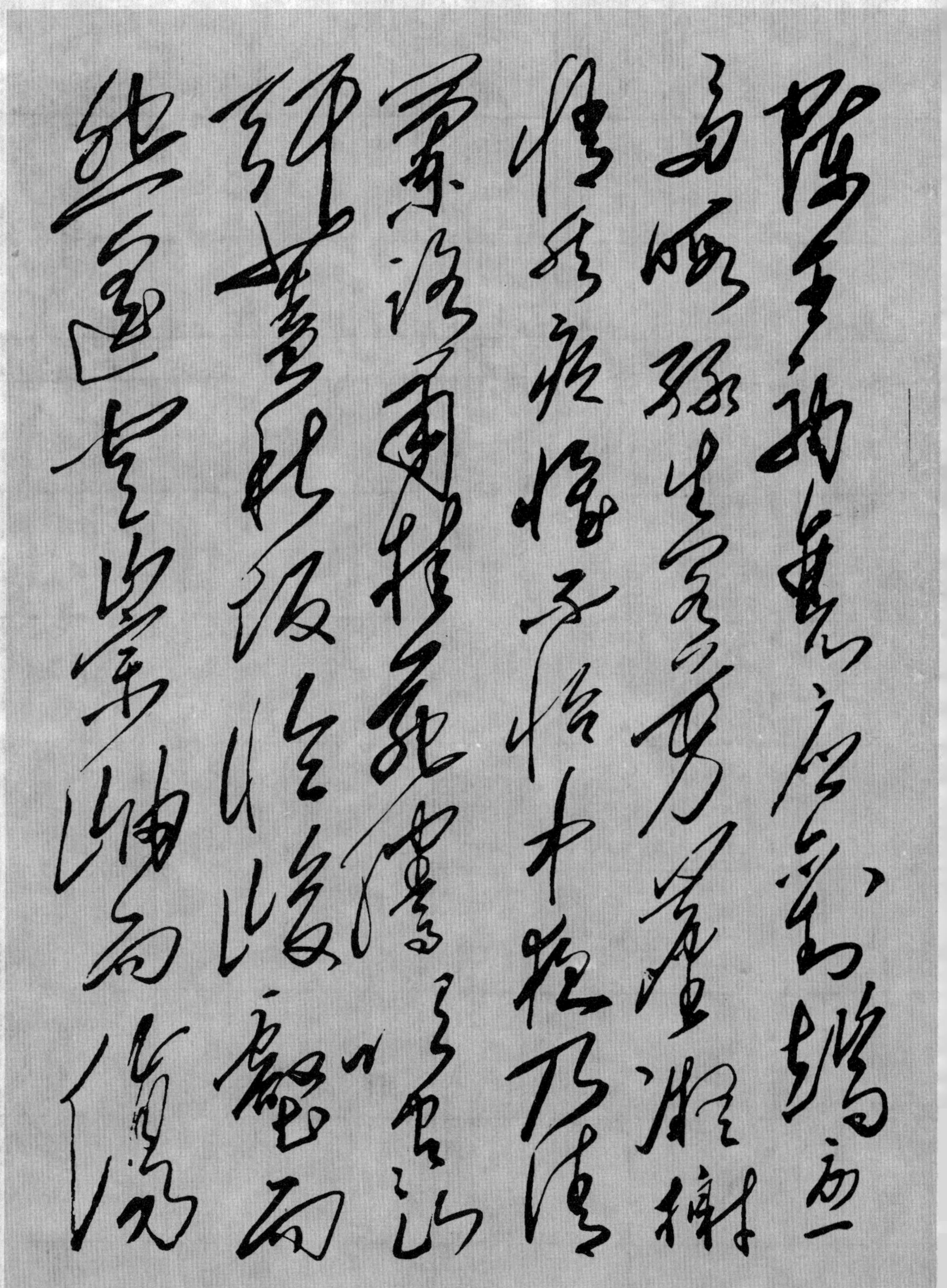

曹景宗
光华殿侍宴赋竞病韵

去时儿女悲，归来笳鼓竞。借问行路人，何如霍去病。

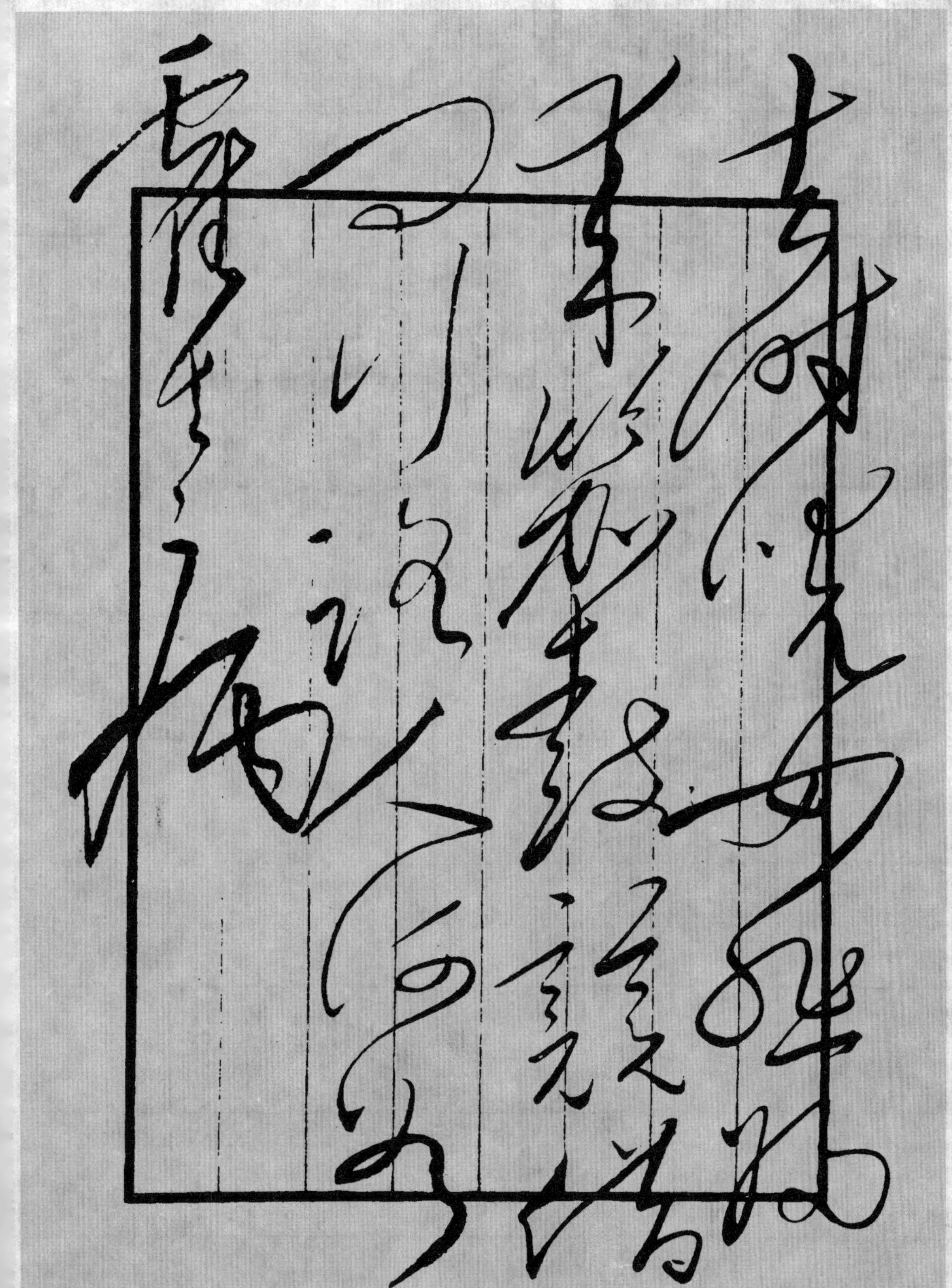

王勃

杜少府之任蜀州

城阙辅三秦，烽烟望五津。与君离别意，同是宦游人。海内存知己，天涯若比邻。无为在歧路，儿女共沾巾。

王勃诗一首

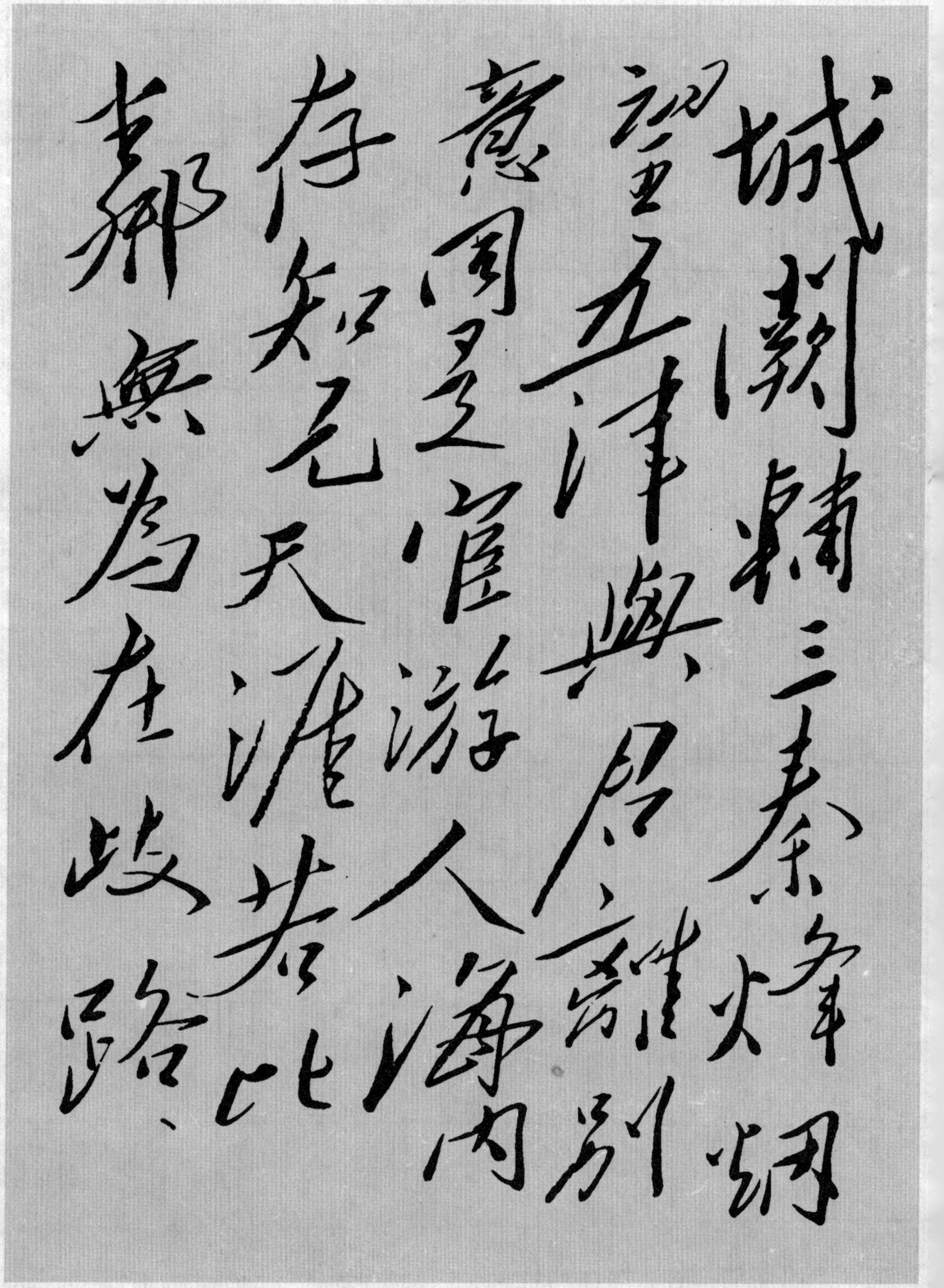

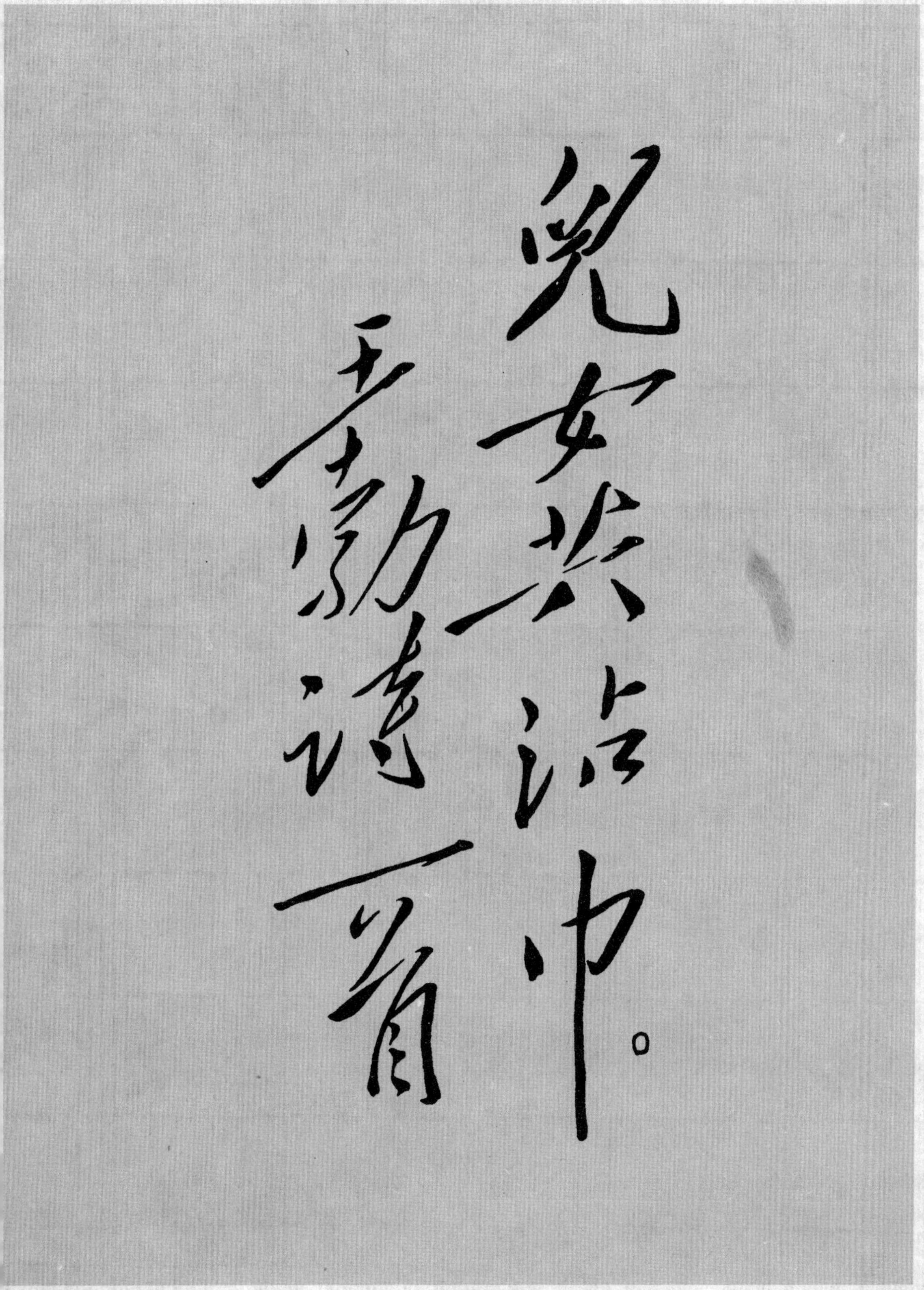

宋之问

灵隐寺 句

楼观沧海日，门对浙江潮。

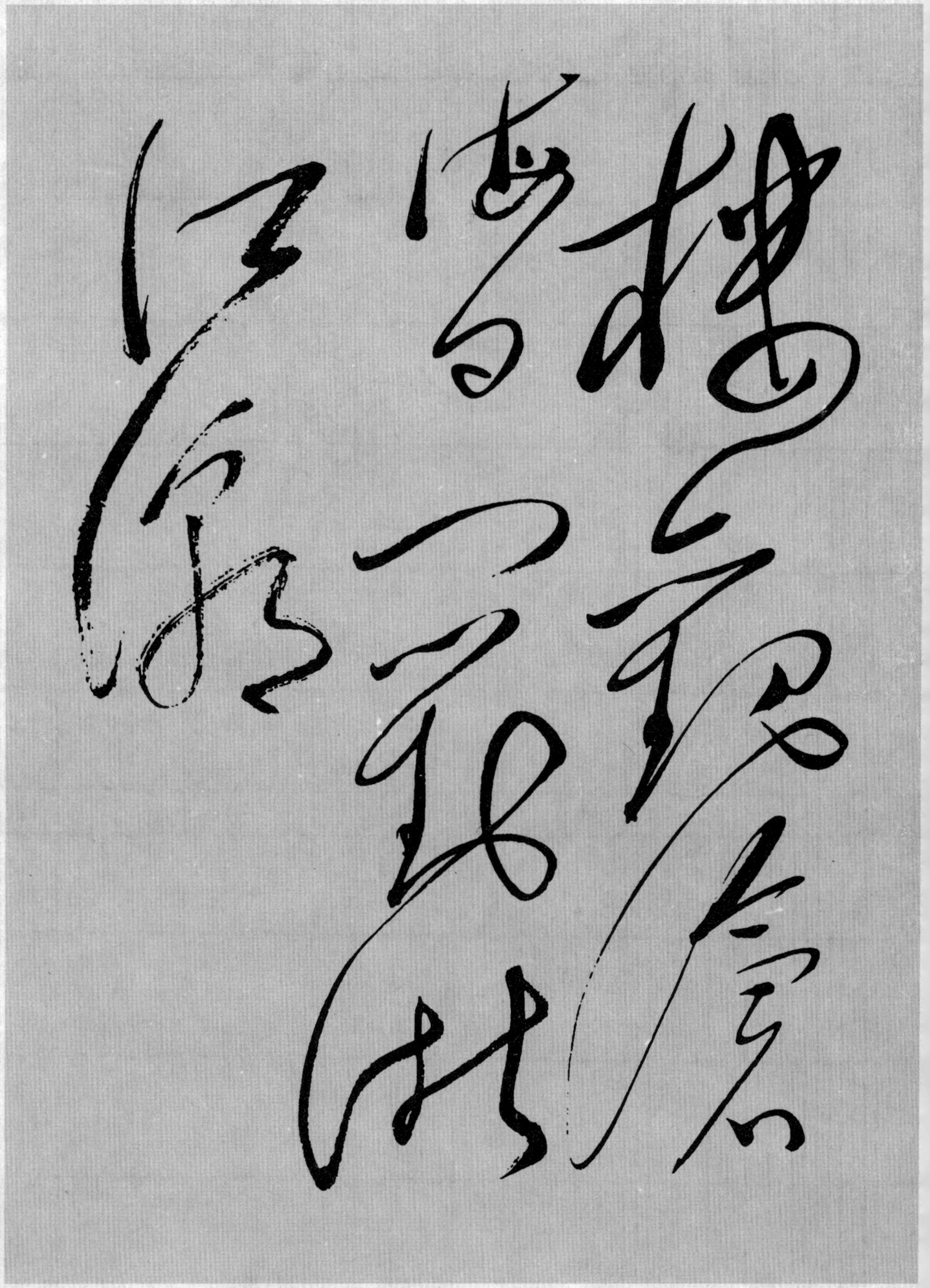

贺之章

回乡偶书

少小离家老大回，乡音无改鬓毛衰。儿童相见不相识，笑问客从何处来。

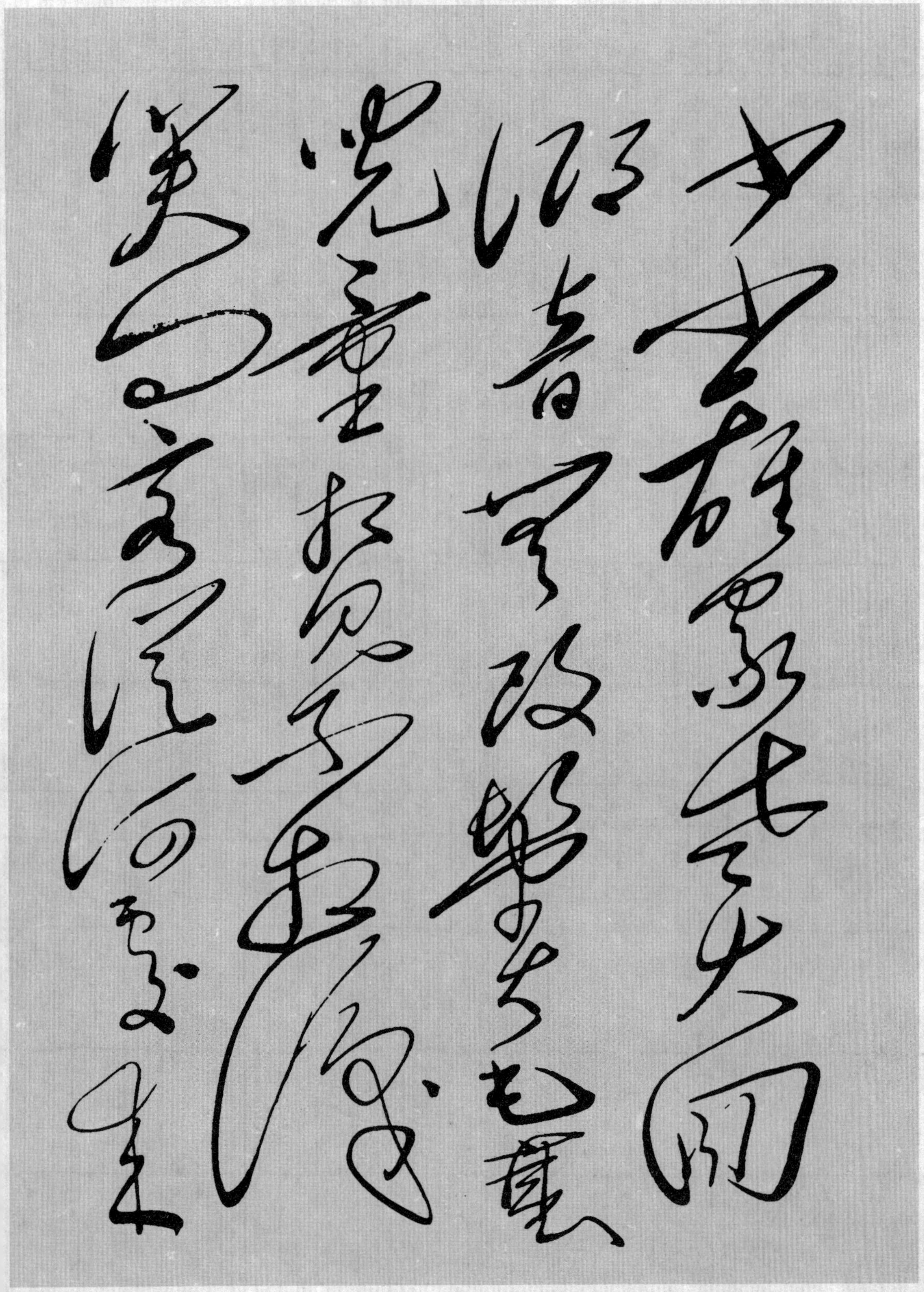

王翰
凉州词

葡萄美酒夜光杯，欲饮琵琶马上催。醉卧沙场君莫笑，古来征战几人回。

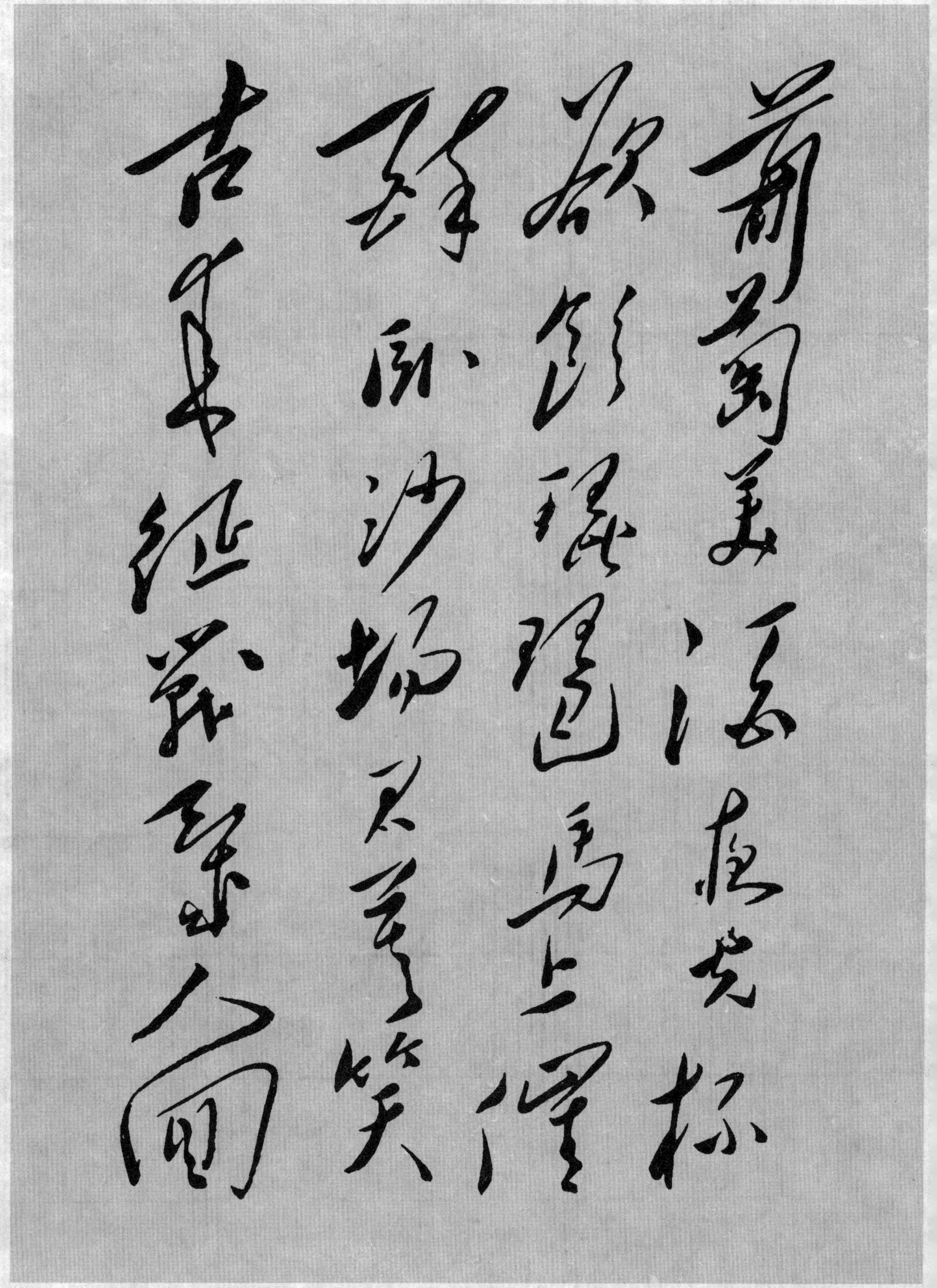

王之涣
登鹳雀楼

白日依山尽，黄河入海流。欲穷千里目，更上一层楼。

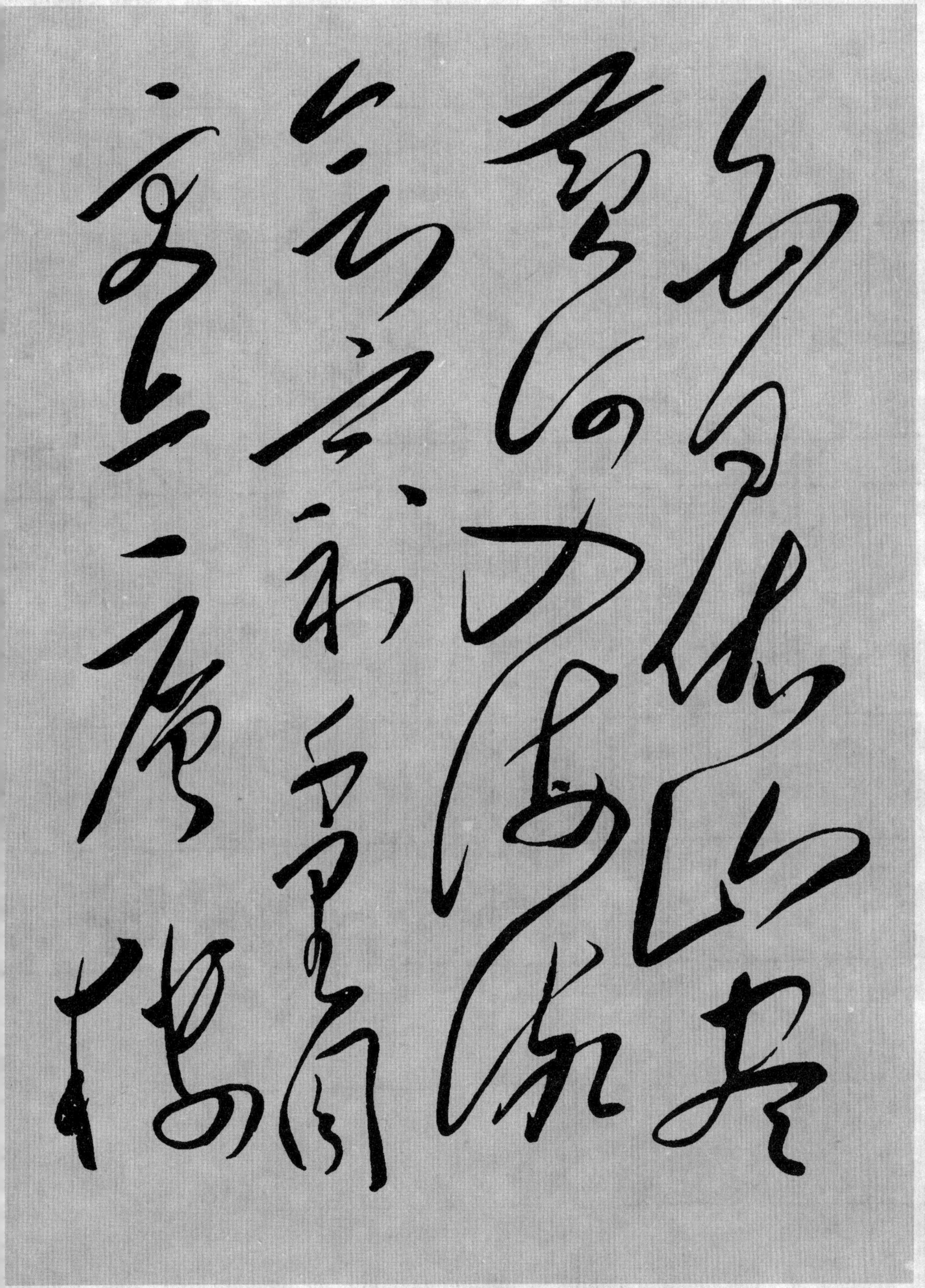

王之涣

凉州词

黄河远上白云间，一片孤城万仞山。羌笛何须怨杨柳，春风不度玉门关。

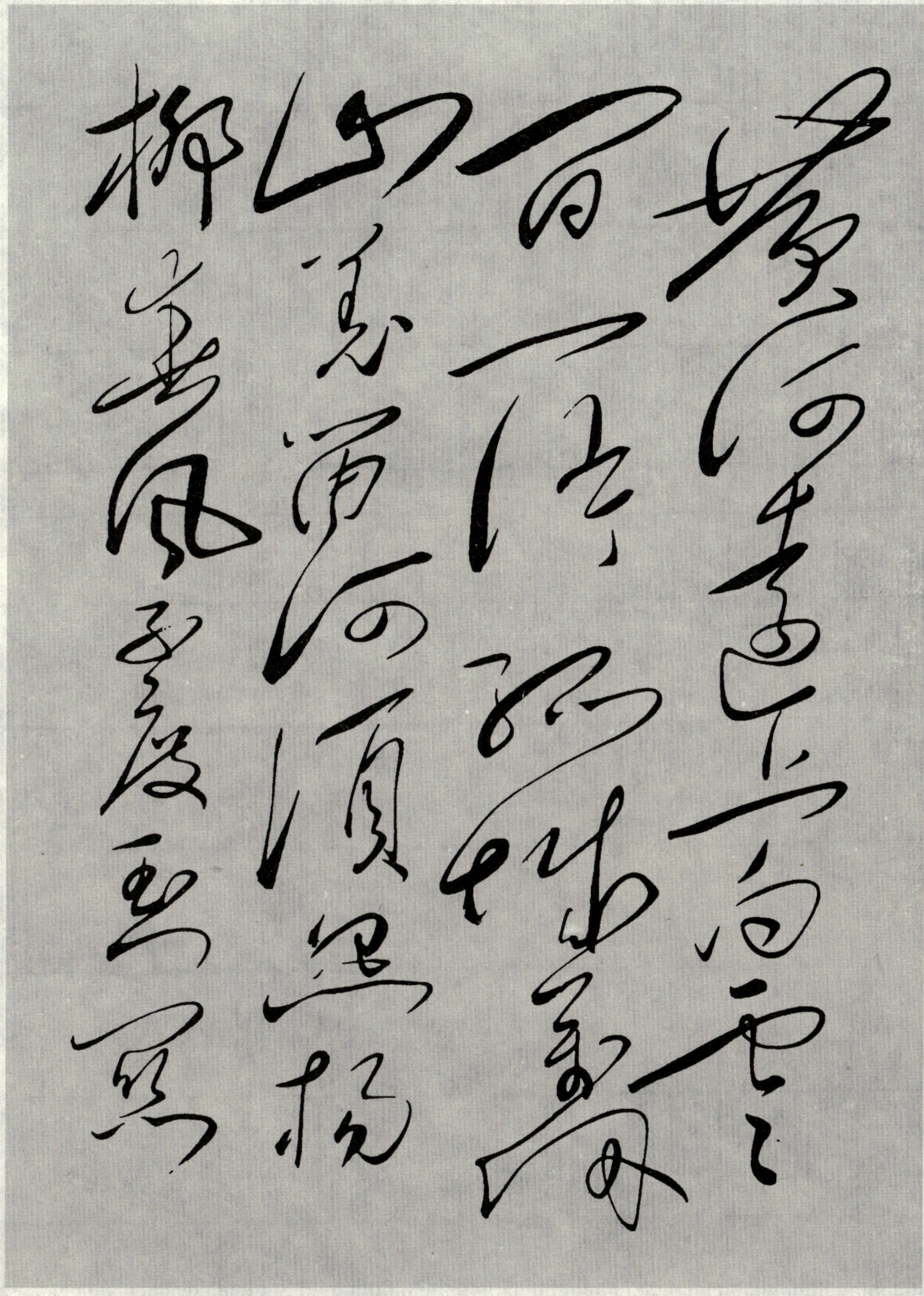

孟浩然

断句

微云淡河汉，疏雨滴梧桐。

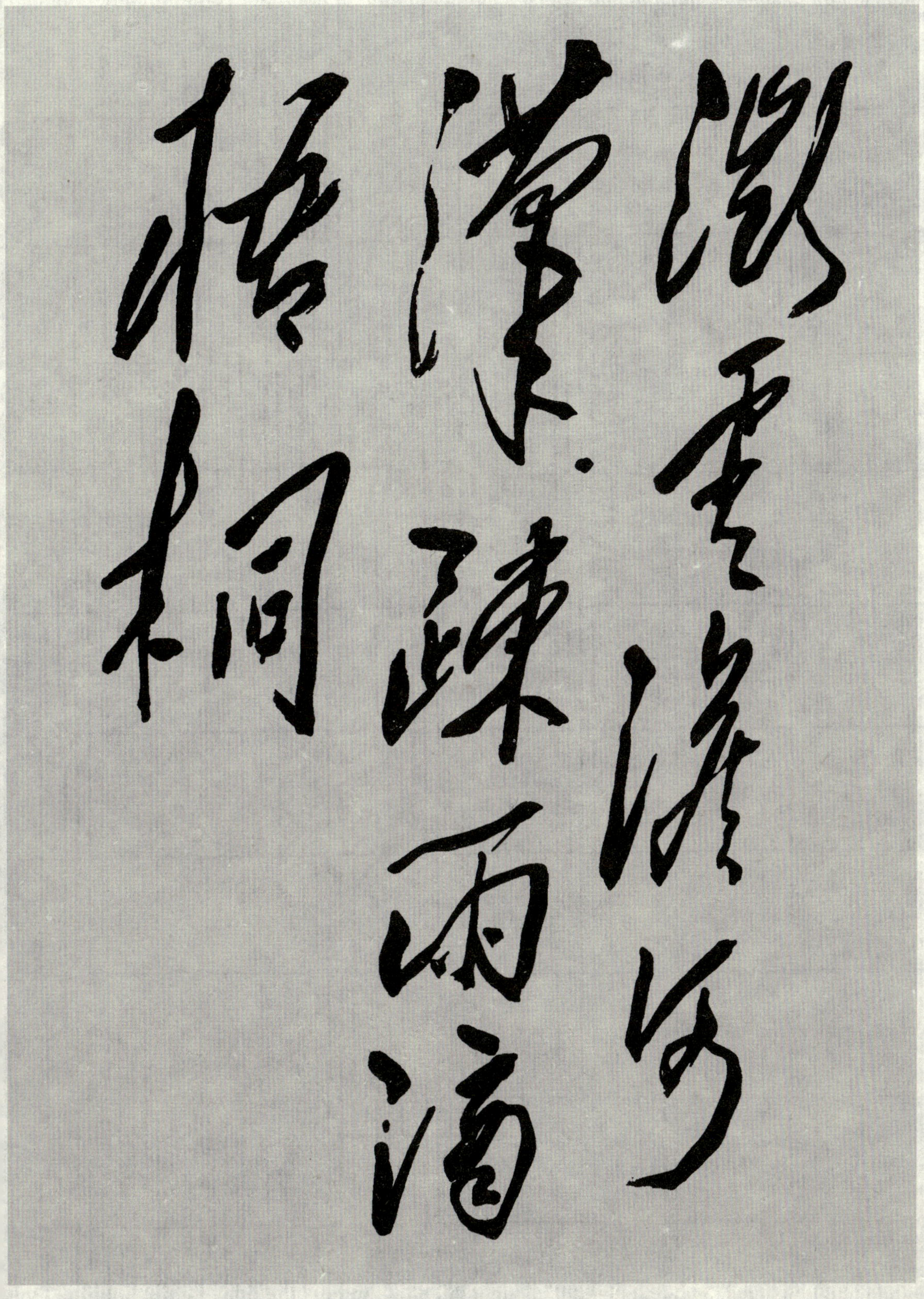

王昌龄
从军行

青海长云暗雪山，孤城遥望玉门关。黄沙百战穿金甲，不斩〔破〕楼兰誓〔终〕不还。

右唐人诗一首
一九六四年二月四日

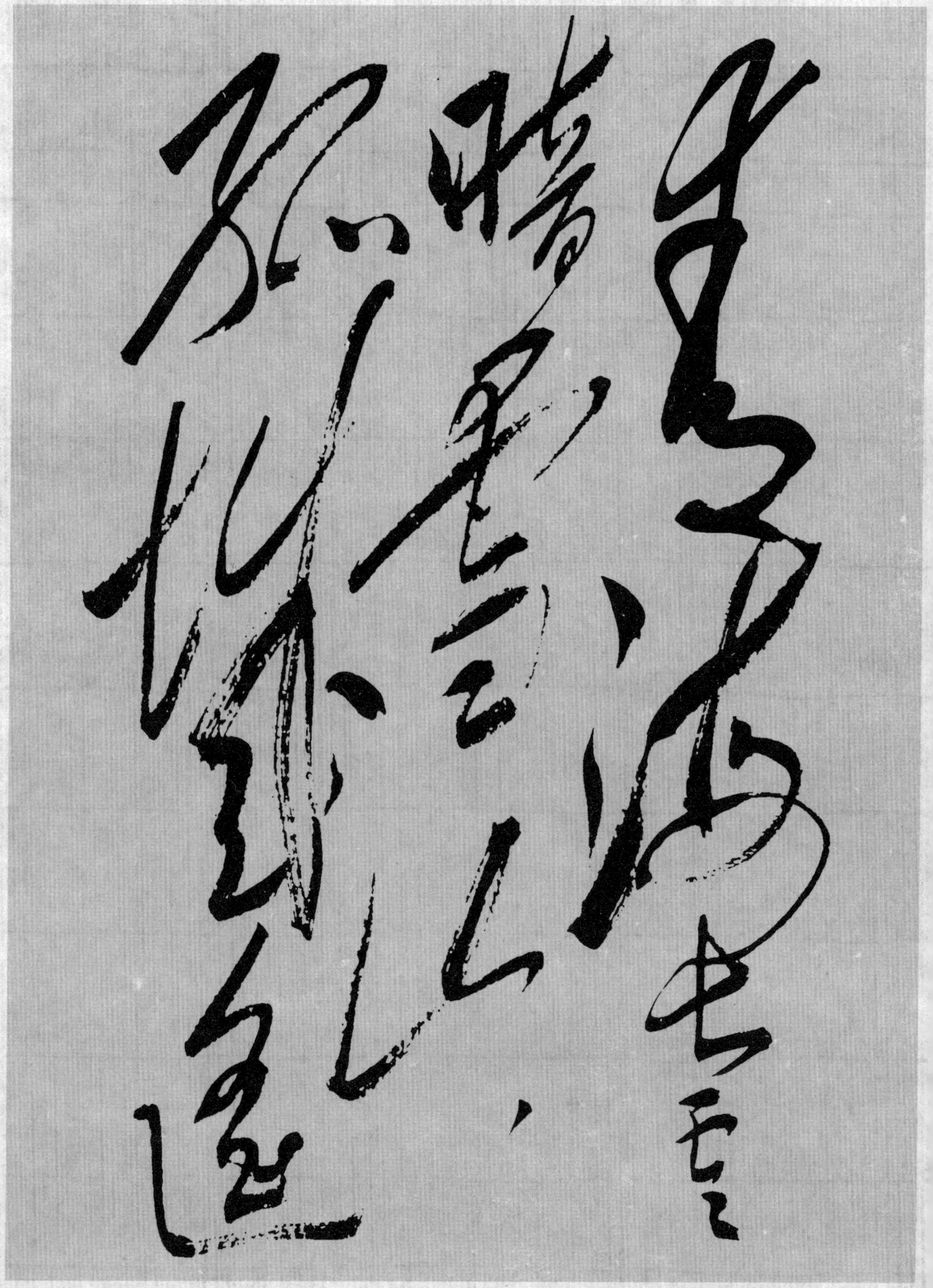

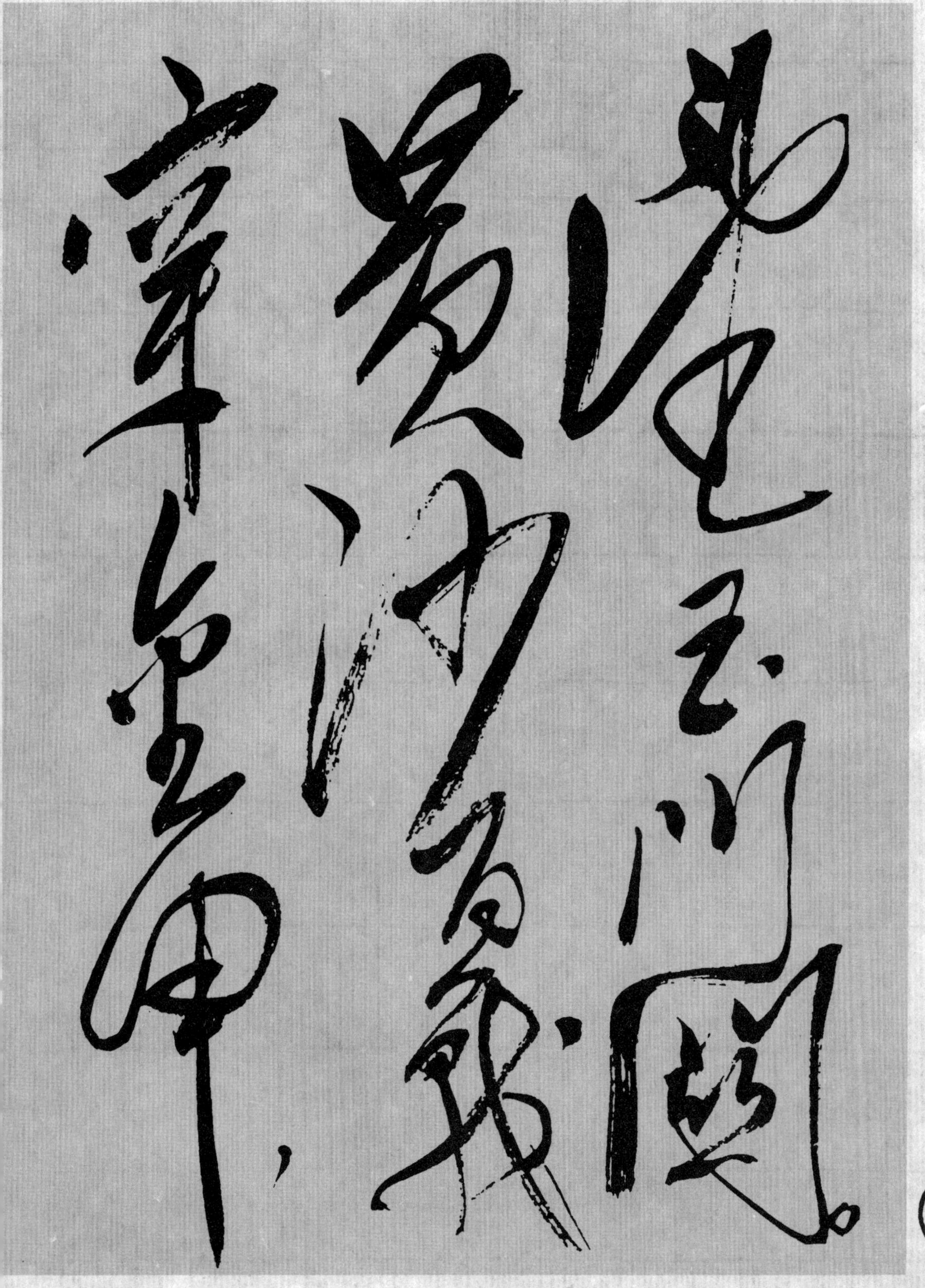

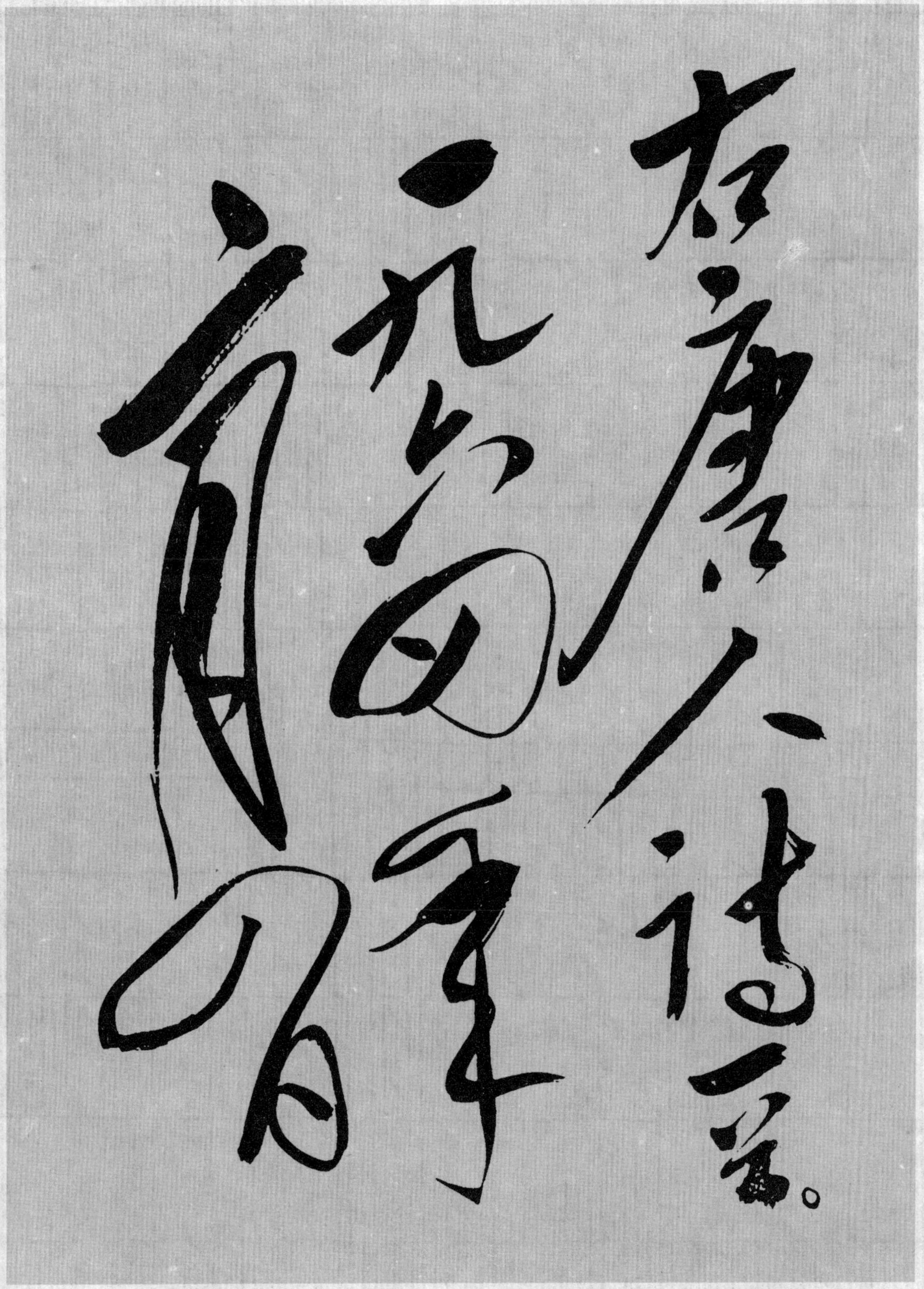

手书古诗文

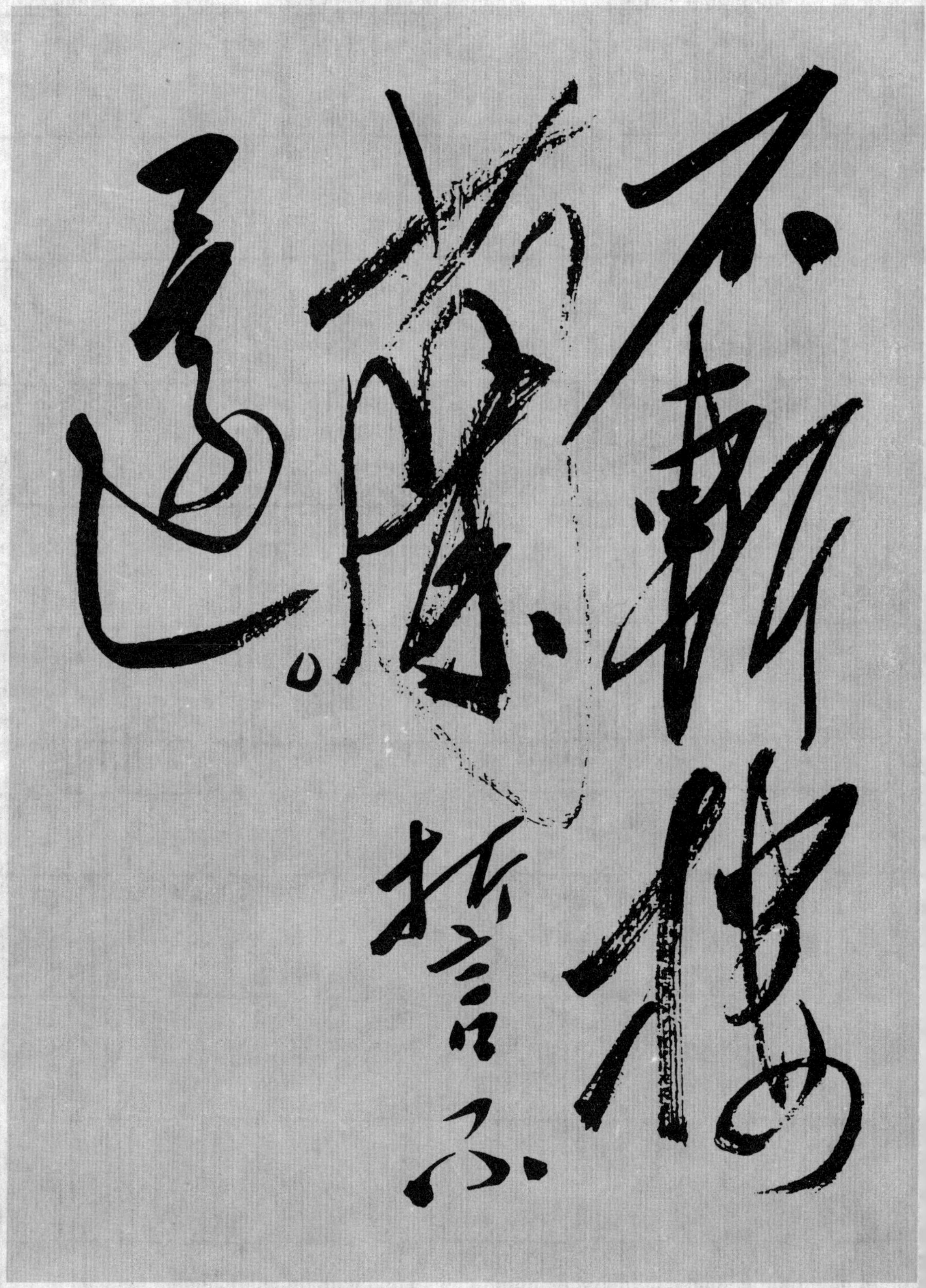

王昌龄

春宫怨

昨夜风开露井桃，未央前殿月轮高。平阳歌舞新承宠，帘外春秋寒赐锦袍。

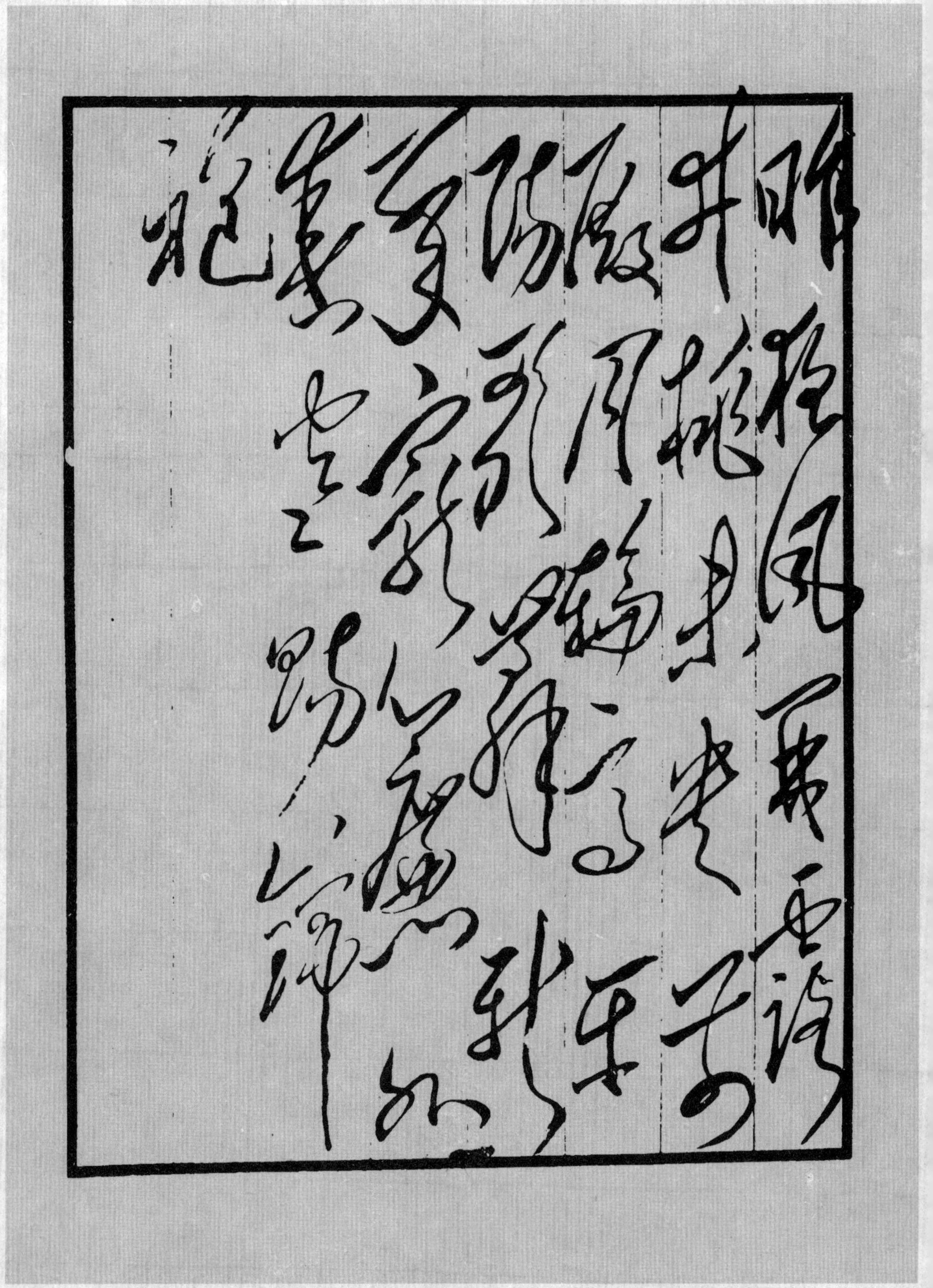

李白

庐山谣寄卢侍御虚舟

我本楚狂人，长歌笑孔丘。手持绿玉杖，朝别黄鹤楼。五岳寻山不辞远，一生好人名山游。庐山秀出南斗旁，屏风九叠云锦张，影入〔落〕明湖青黛光。金阙前开二峰长，银河倒挂双〔三〕石梁。香炉瀑布遥相望，回岩〔崖〕沓嶂凌苍苍。翠影红霞映朝日，鸟飞不到吴天长。登高壮观天地间，大江茫茫去不还。黄云万里动风色，白波九道流雪山。好为庐山谣，兴因庐山发。闲窥石镜清我心，谢公行处苍苔没。早服还丹无

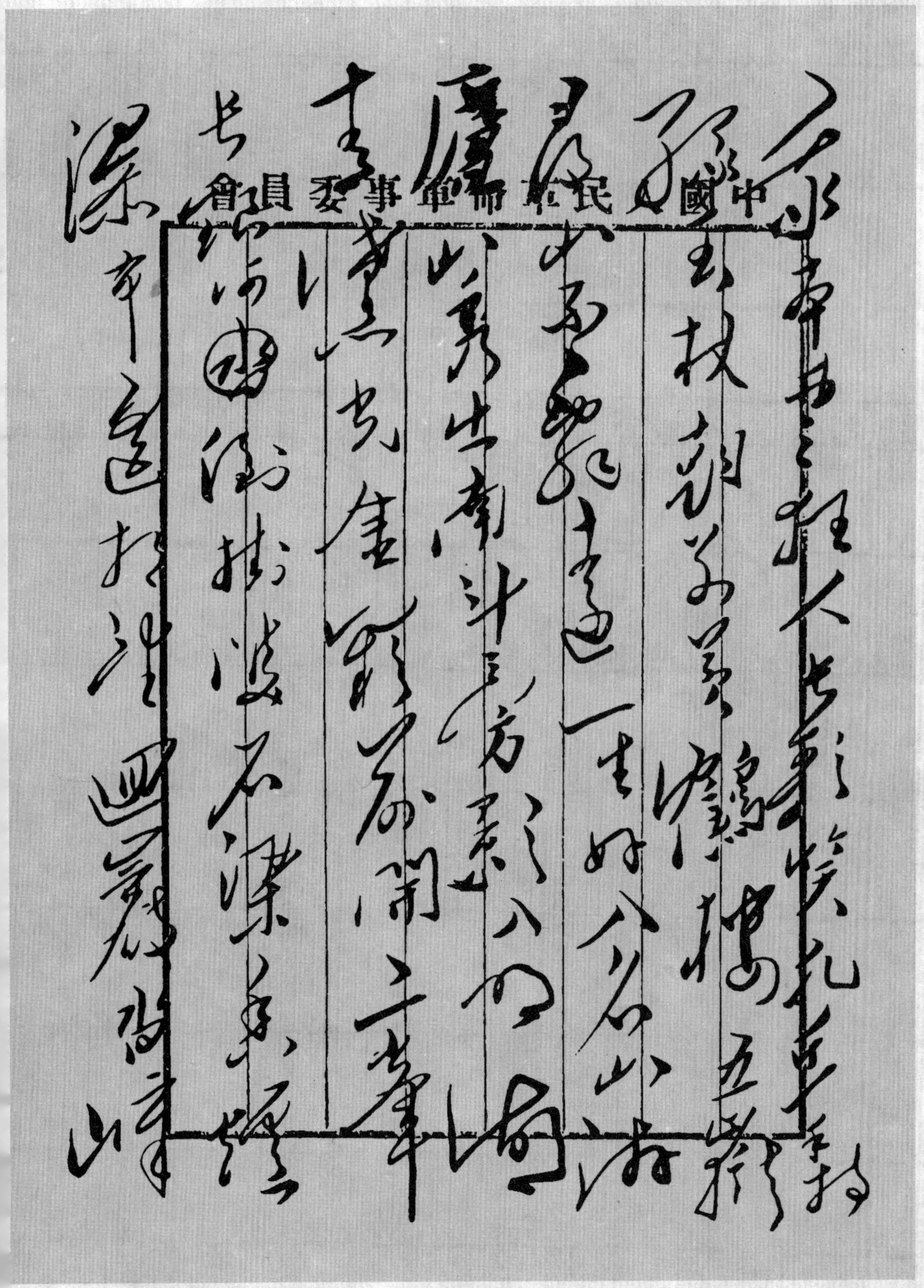

手书古诗文

世情，琴心三叠道初成。遥见仙人丝〔彩〕云里，手把芙蓉朝玉京。先期汗漫九亥上，愿随〔接〕卢敖朝〔游〕太清。

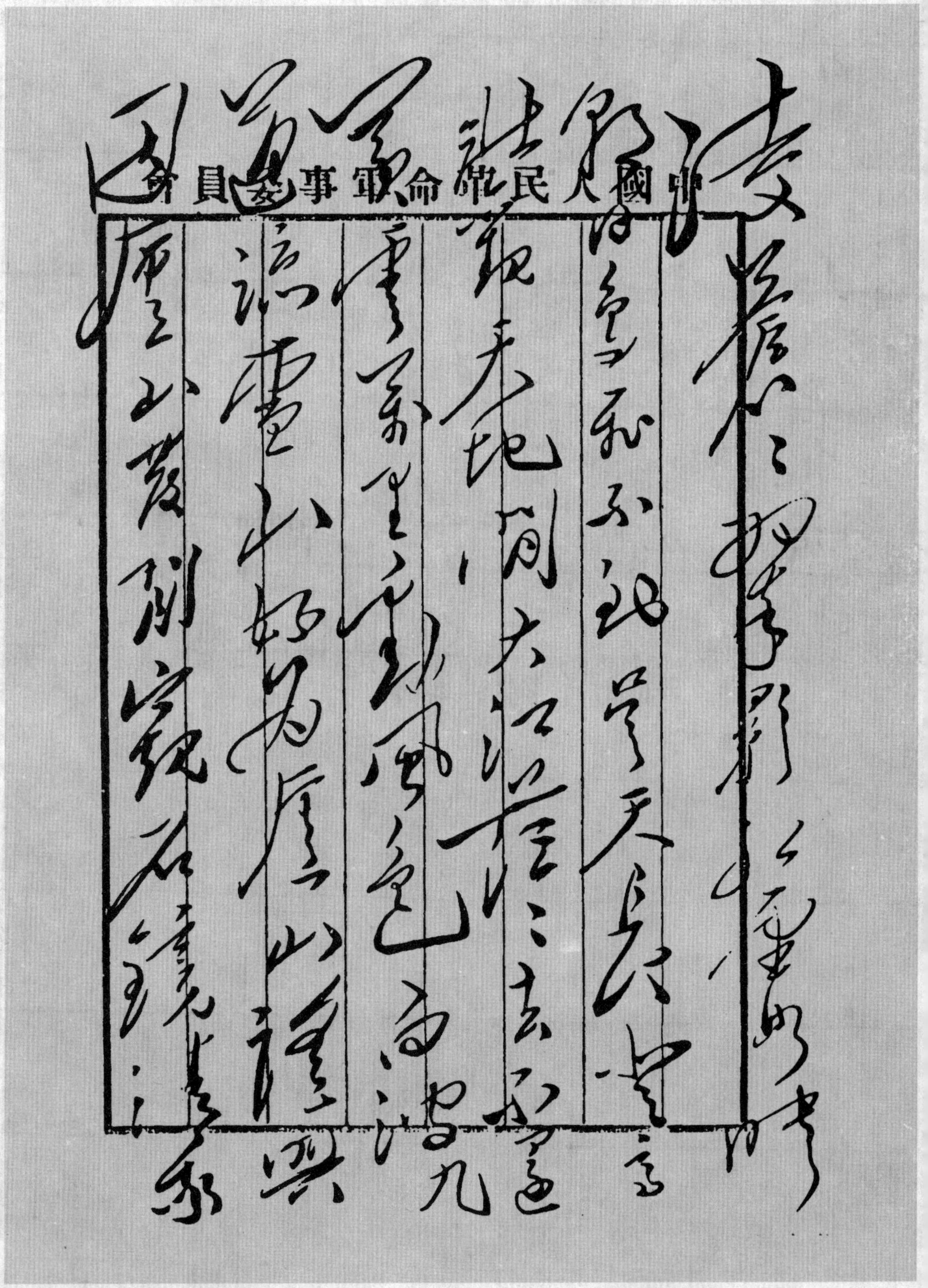

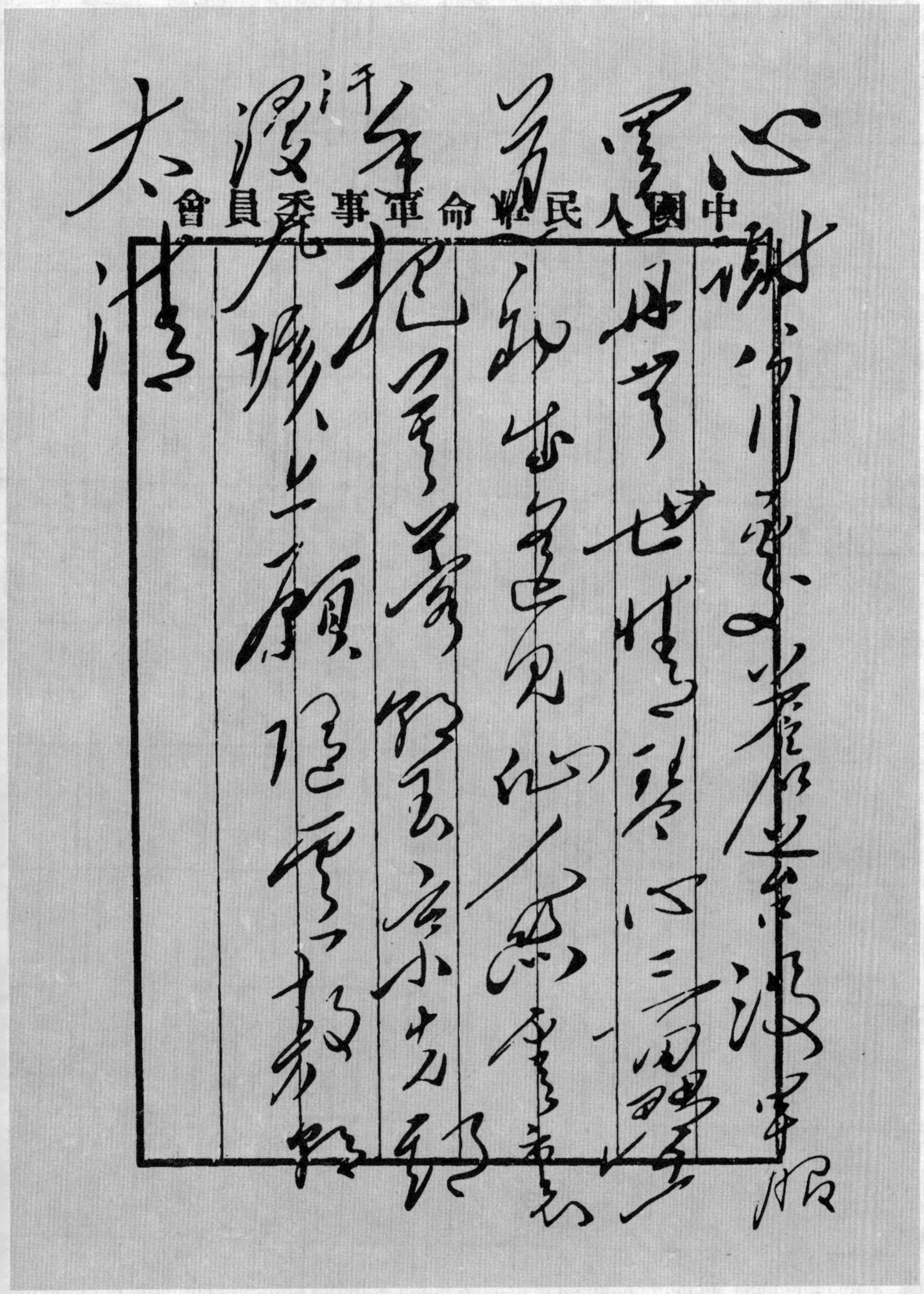

李白

梦游天姥吟留别

海客谈瀛州，烟涛微茫信难求。越人语天姆〔姥〕，云霞明灭或可睹，天姆〔姥〕连天向天横，势拔五岳掩赤城。天台四万八千丈，对此欲倒东南侧。我欲因之梦吴越，一夜飞渡镜湖月。湖月照我影，送我到〔至〕剡溪。谢公宿处今尚在，绿水荡〔漾〕青猿啼。脚着谢公屐，身登青云梯。半壁见海日，空中闻天鸡。千岩万壑路不定，迷花倚石忽已暝。熊咆龙吟殷岩泉，栗深林兮惊层巅。云青青兮欲雨，水淡淡兮生烟。列阙霹雳，丘岩〔峦〕崩摧，洞天石扉，訇然中开，青冥浩渺〔荡〕不见底，日月照耀金银台。霓为衣兮风为马，云之君兮纷纷而来下，虎鼓瑟兮鸾回车，仙之人兮列如麻。忽魂悸以魄动，恍惊起而长嗟。惟觉时之枕席，失向之烟霞。我生〔世间〕行乐亦如此，古来万事东流水。别君去兮何时还，且放白鹿青岩〔崖〕间，须行即骑访名山。安能摧〔眉折〕腰事权贵，使我不得开心颜。

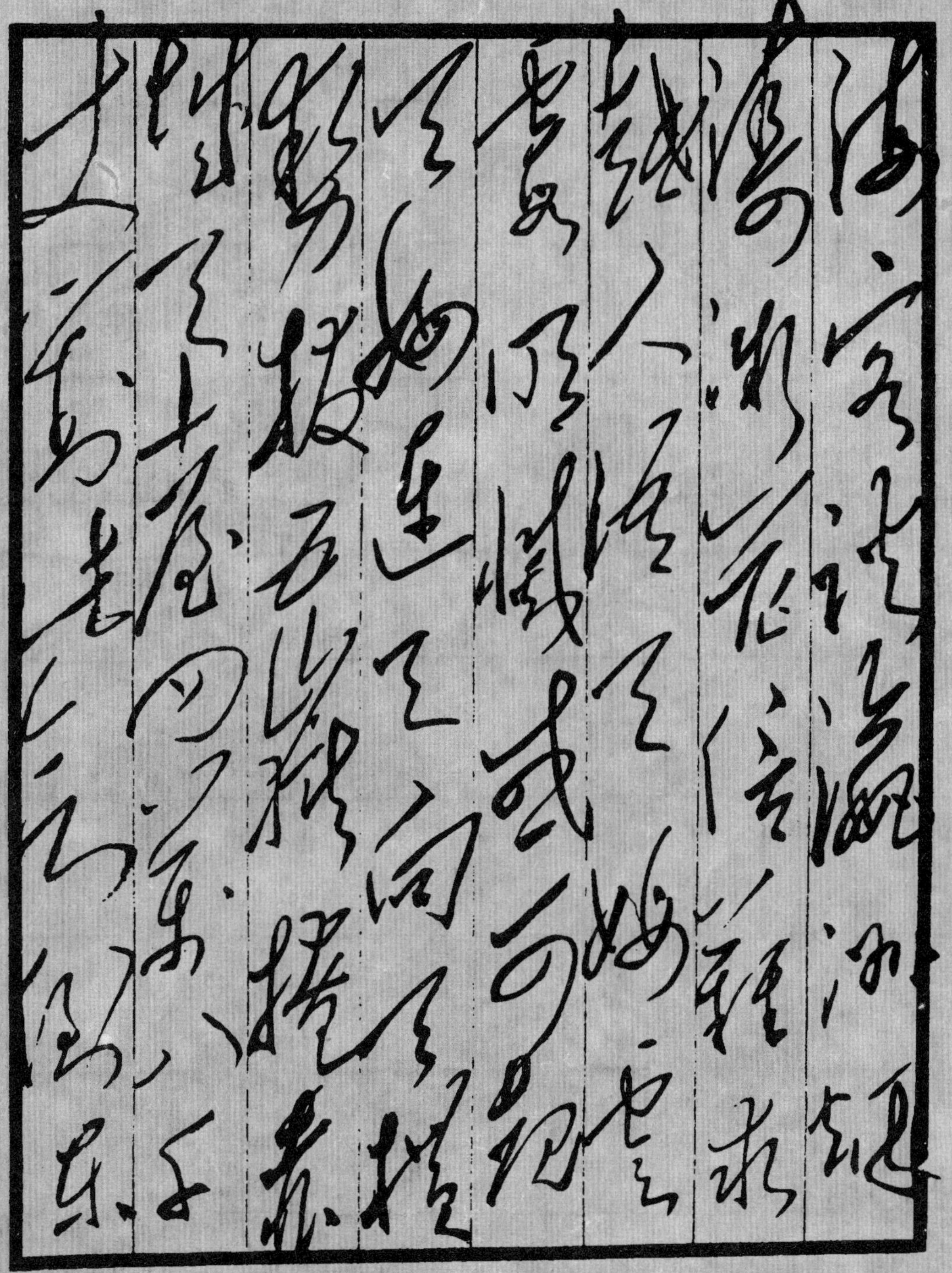

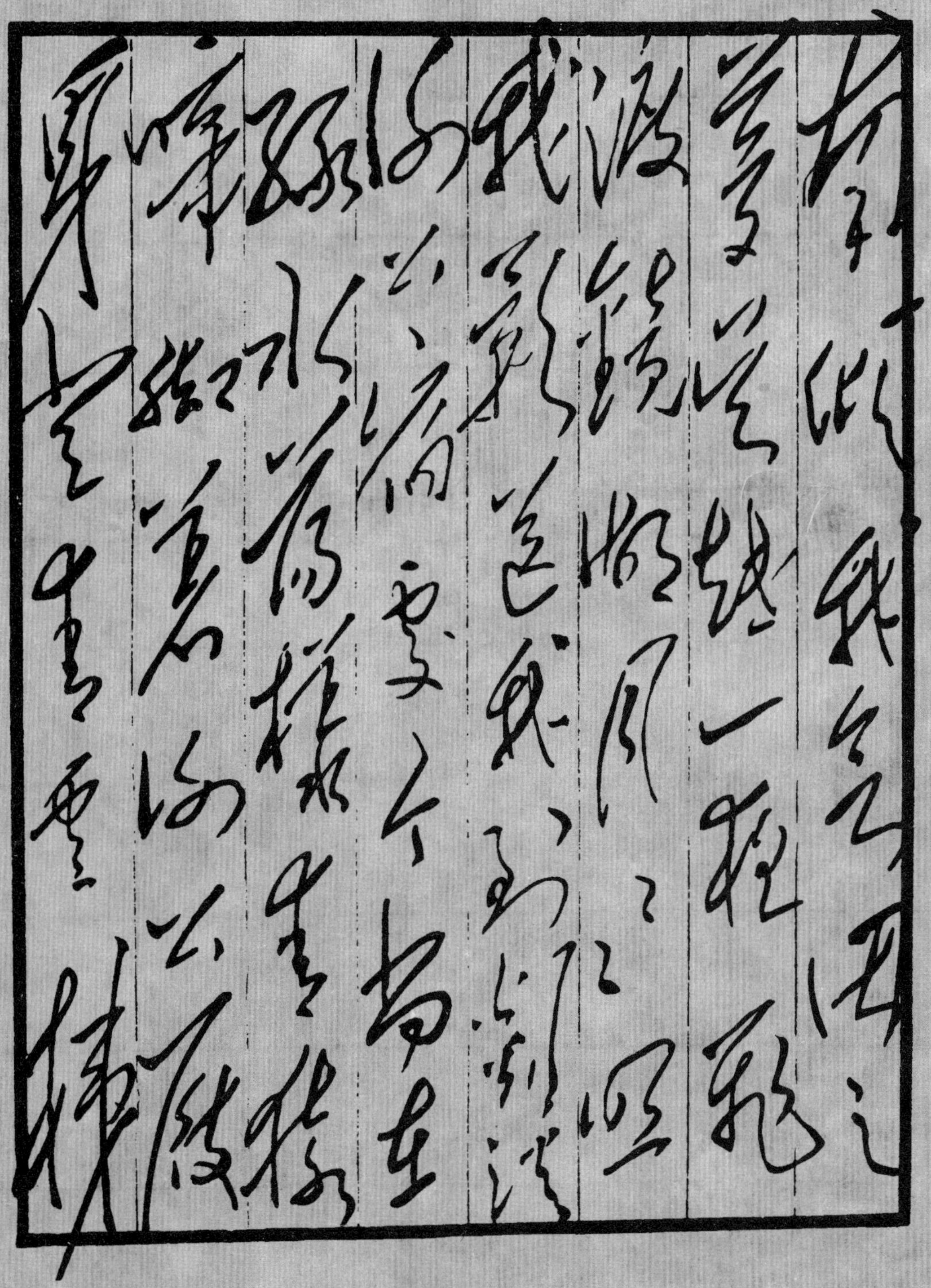

手书古诗文

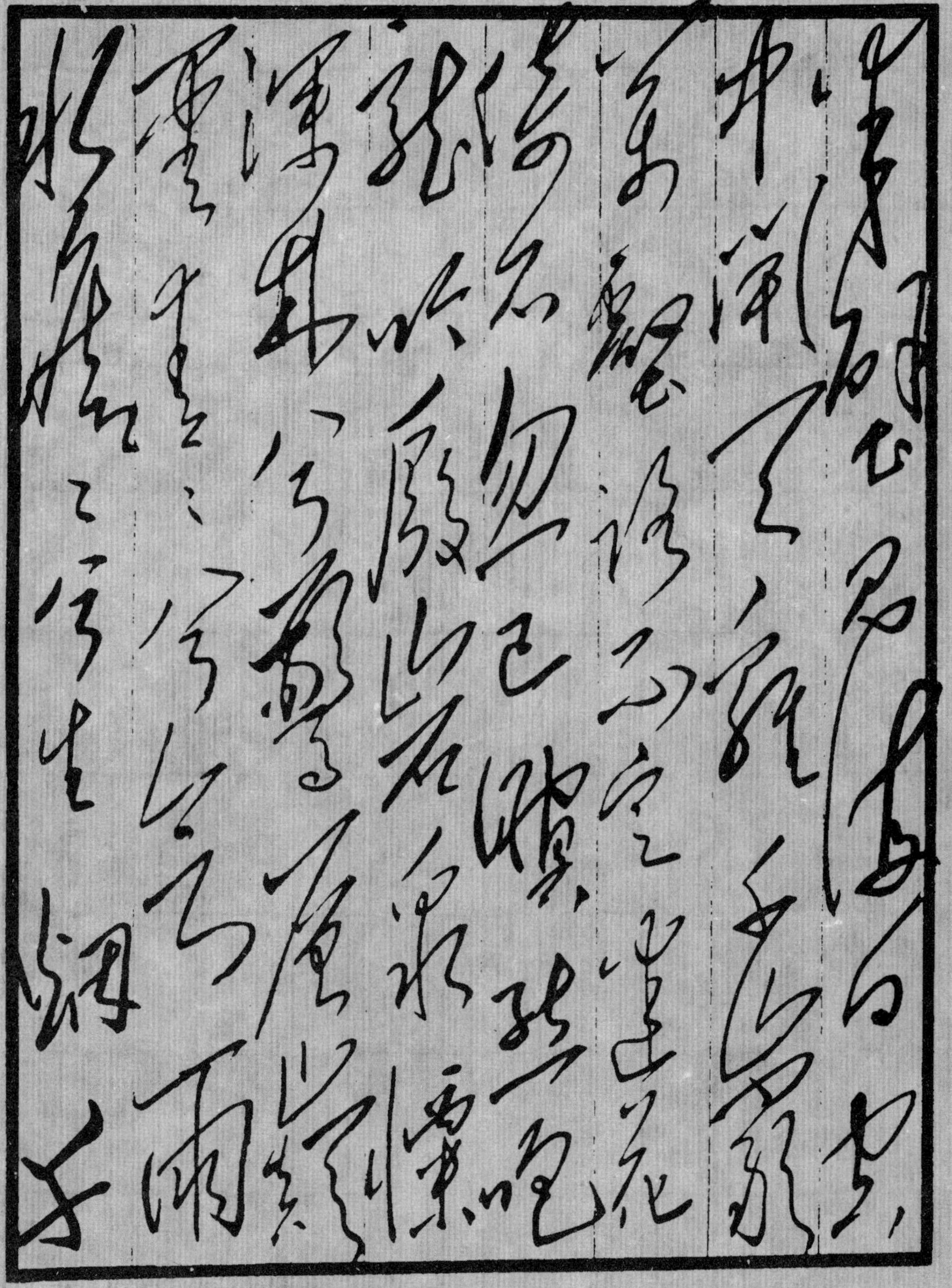

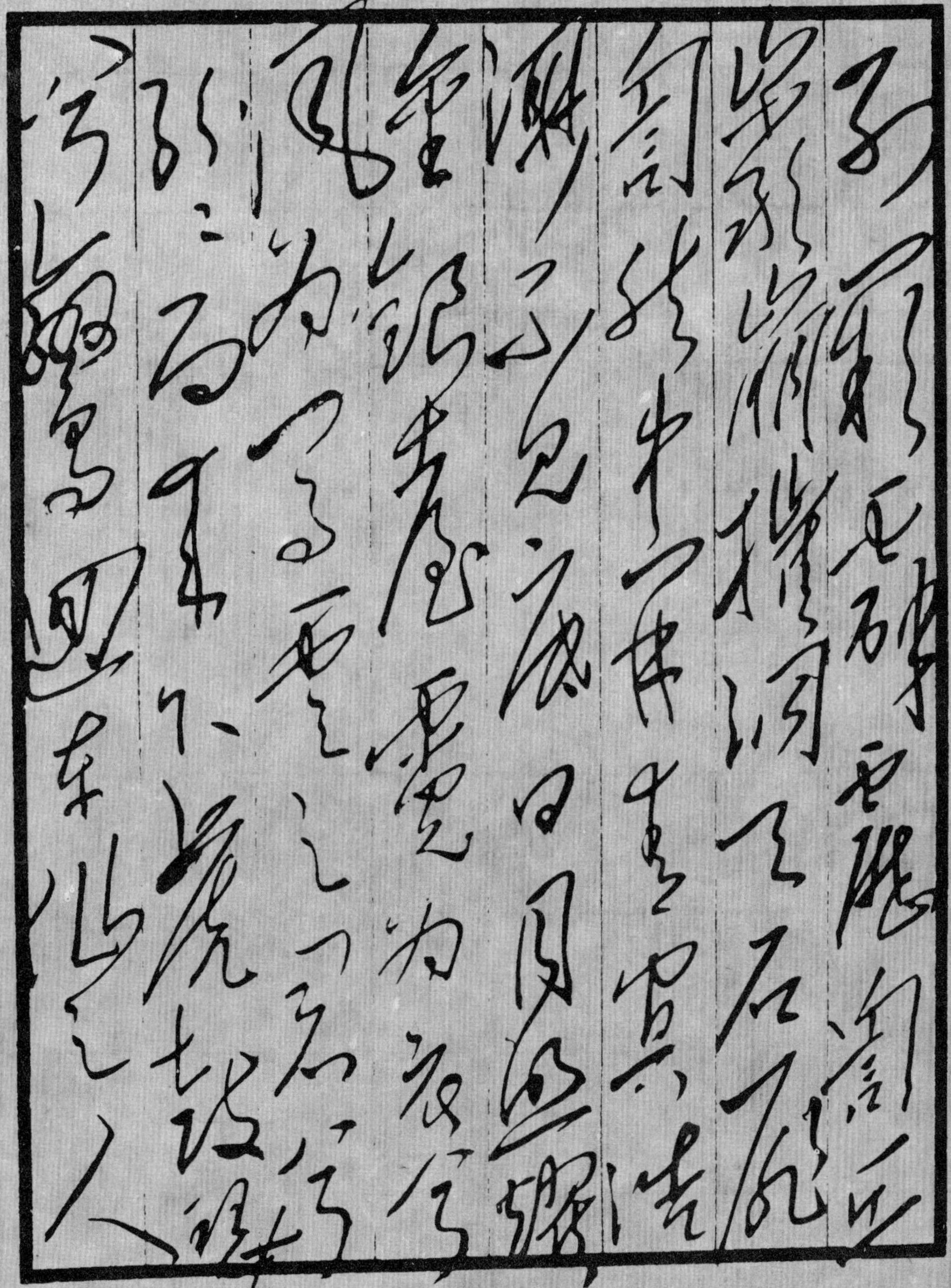

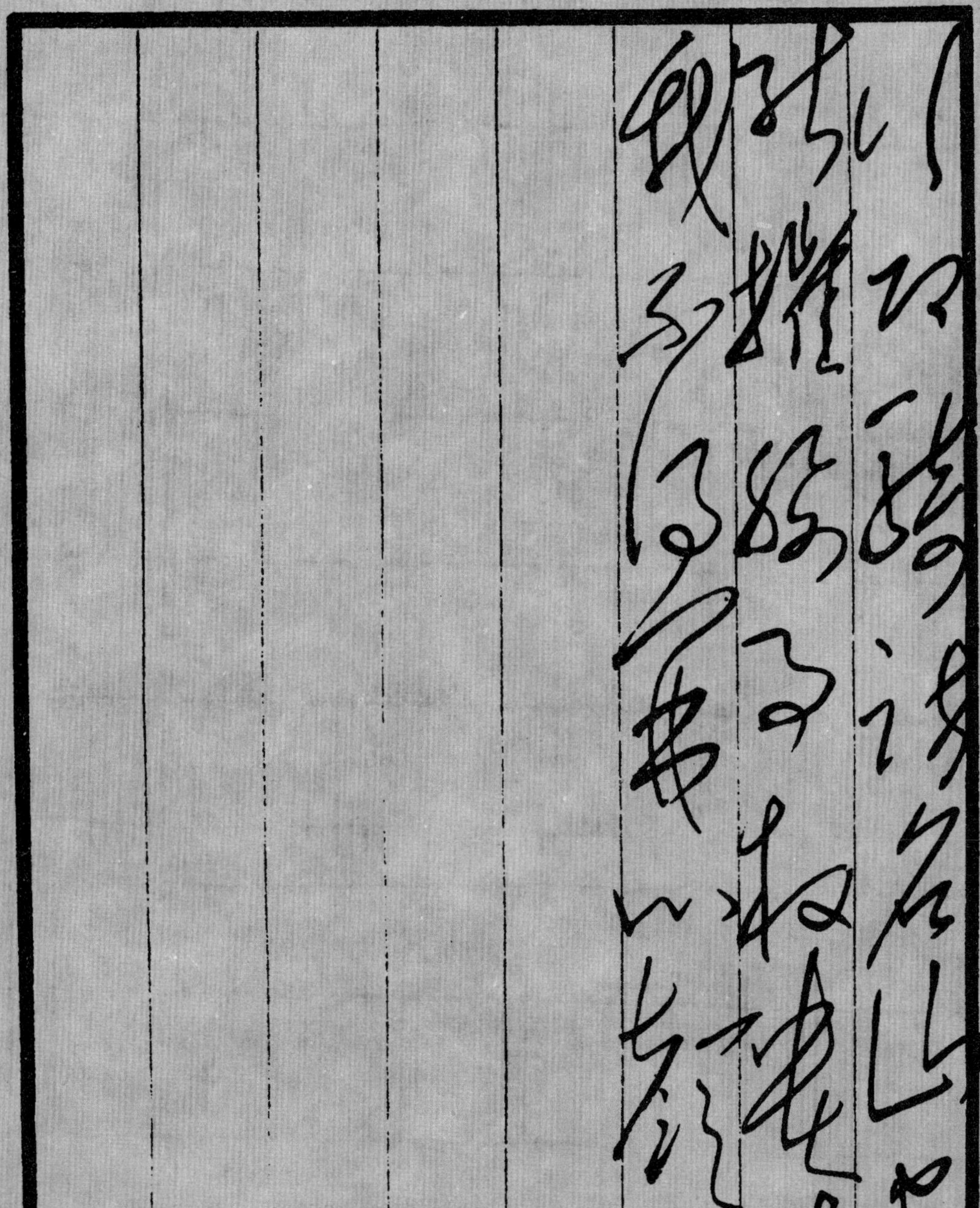

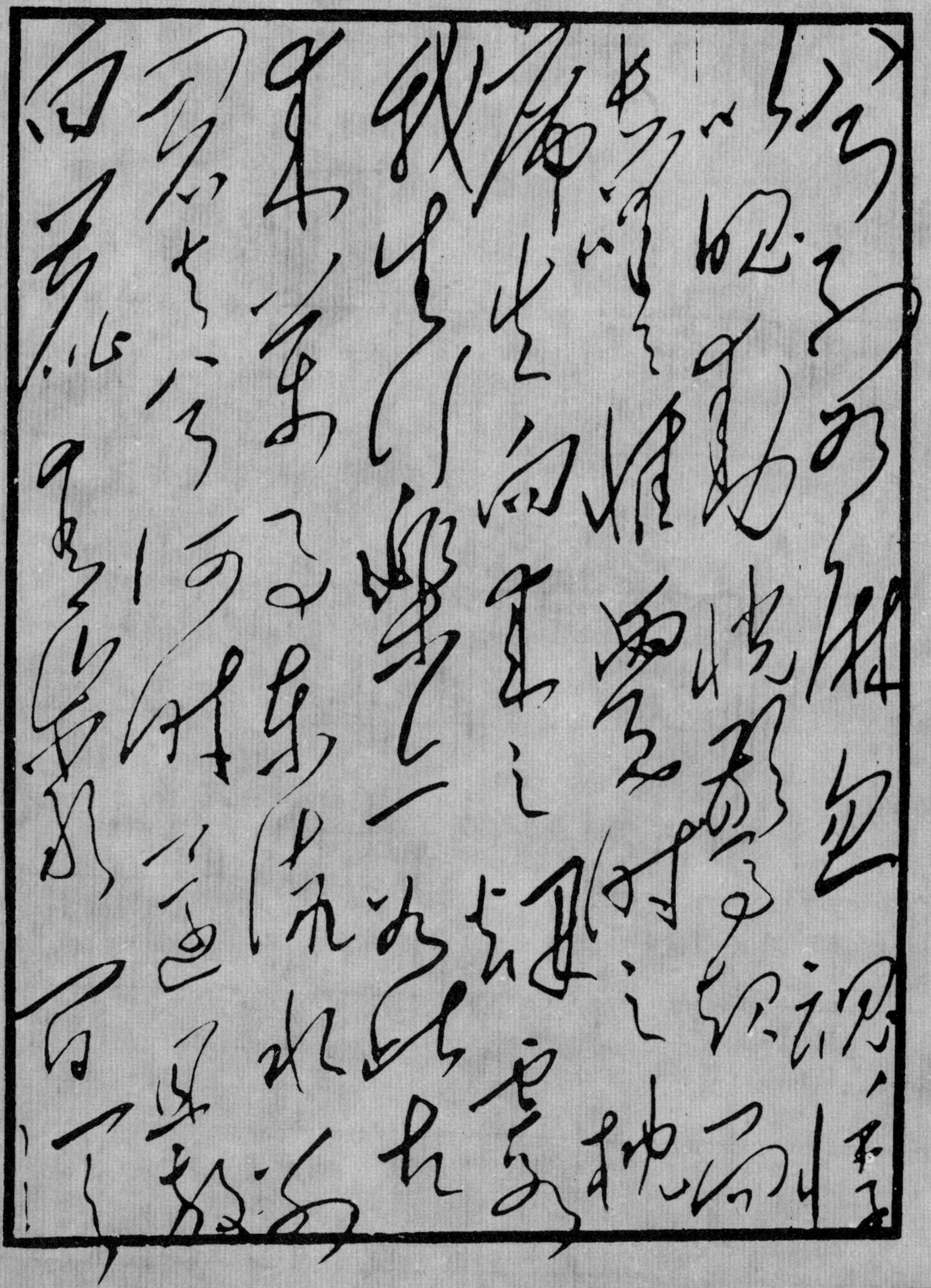

手书古诗文

李白

下江陵

朝辞白帝彩云间，千里江陵一日还。两岸猿声啼不住，轻舟已过万重山。

毛泽东

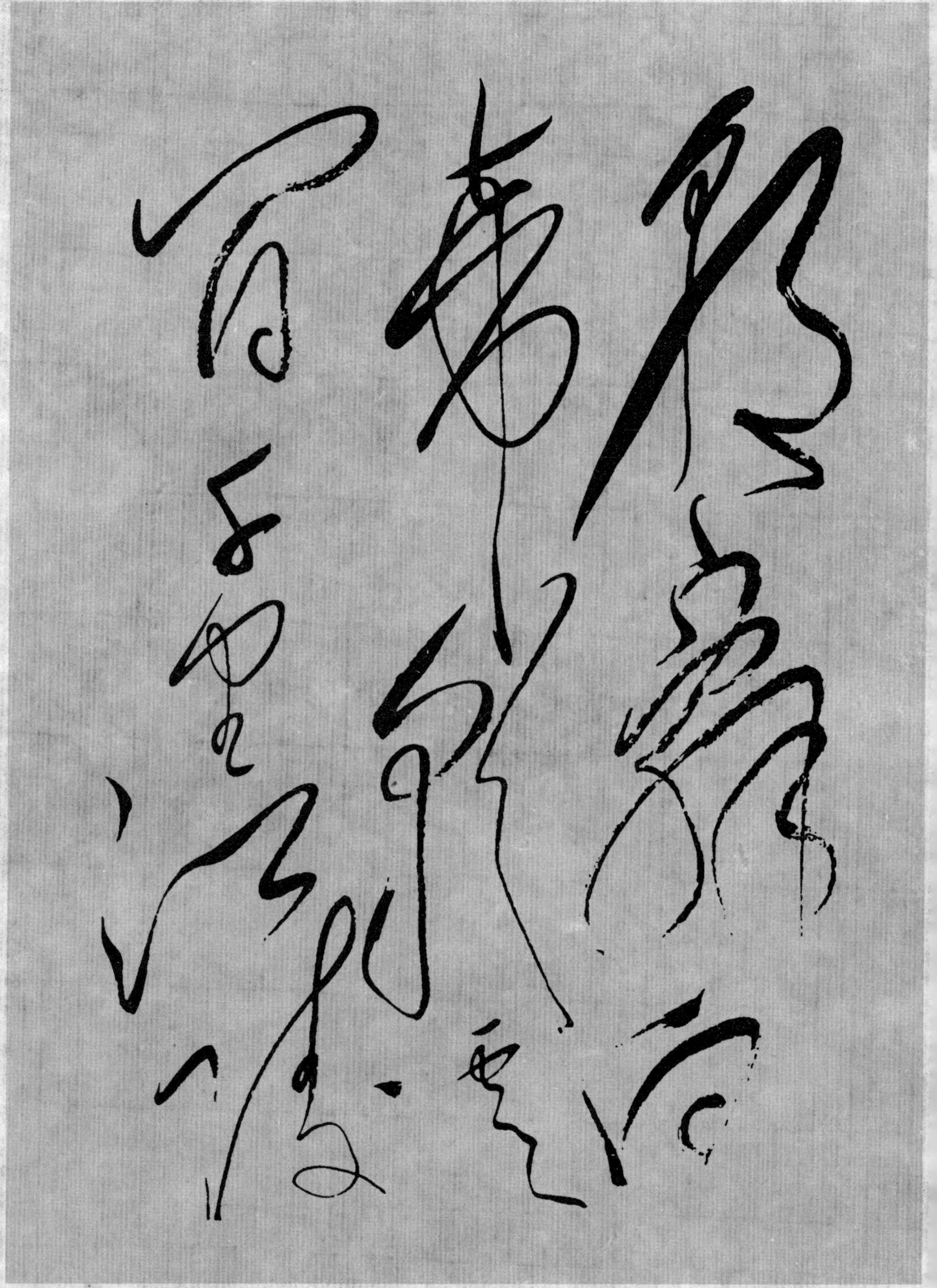

手书古诗文

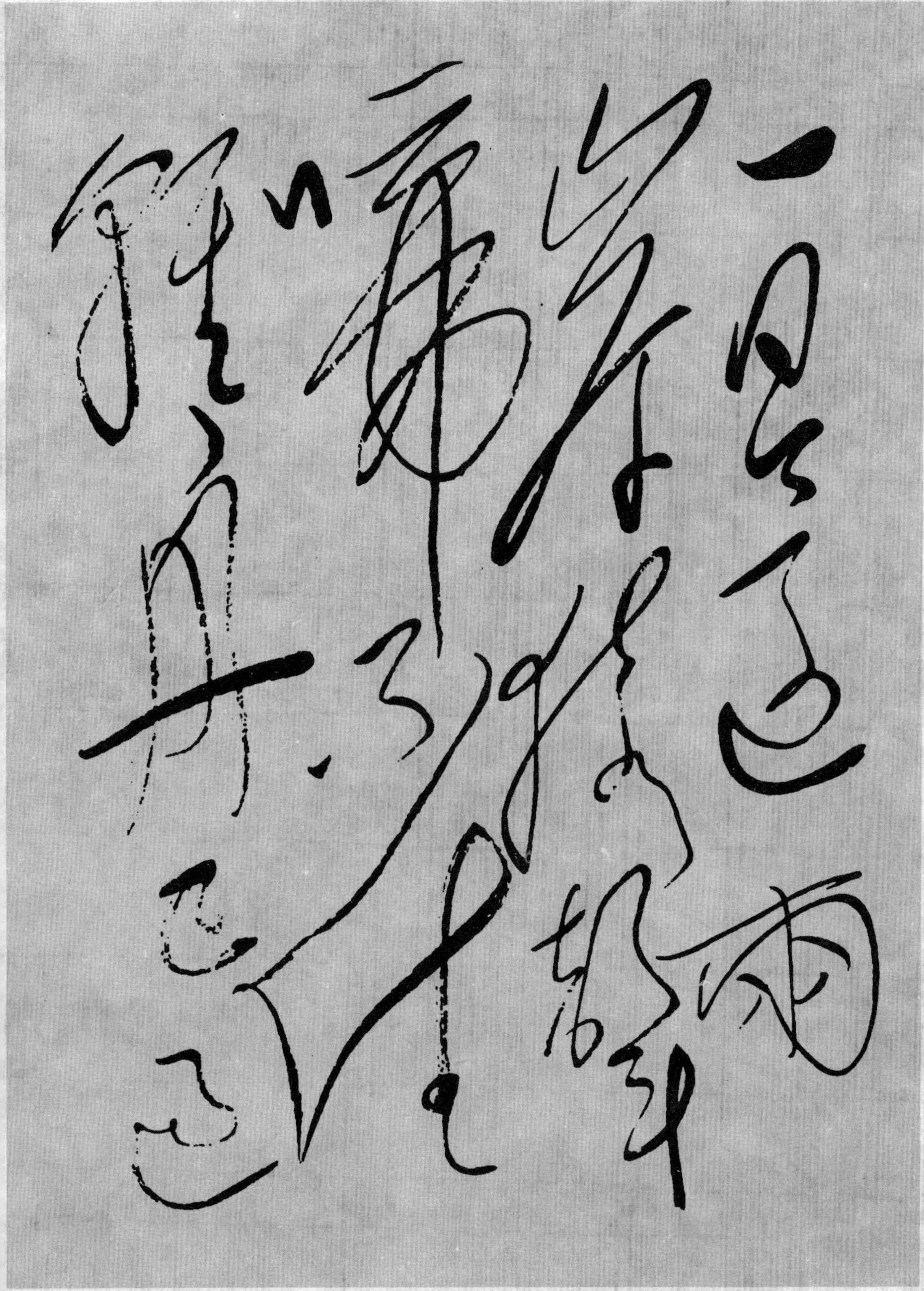

李白

赠汪伦

李白乘舟将欲行，忽闻岸上踏歌声。桃花潭水深千尺，不及汪仑〔伦〕送我情。

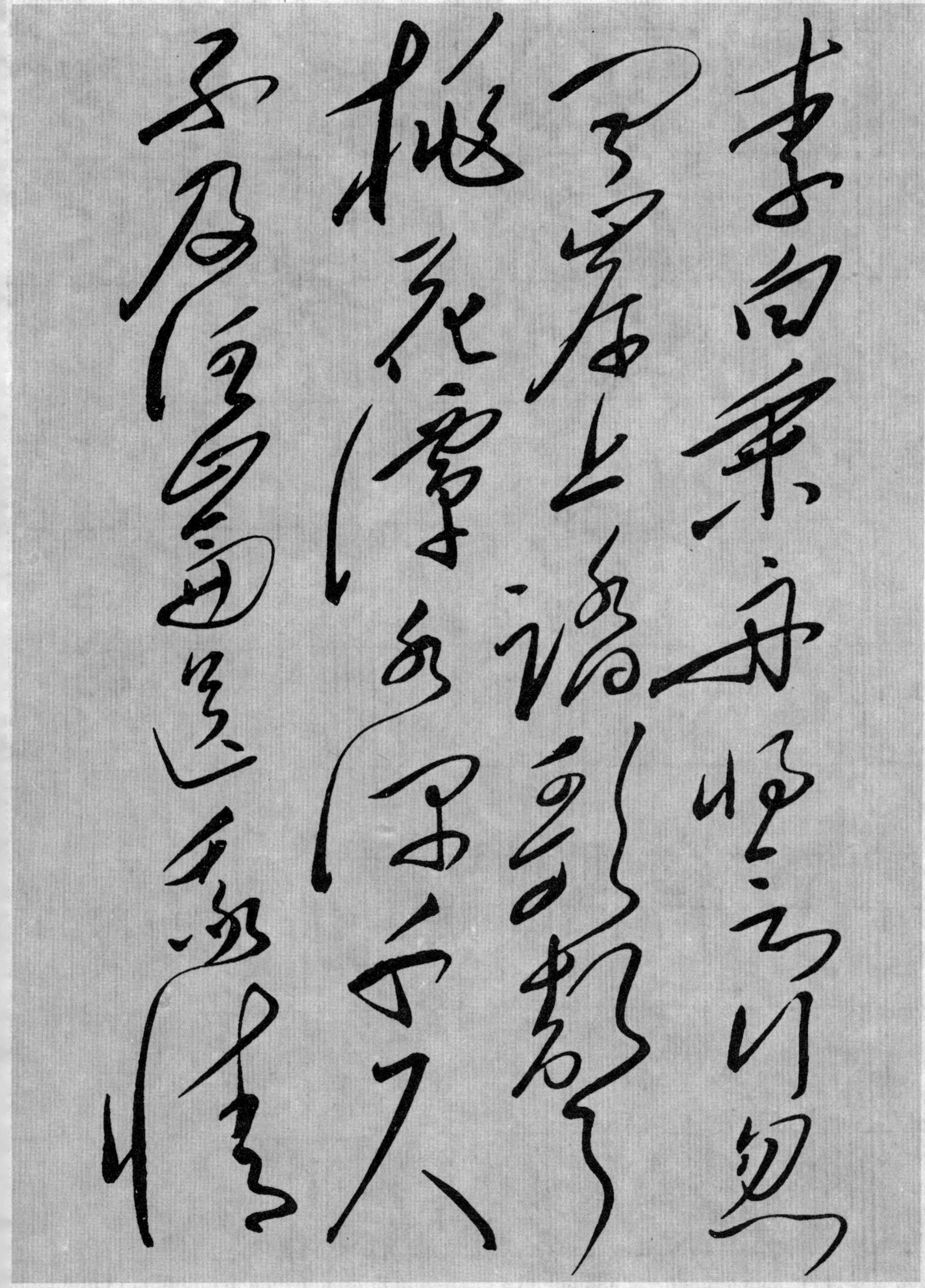

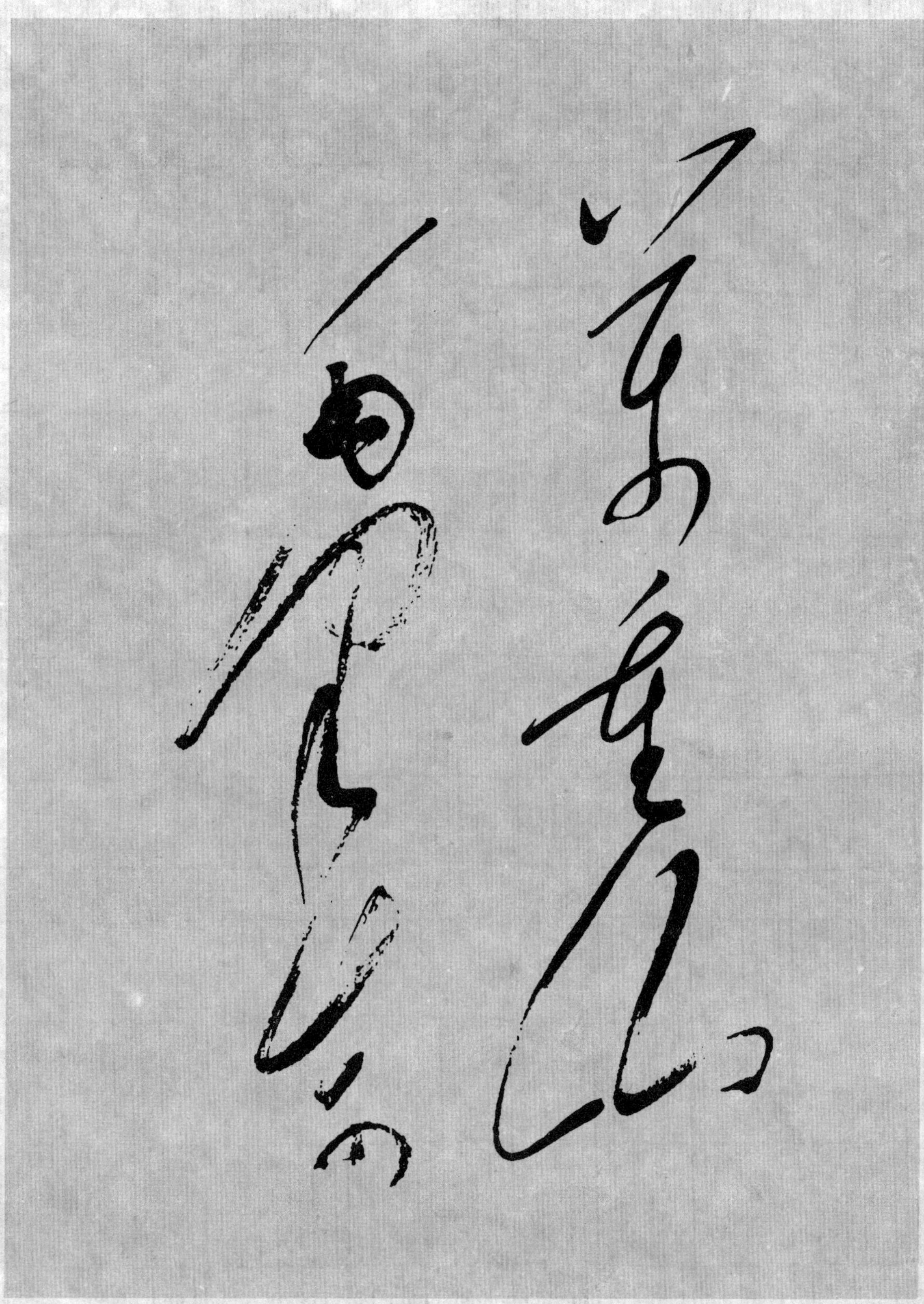

李白

将进酒

君不见黄河之水天上来，奔流到海不复回。君不见高堂明镜悲白发，朝如青丝暮成雪。人生得意须尽欢，莫使金尊空对月。天生我才必有用，千金散尽还复来。烹羊宰牛且为乐，但〔会〕须日〔一〕饮三百杯。岑夫子，丹丘生，将进酒，杯莫停。与君歌一曲，请君为我倾耳听。钟鼓馔玉不足贵，但须〔愿〕长醉不愿醒。古来圣贤皆寂寞，惟有饮者留其名。陈王昔时宴平乐，斗酒十千姿〔恣〕欢乐〔谑〕。直〔径〕须估酒〔沽取〕对君酌。五花马，千金裘，呼儿将出换美酒。与〔尔〕同销万古愁。

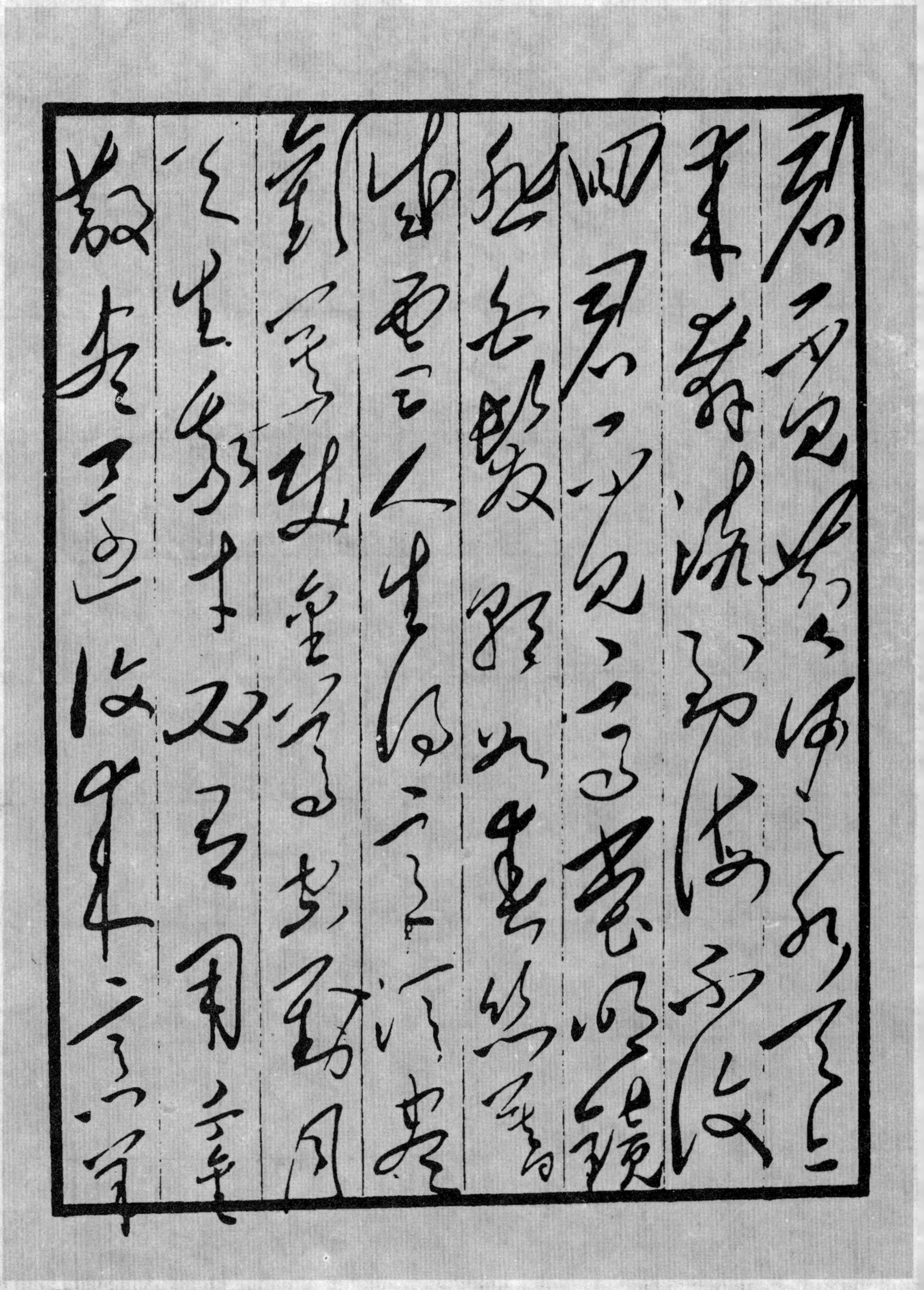

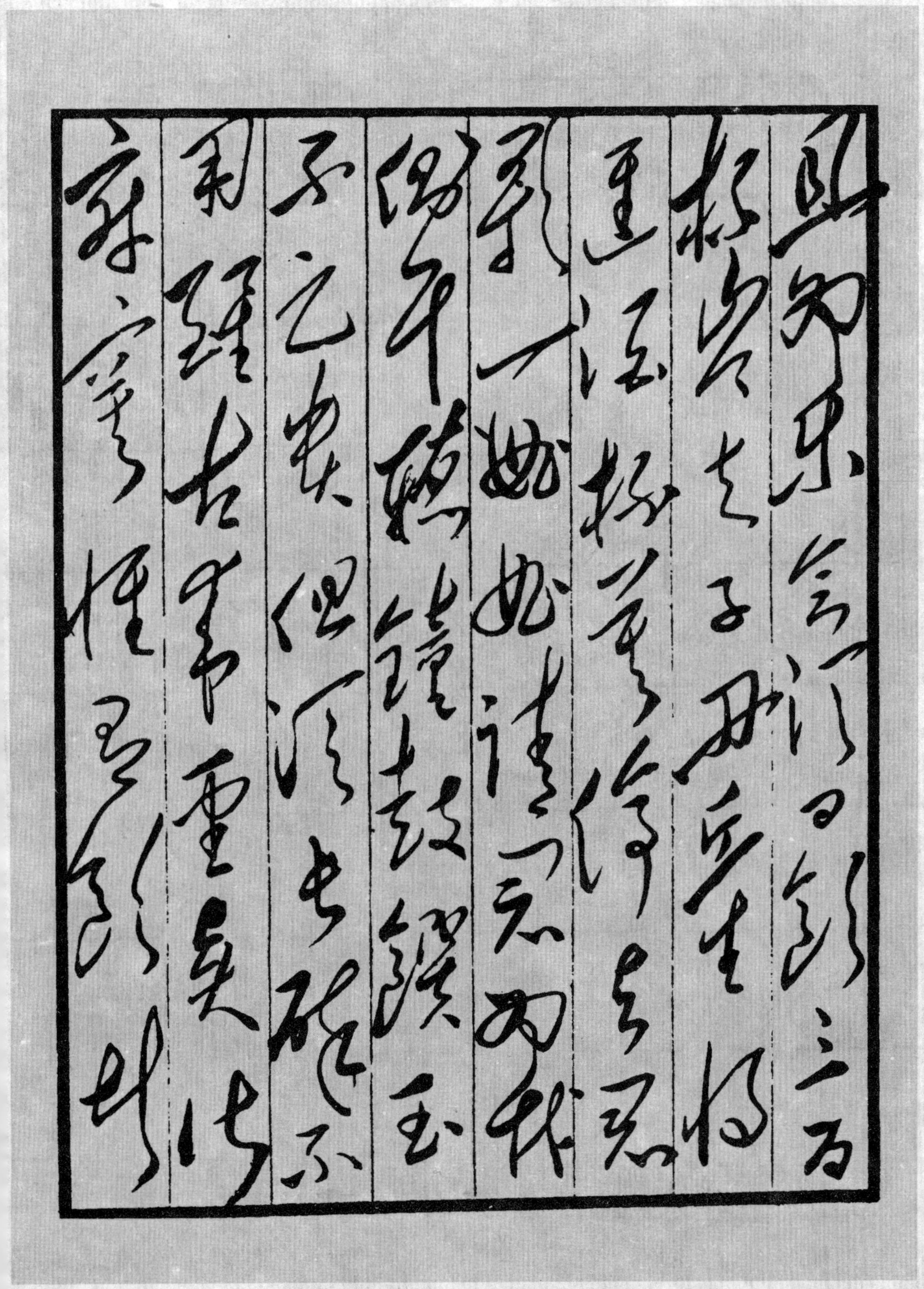

李白

送储邕之武昌（前四句）

黄鹤西楼月，长江万里情，春风三十度，空忆武昌城。

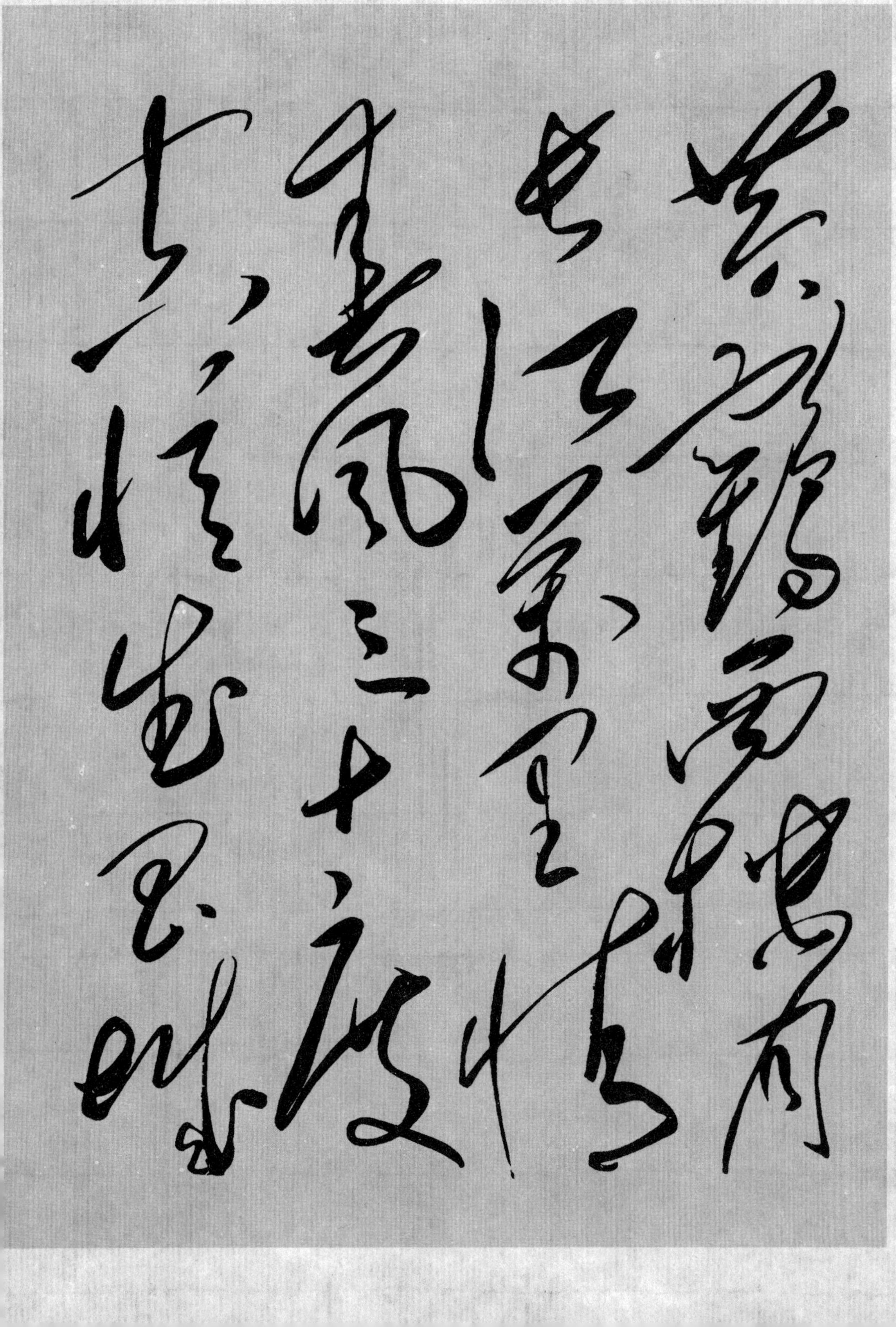

手书古诗文

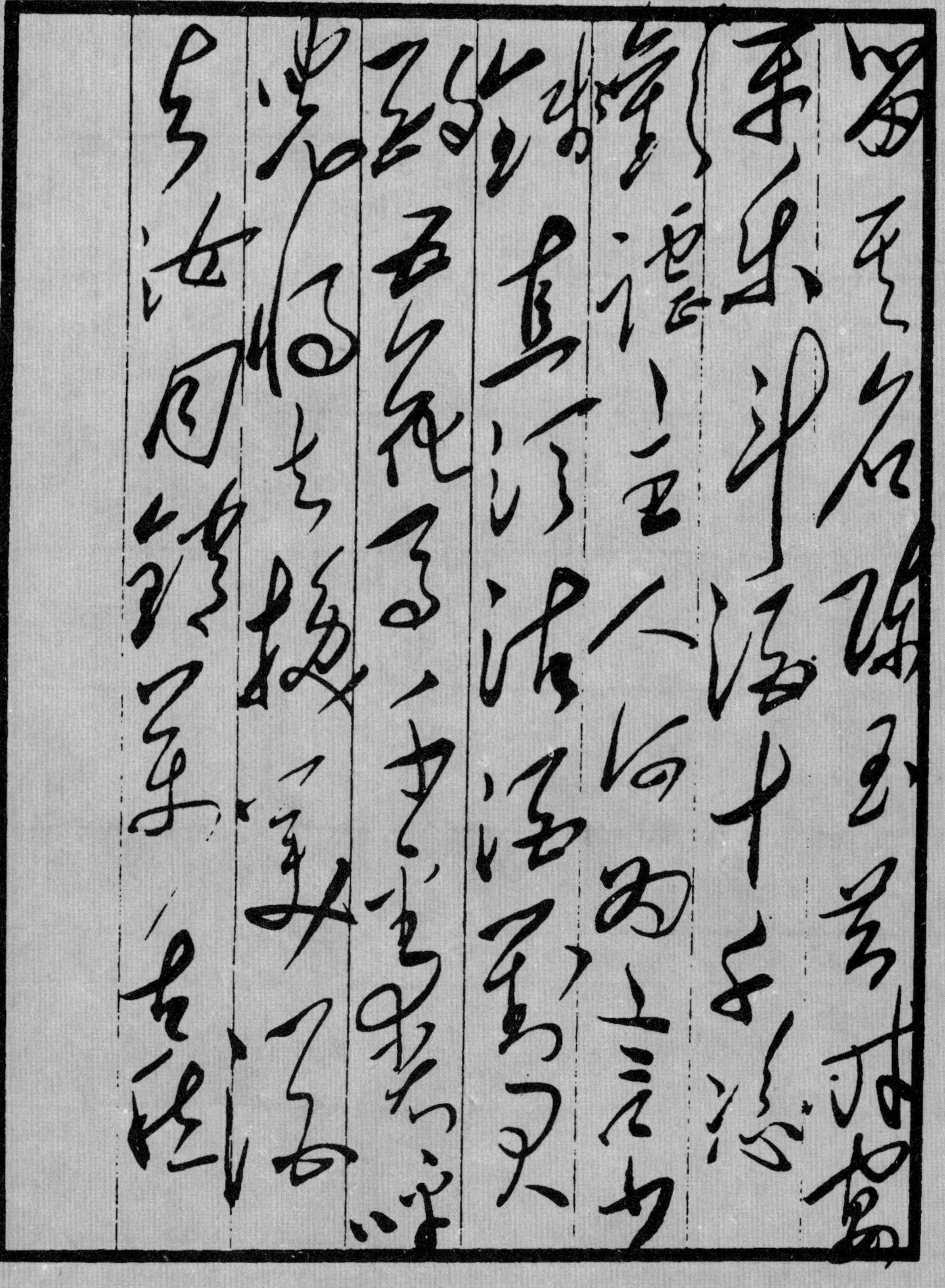

李白
登金陵凤凰台

凤凰台上凤凰游，凤去台空江自流。吴宫花草埋幽径，晋代衣冠成古丘，三山羊落青天外，二水中分白鹭洲。总为浮云能蔽日，长安不见使人愁。

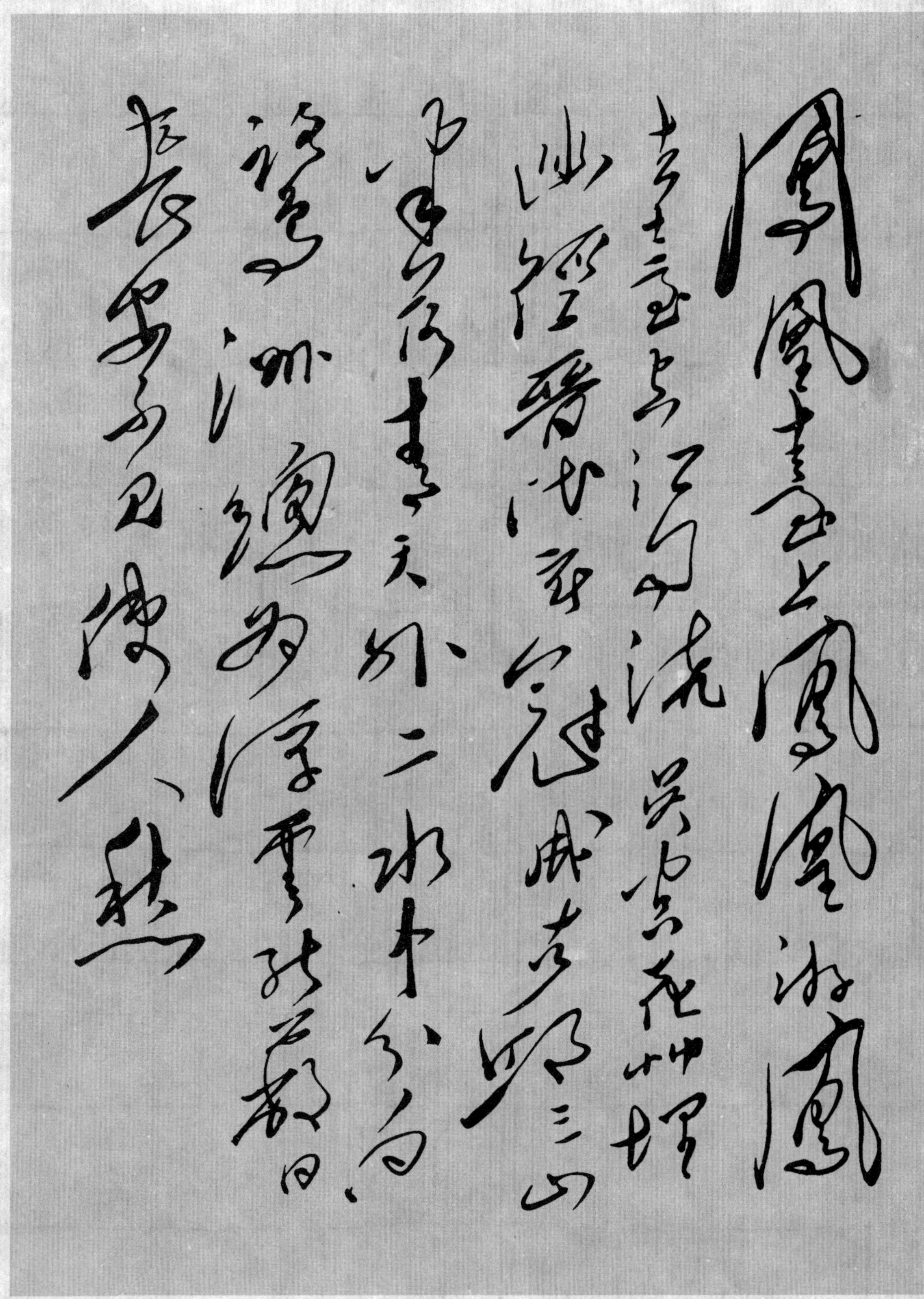

李白
越中怀古

越王勾践破吴归，战士还家尽锦衣。宫女如花满春殿，只今惟有鹧鸪啼〔飞〕。

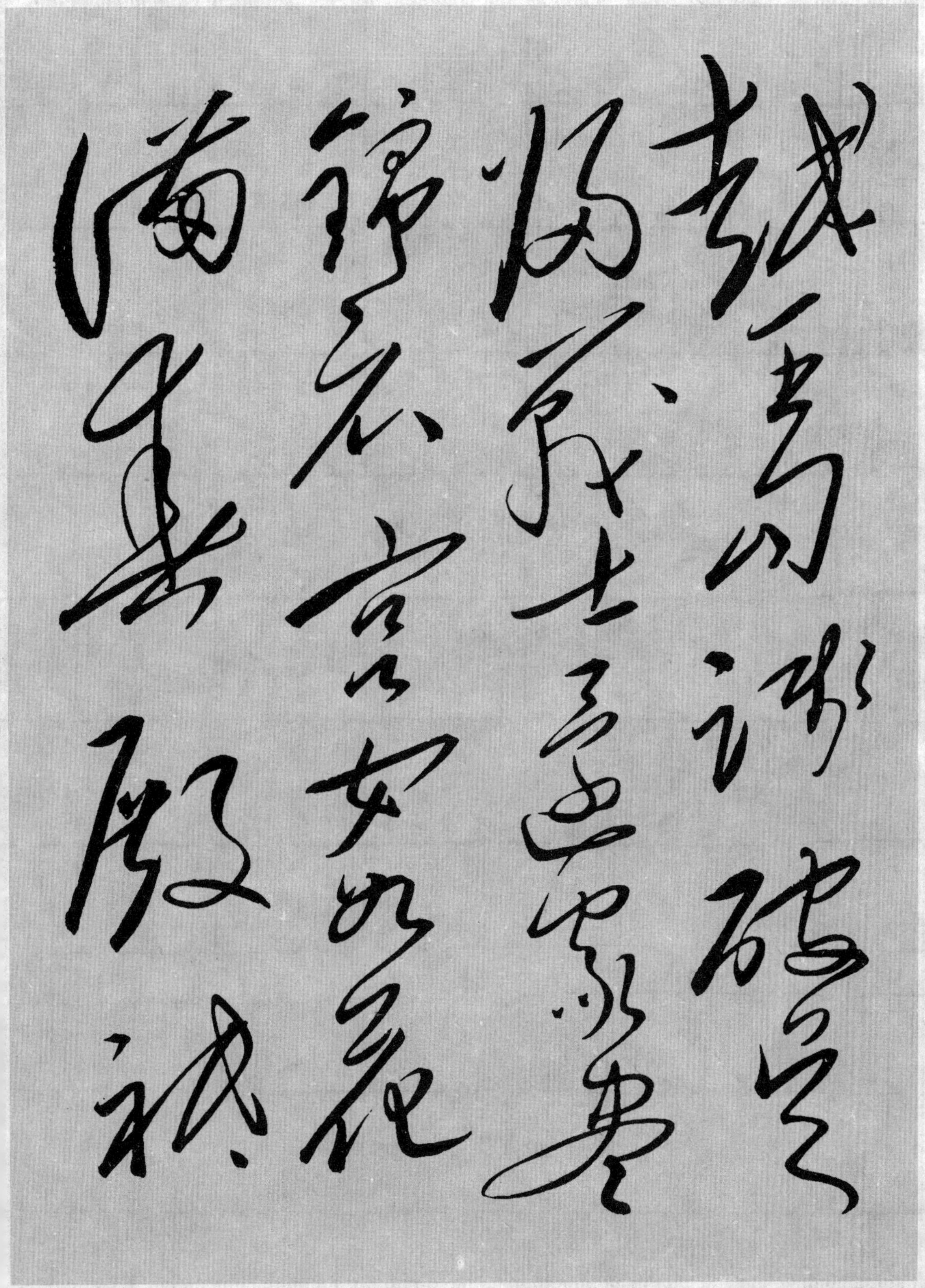

李白

黄鹤楼闻笛

一为迁客去长沙，西望长安不见家。黄鹤楼中吹玉笛，江城五月落梅花。

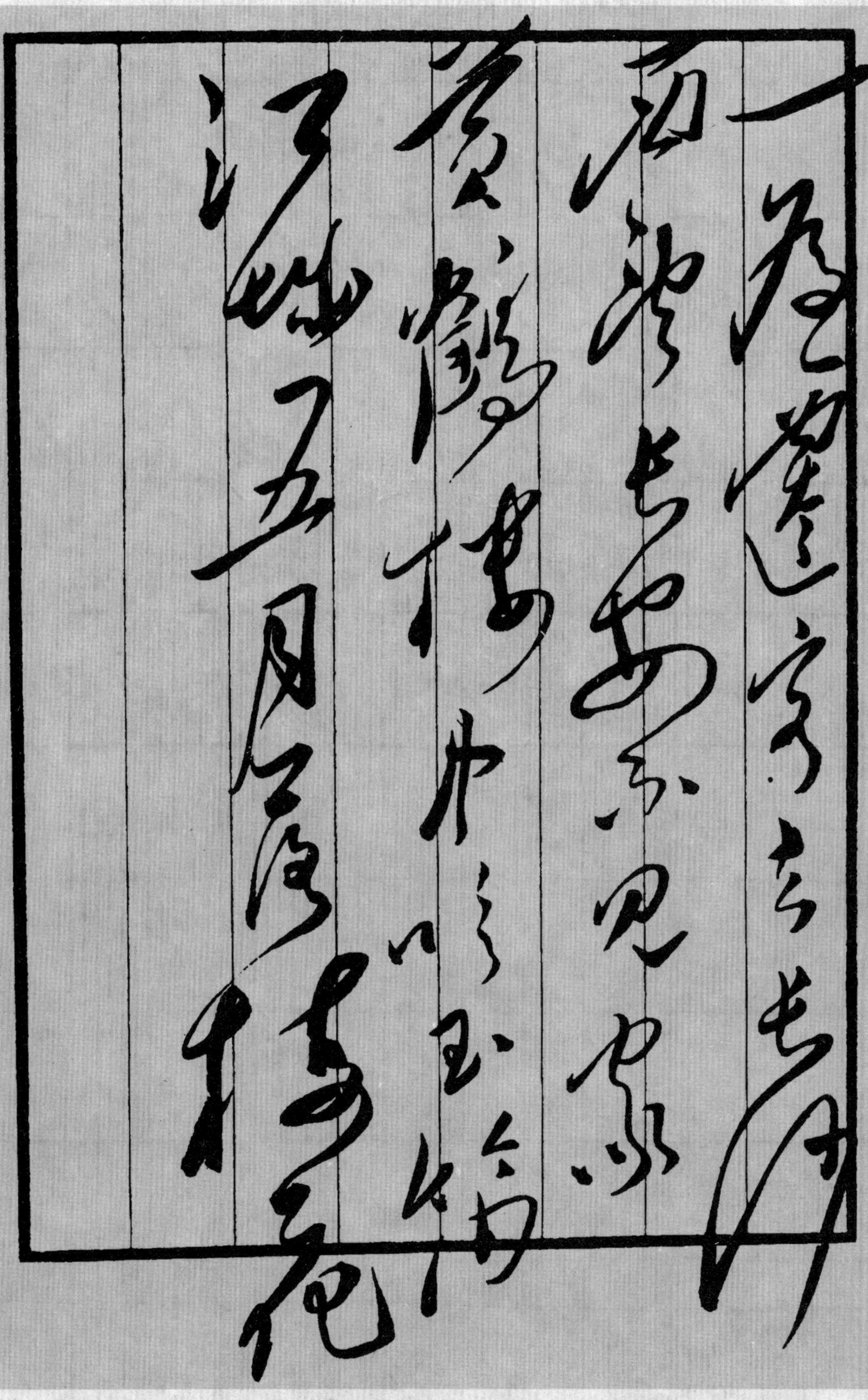

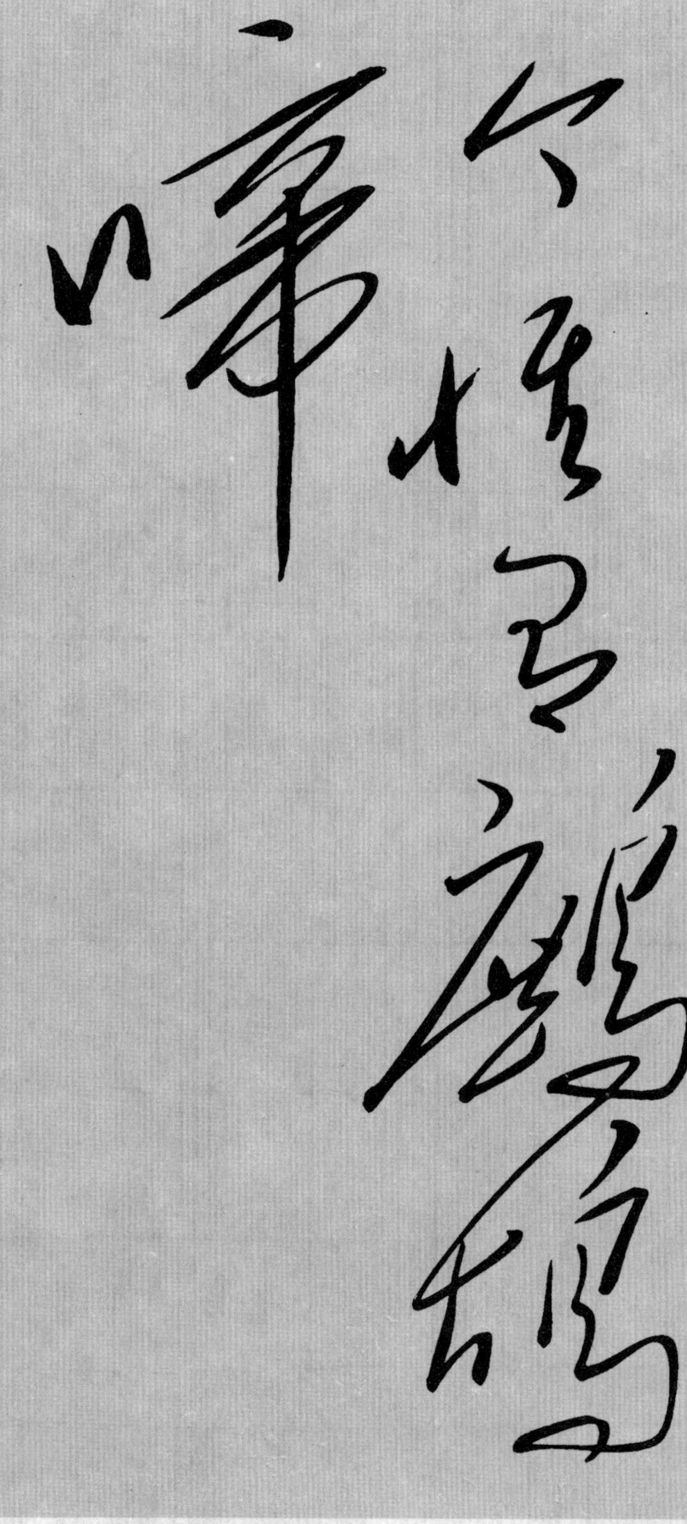

李白
忆秦娥

箫声咽，秦娥梦断秦楼月。秦楼月，年年柳色，霸陵伤别。乐游原上清秋节，咸阳古道音尘歇〔绝〕，西风残照，汉家陵阙。

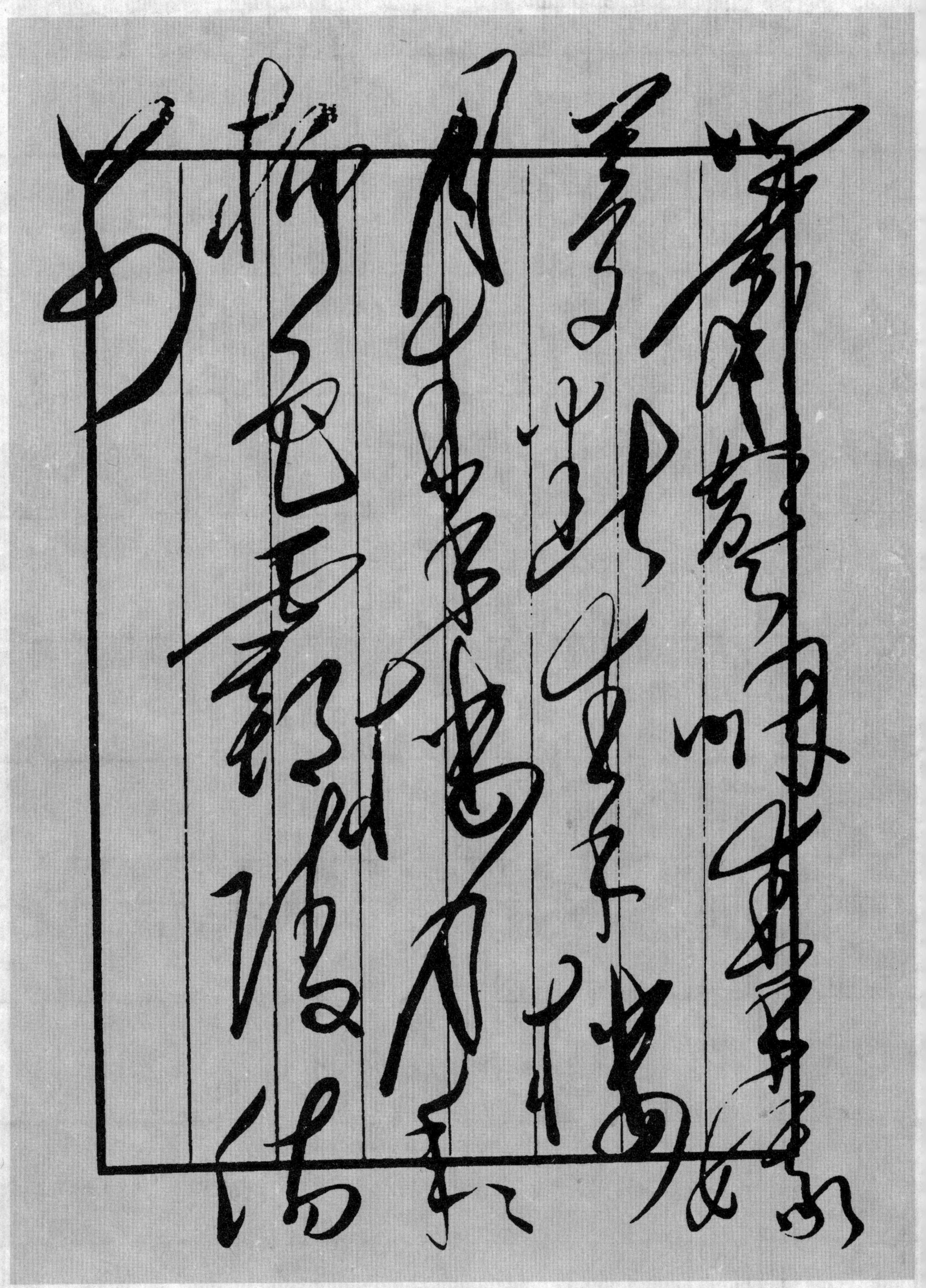

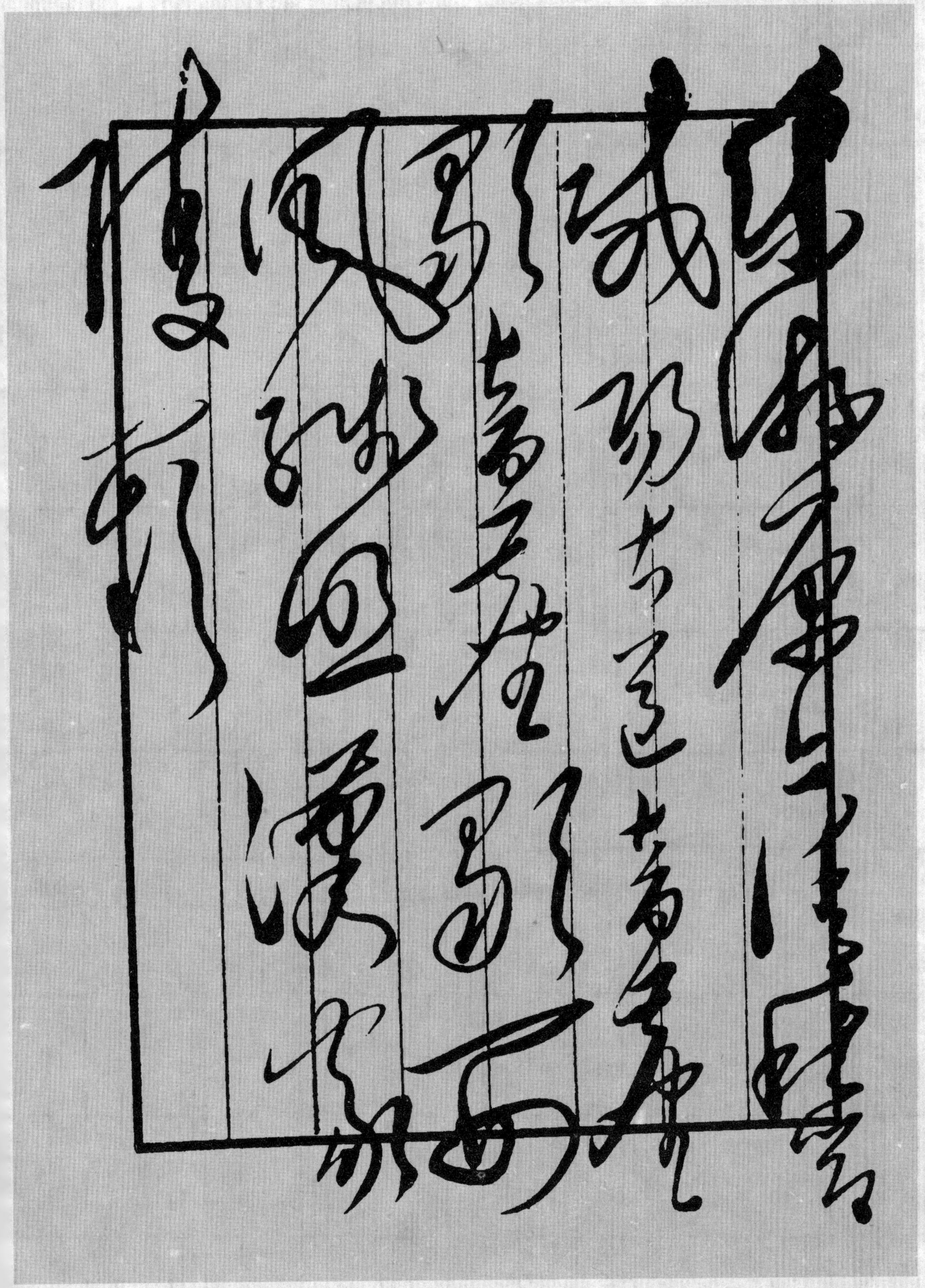

手书古诗文

黄鹤楼

崔颢

昔人已乘黄鹤去，此地空余黄鹤楼。黄鹤一去不复返，白云千载空悠悠。晴川历历汉阳树，芳草萋萋鹦鹉州〔洲〕。日暮乡关何处是，烟波江上使人愁。

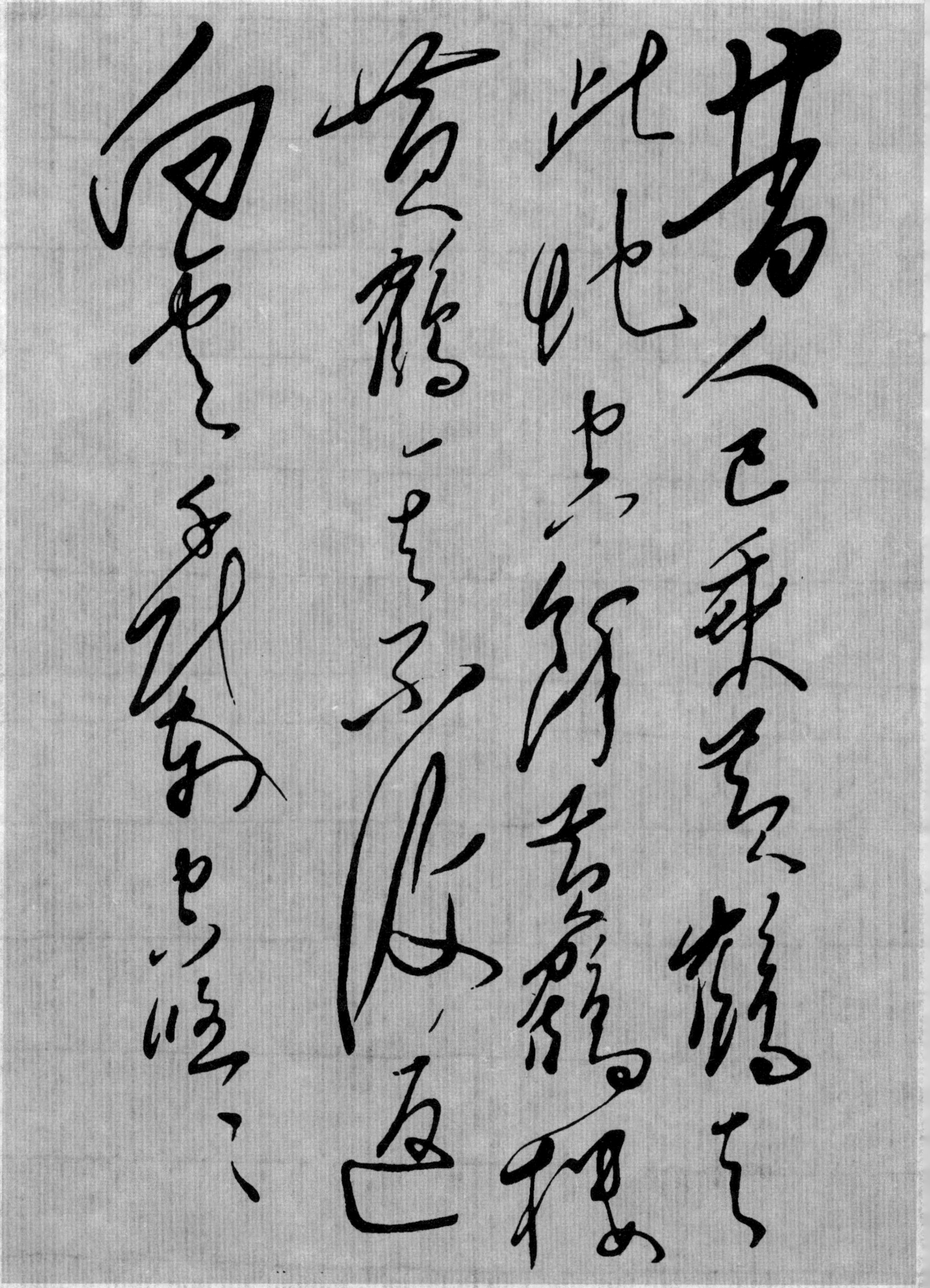

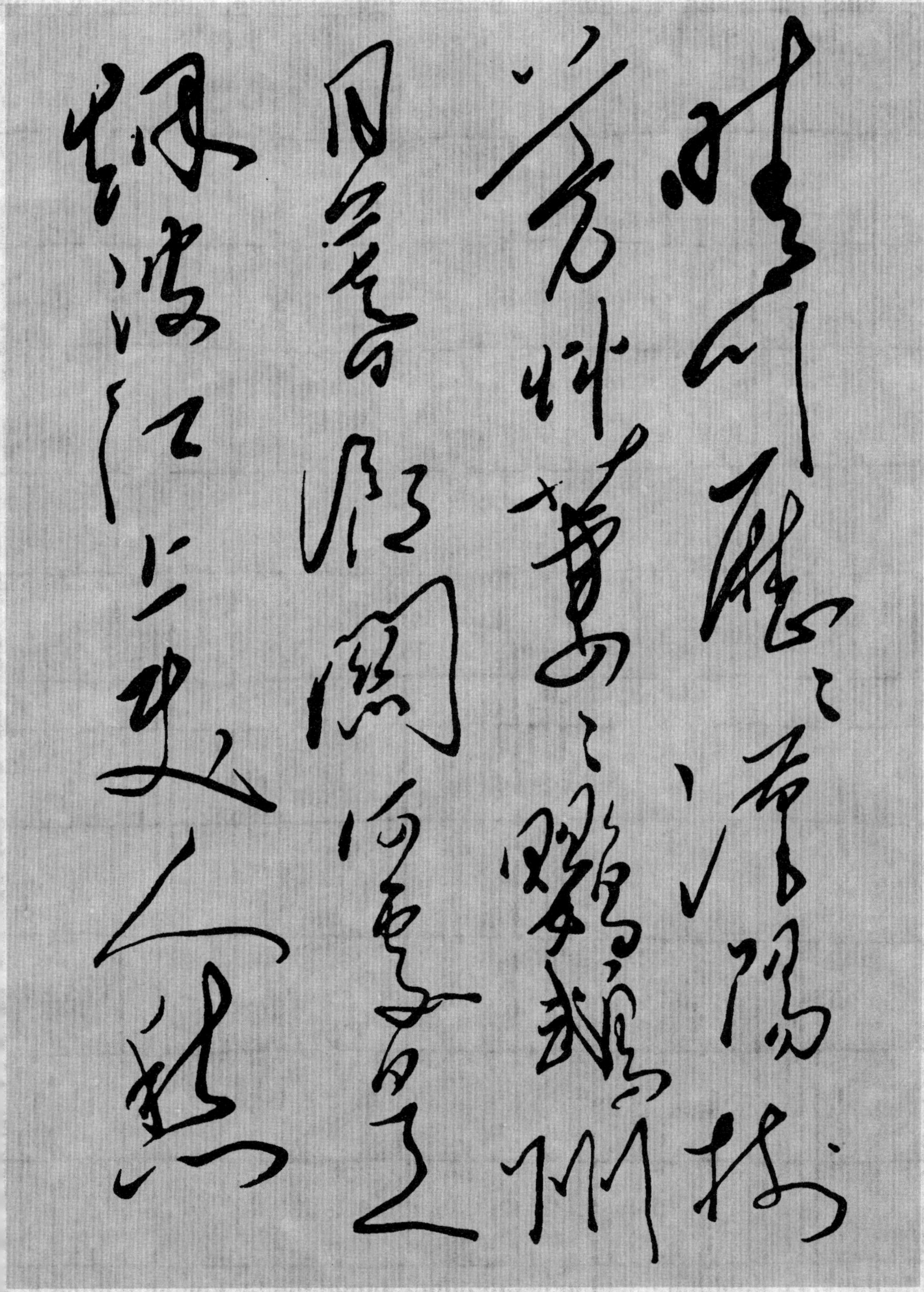

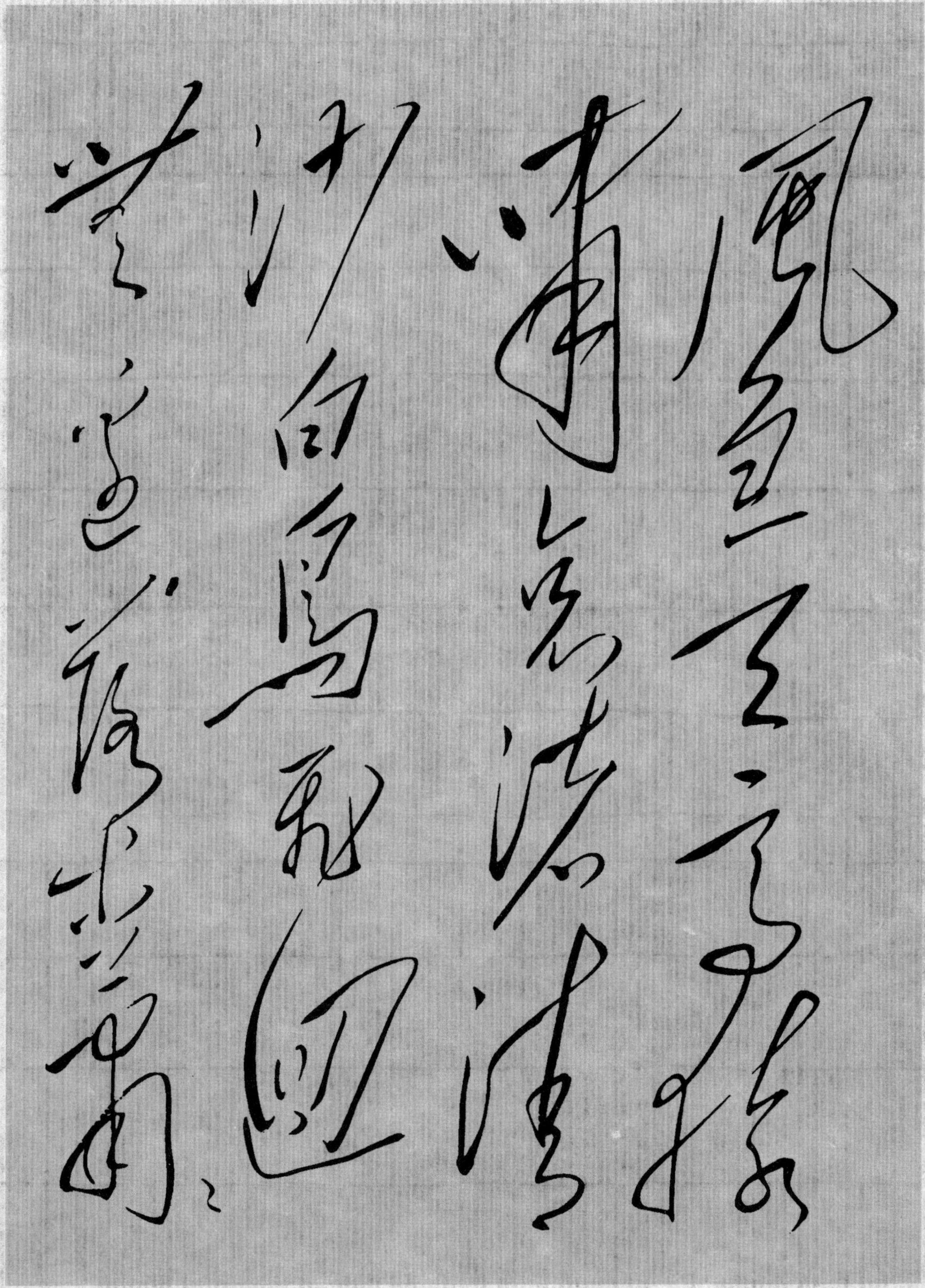

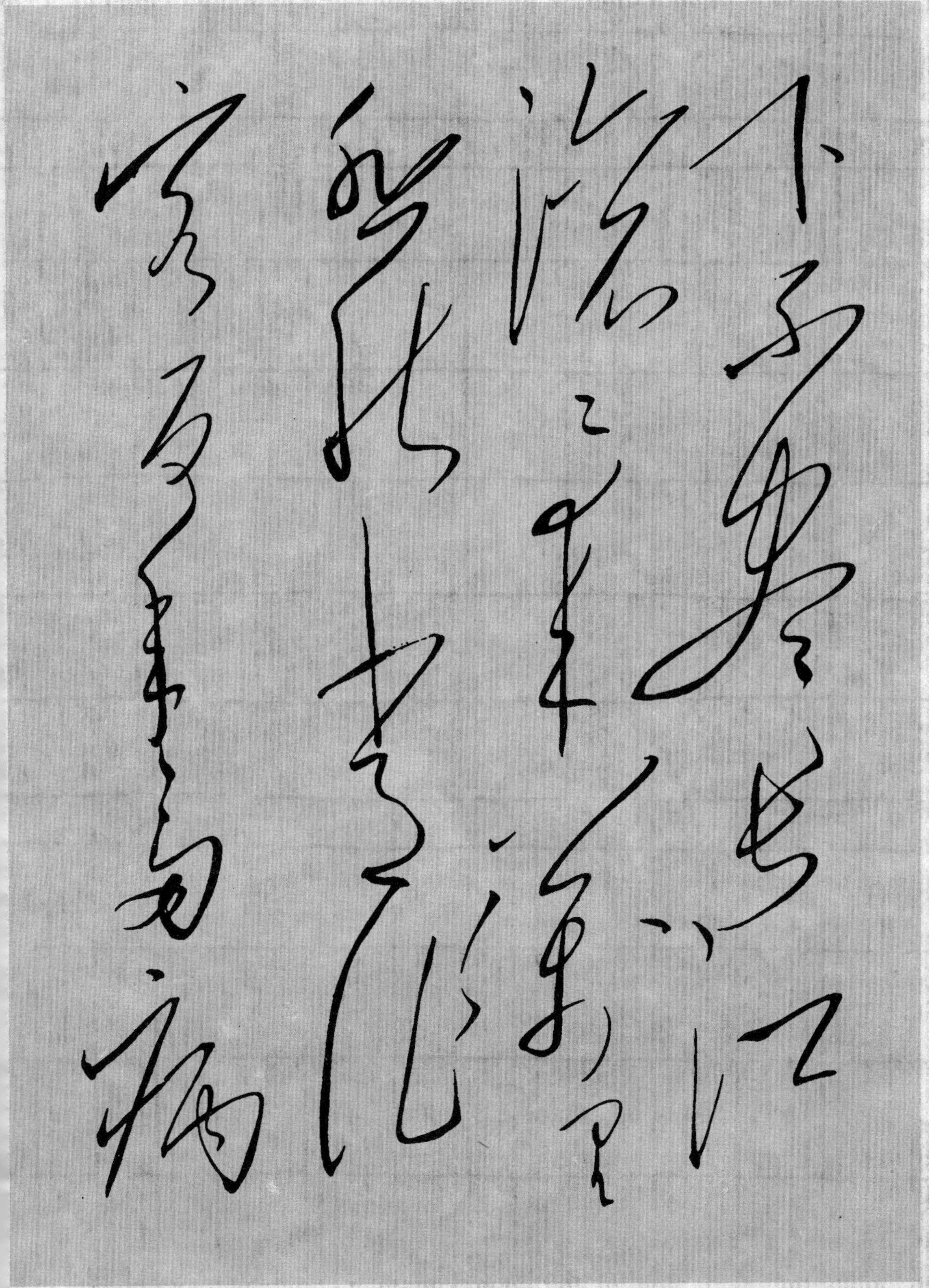

杜甫

登高

风急天高猿啸哀，渚清沙白鸟飞回。无边落木萧萧下，不尽长江滚滚来，万里悲秋常作客。百年多病独登台。艰难苦恨繁霜鬓，潦倒新停浊酒杯。

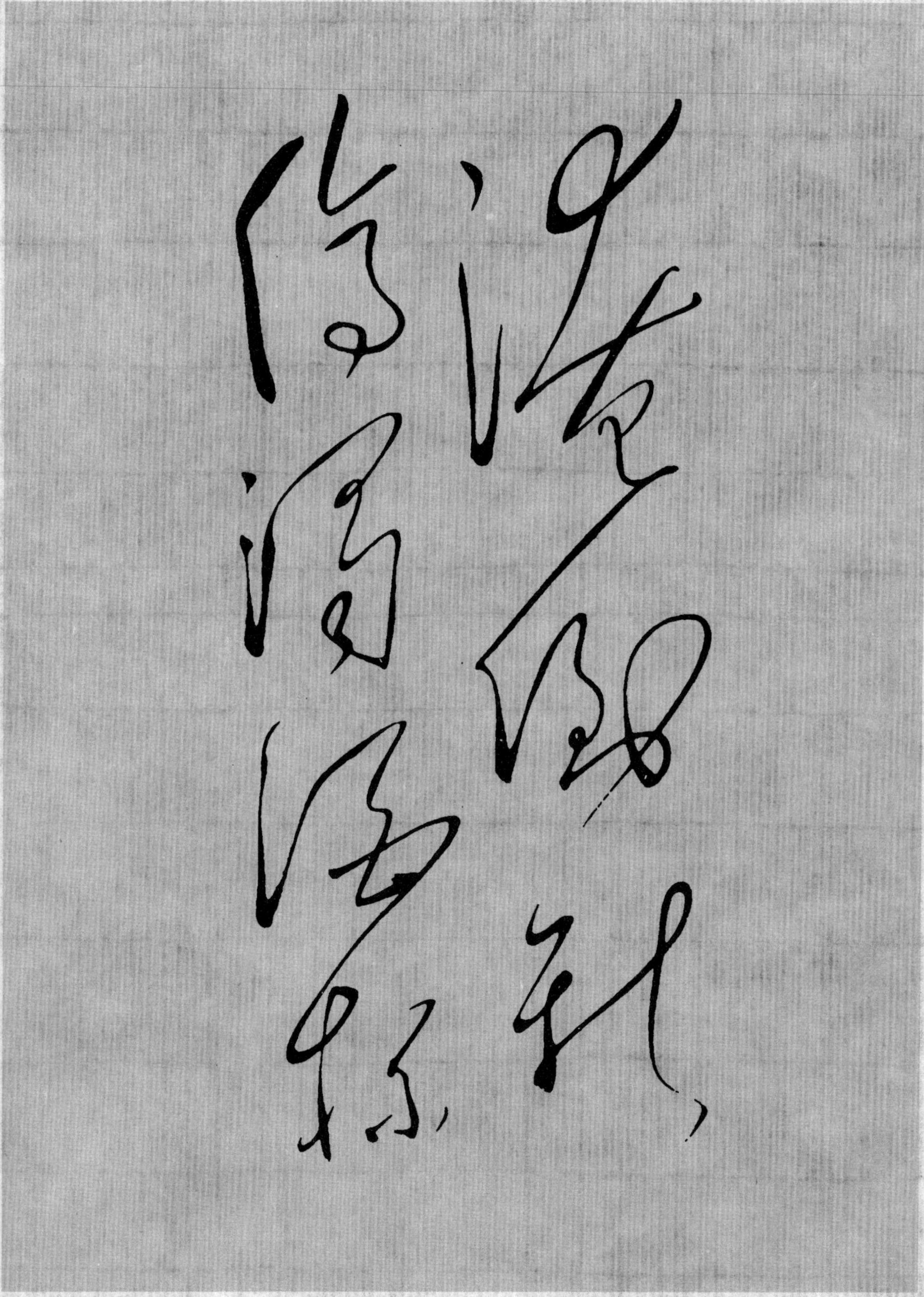

手书古诗文

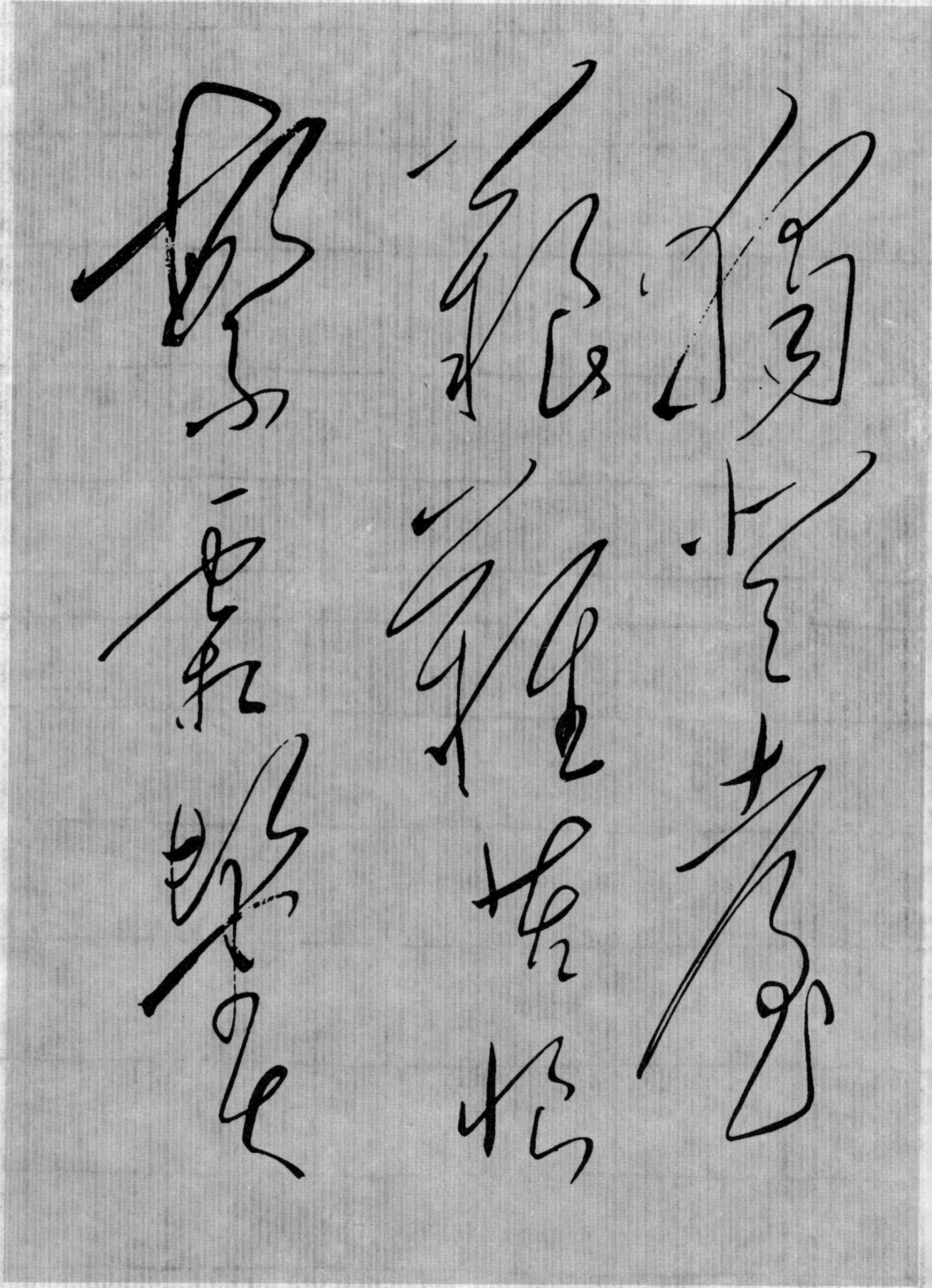

杜甫

江南逢李龟年

岐王宅里寻常见，崔九堂前几度闻。正是江南好风景，落花时节又逢君。

毛泽东

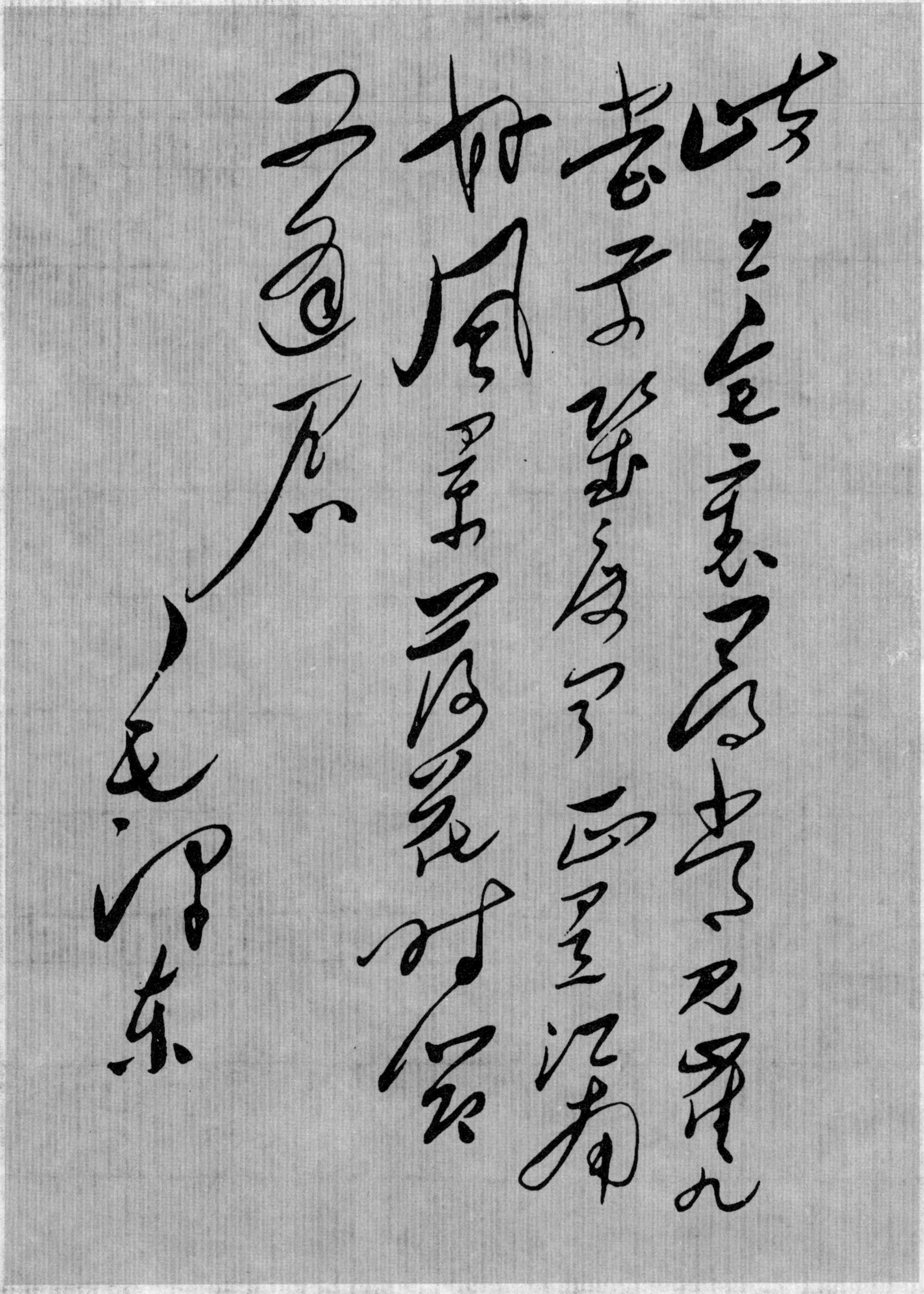

杜甫

登岳阳楼

昔闻洞庭水，今上岳阳楼。吴楚东南坼，乾坤日夜浮。亲朋无一字，老去〔病〕有孤舟。戎马关山北，凭轩涕泗流。

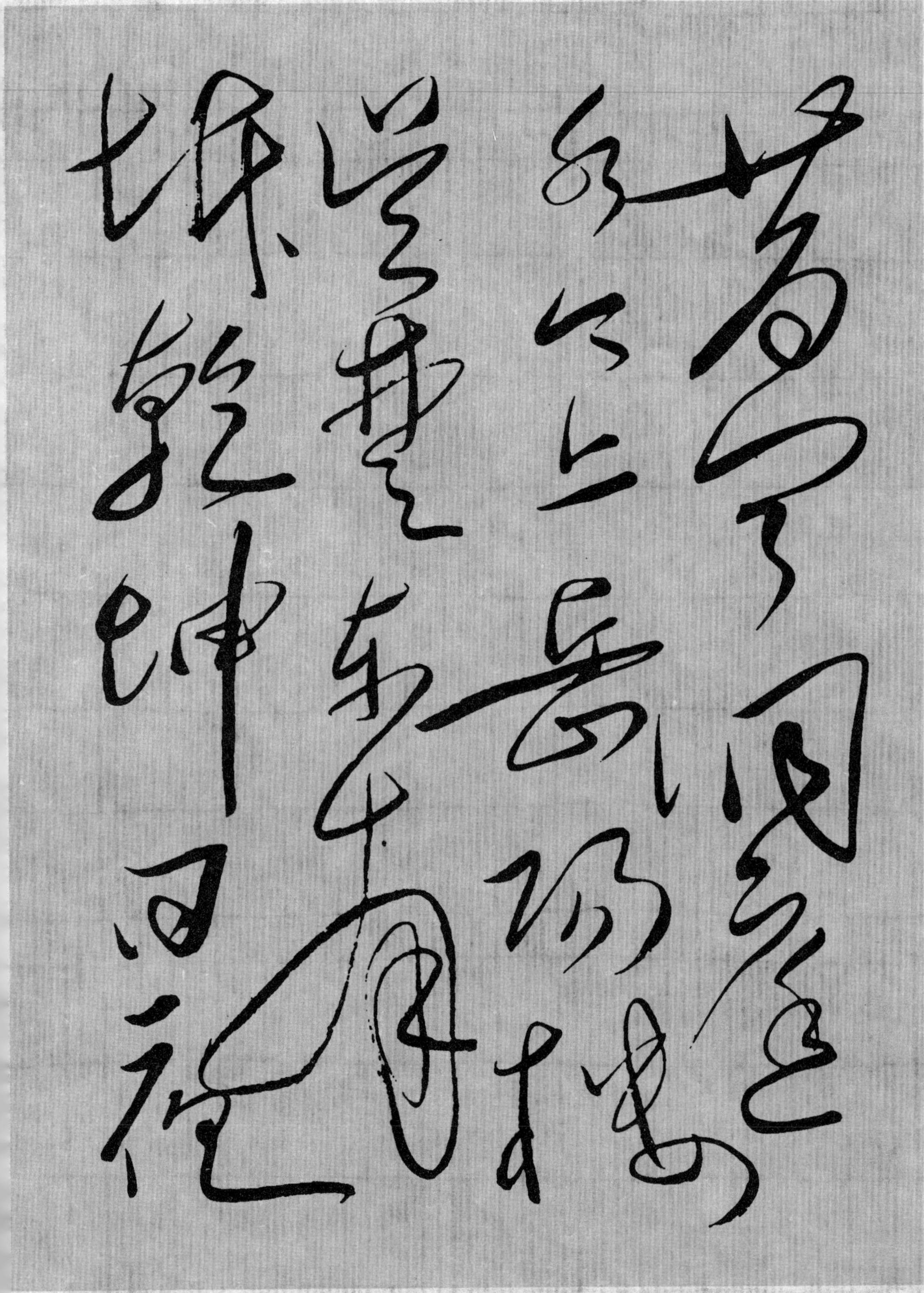

手书古诗文

杜甫

蜀相

承〔丞〕相祠堂何处寻，锦官城外柏森森。映阶碧草自春色，隔叶黄鹂空好音。三顾频频天下计，两朝开济老臣心。出师未捷身先死，长使英雄泪满襟。

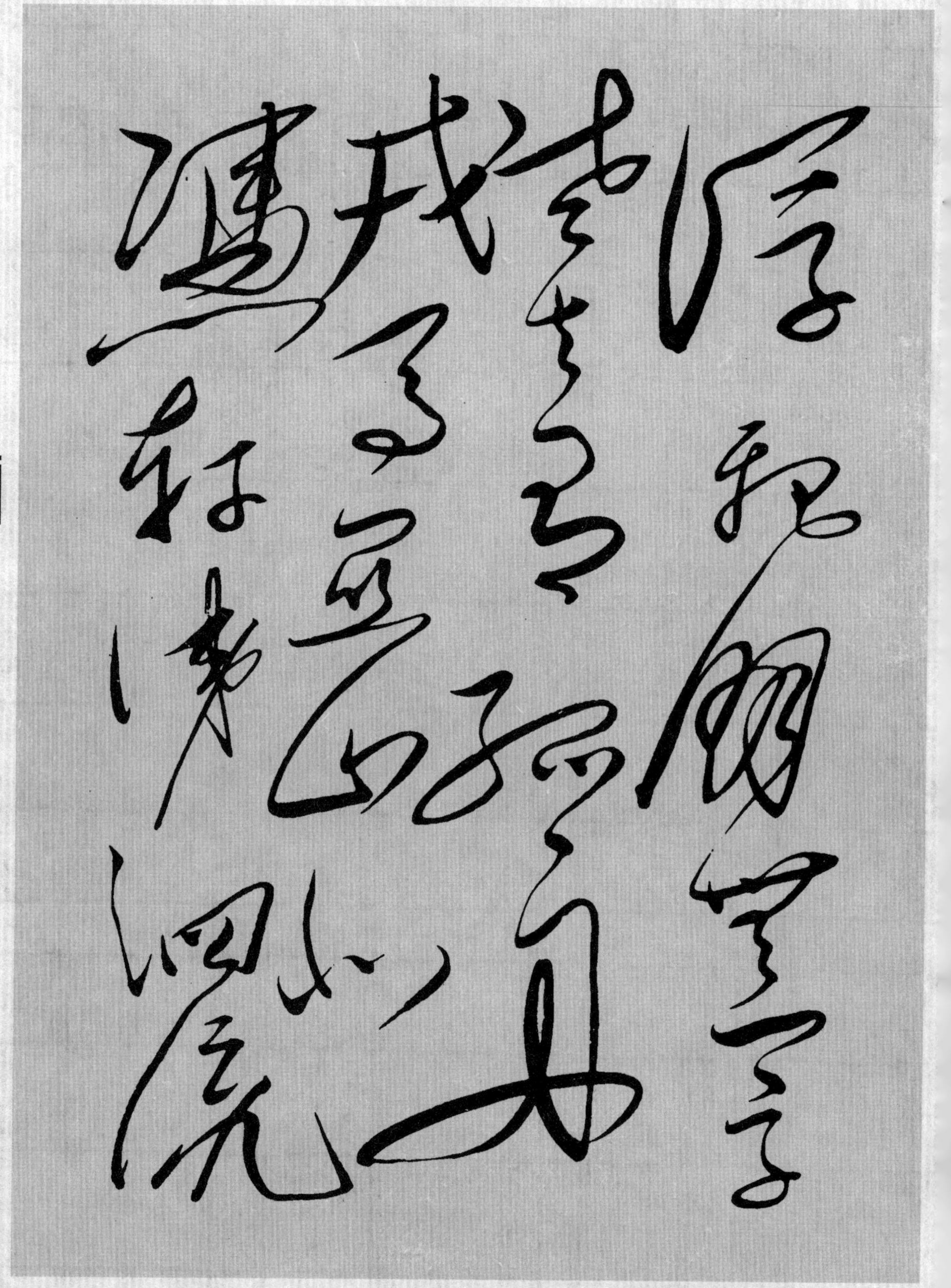

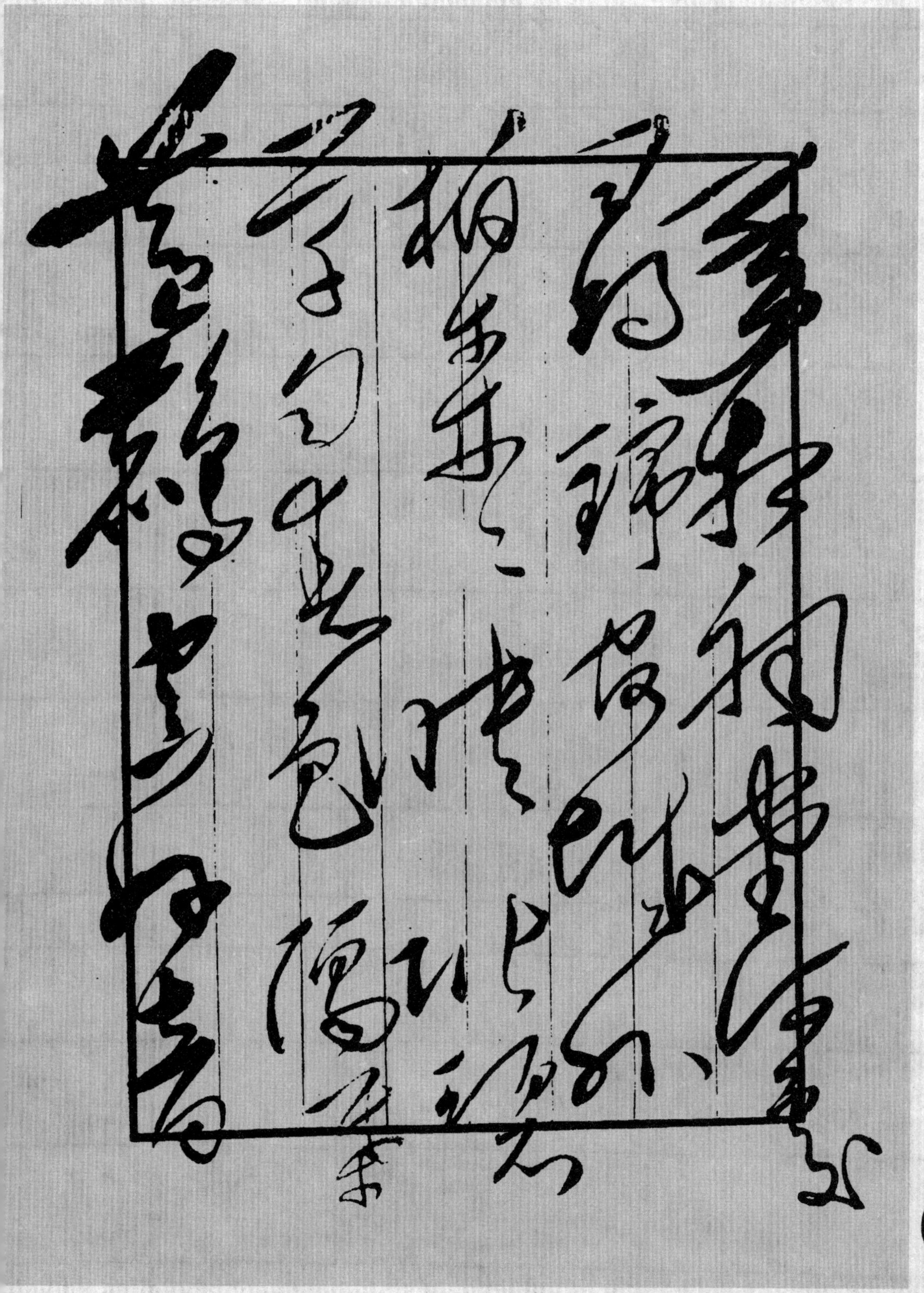

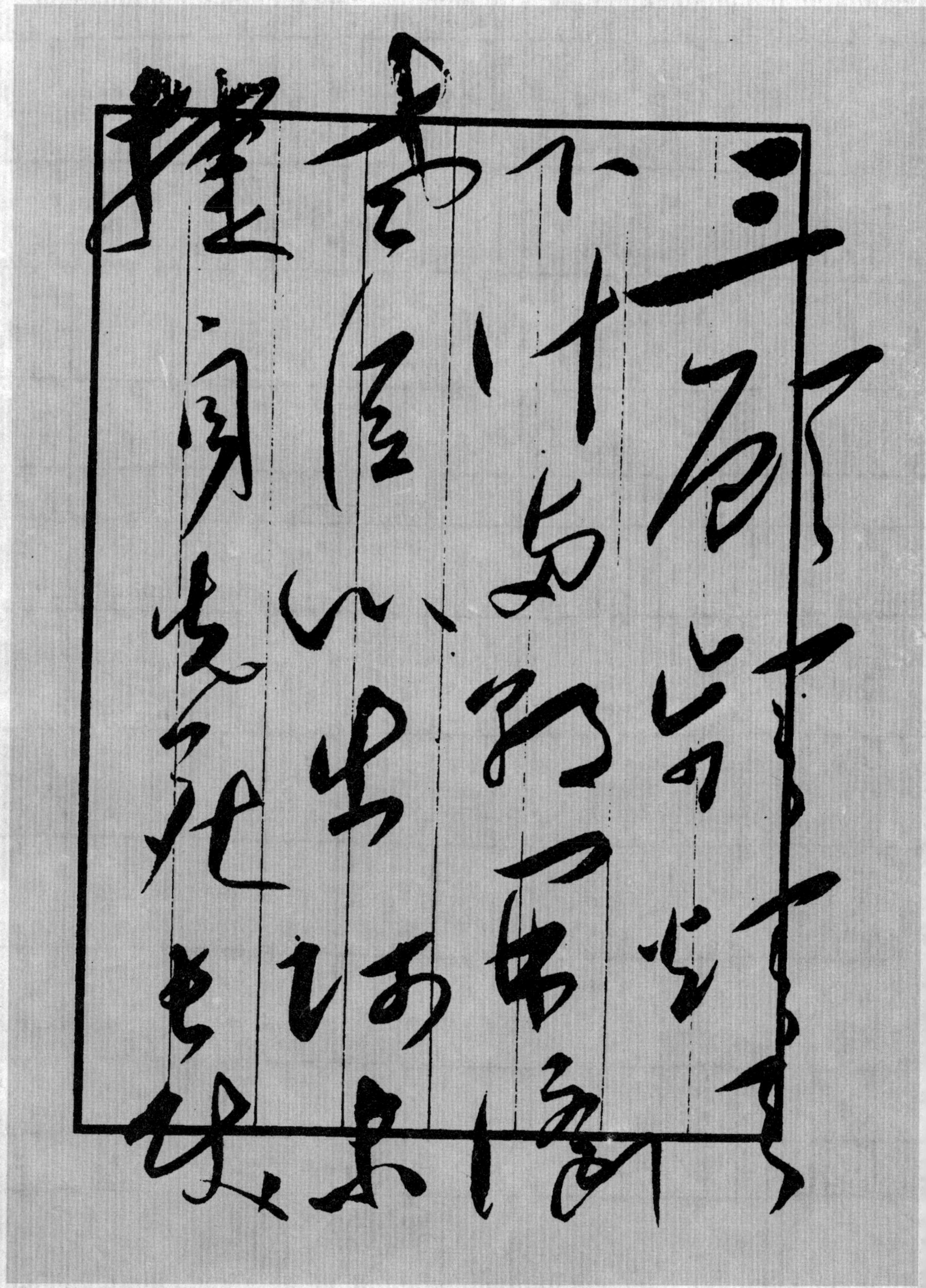

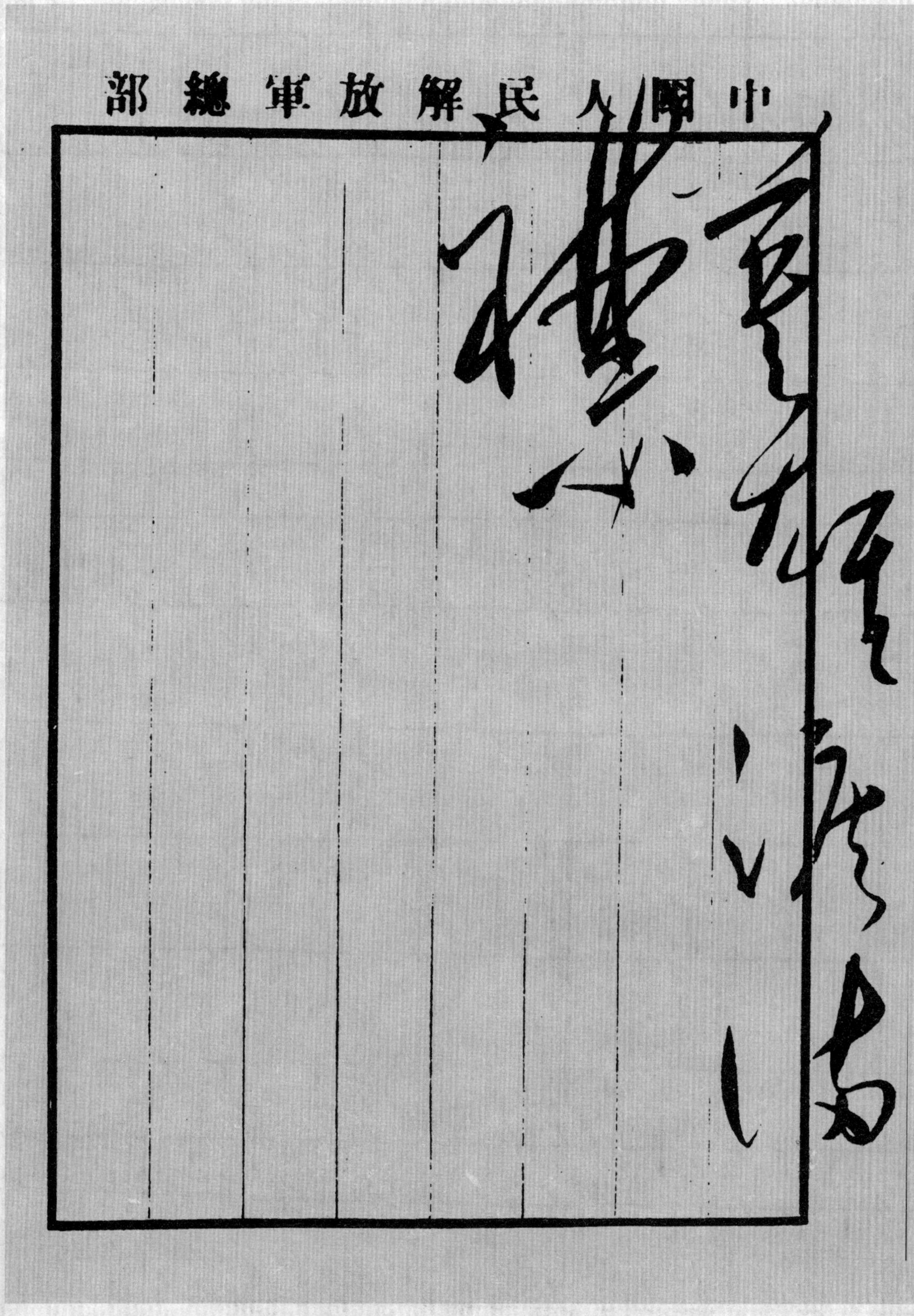
中國人民解放軍總部

杜甫

丹青引赠曹将军霸

韦讽录事宅观曹将军画马图 两诗 组句

将军魏武之子孙，于今为庶为清门。英雄割据虽已矣，文采风流今尚存。曾貌先帝照夜白，龙池十日飞霹雳。内府殷红玛瑙〔瑙〕盘，婕妤传诏才人索。盘赐将军拜舞归，轻纨细绮相追飞。贵族〔戚〕权门得笔迹，始觉屏幛〔障〕生光辉。弟子韩幹早入室，亦能画马穷殊相。幹惟画肉不画骨，忍令〔使〕骅骝气凋丧。

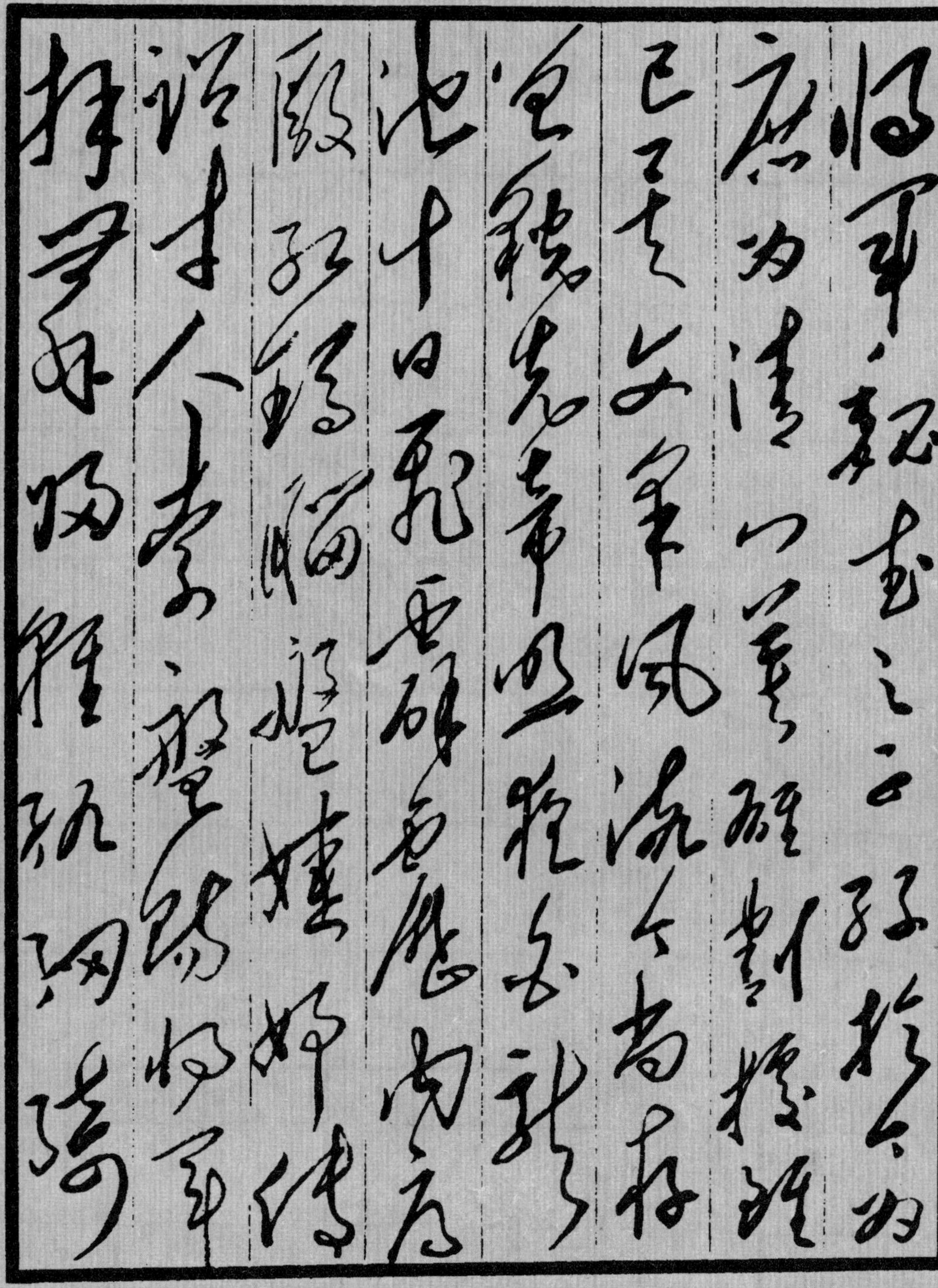

将军魏武之子孙于今为
庶为清门英雄割据
虽已矣文采风流今尚存
曾貌先帝照夜白龙
池十日飞霹雳内府
殷红玛瑙盘婕妤传
诏才人索盘赐将军
拜舞归轻纨细绮

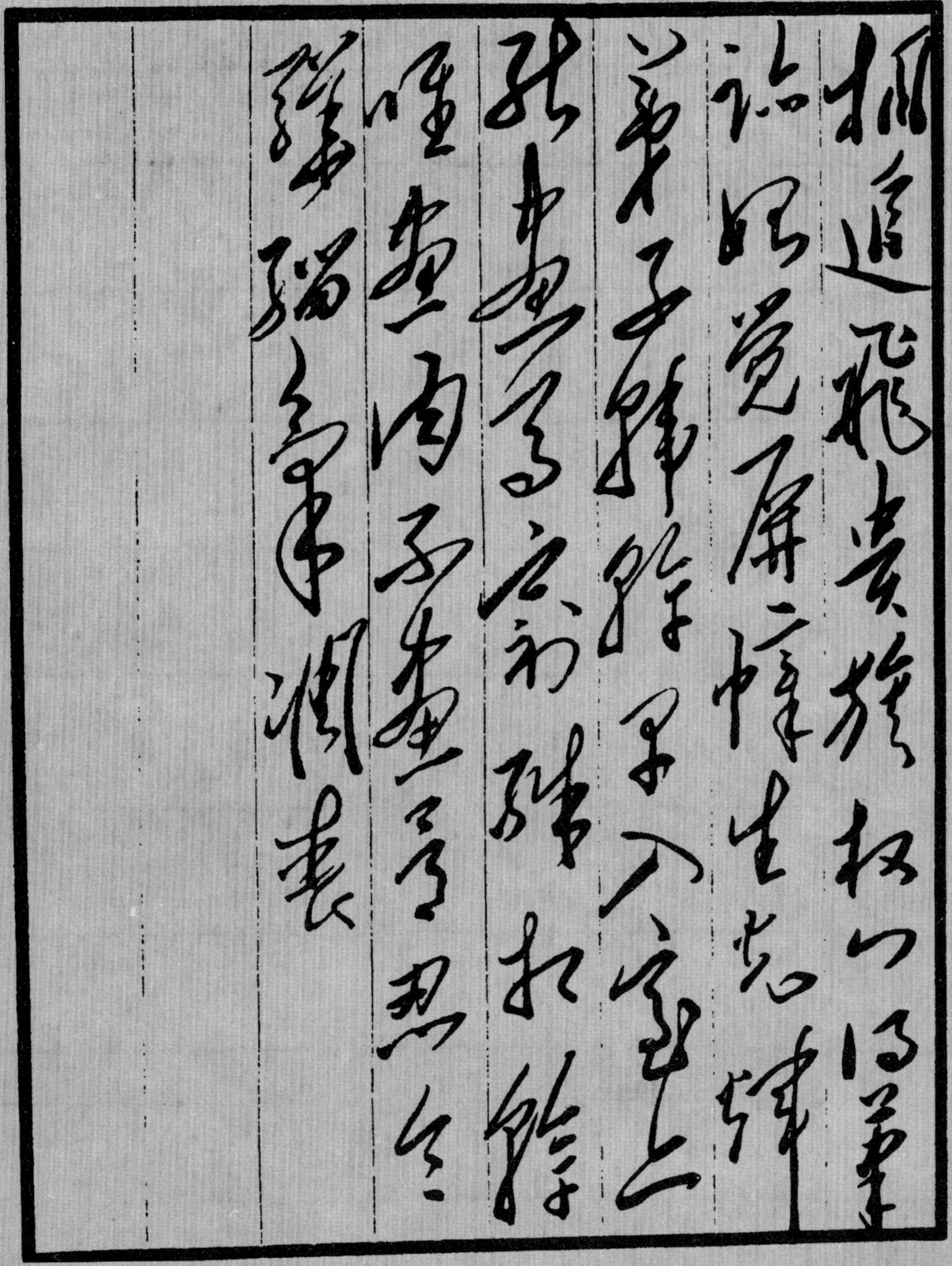

相追飞贵族权门得笔
迹始觉屏幛生光辉
弟子韩幹早入室
亦能画马穷殊相
幹惟画肉不画骨忍
令骅骝气凋丧

手书古诗文

岑参

奉和杜相公发益州

朝登剑阁云随马，
夜渡马江雨洗兵。

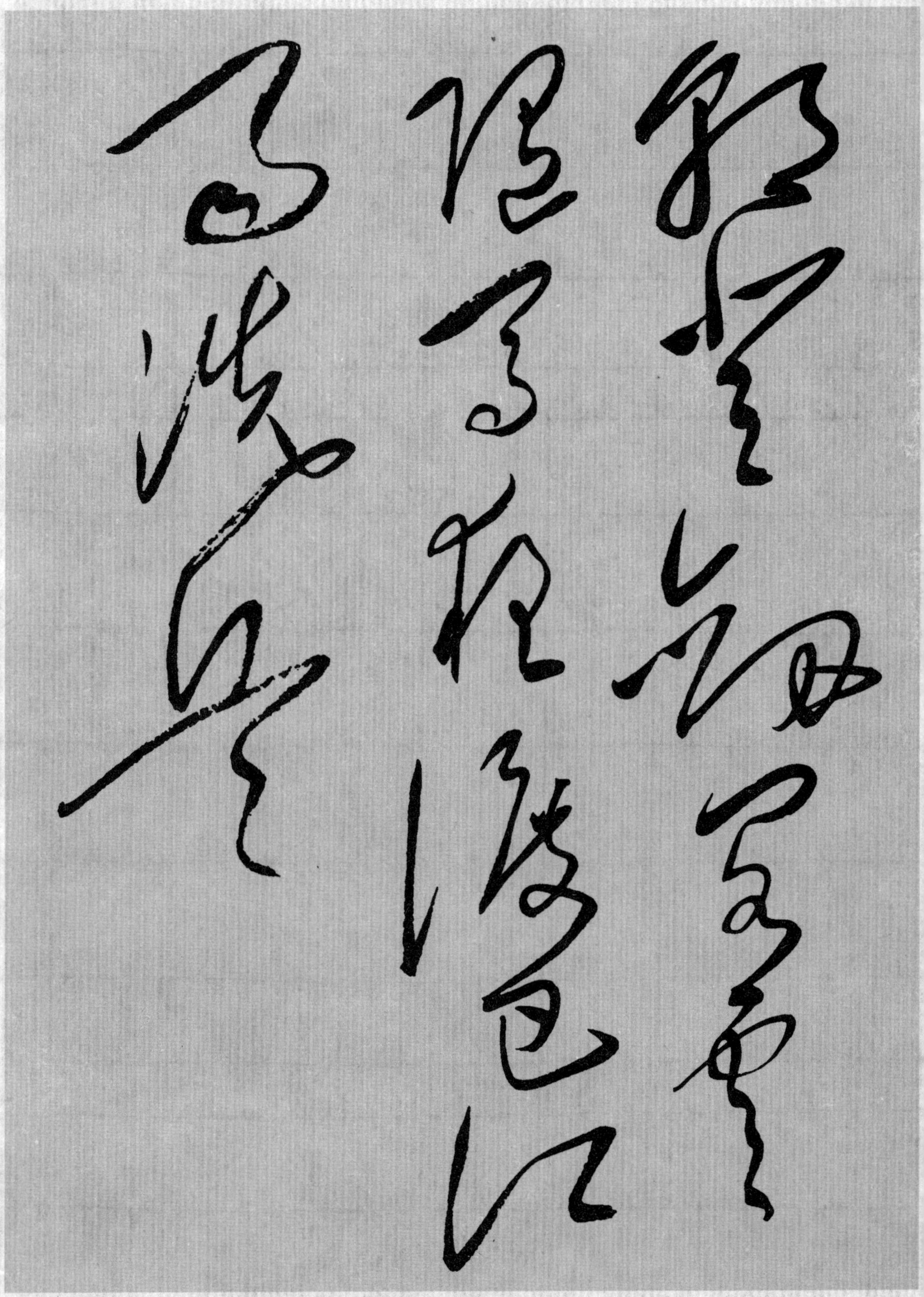

韩翃

寒食

春城无处不飞花，
寒食东风御柳斜。日暮
汉宫传腊〔蜡〕烛，轻
烟散入五侯家。

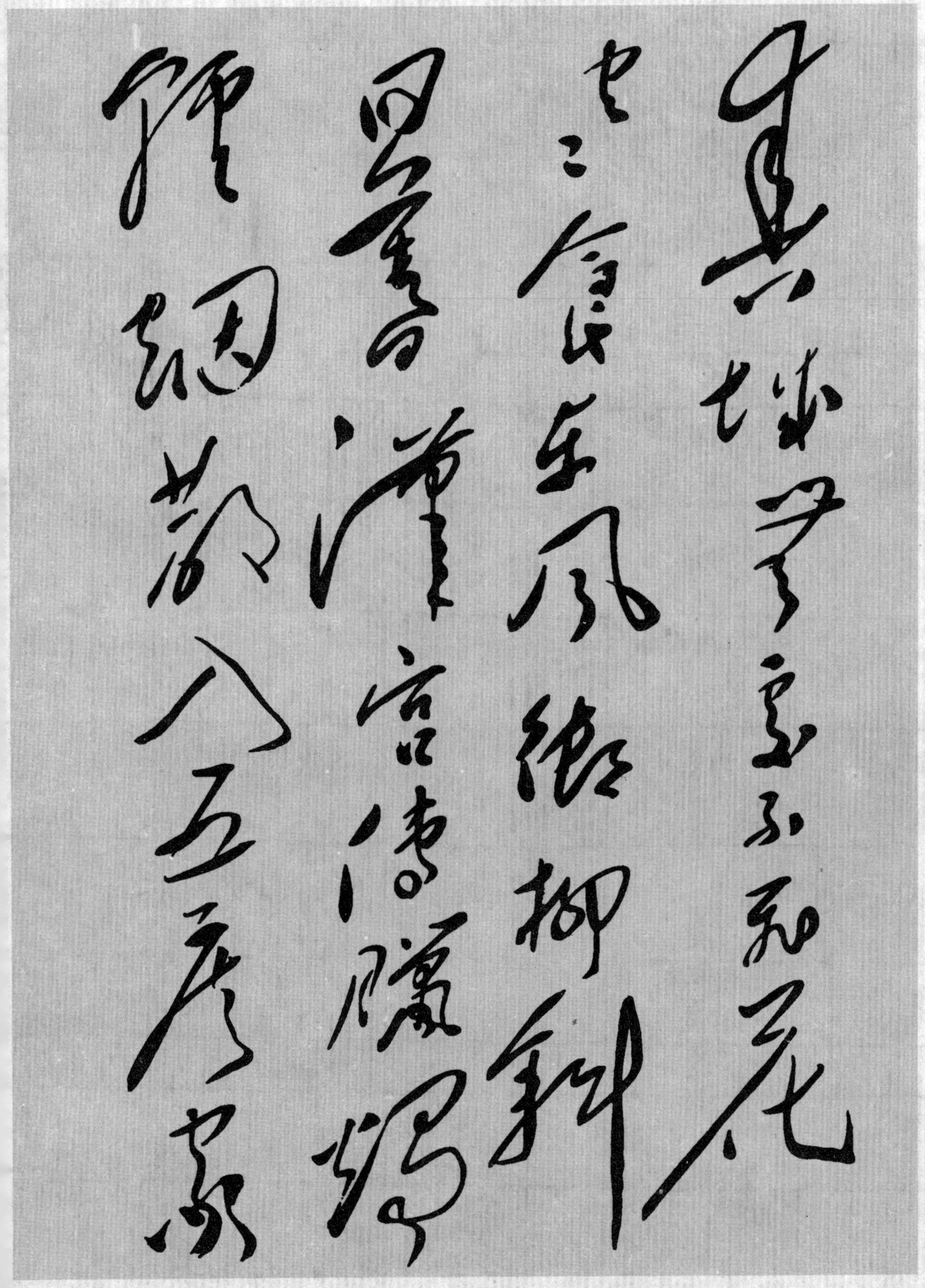

柳中庸

征人怨

岁岁金河复玉关，
朝朝马策与刀环。三春
白雪归青冢，百里黄河
绕黑山。

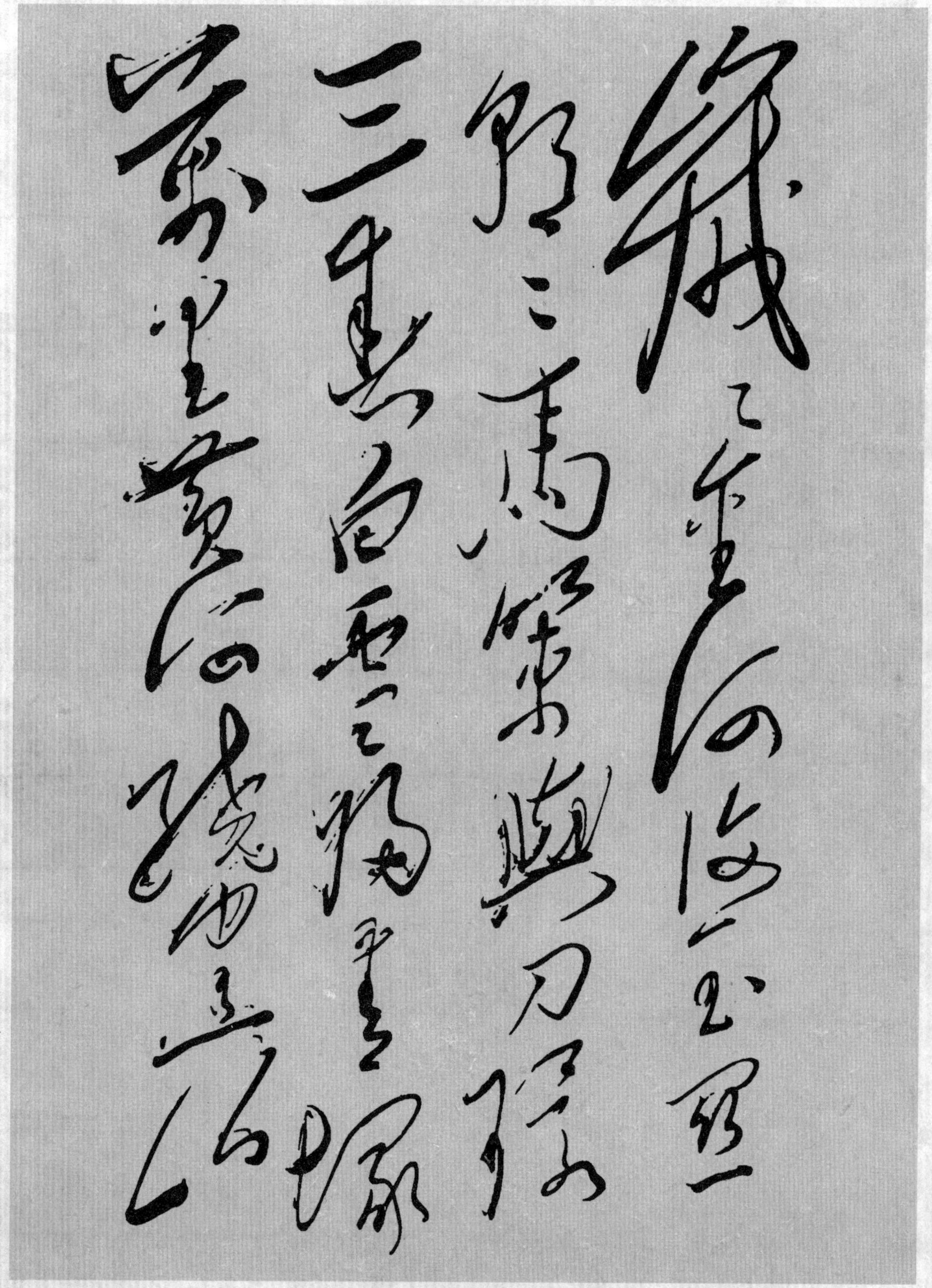

手书古诗文

朱湾

寻隐者韦九于东溪草堂

寻得仙源访隐沦，
渐来深处渐无尘。初行
竹里惟通马，直到花间
始见人。四面云山谁作
主，数家烟火自为邻。
路旁樵客何须问，朝市
如今不是秦。

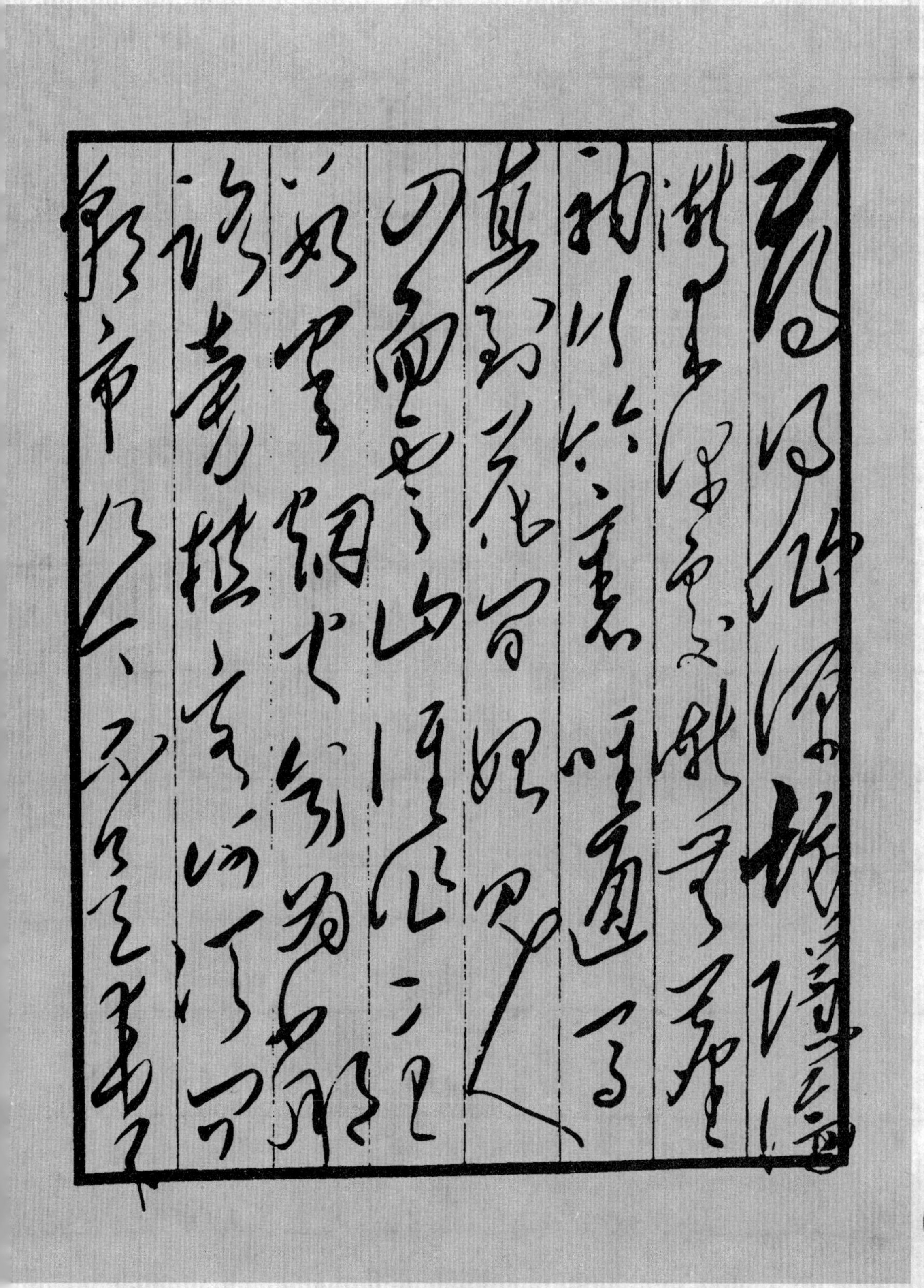

王韫秀

偕夫游秦

路扫饥寒迹，天哀志气人。休零别离泪，携手上〔入〕西秦。

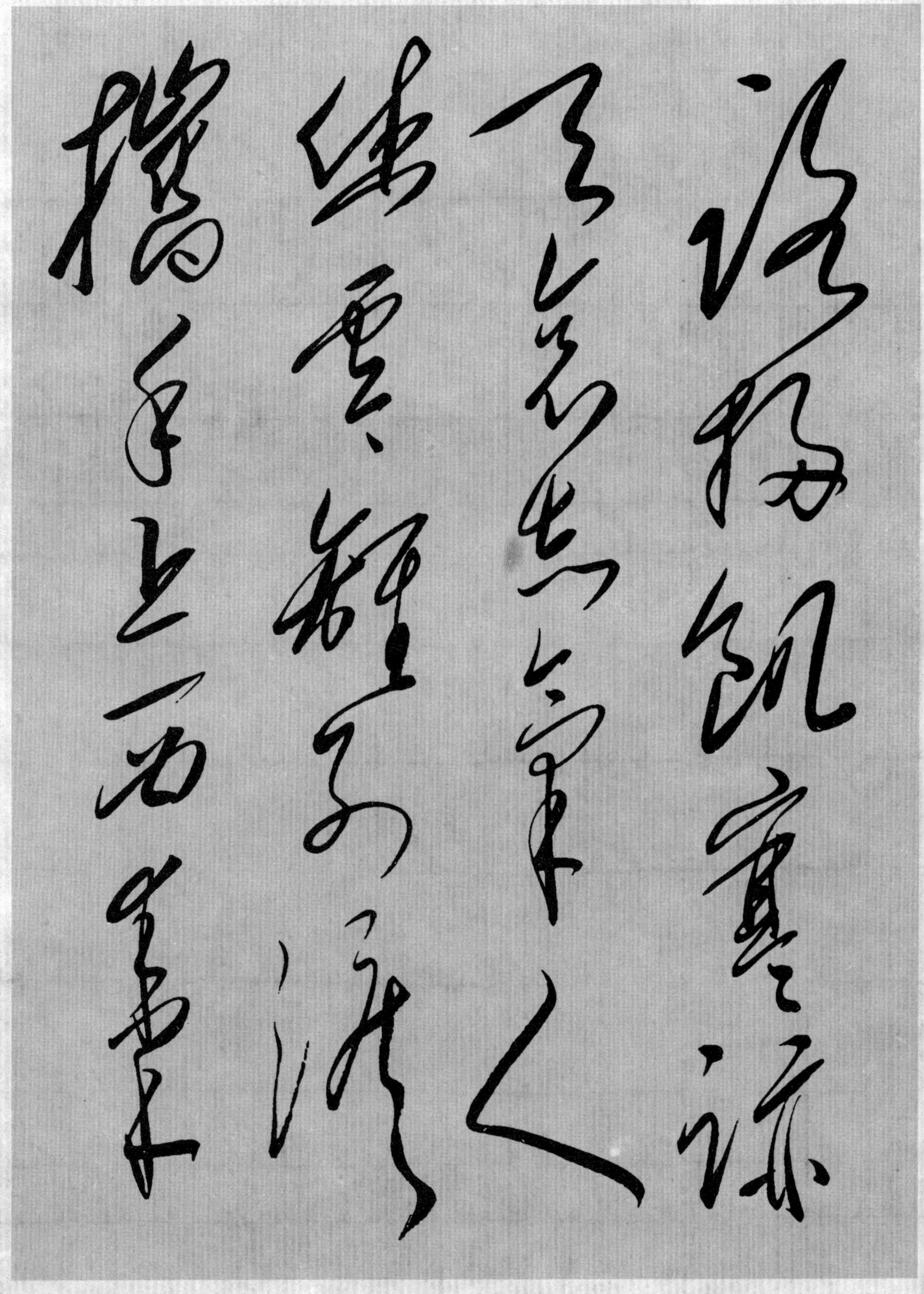

戴叔伦

转应词

边草，边草，边草尽来兵老。山南山北雪晴，千里万里月明。明月，明月，胡茄一声愁绝。

古词一首

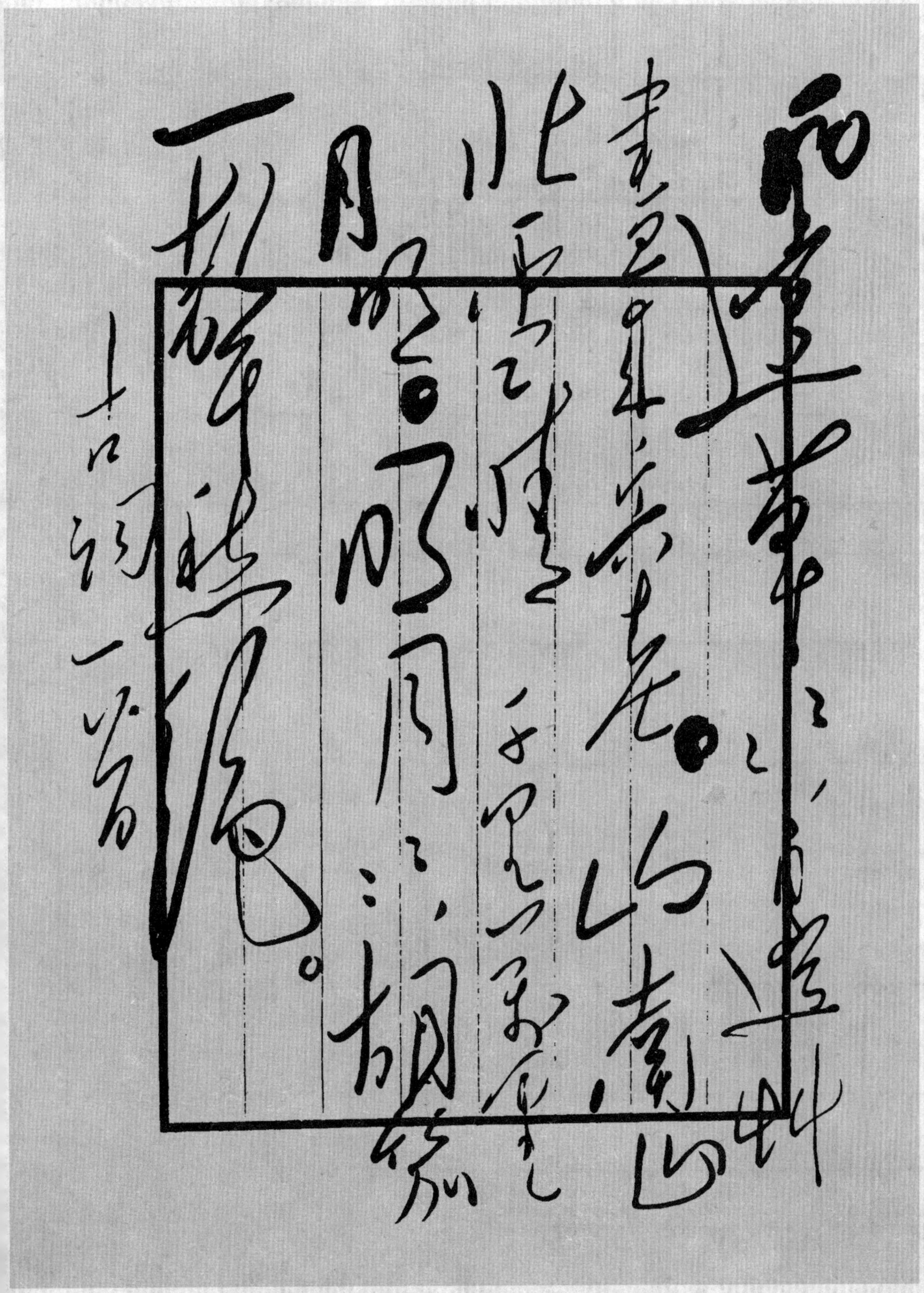

李涉

宿武关

远别秦城万里游，乱山高下入商州。关门不锁寒溪水，一夜潺缓送客愁。

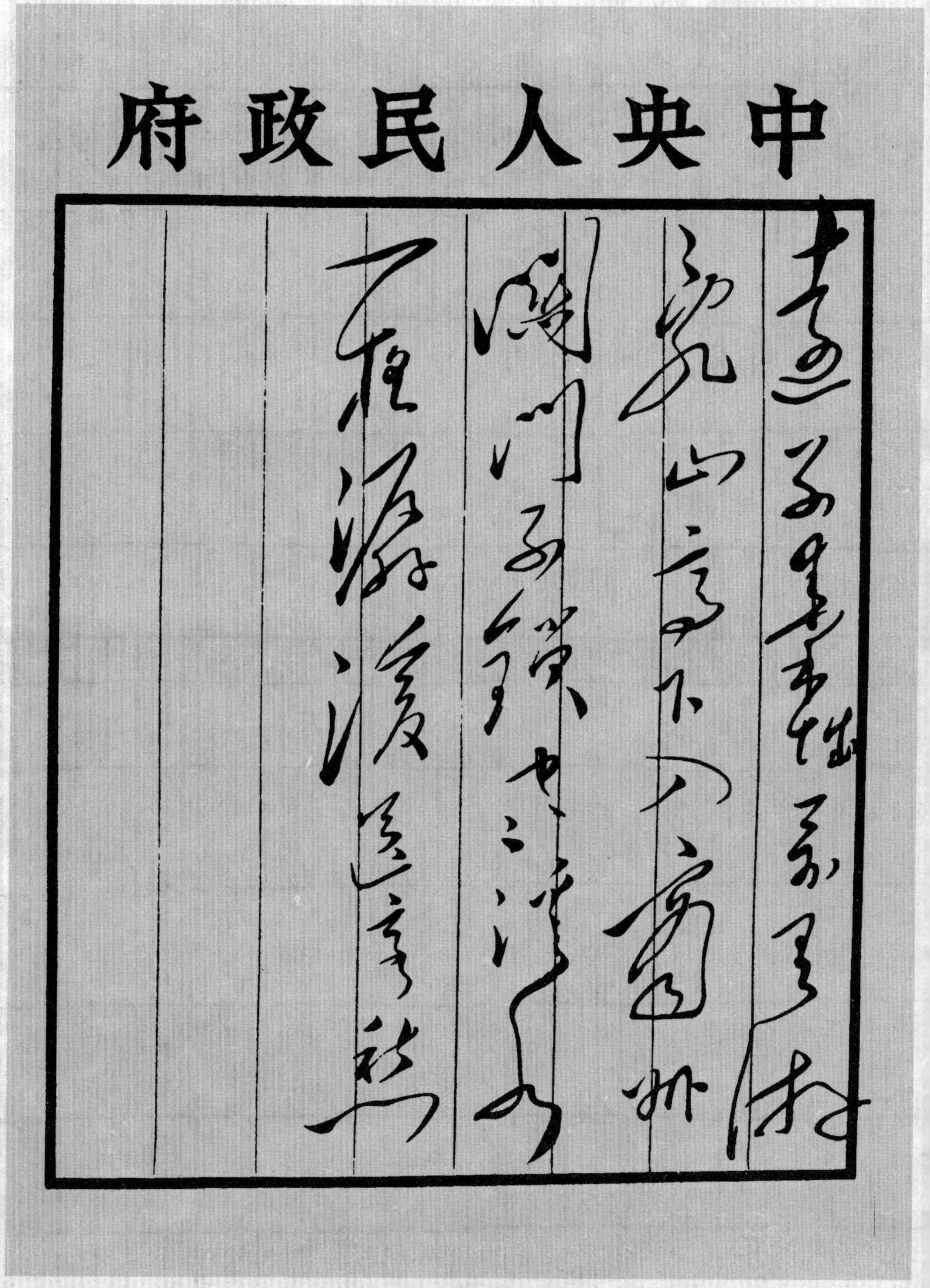

手书古诗文

李益

夜上受降城闻笛

回乐峰前沙似雪，受降城下月如霜。不知何处吹芦管，一夜征人尽望乡。

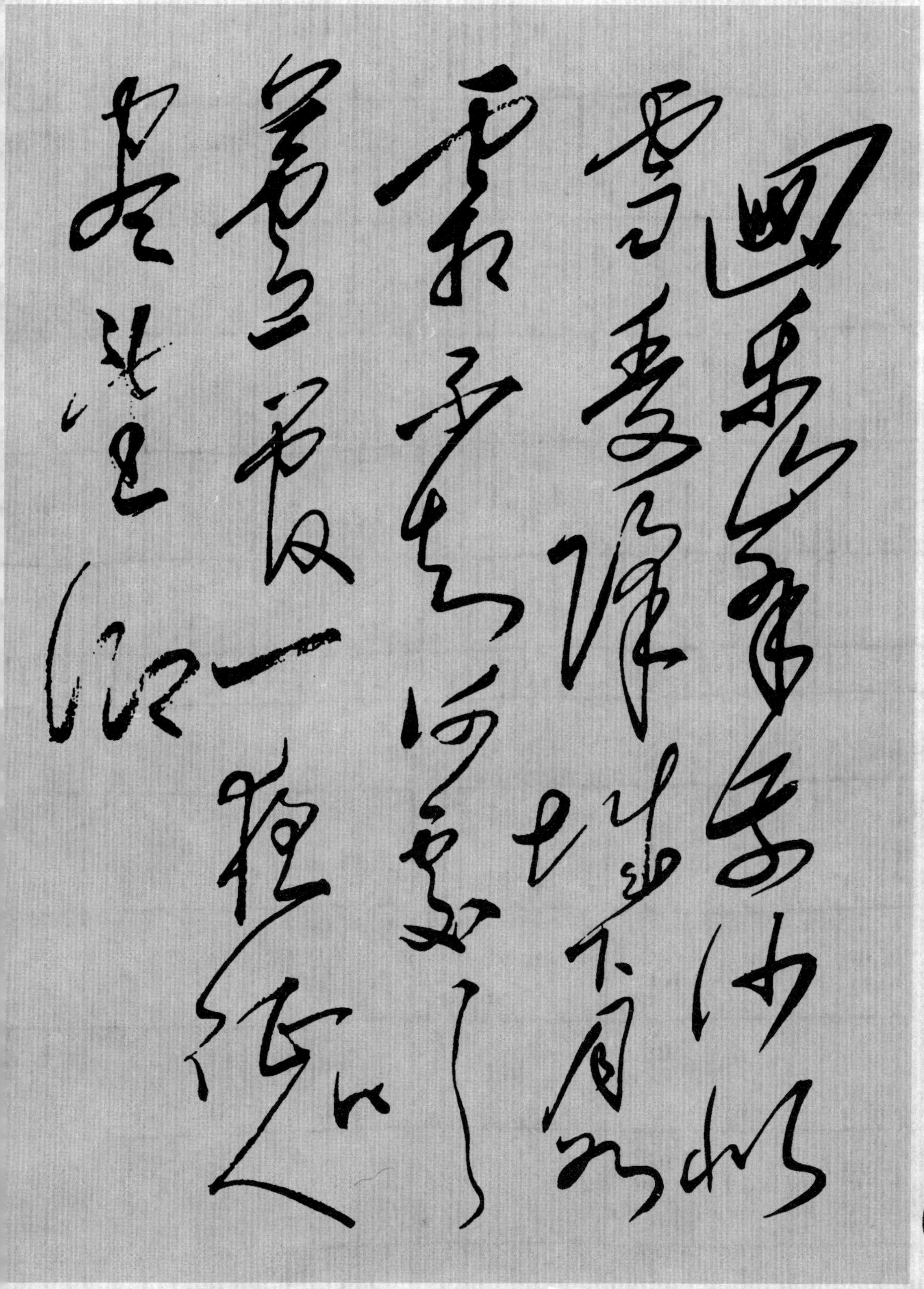

王建

赠王枢密

三朝行事〔坐〕镇相随，今上春宫见长时。脱下御衣偏得著，进来龙马每教骑。长承密旨归家少，独奏边机出殿迟。不是九重〔当家〕频向说，九重争遣〔得〕外人知。

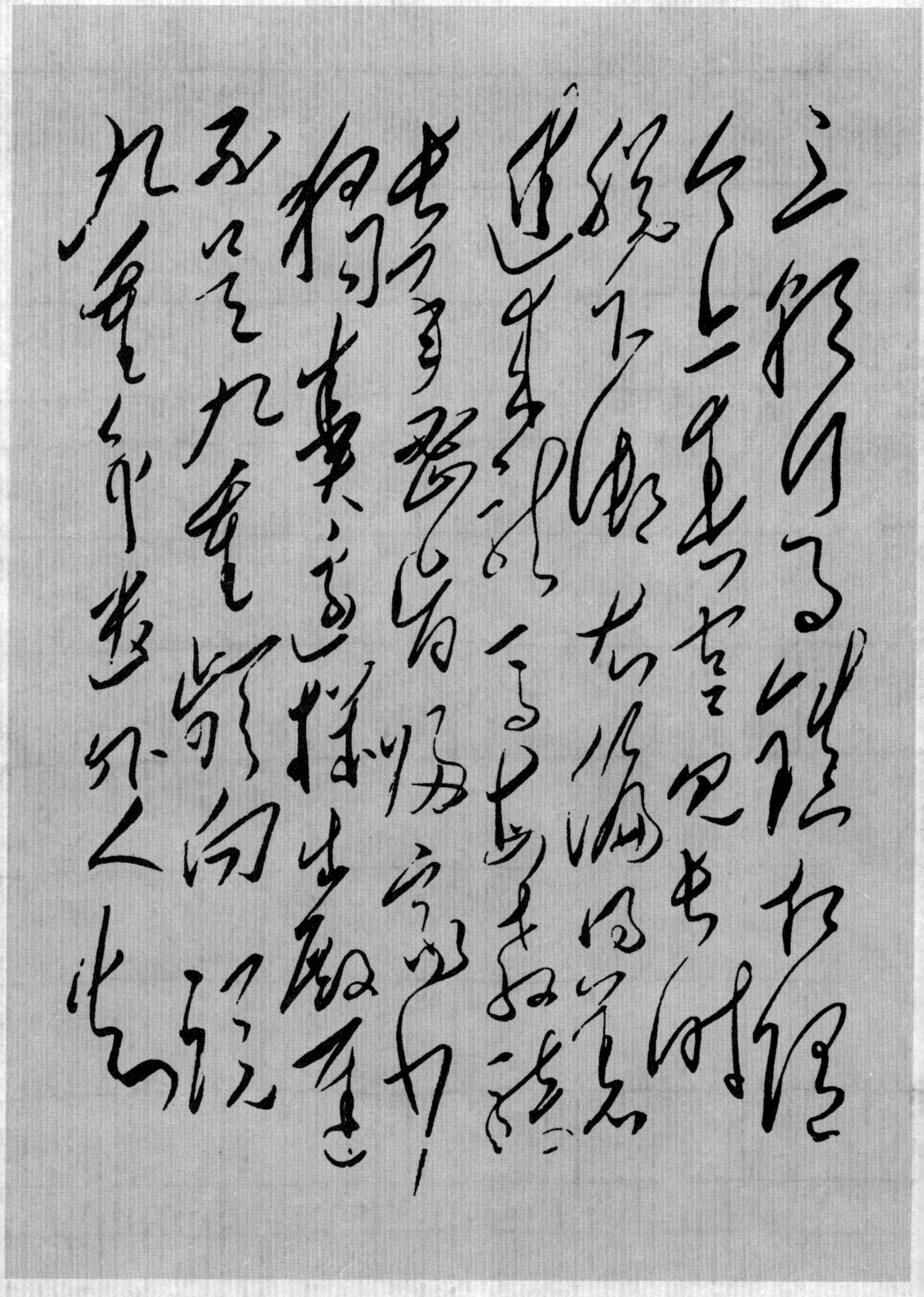

韩愈

石鼓歌（部分）

张生手持石鼓文，劝我试作石鼓歌。少陵无人谪仙死，才薄〔将奈〕石鼓何。周纲陵迟四海沸，宣王奋〔愤〕起挥天戈。大开明〔堂〕受朝贺，诸侯剑佩鸣相摩。搜于岐阳骋雄俊，万里禽兽皆遮罗。镌功勒成告万世，凿石作鼓隳嵯一，拣撰选〔先撰〕刻留山阿。雨淋日炙野火燎。

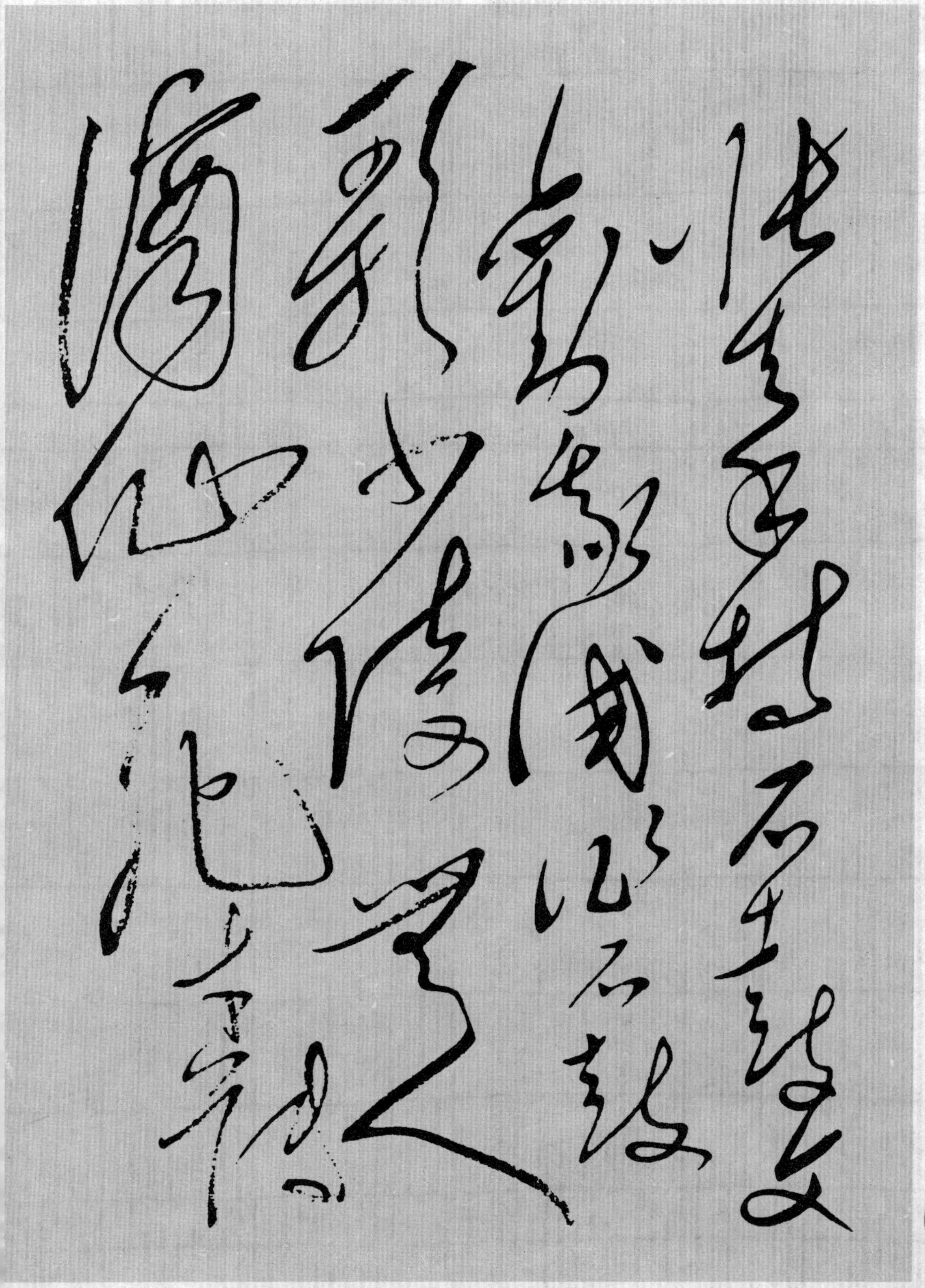

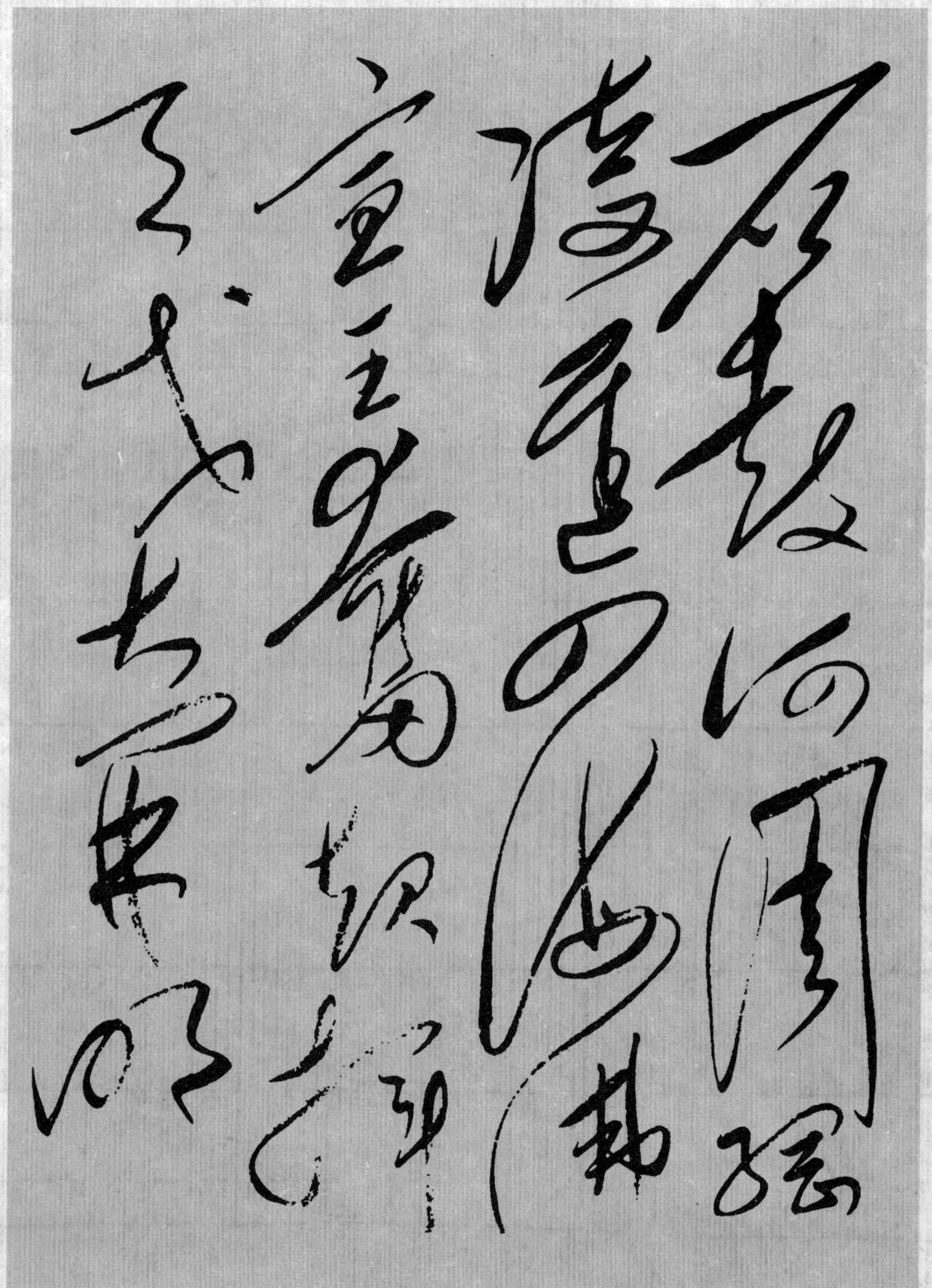

毛澤東手書真迹

手书古诗文
一九九

手书古诗文
二〇〇

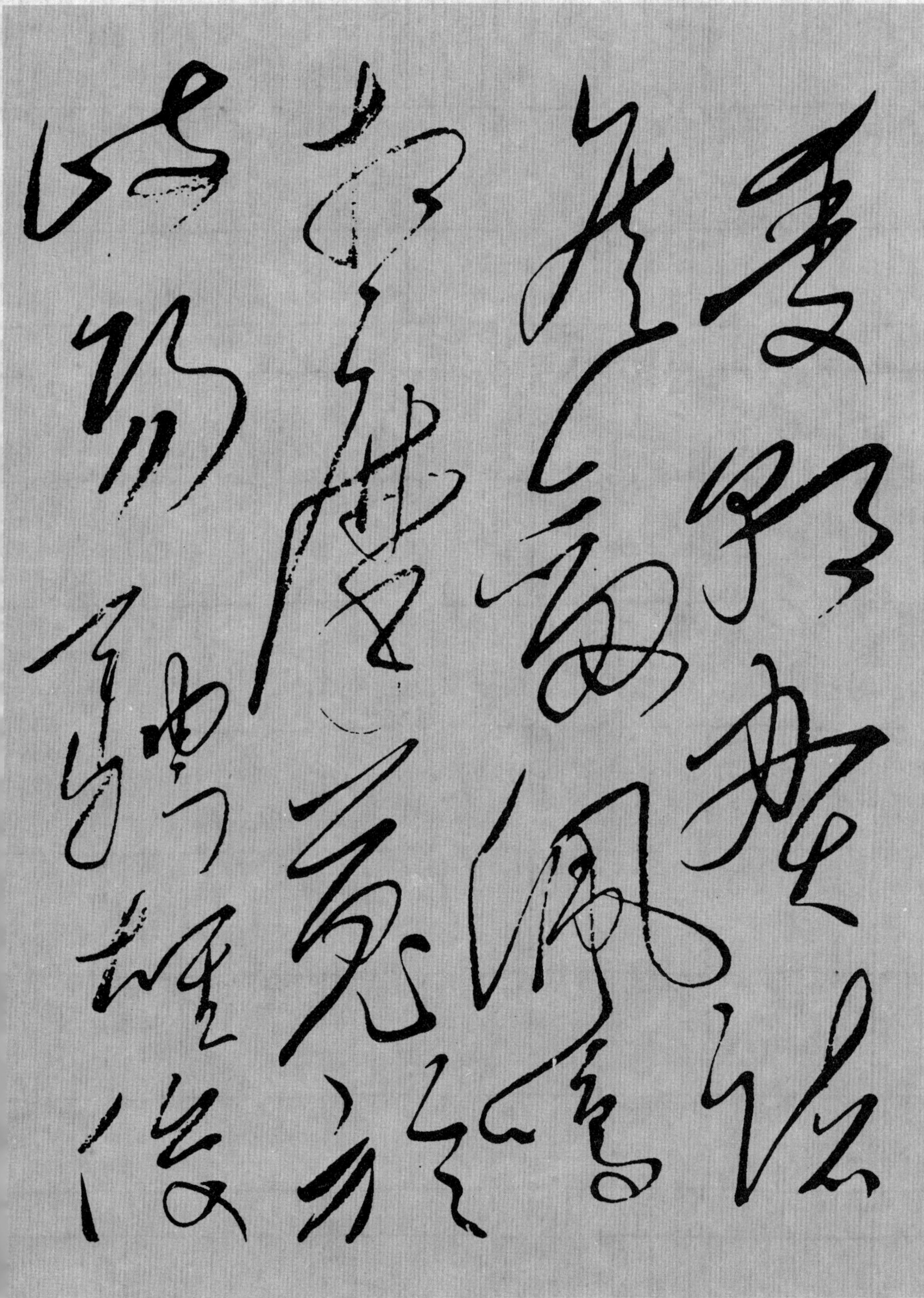

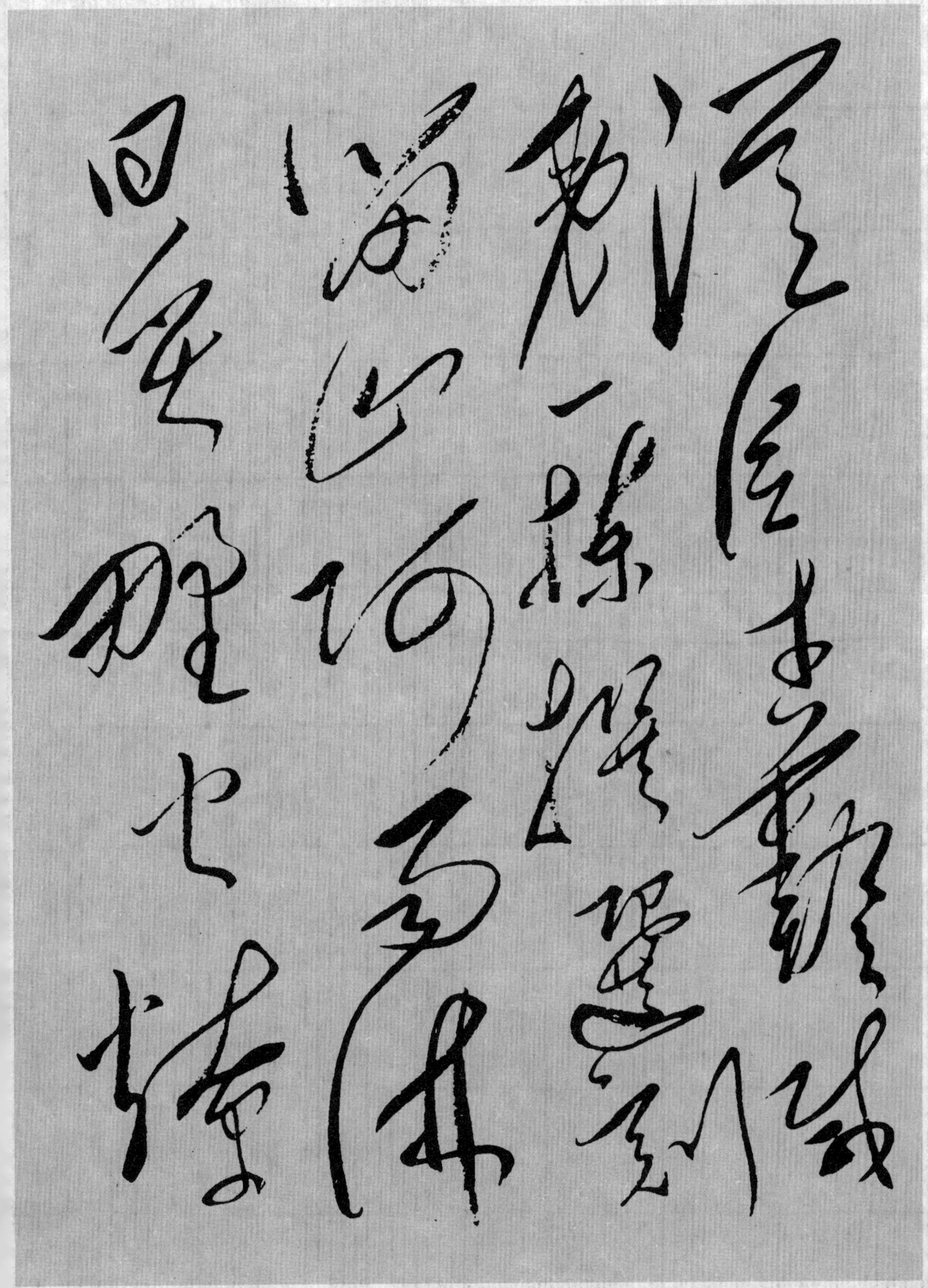

手书古诗文

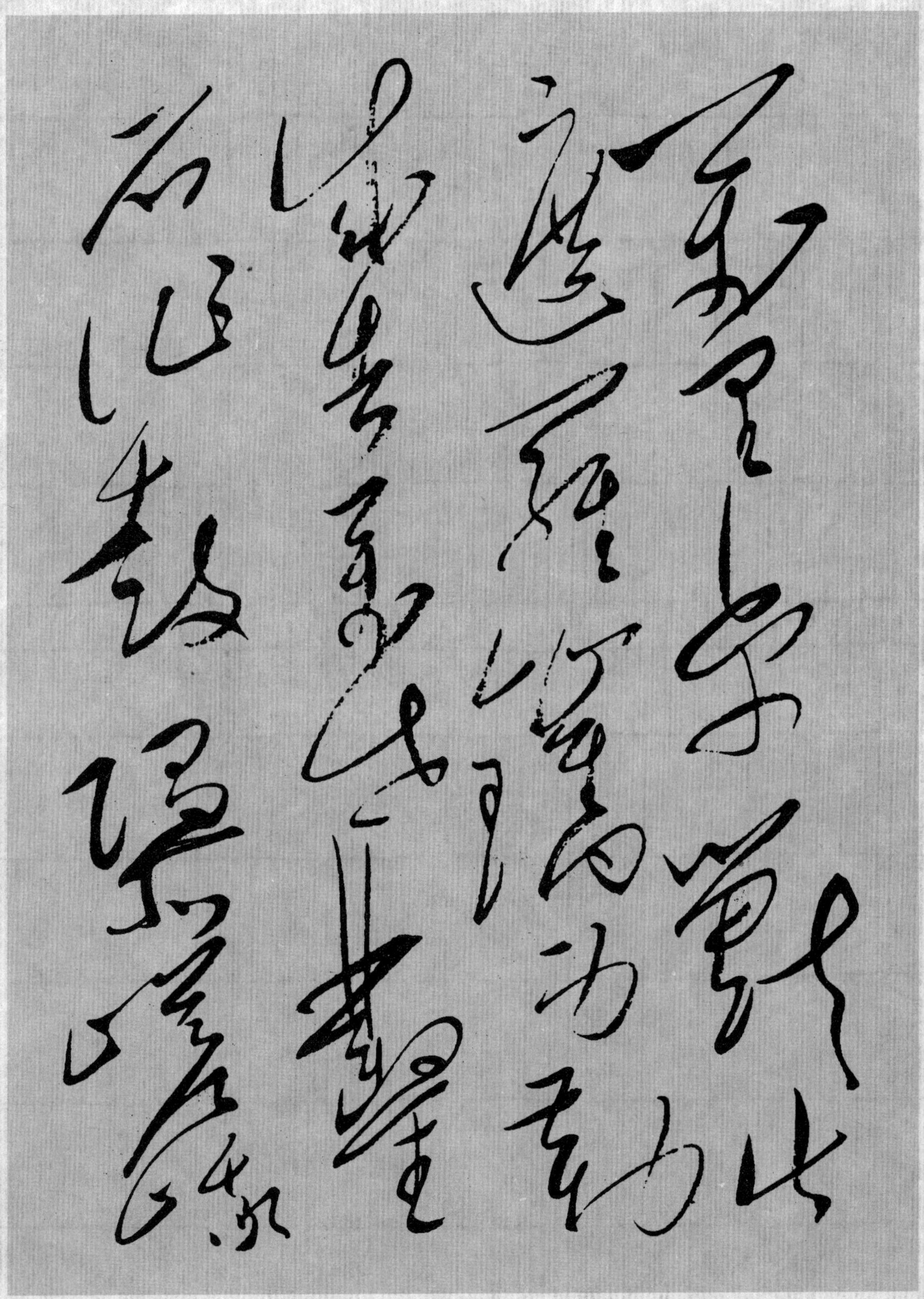

白居易

长恨歌(部分)

汉皇重色思倾国，御宇多年求不得。杨家有女初长成，养在深闺人未识，天生丽质难自弃，一朝选在君王侧。回头一笑百媚生，六宫粉黛无颜色。春寒赐浴华清池，温泉水滑洗凝脂。侍儿扶起娇无力，始是新承恩泽时。云鬓花颜金步摇，芙蓉帐暖度春宵。春宵苦短日高起，从此君王不早朝。承欢侍宴无闲暇，春从春游夜专夜。后宫佳丽三千人，三千宠爱在一身。金屋装〔妆〕成娇侍夜，玉楼宴罢醉和春。姊妹弟兄皆裂〔列〕土，可怜光彩生门户。遂令天下父母心，不重生男重生女。骊宫高处入青云，仙乐风飘处处闻。短〔缓〕歌曼舞凝丝竹，尽日君王看不足。渔阳鼙鼓动地来，惊破霓裳羽衣曲。

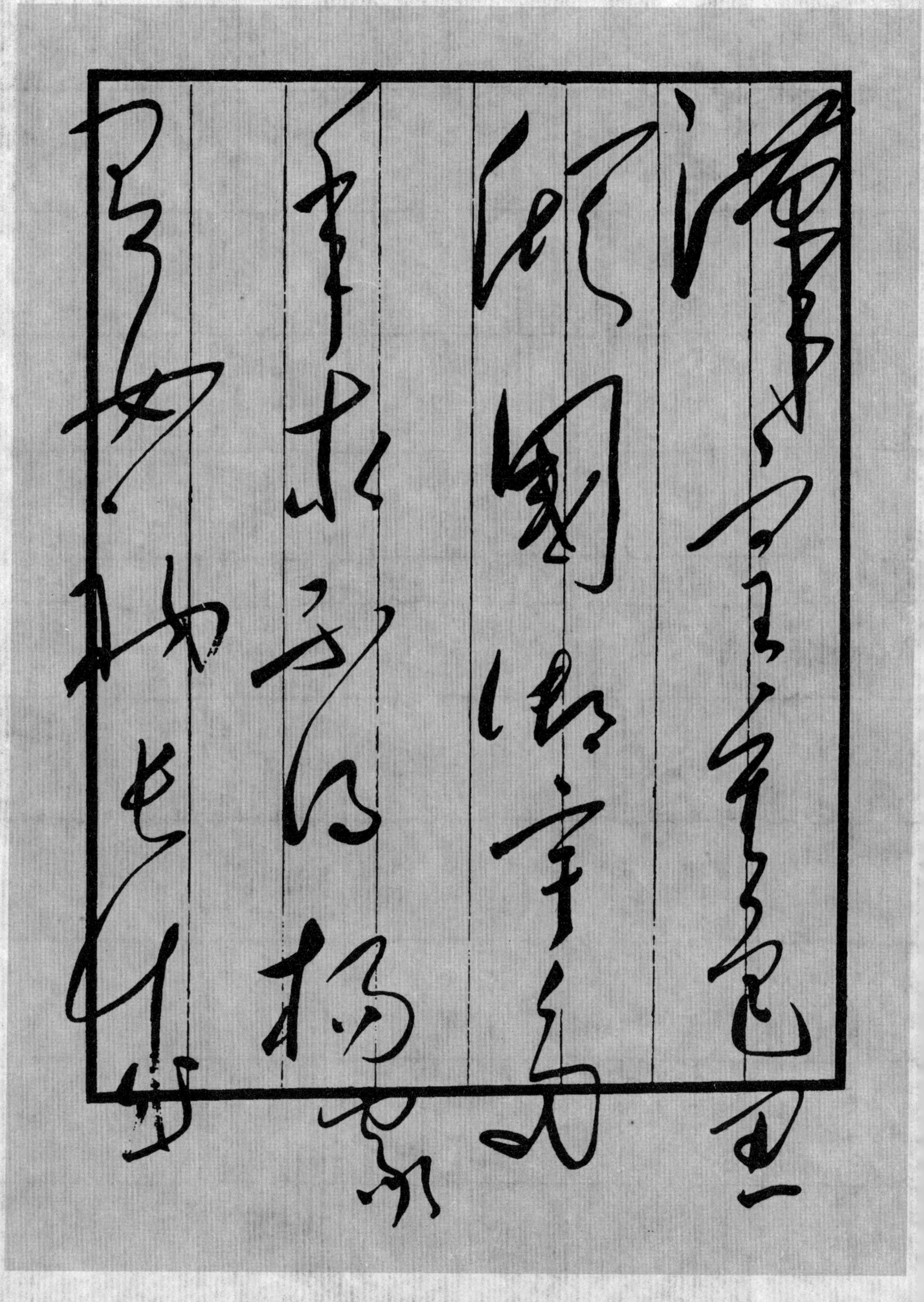

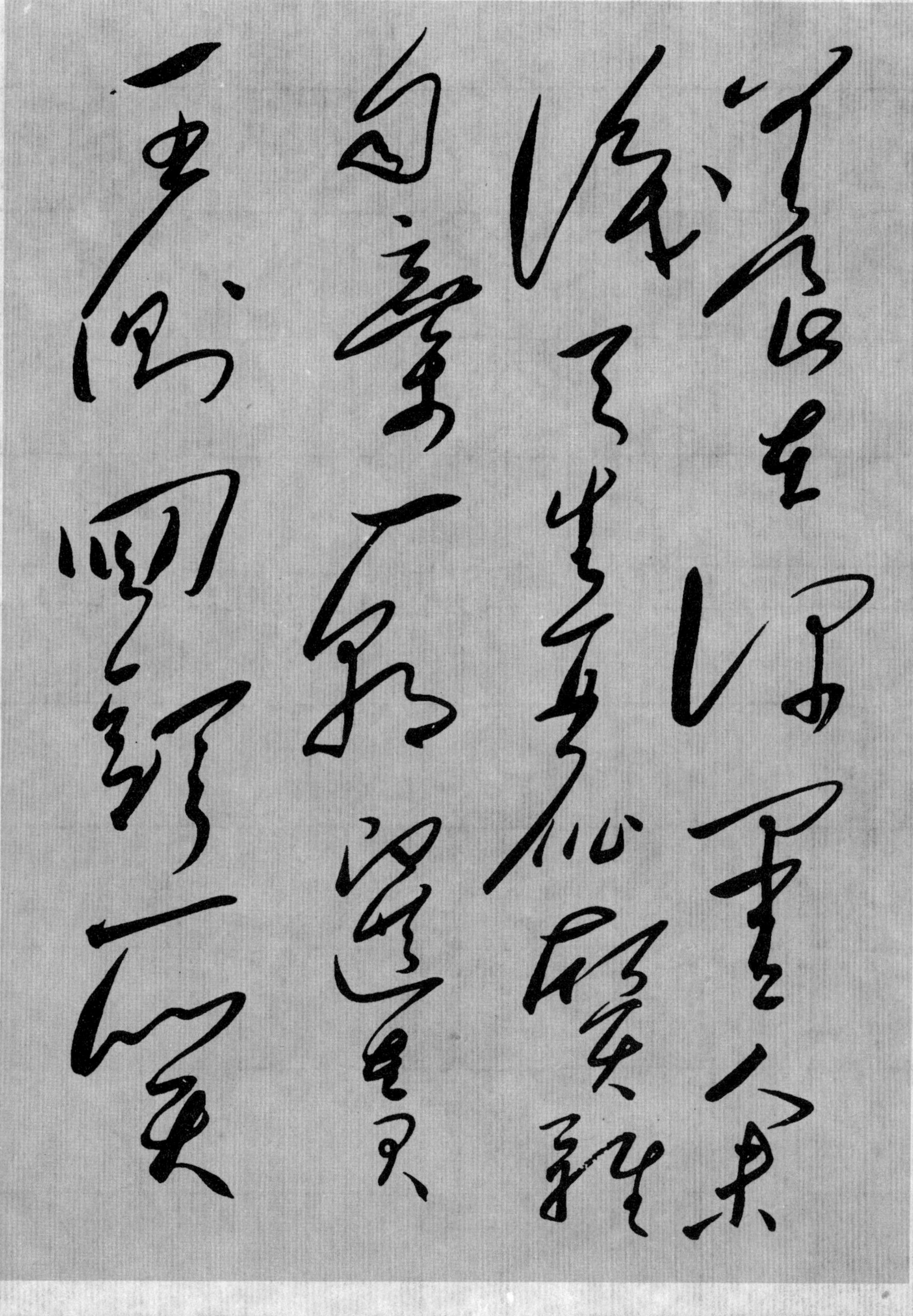

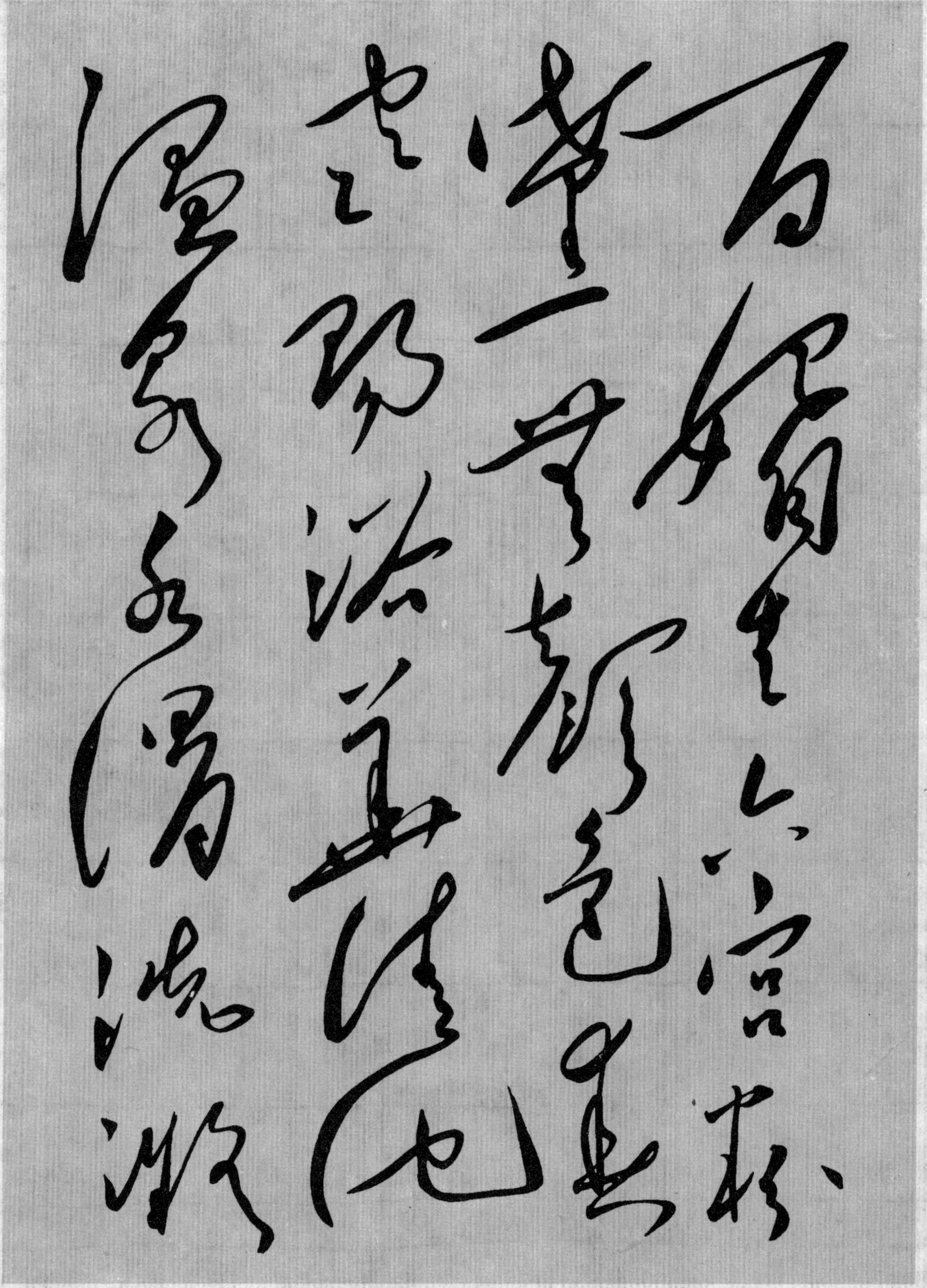

手书古诗文

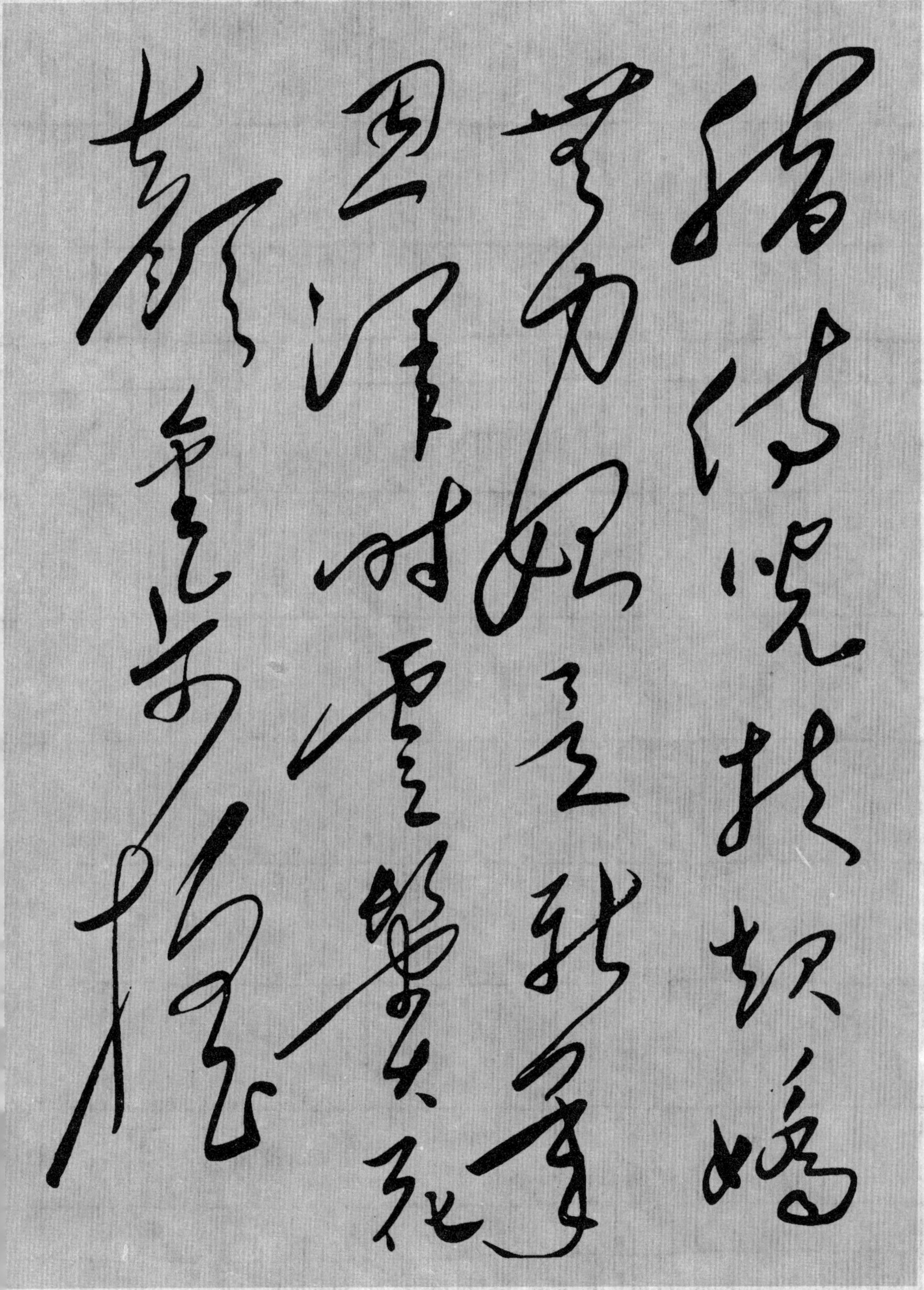

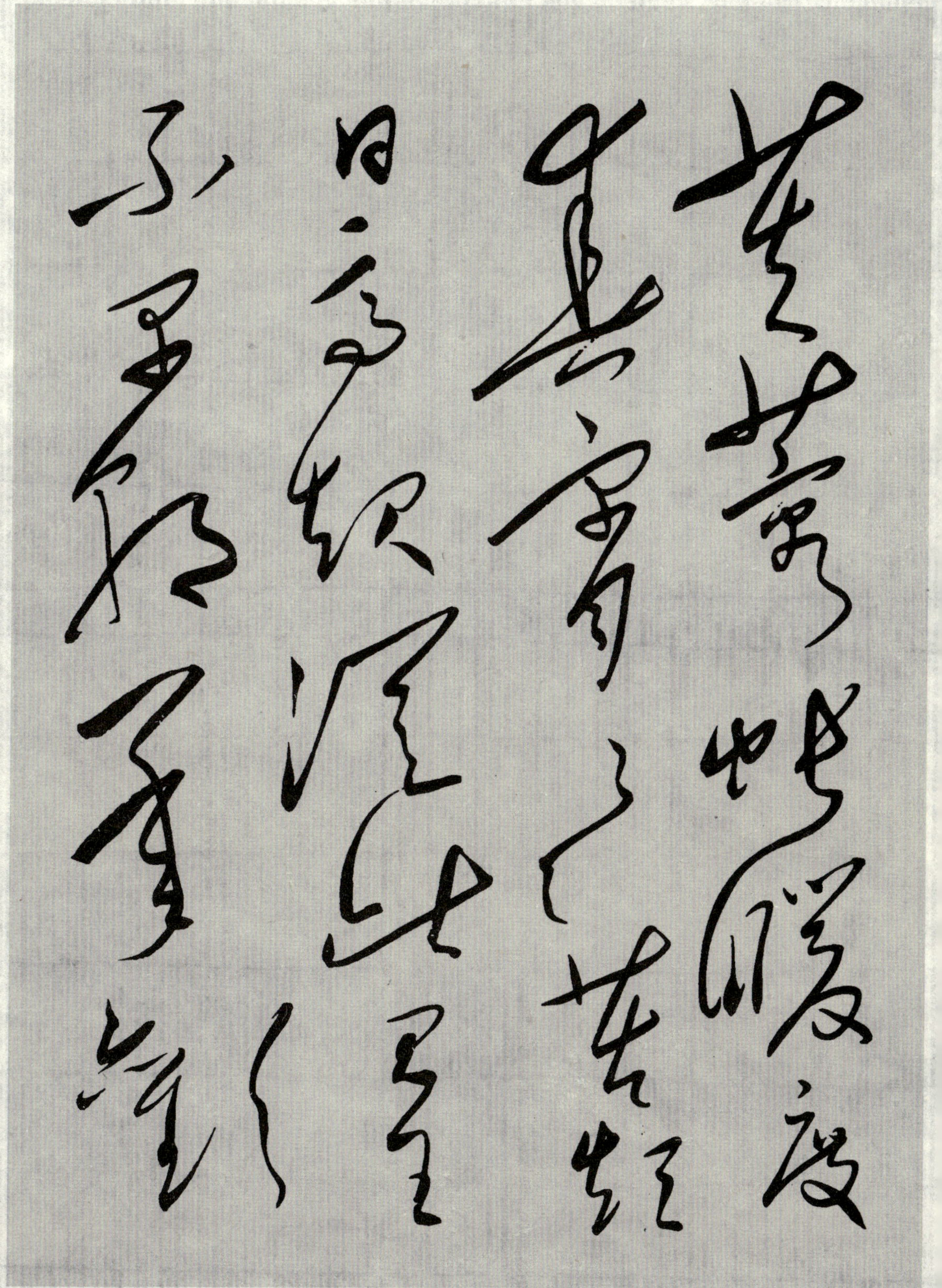

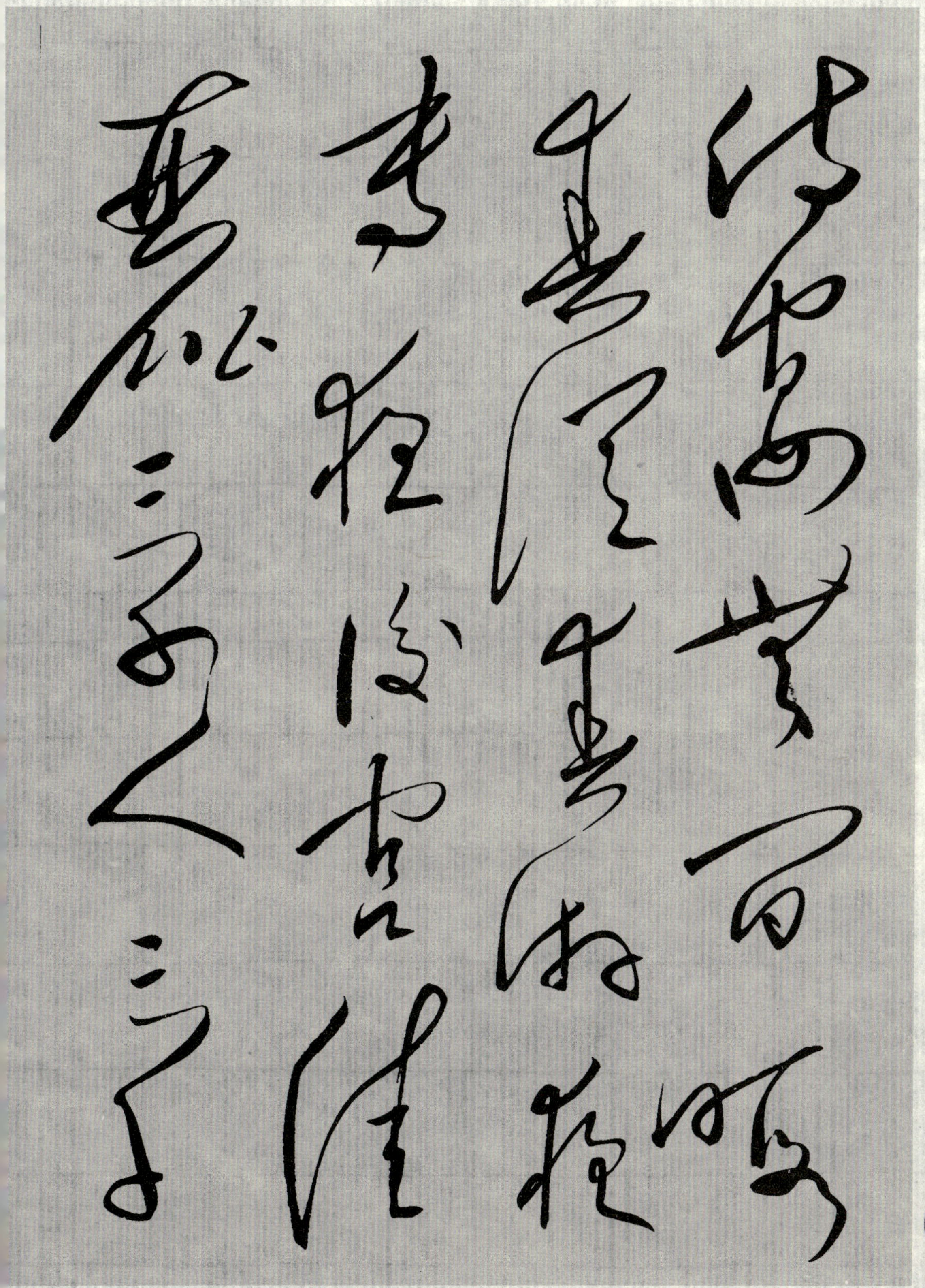

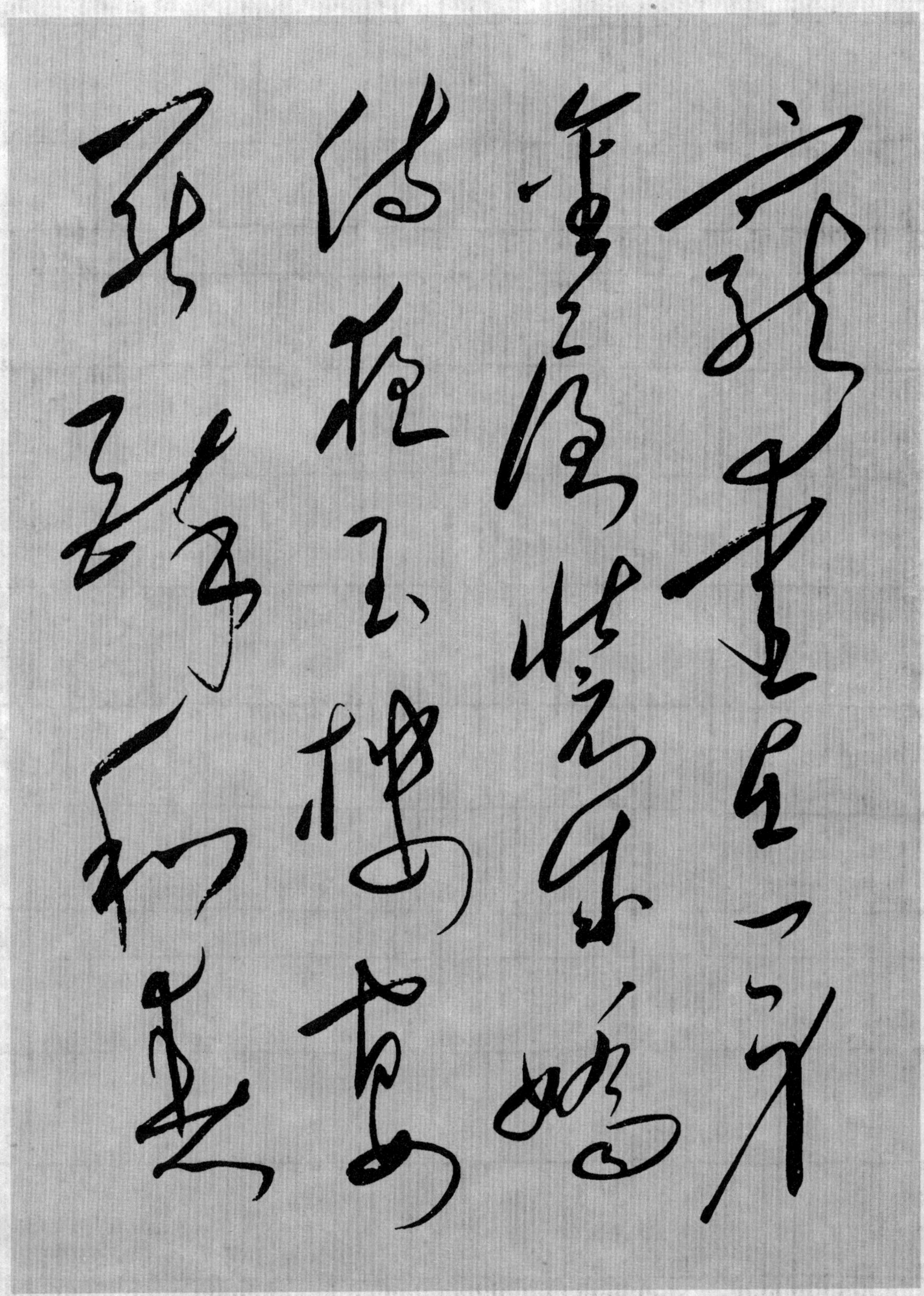

手书古诗文

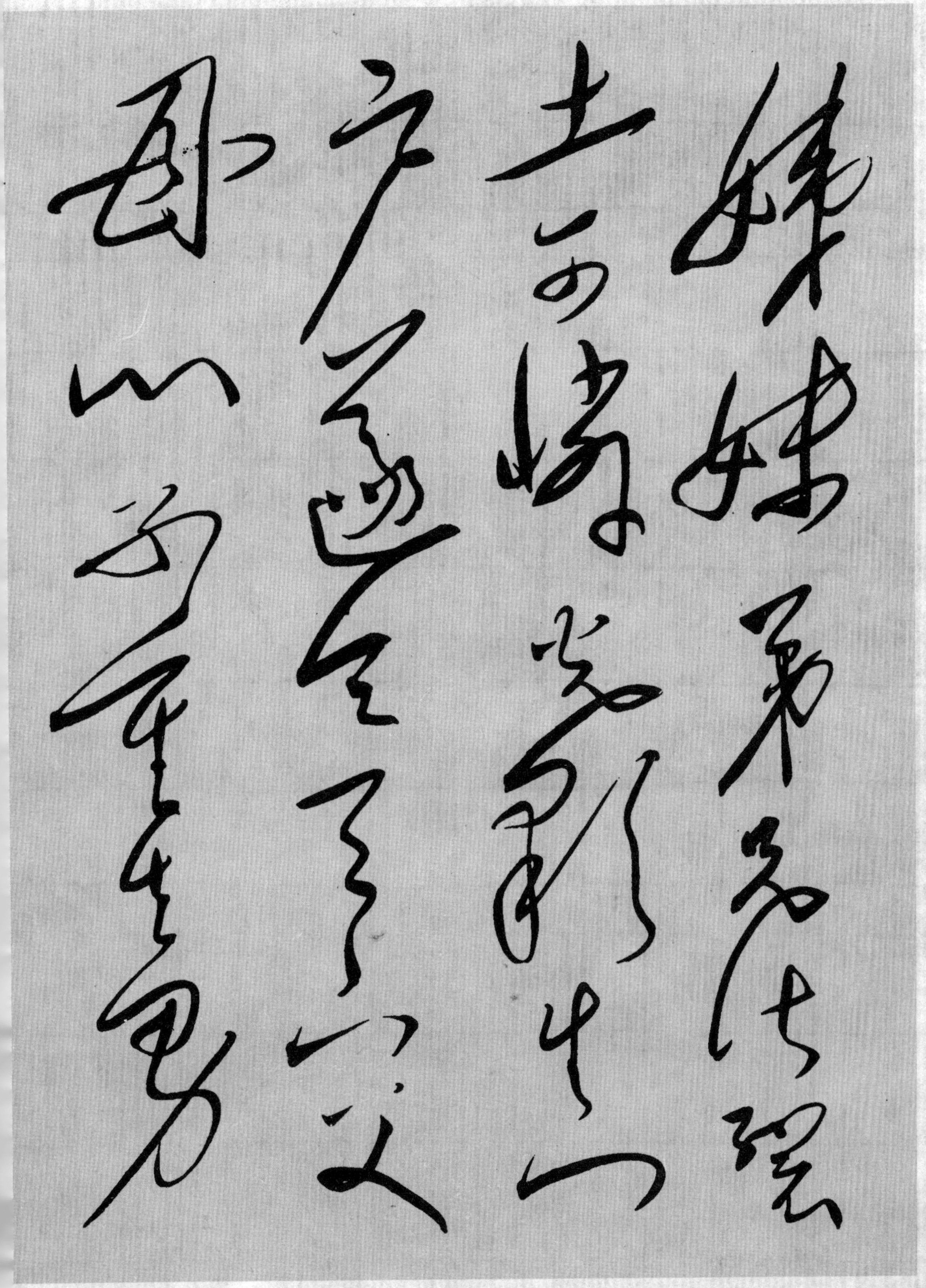

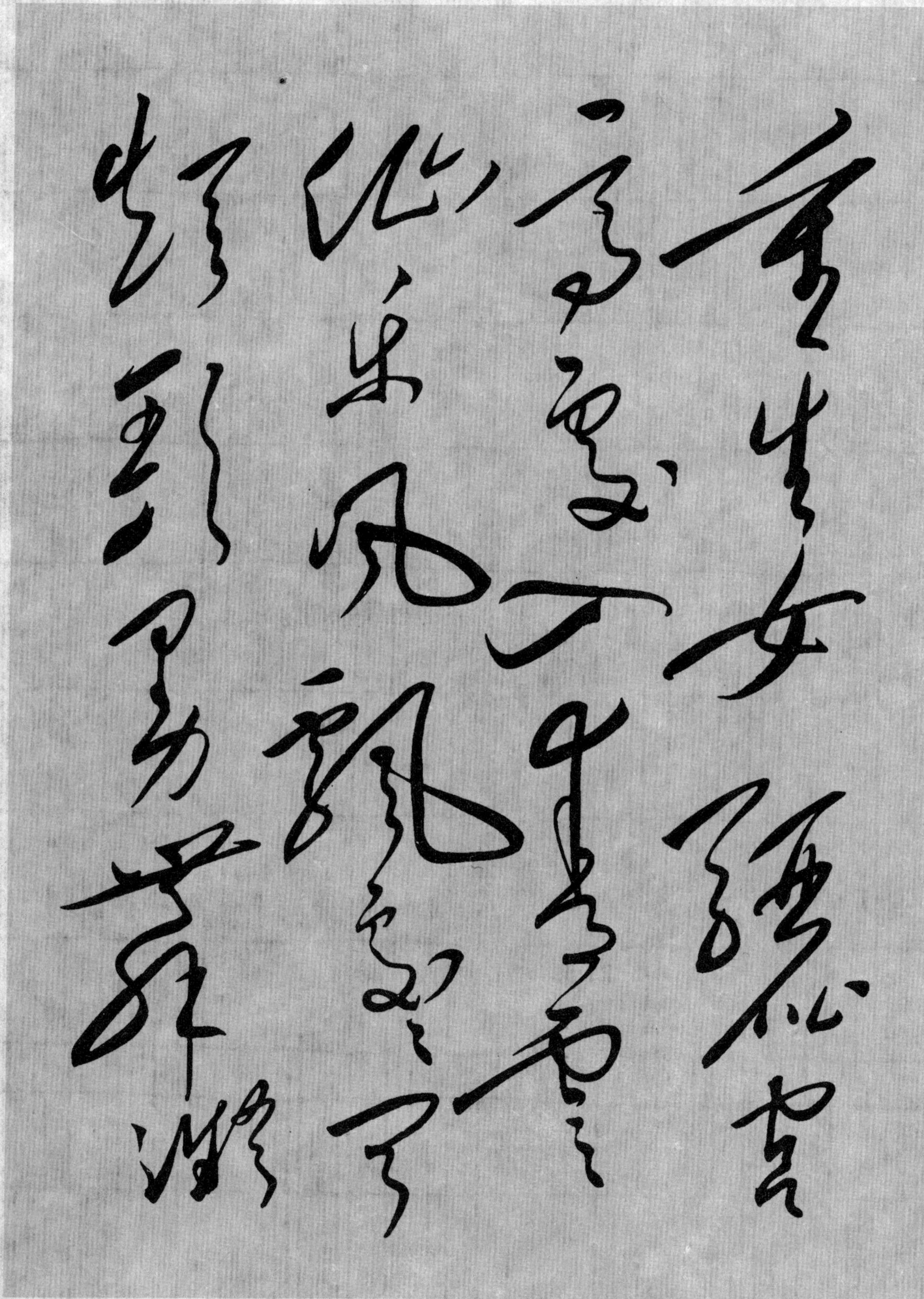

毛澤東手書真迹

手书古诗文

手书古诗文

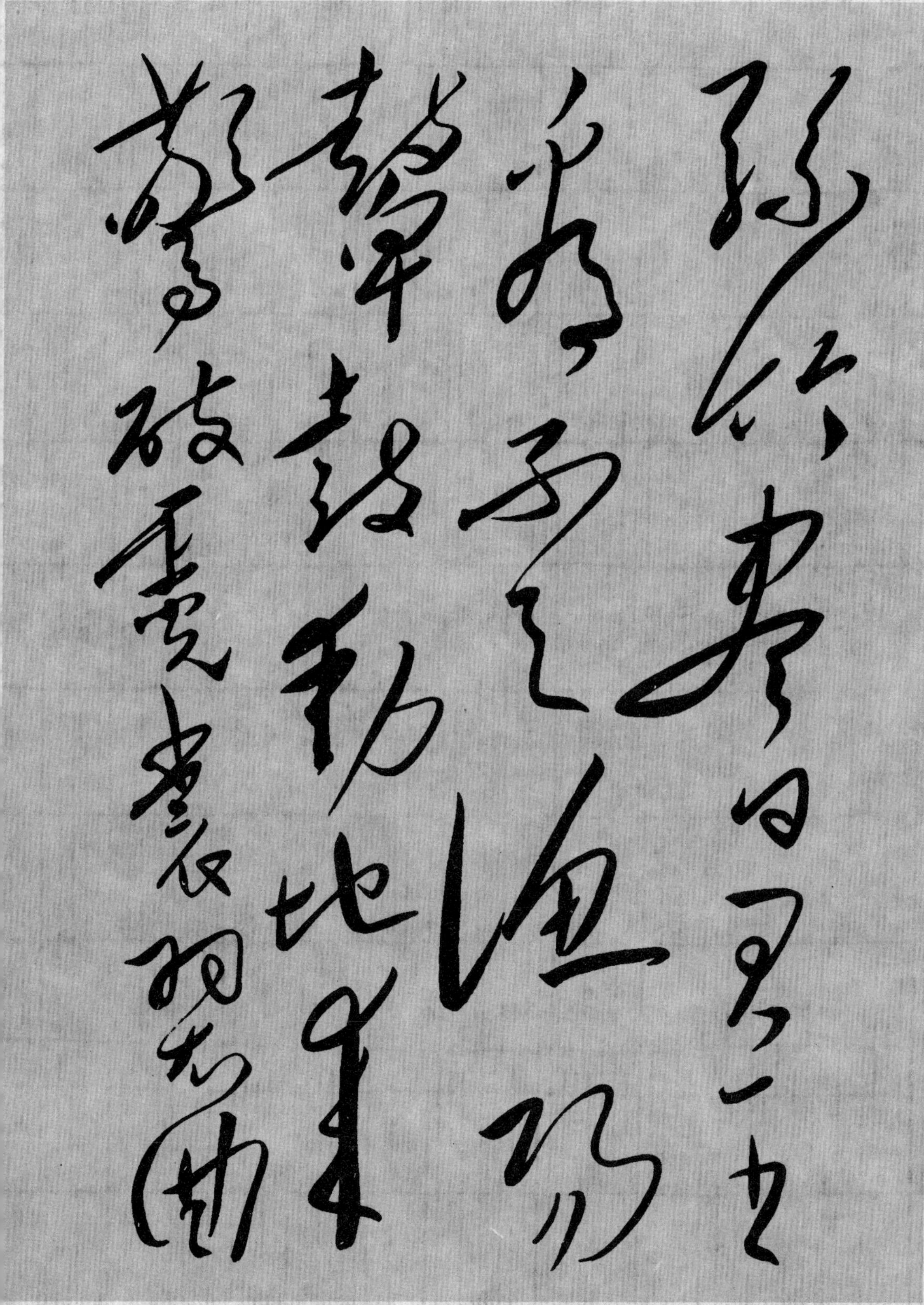

白居易

杨柳枝

一树春风万〔千〕万枝，嫩于金色软如〔于〕丝。永丰坊里东南角〔西角荒园里〕，尽日无人属阿谁？

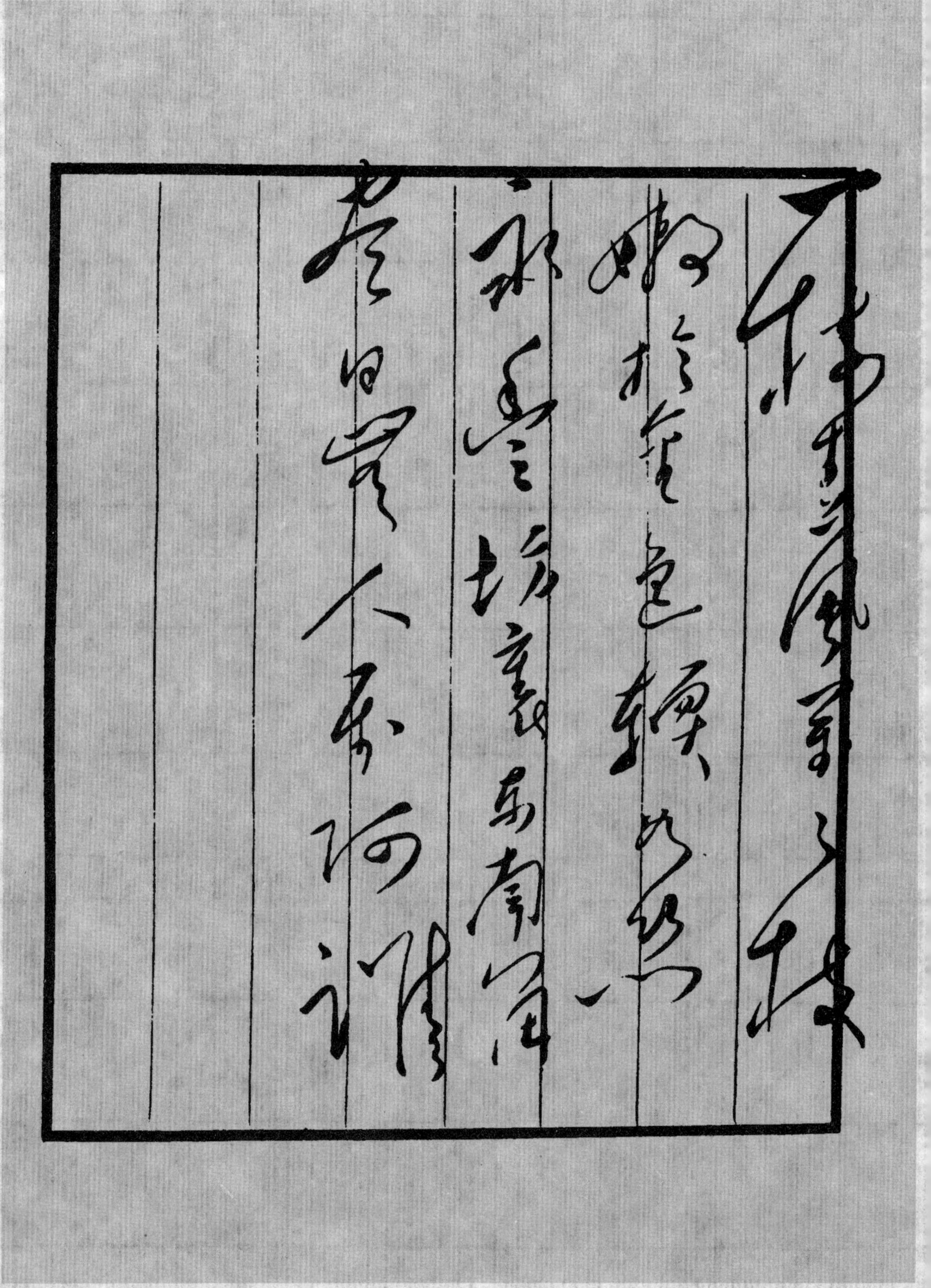

白居易

琵琶行

浔阳江头夜送客，枫叶荻花秋瑟瑟。主人下马客在船，有〔举〕酒欲饮无管弦。醉不成欢惨将别，别时茫茫江浸月。忽闻水上弦歌〔琵琶〕声，主人忘归客不发。寻声暗问弹者谁？琵琶声停欲语迟。移舟〔船〕相近邀相见，添酒回灯重开宴。千呼万唤始出来，犹抱琵琶半遮面。〔转轴拨弦三两声，未成曲调先有情。弦弦掩抑声声思，似诉平生不得志。低眉信手续续弹，说尽心中无限事〕。轻拢漫念抹复挑，初为霓裳后六幺。大弦嘈嘈如急

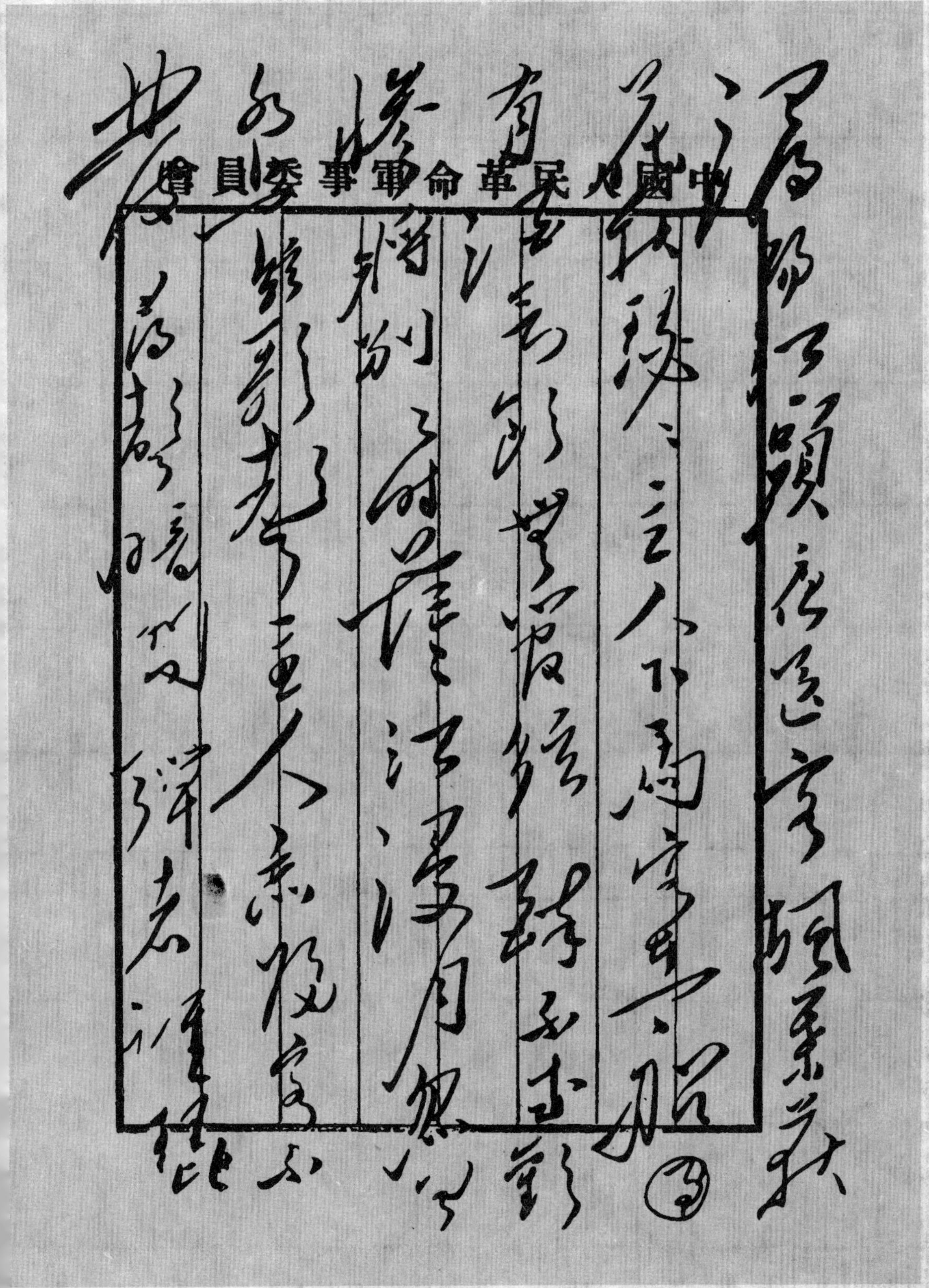

雨，小弦切切如私语。嘈嘈切切错杂弹，大珠小珠落玉盘。间关莺语花底花底滑，幽咽流泉水下滩。水泉冷涩弦凝绝，凝绝不通声渐歇。别有幽愁暗恨生，此时无声胜有声。银瓶破裂〔乍破〕水浆迸，铁骑突出刀枪鸣。曲终收拨当心画，四弦一声如裂帛，东船西舫悄无言，惟见江心秋月白。沉吟放拨插弦中，整顿衣裳起敛容。自言本是京城女，家在虾蟆陵下住。十三学得琵琶成，名属教坊第一部。曲罢曾教善才服，装成每被秋娘妒。五陵年少争缠头，一曲红绡不知数。钿头银篦击节碎，血风〔一色〕罗裙翻酒污。今年

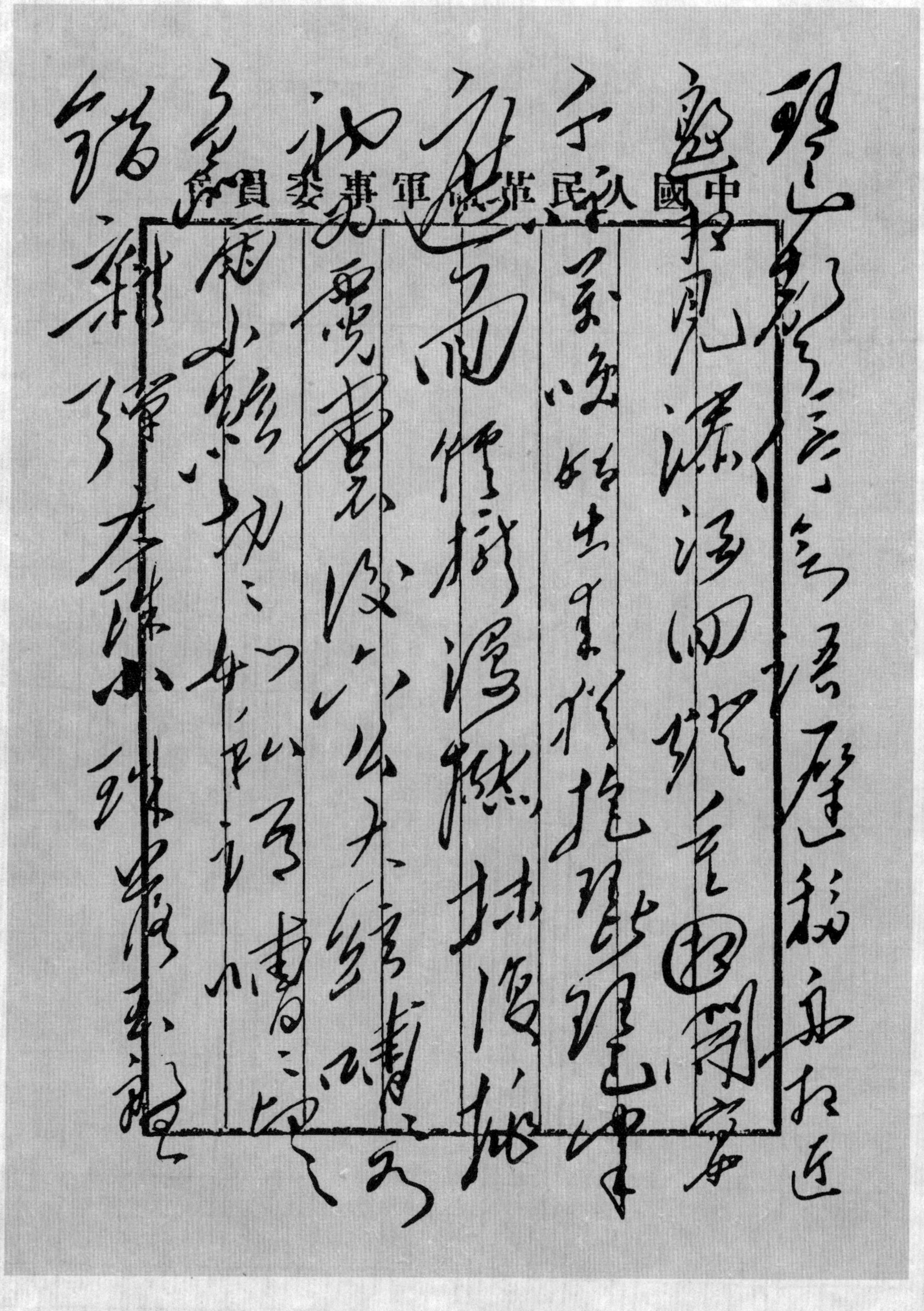

欢笑复明年，秋月春风等闲度。弟走从军阿姨死，暮去朝来颜色故。门前冷落车马稀，老大嫁作商人妇。商人重利轻别离，前日〔月〕浮梁买茶去。去来江口守空船，绕船明月江水寒。夜深忽梦少年事，梦啼装泪红阑干。我闻琵琶已叹息，又闻此语重唧唧。同是天涯沦落人，相逢何必曾相识。自〔我〕多去年离京城〔辞帝京〕，谪居卧病浔阳城。浔阳地僻无音乐，终岁不闻丝竹声。住近湓〔湓〕城地低温，黄芦苦竹绕宅生。其间旦暮闻何物，杜鹃啼血猿哀鸣。春江花朝秋月夜，往往取酒还独倾。岂无山歌与村笛，

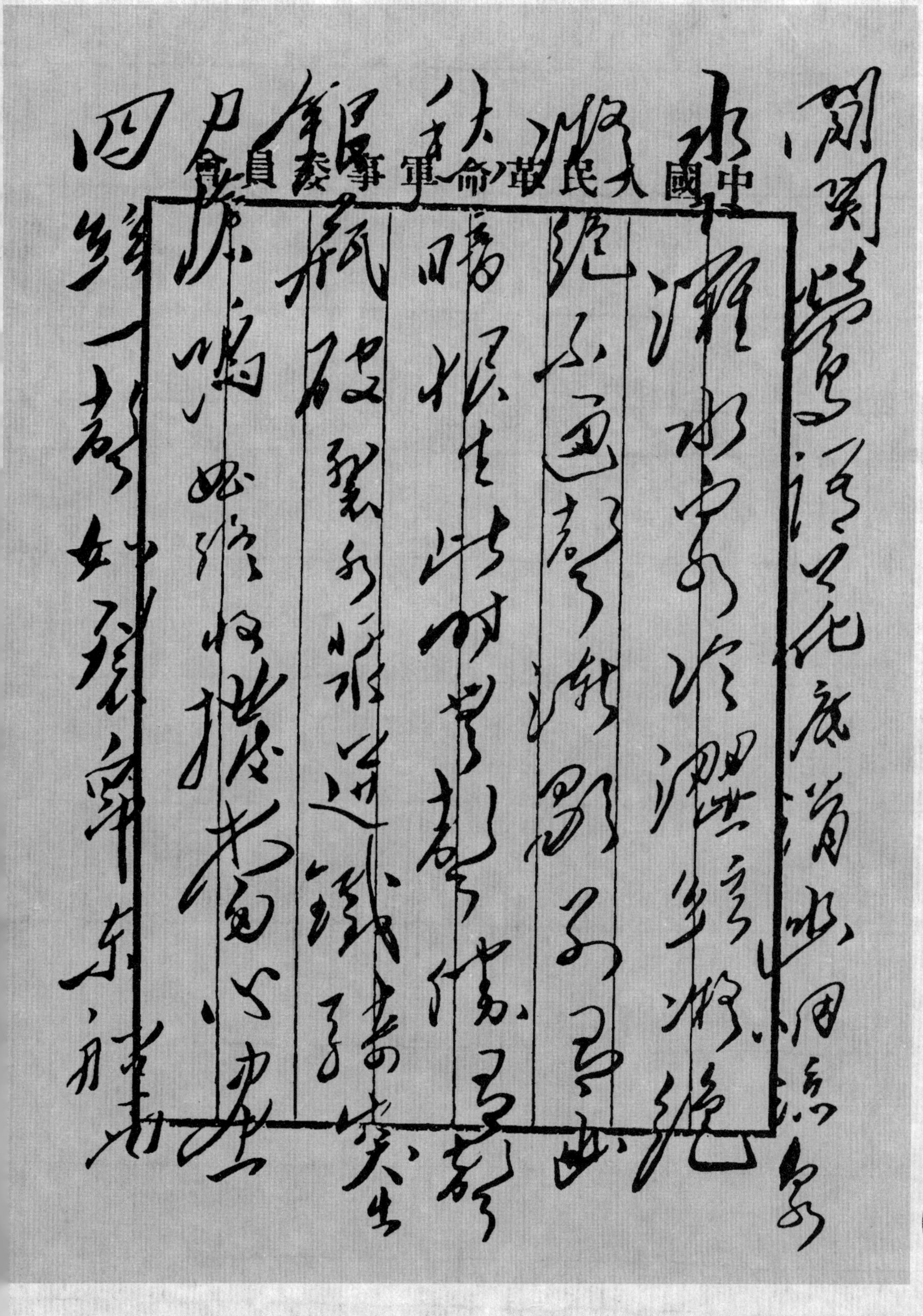

呦〔呕〕哑啁〔嘲〕哳难为听。如听仙乐耳渐〔暂〕明。不辞更坐弹一曲，为君翻作琵琶行。感我此言良久立，却坐促弦弦转急。凄凄不似向前声，满座重闻咸〔皆〕掩泣。座中泣下谁更〔最〕多，江州司马青衫湿。

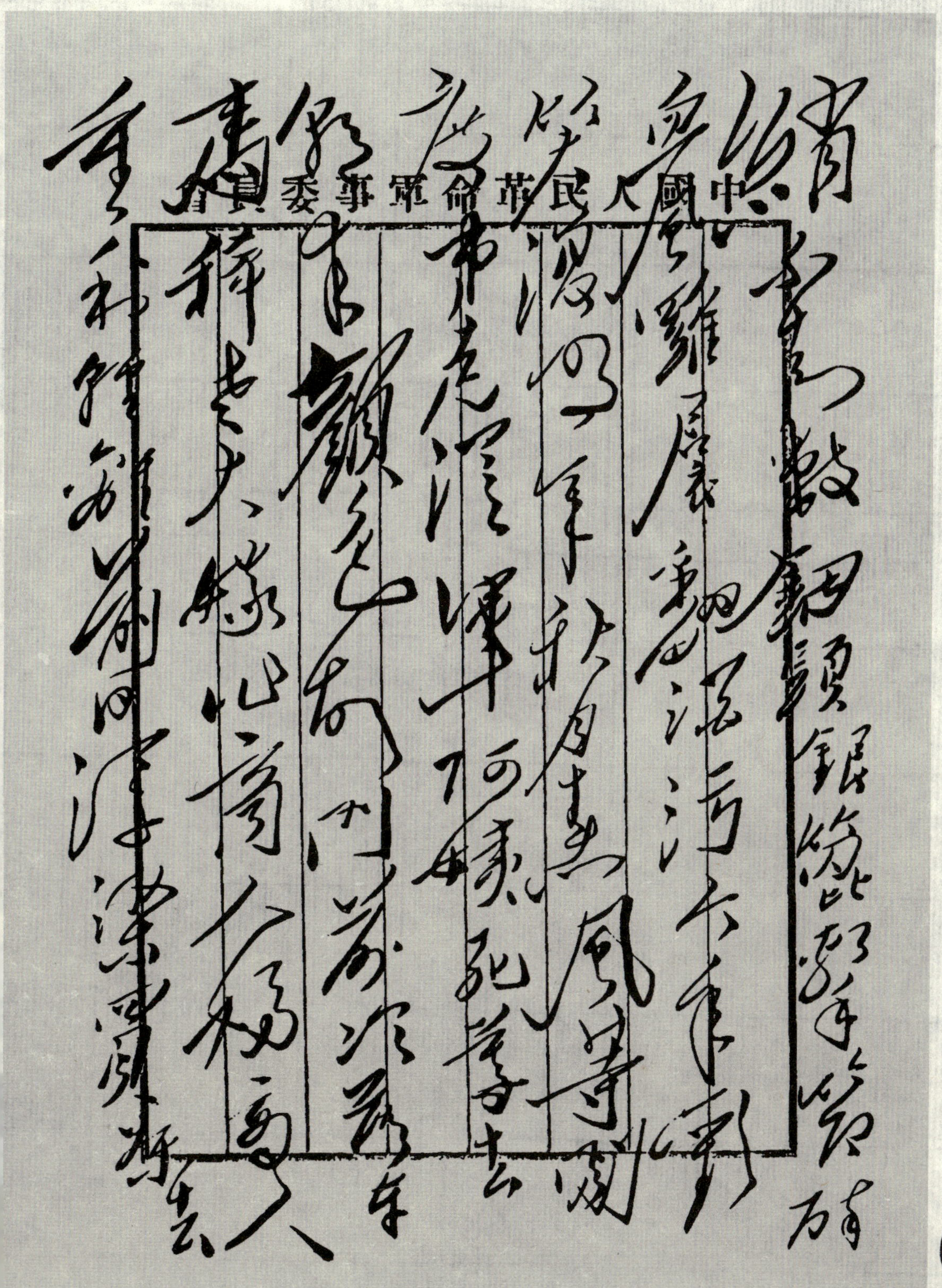

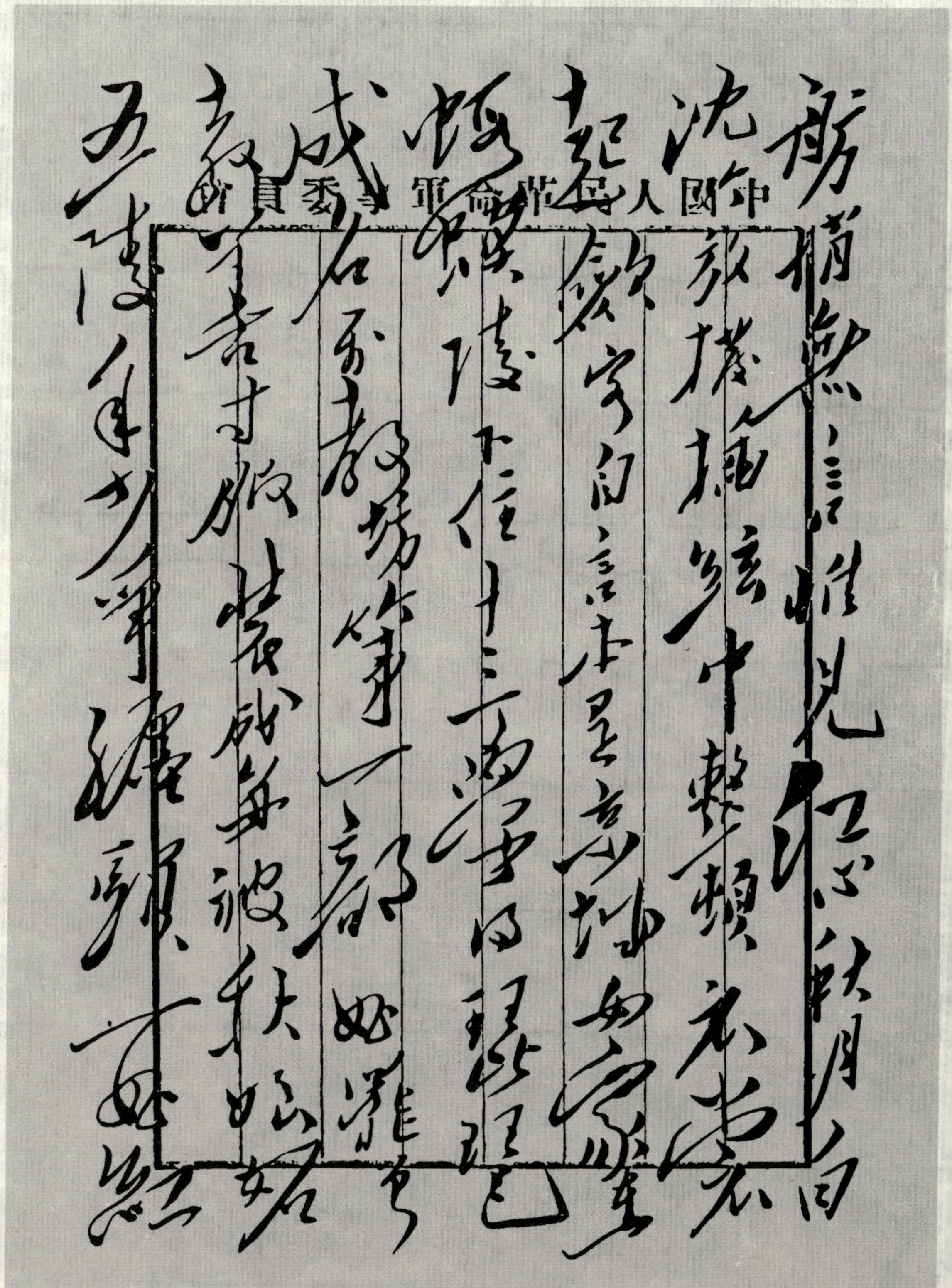

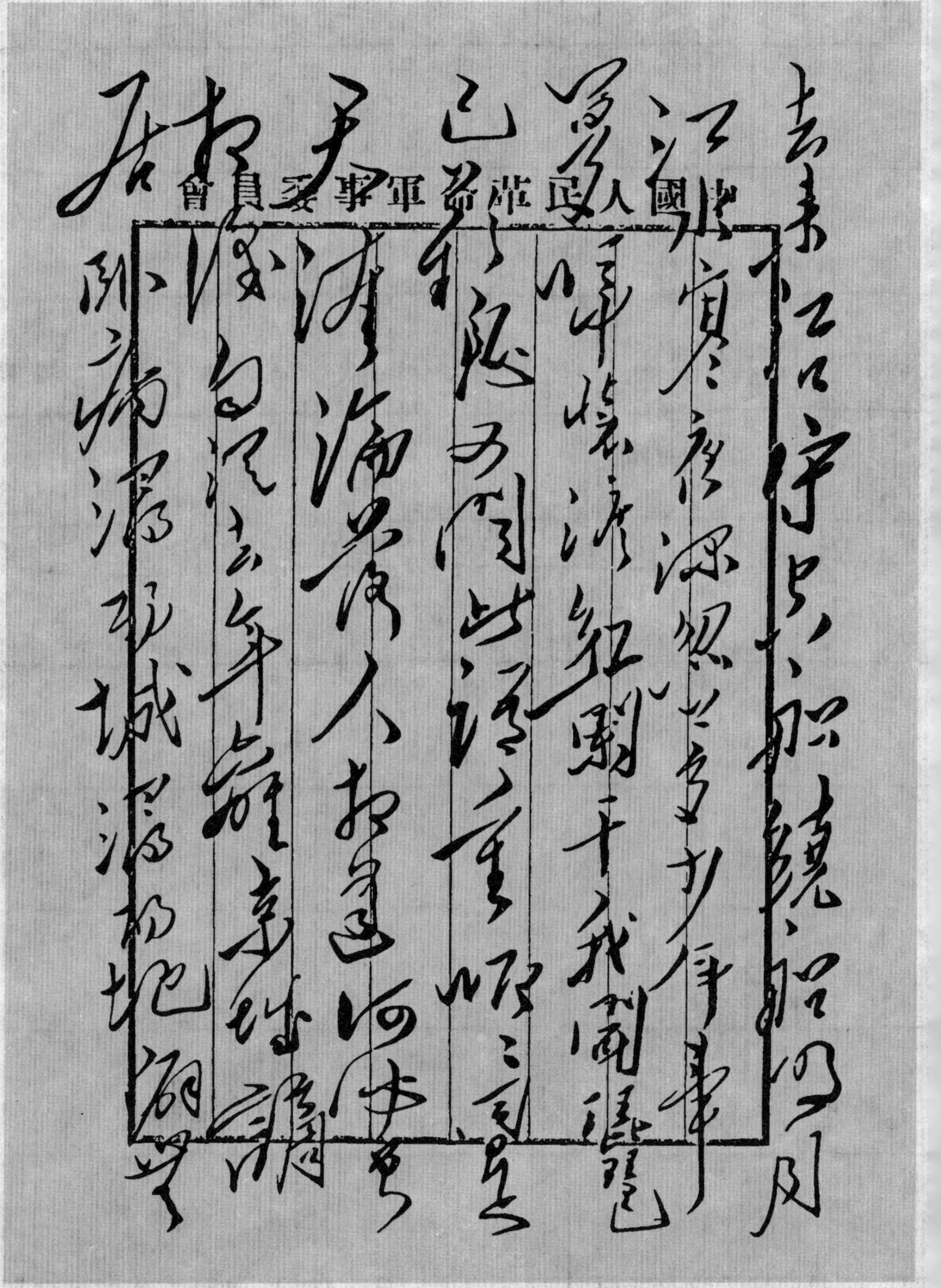

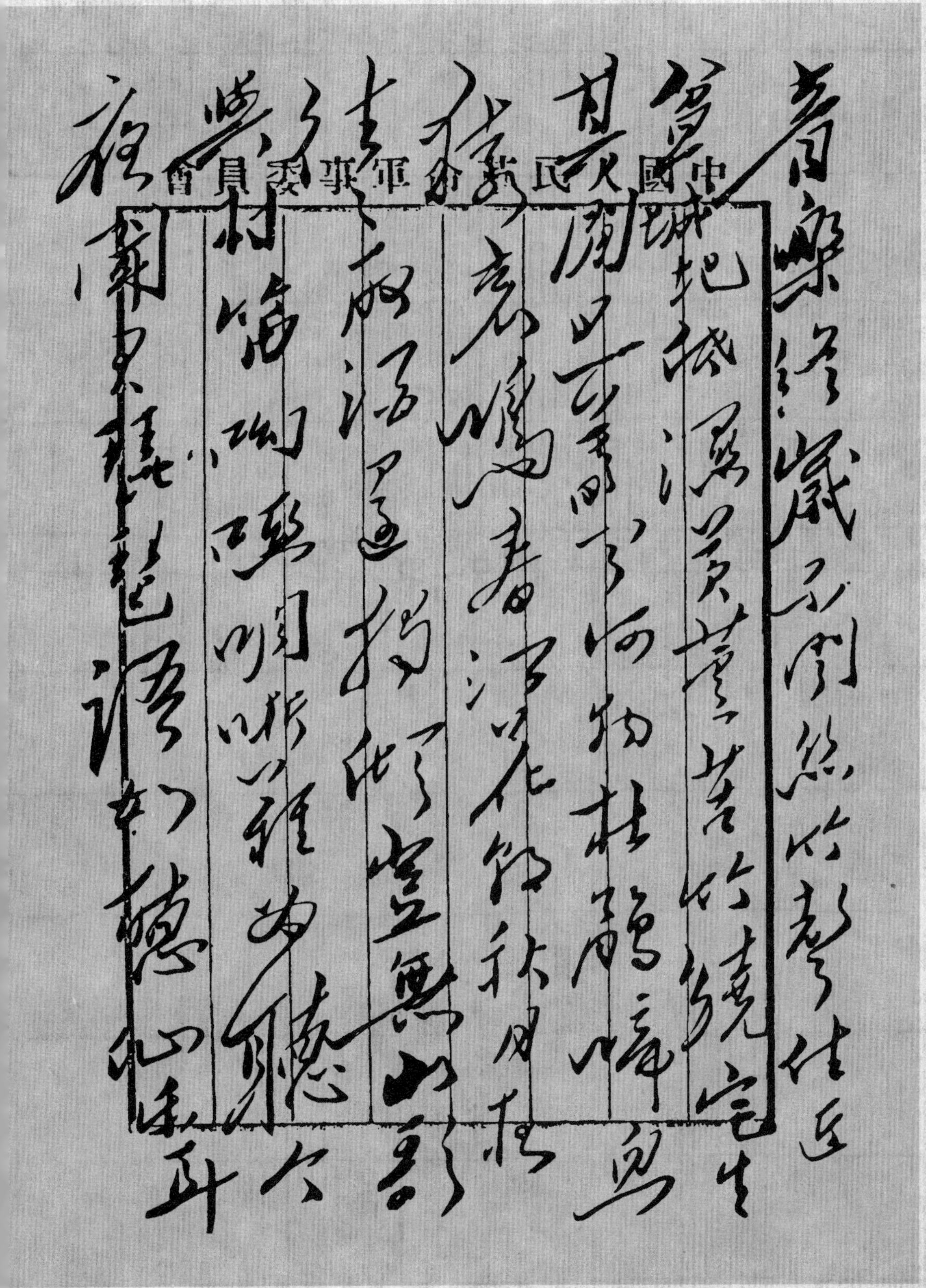

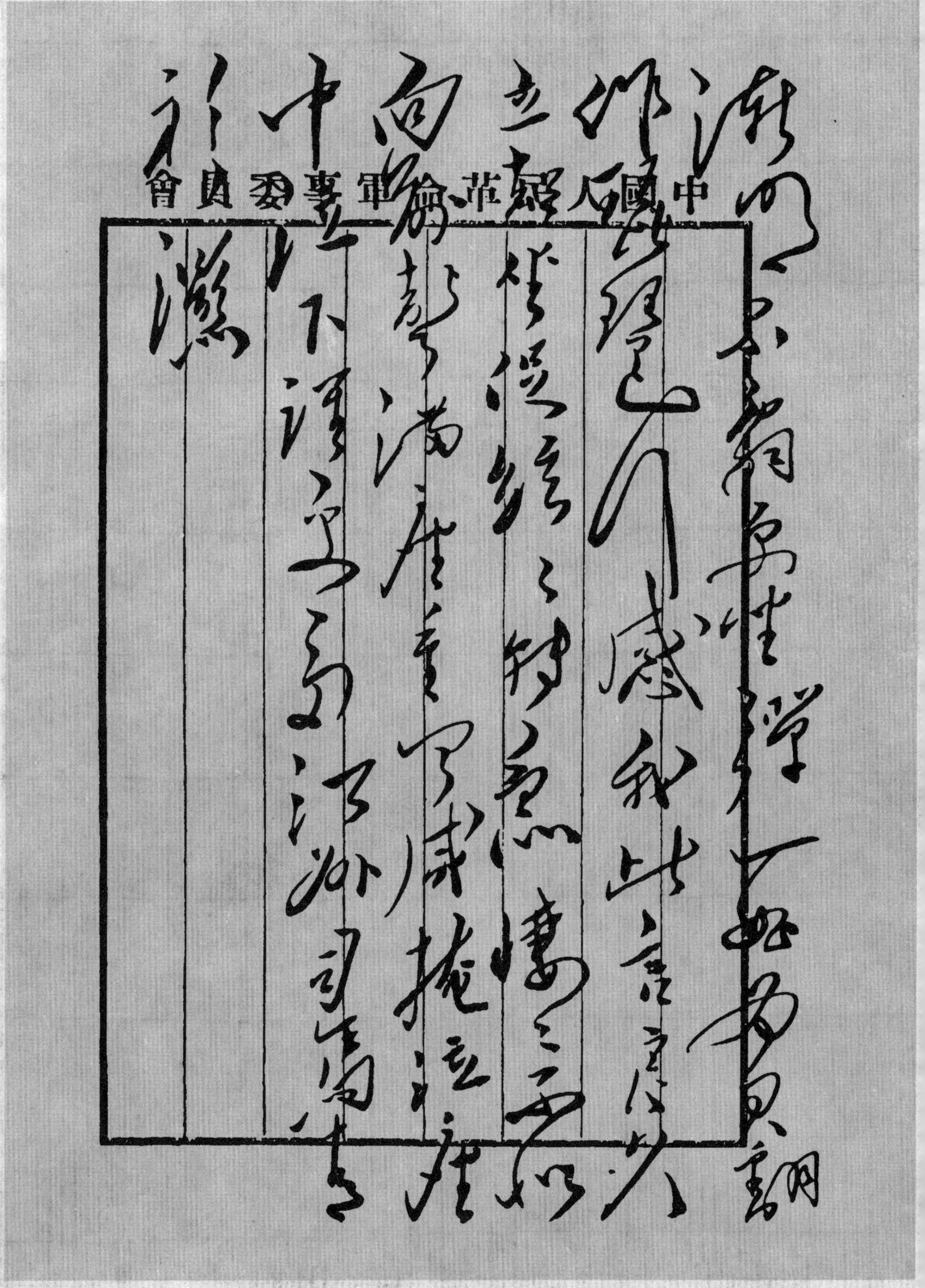

刘禹锡

酬乐天扬州初逢席上见赠

巴山楚水凄凉地，二十二年弃置身。怀旧空吟闻笛赋，到乡翻似烂柯人。沉舟侧畔千帆过，病树前头万木春。今日听君歌一曲，暂凭杯酒长精神。

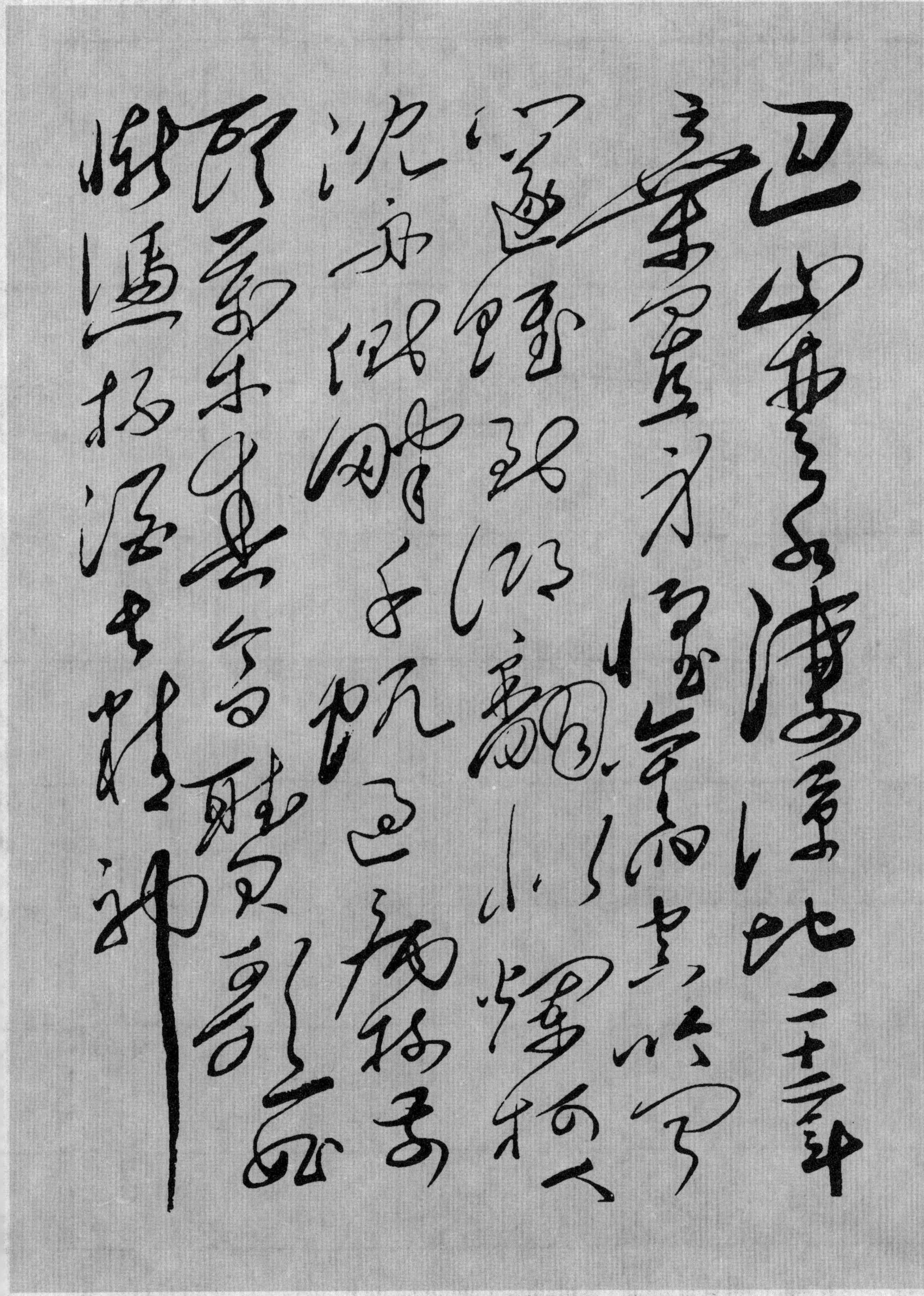

刘禹锡

始闻秋风

昔看黄菊与君别，今听玄蝉我独〔却〕回。五夜飕飗枕前觉，百〔一〕年形镜中来。马思边草拳毛动，雕盼青云倦眼开。天地肃清堪四望，为君扶病一登〔上高〕台。

刘禹锡诗一首

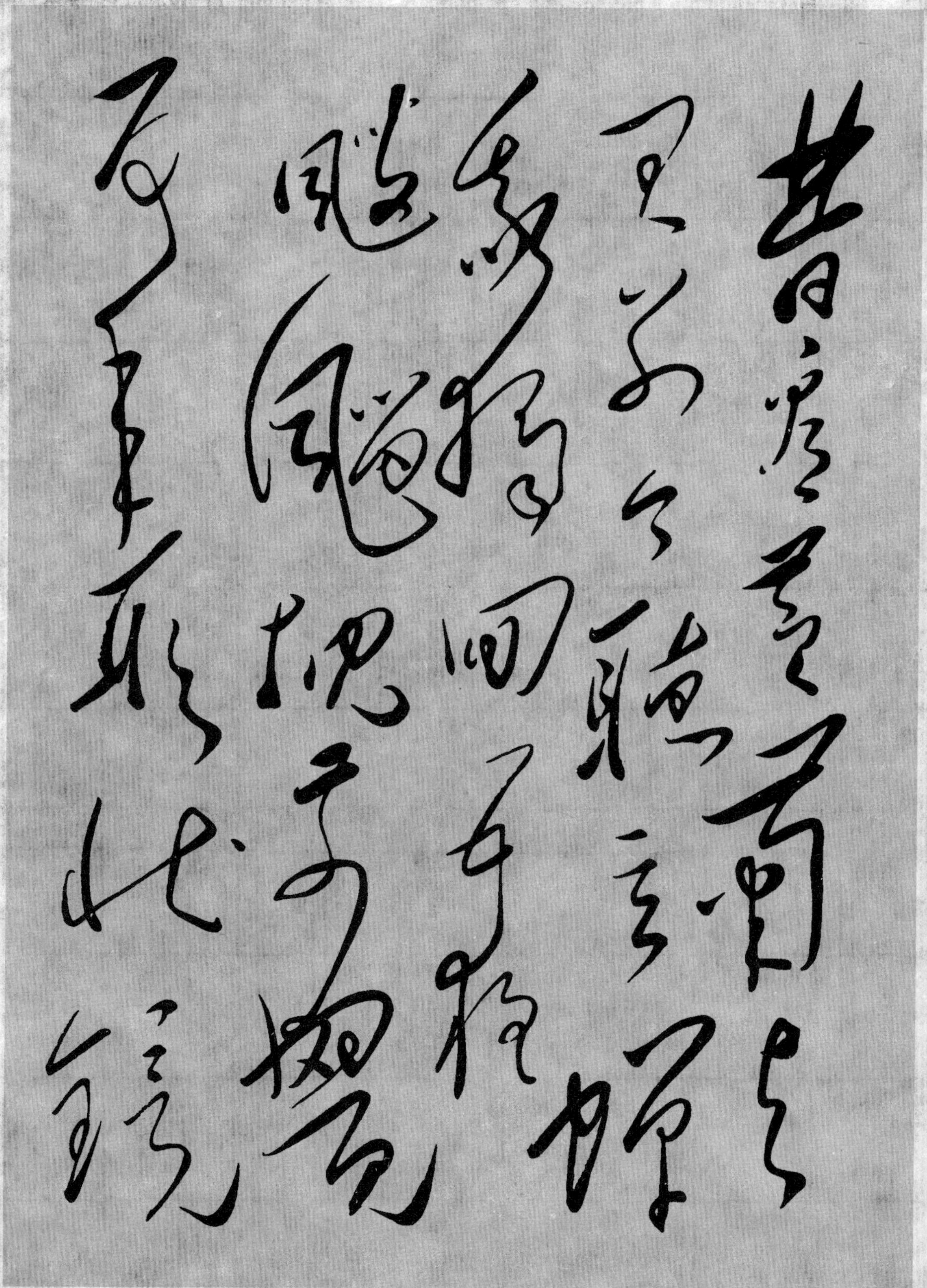

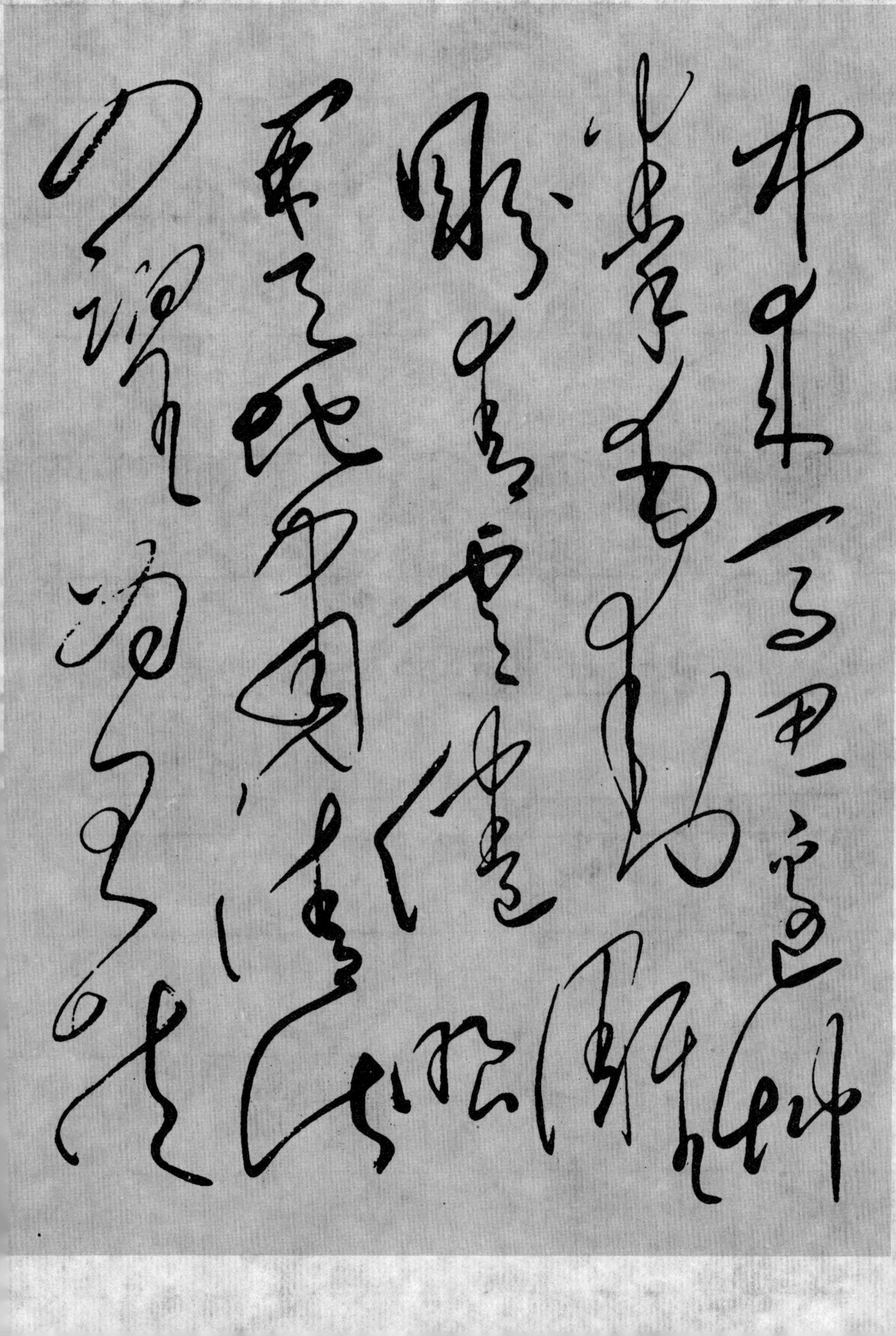

刘禹锡

再游玄都观

百亩庭中尽〔半〕是苔，桃花开〔净〕尽菜花开。种桃道士归何处？前度刘郎今又来。

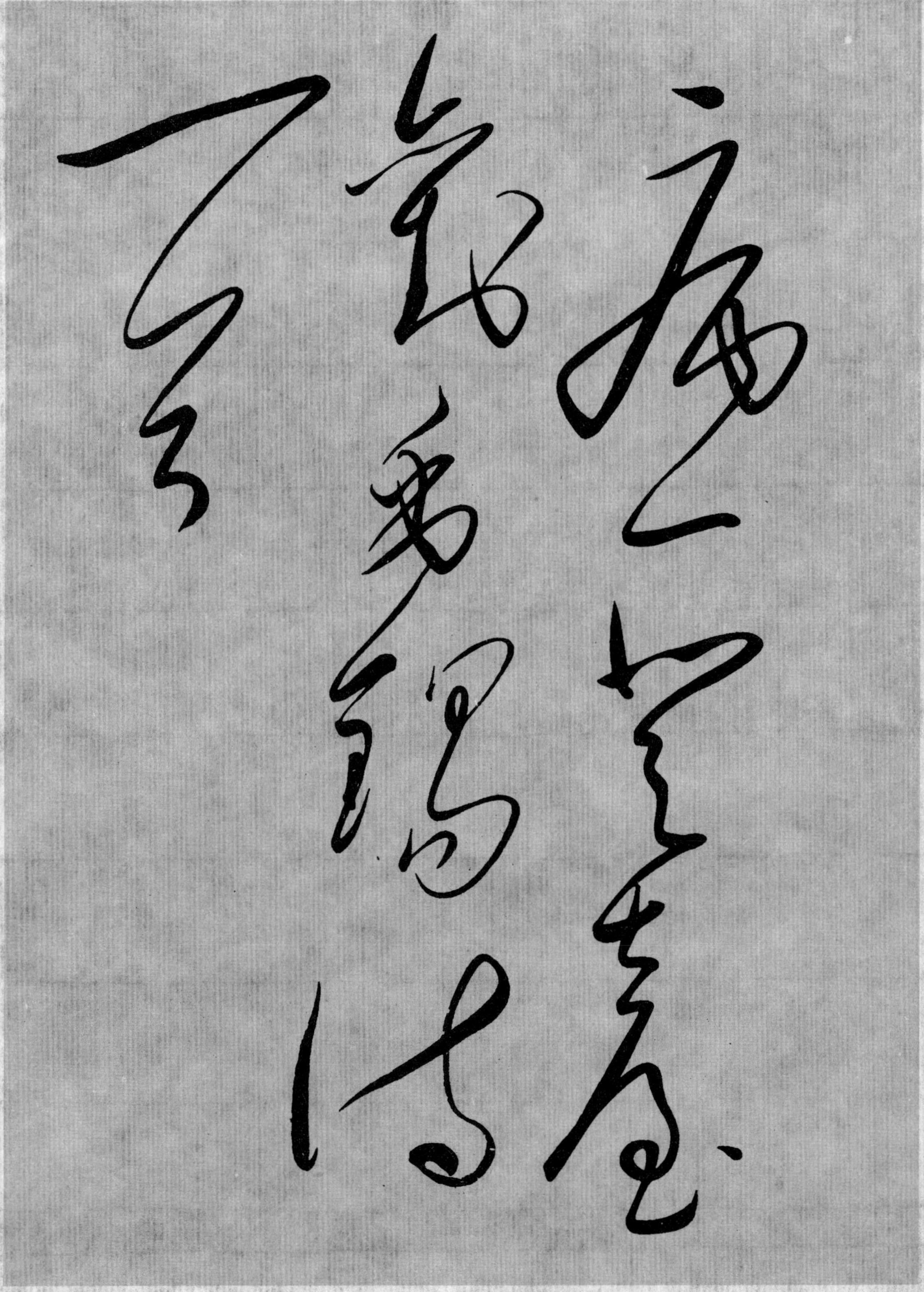

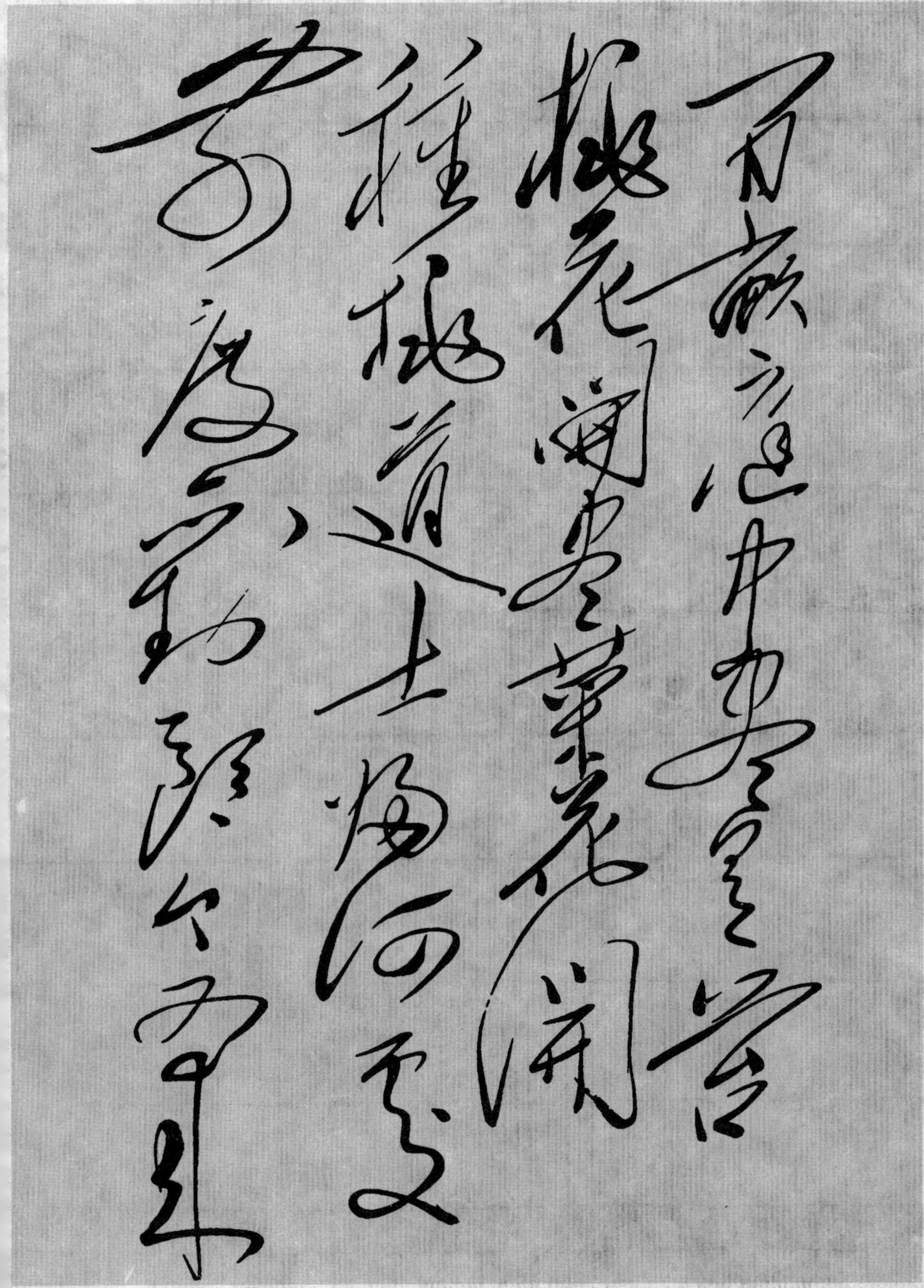

刘禹锡

西塞山怀古

王濬楼船下益州，鑫陵王气黯然收。千寻铁锁沉江底，一片降帆出石头。人世几回悲〔伤〕往事，山形依旧枕寒流。从今四海为家日，故垒萧萧芦荻秋。

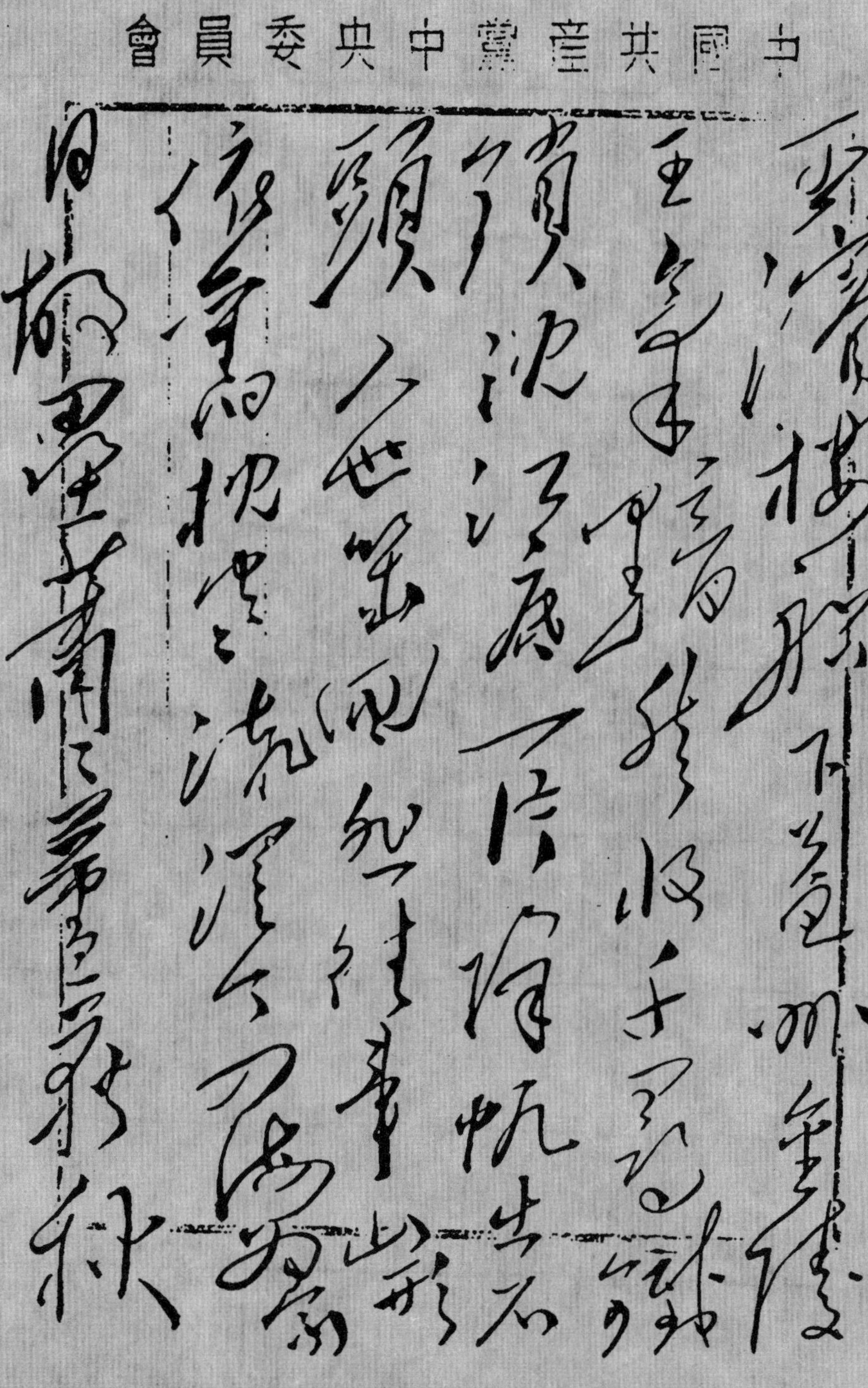

柳宗元

别舍弟宗一

零落残魂〔红〕倍黯然，双垂别泪越江边。一身去国六千里，万死投荒十二年。桂岭瘴来云似墨，洞庭春尽水如天。欲知此后相思梦，长在荆门郢树烟。

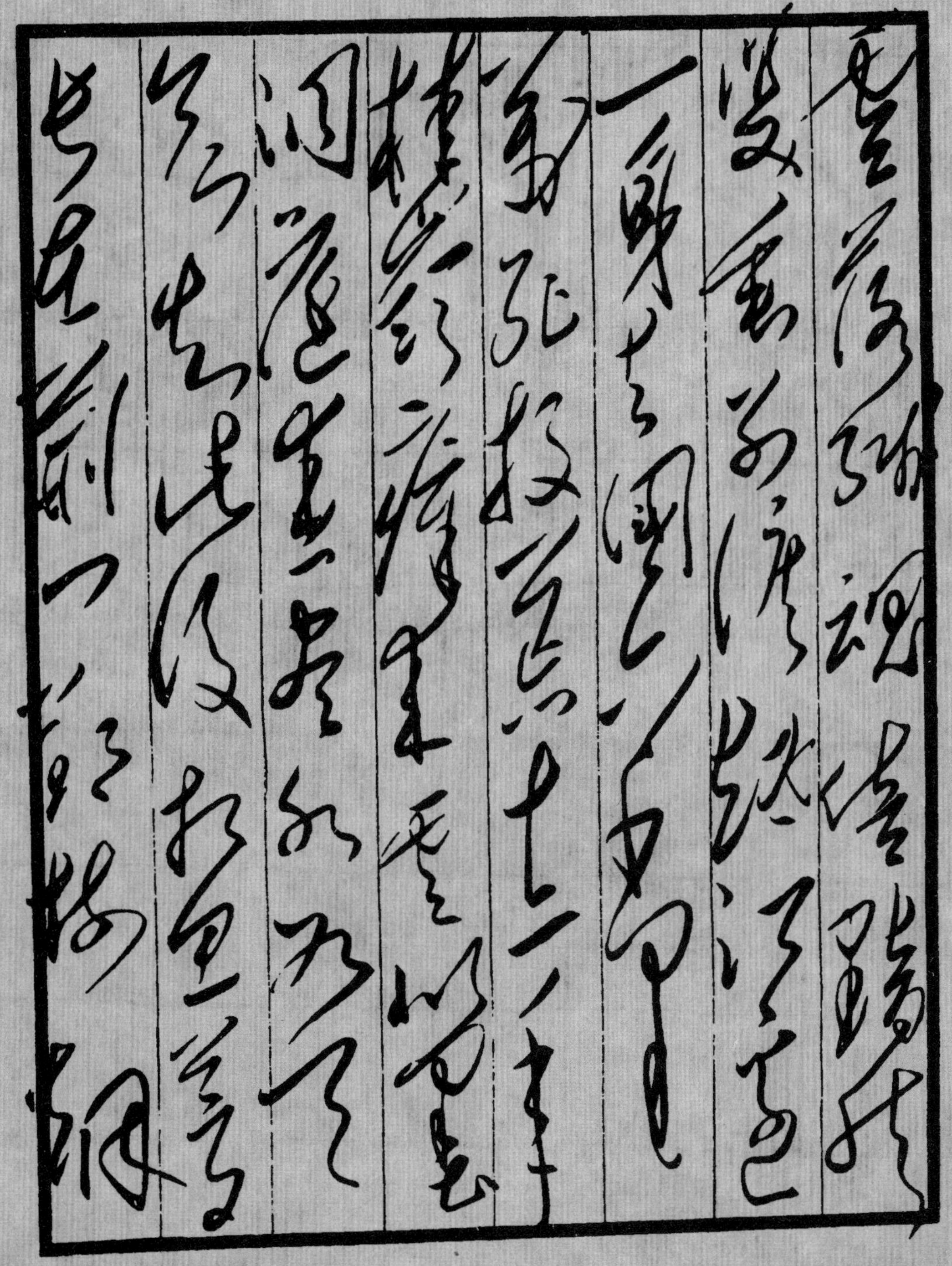

贾岛

忆江上吴处士句

秋风吹渭水，落叶满长安。

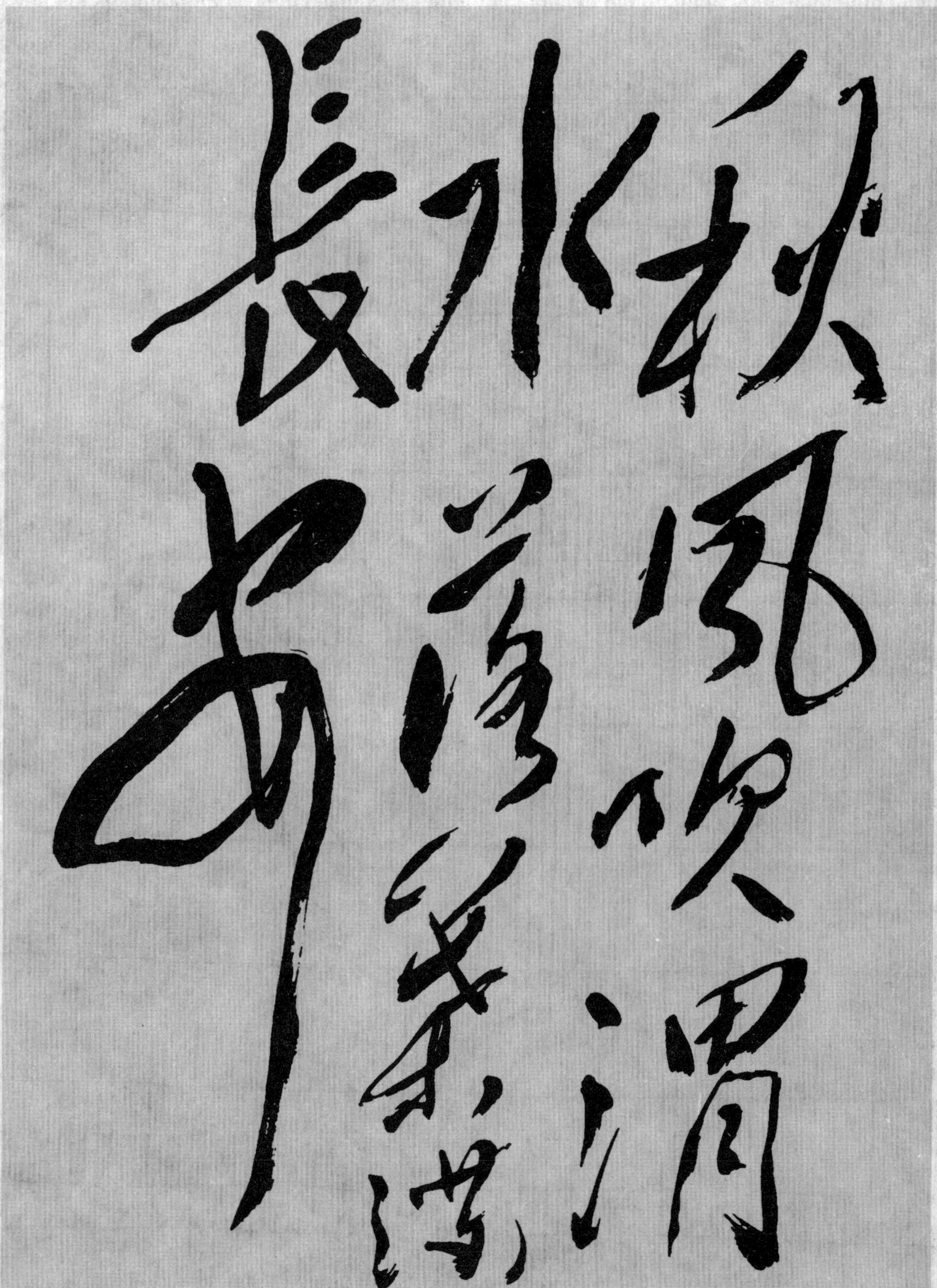
秋风吹渭水落叶满长安

牛僧孺

席上赠刘梦得

粉署为郎四十春，今来名辈更无人。休论世上升沉事，且斗尊前现在身。珠玉会应成咳唾，山川犹觉露精神。莫嫌恃酒轻言语，曾把文章谒后尘。

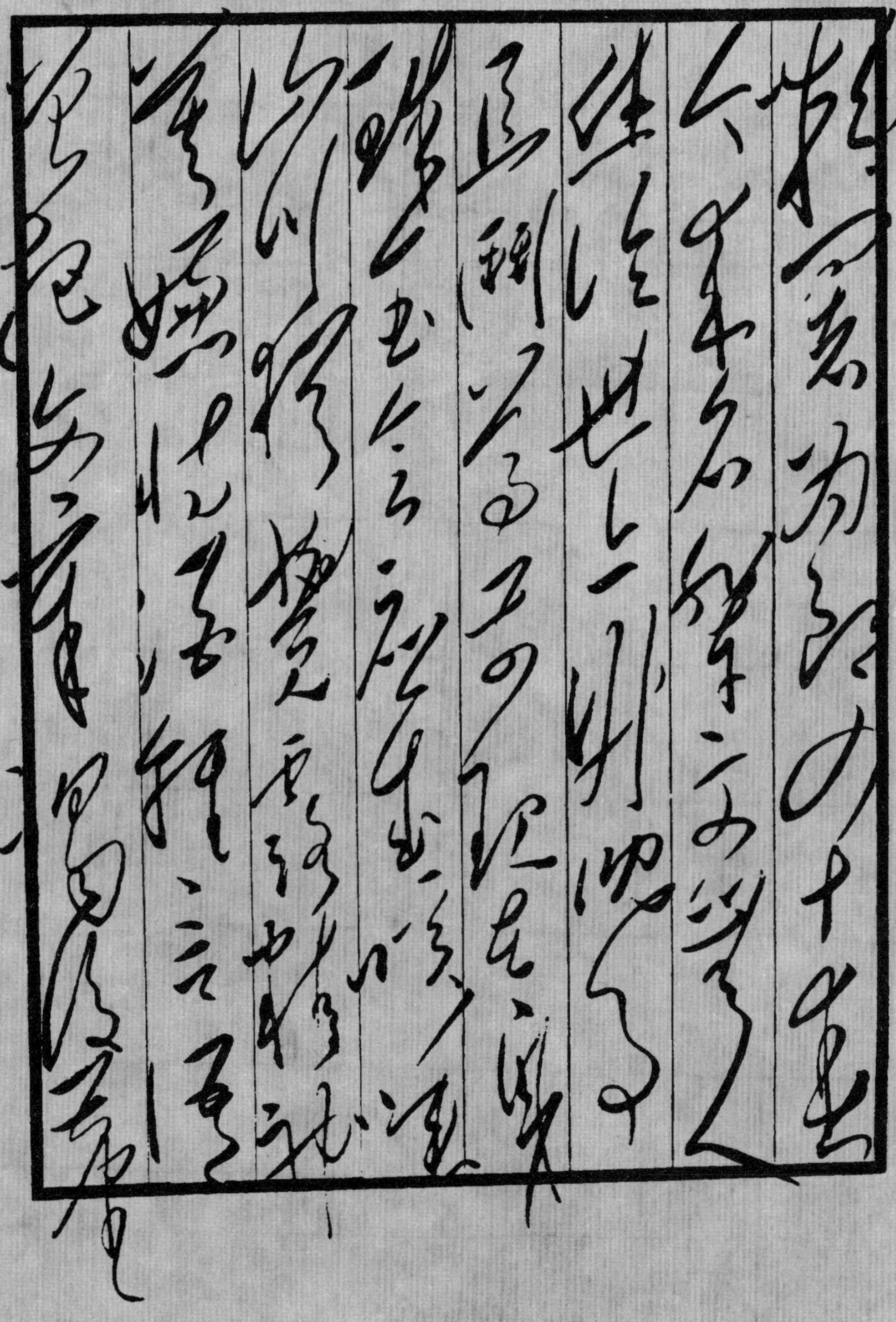
粉署为郎四十春今来名辈更无人休论世上升沉事且斗尊前现在身珠玉会应成咳唾山川犹觉露精神莫嫌恃酒轻言语曾把文章谒后尘

崔护

题都城南庄

去年今日此门中，人面桃花相映红。人面不知何处去，桃花依旧笑春风。

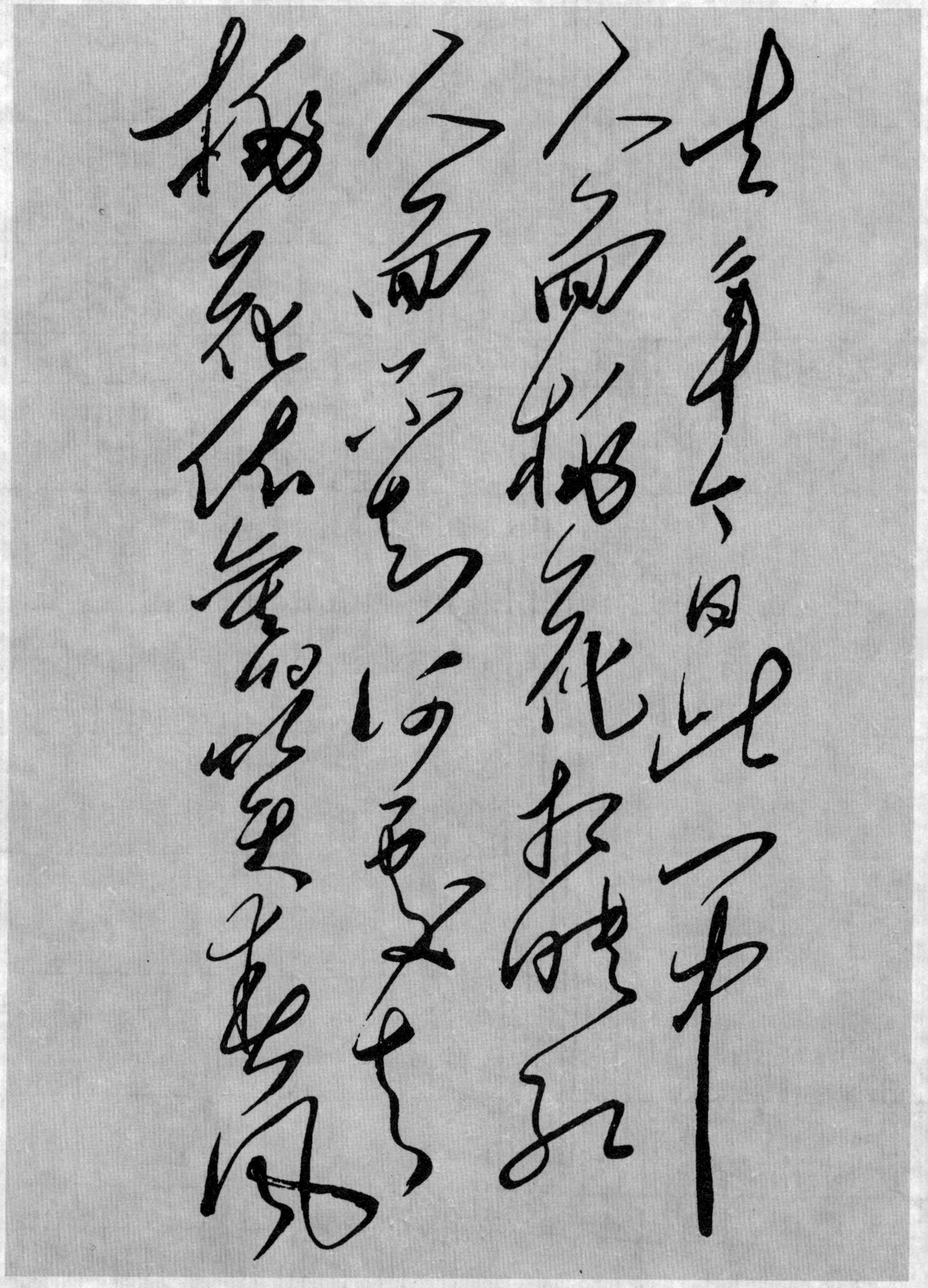

杜牧

山行

远上寒山石径斜，白云深［生］处有人家。停车坐爱枫林晚，霜叶红于二月花。

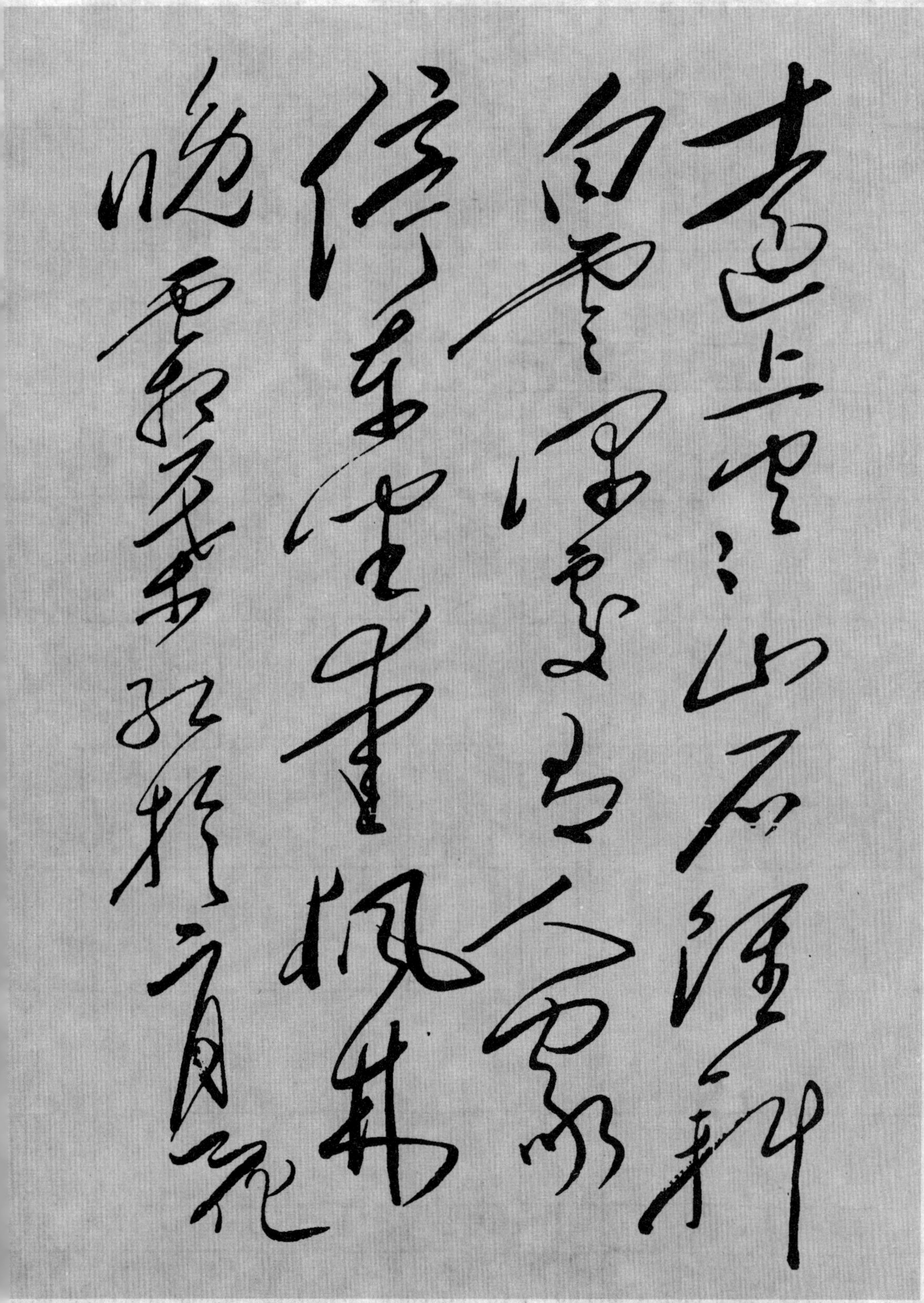

杜牧

赤壁

折戟沉沙铁未销，自浆磨洗认前朝。东风不与周郎便，铜雀春深锁二乔。

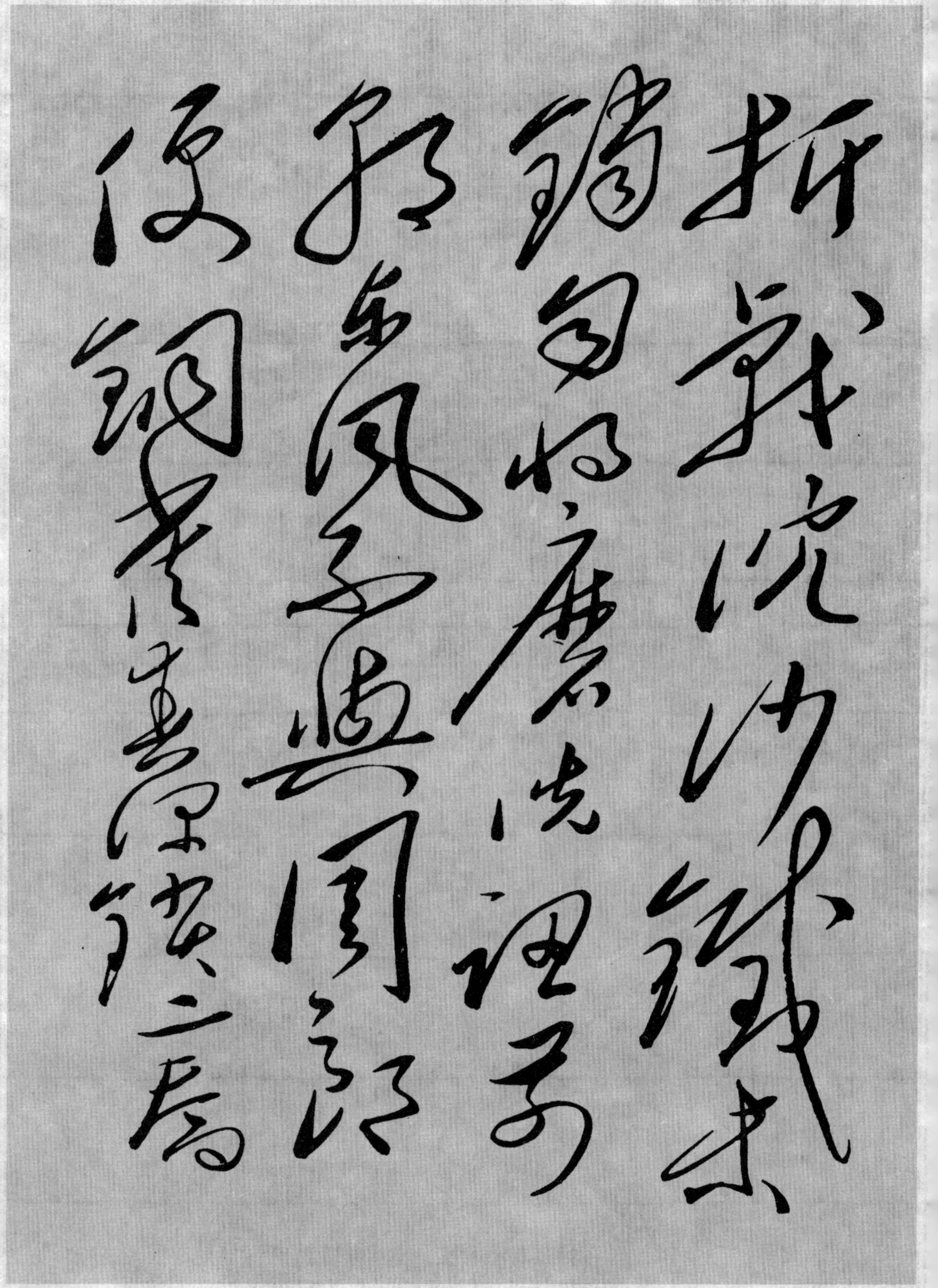

杜牧

清明

清明时节雨纷纷，路上行人欲断魂。借问酒家何处有？牧童遥指杏花村。

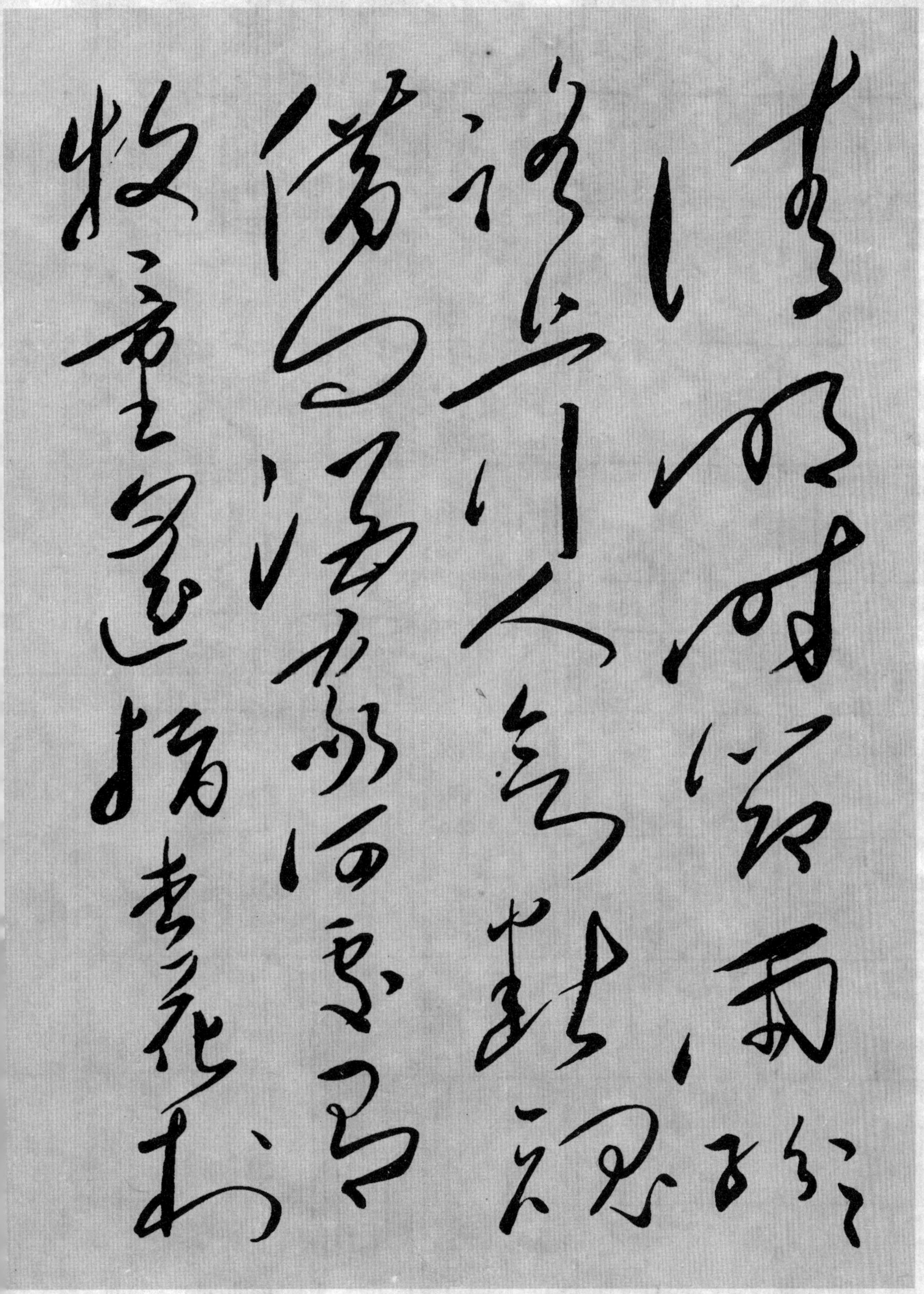

杜牧

题乌江亭

胜负兵家事有之〔不期〕，包羞忍辱〔耻〕是男儿。江东子弟多才俊，卷土重来未可知。

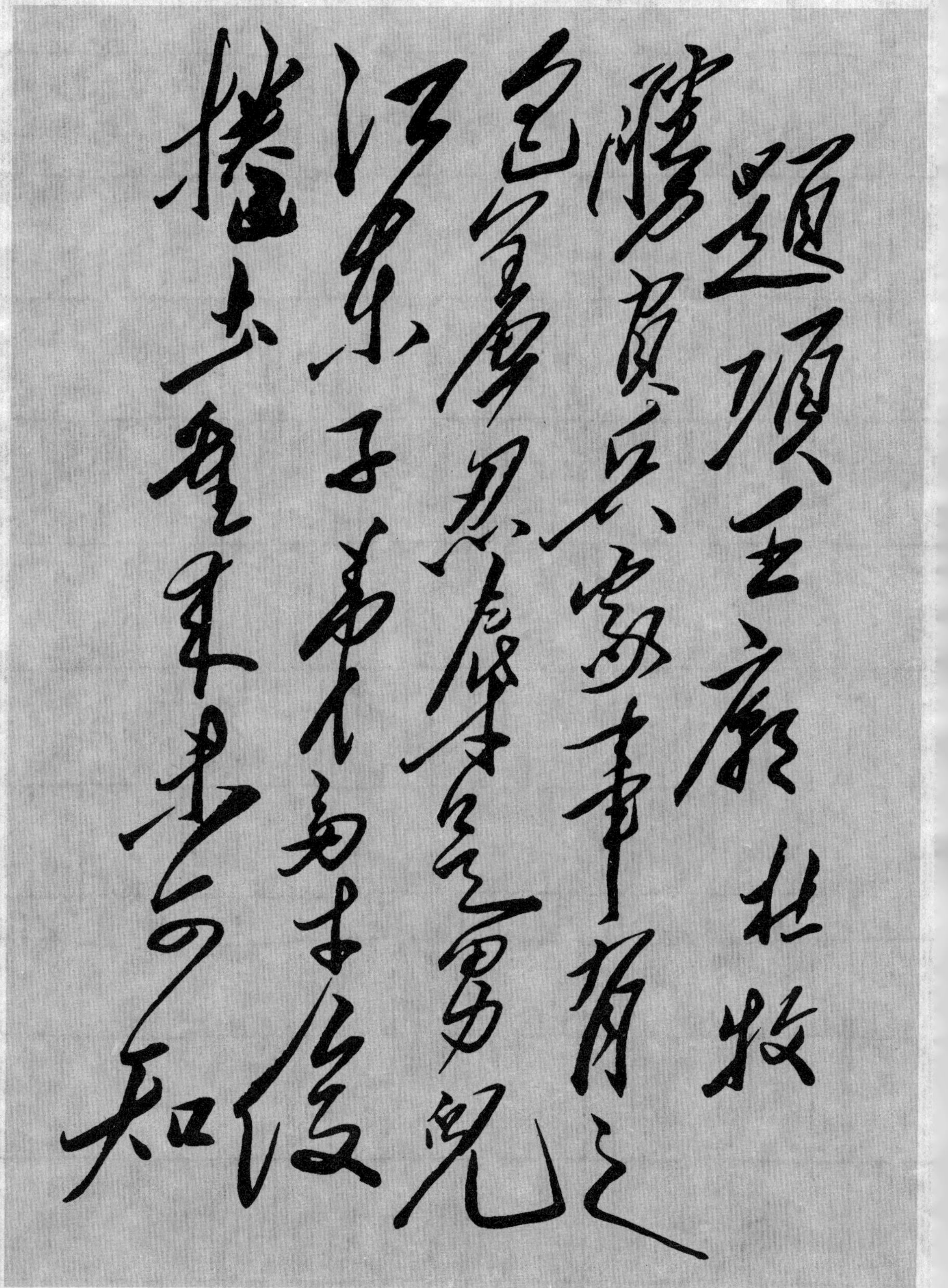

李商隐

筹笔驿

猿鸟犹疑畏简书，风云常为护储胥。徒令上将挥神笔，终见降王走传车。管乐有才原〔真〕不忝，关张无命欲何如。他年锦里经祠庙，梁父吟成恨有余。

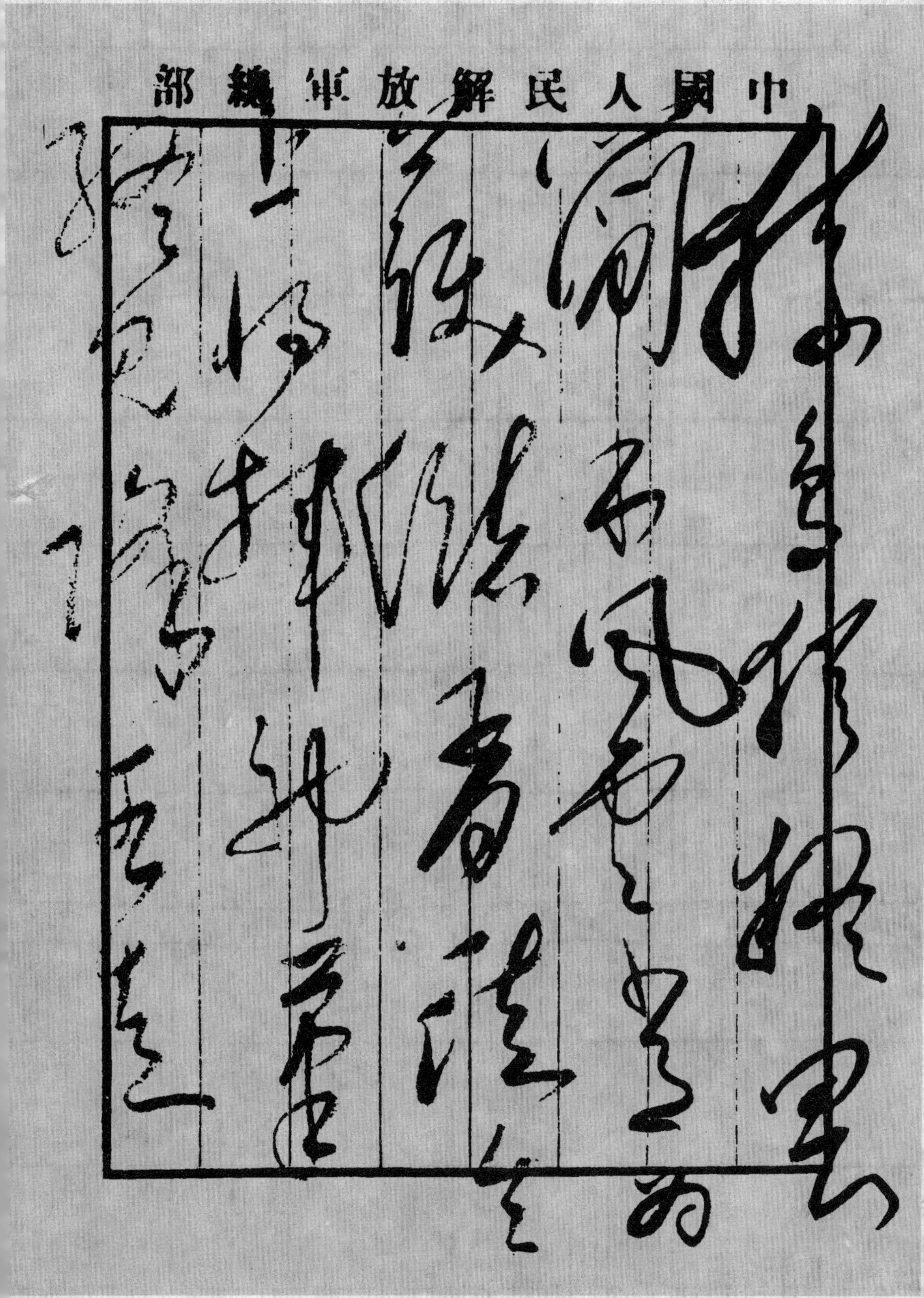

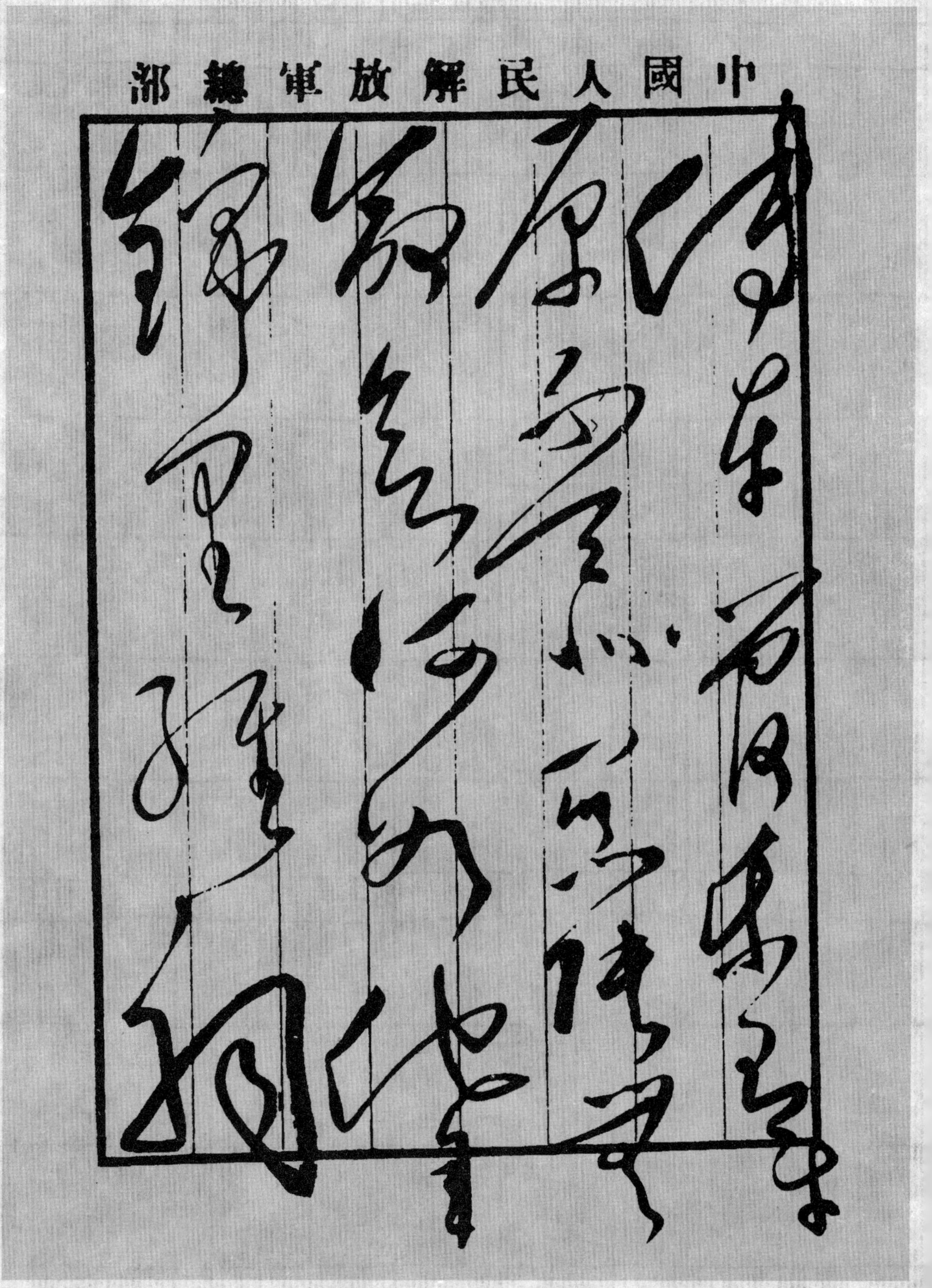
中國人民解放軍總部

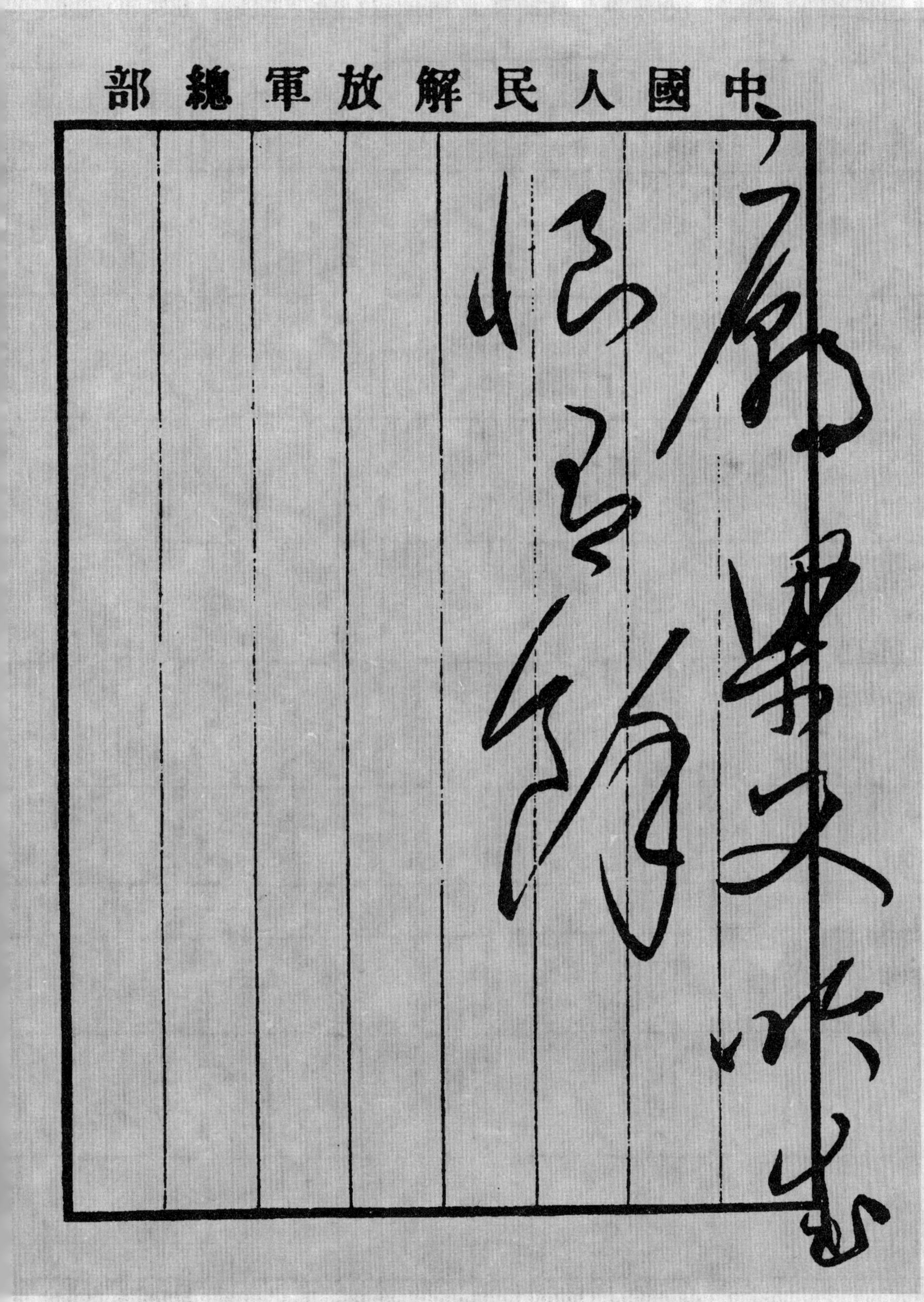
中國人民解放軍總部

李商隐

嫦娥

云母屏风竹〔烛〕影深，长河渐落晓星沉。嫦娥应悔偷灵药，碧海青天夜夜心。

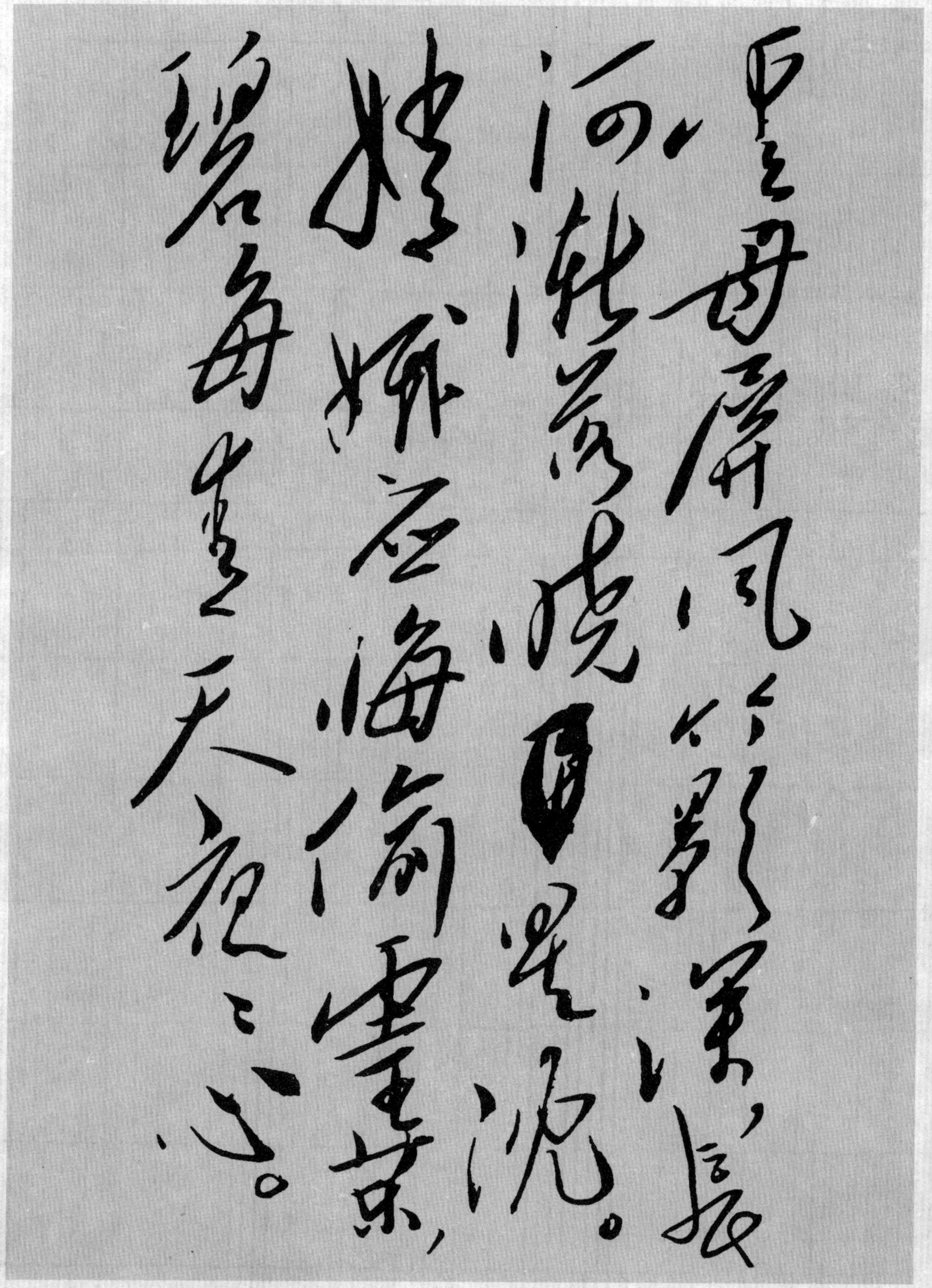

手书古诗文

李商隐

安定城楼

迢递高城百尺楼，绿杨枝外尽汀洲。贾生年少不须〔虚〕垂涕，王粲春来更远游。永忆江湖归白发，欲回天地入扁舟。不知腐鼠成滋味，猜意鹓雏竟未休。

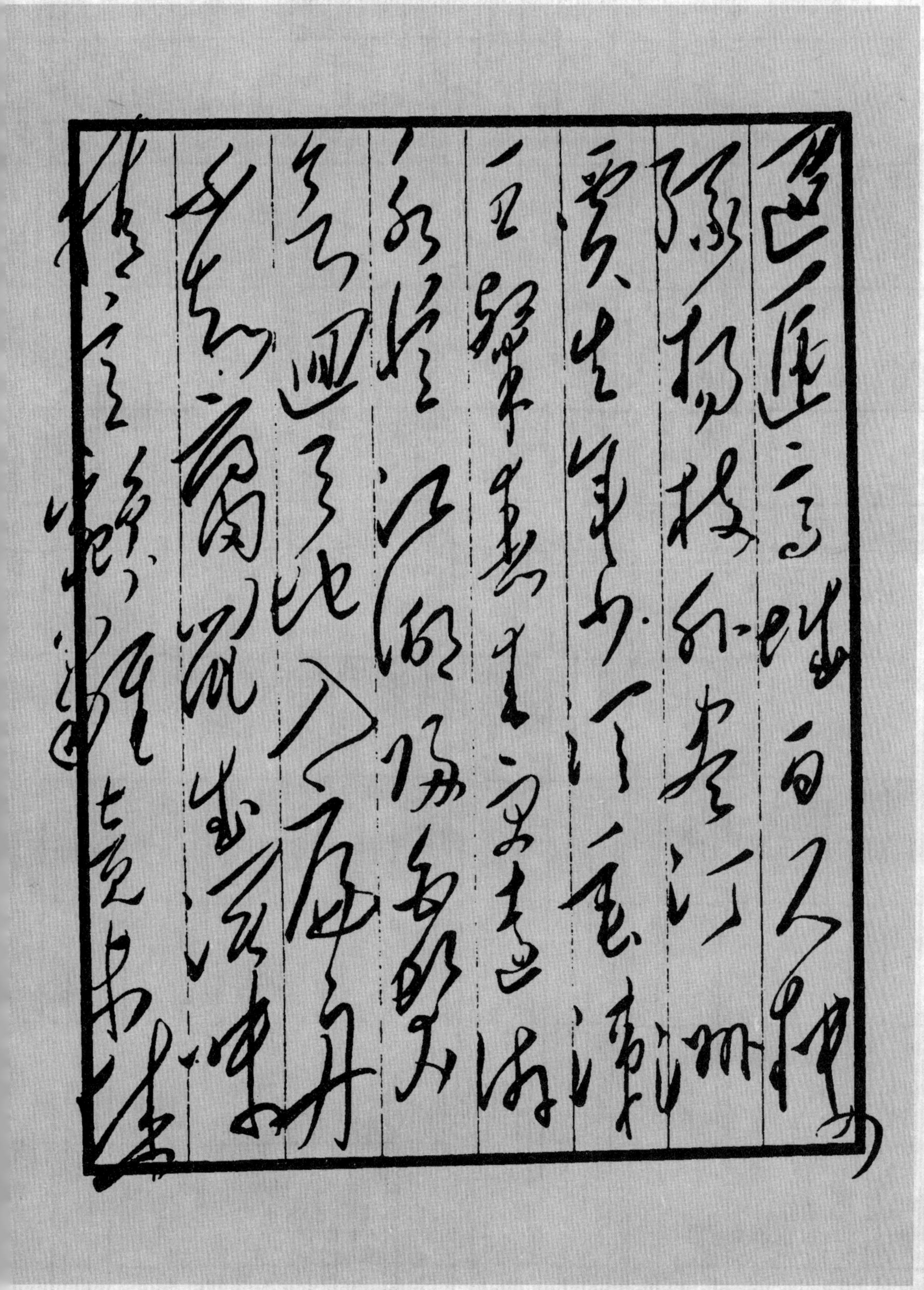

温庭筠
过陈琳墓

曾于青史见遗文，今日飘篷过此坟。词客有灵应识我，霸才无主始怜君。石麟埋没藏秋〔春〕草，铜雀荒凉隔〔对〕暮云。今日〔莫怪〕临风倍惆怅，欲将书剑学从军。

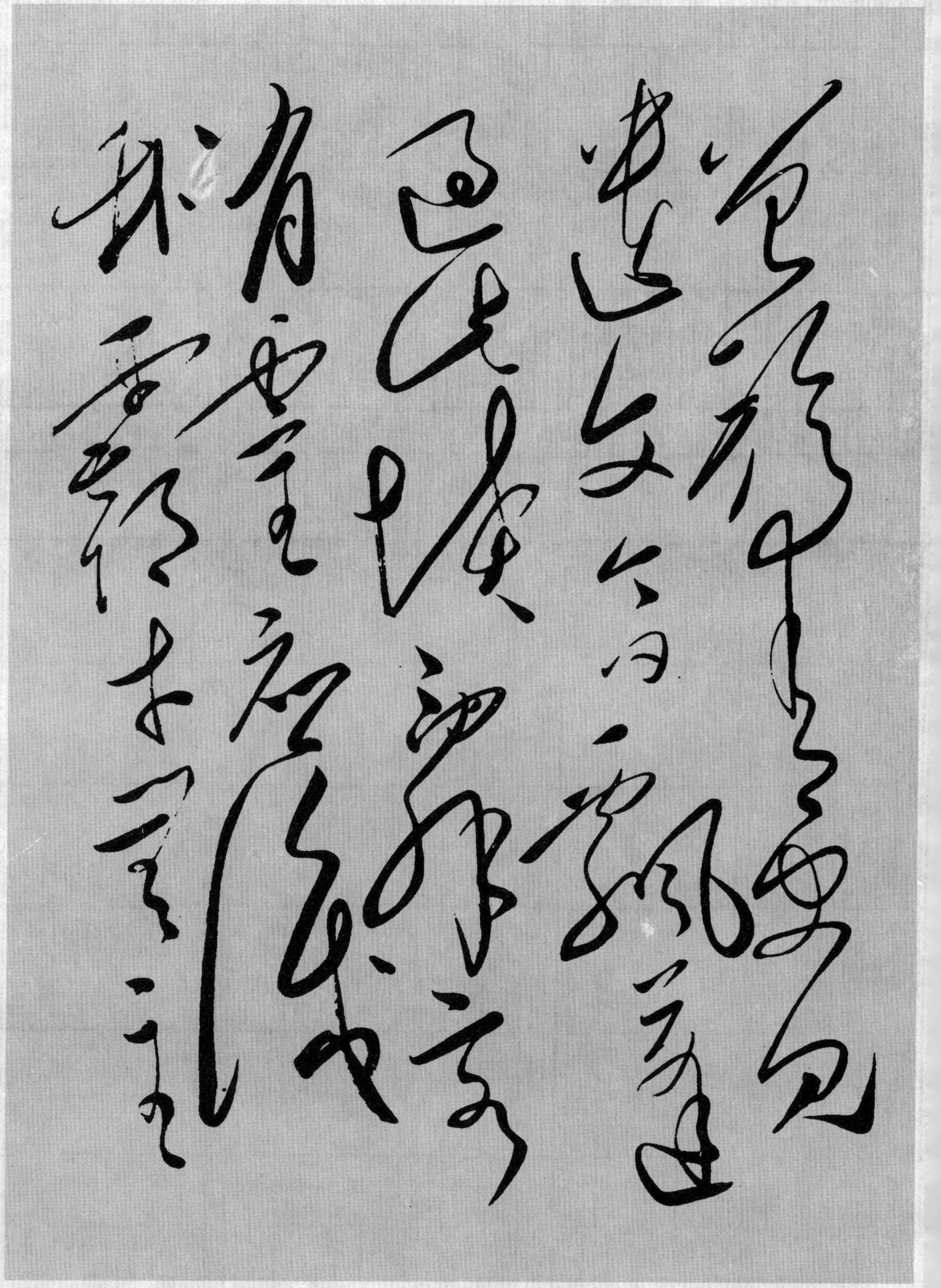

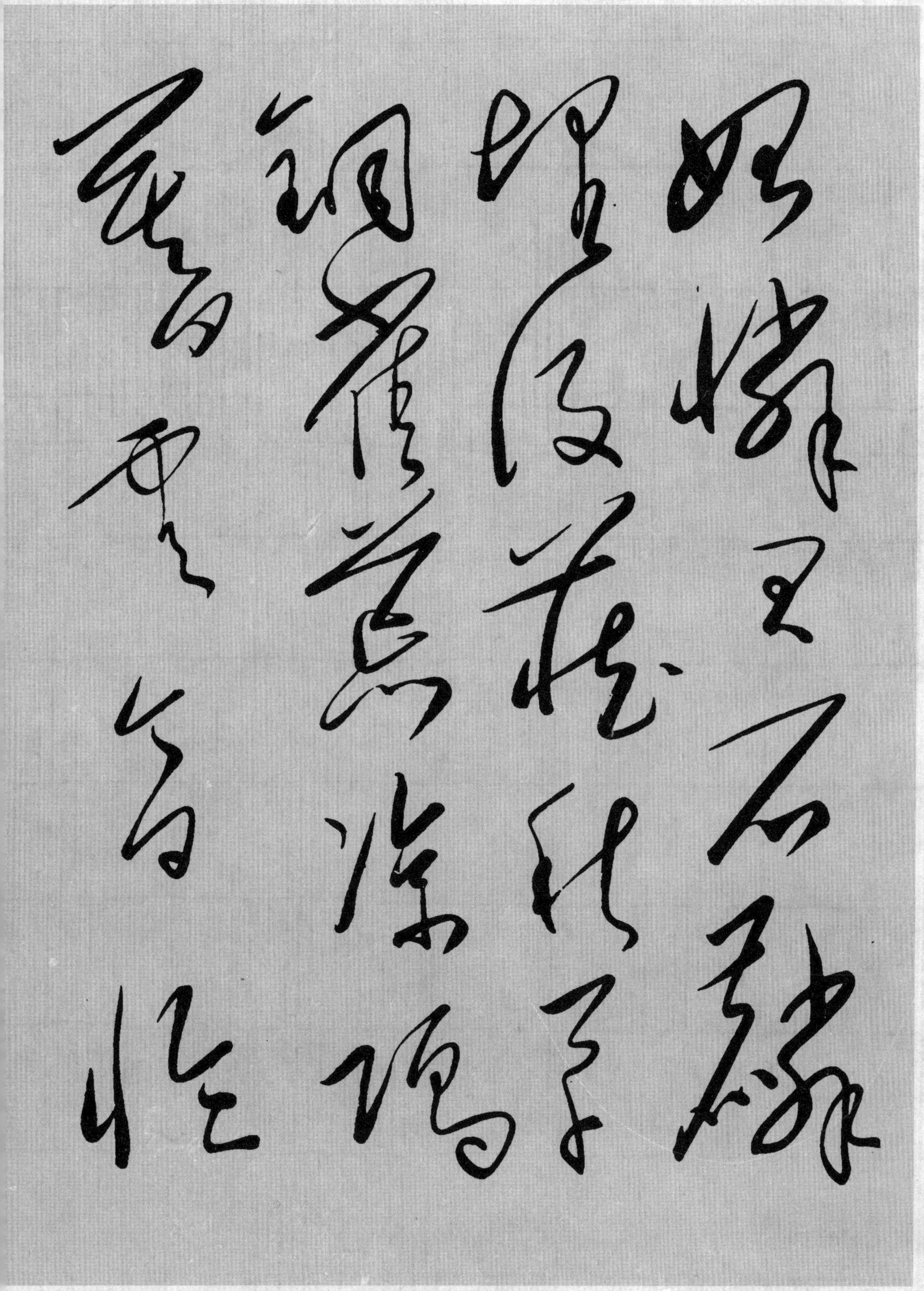

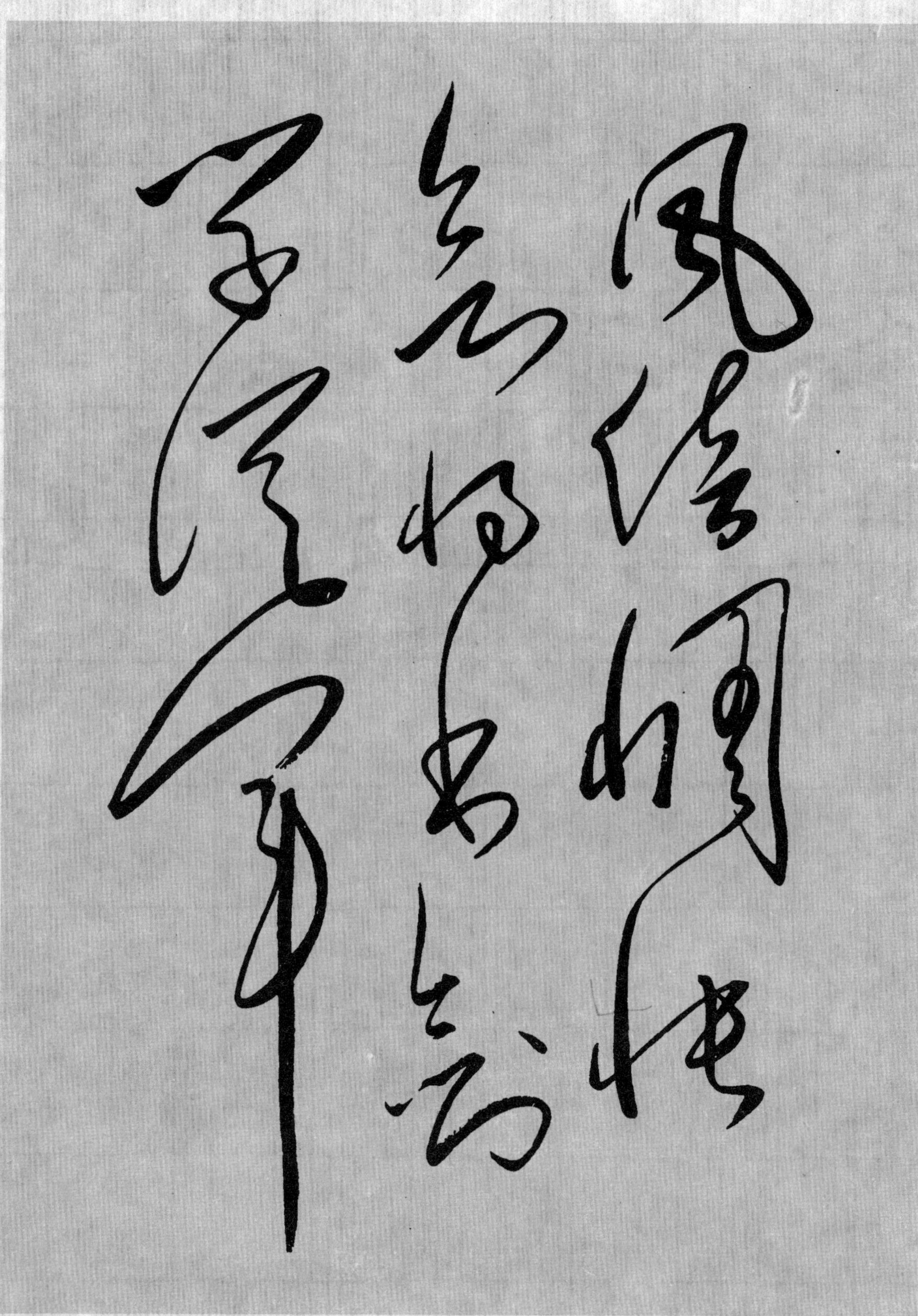

温庭筠

经五丈原

铁马云雕共绝尘，柳营高压汉宫春。天清杀气屯关右，夜半妖星照渭滨。下国卧龙空悟主，中原逐鹿不由人。象床宝剑〔帐〕无言，从此焦〔谯〕周是老臣。

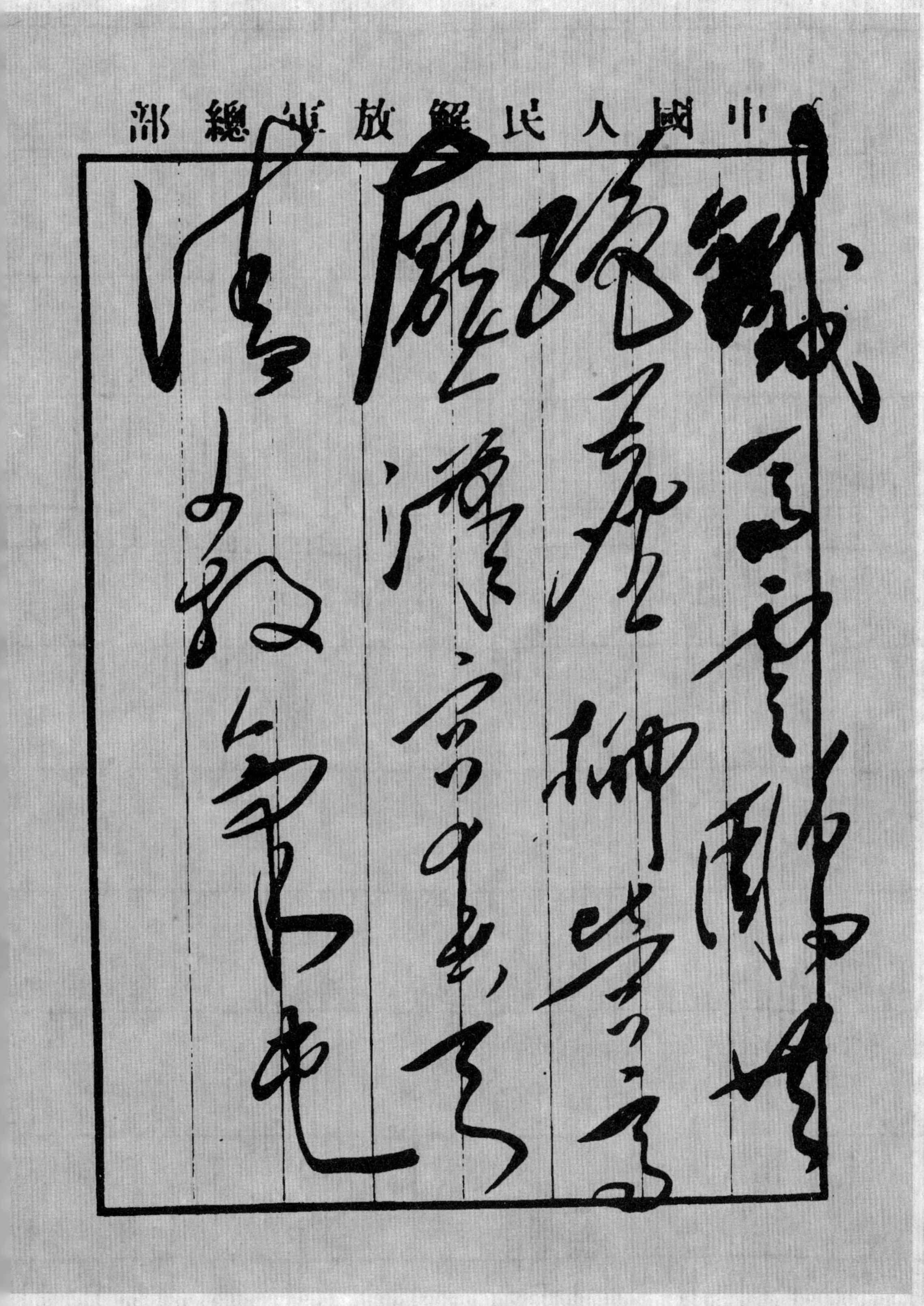

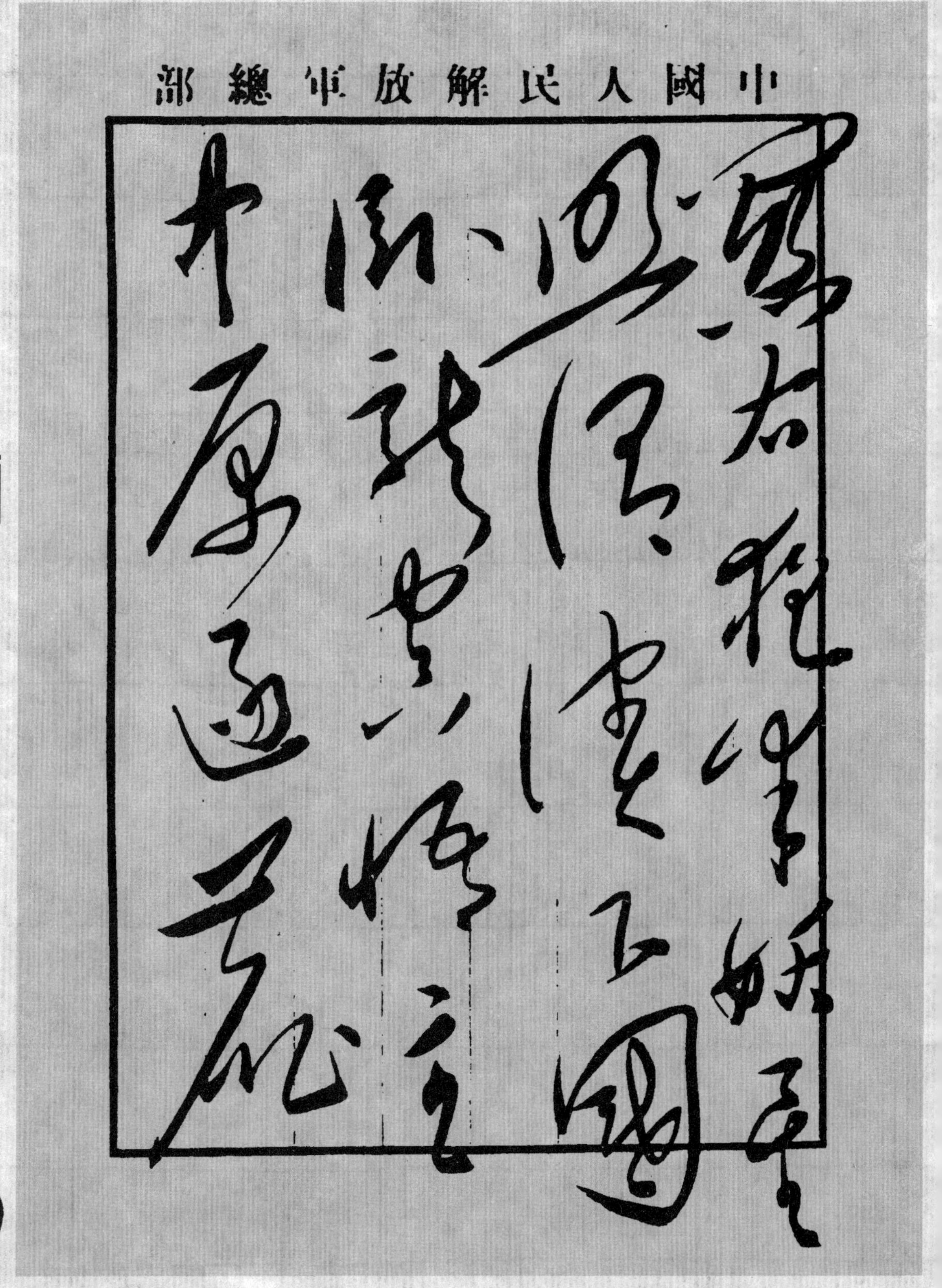
中國人民解放軍總部

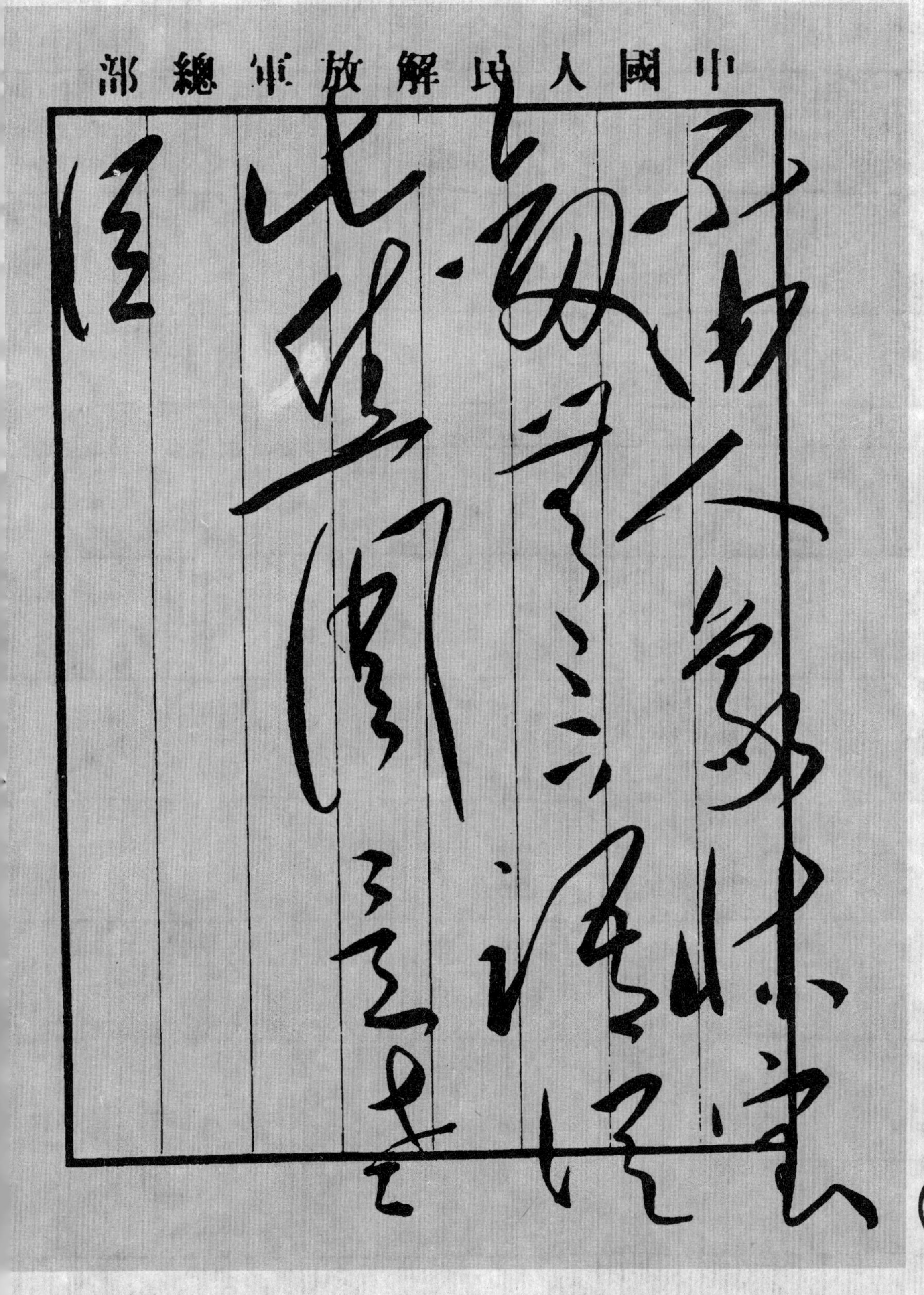
中國人民解放軍總部

罗隐
雪

尽道丰年瑞，丰年瑞〔事〕若何？长安有贫者，为瑞不宜多。

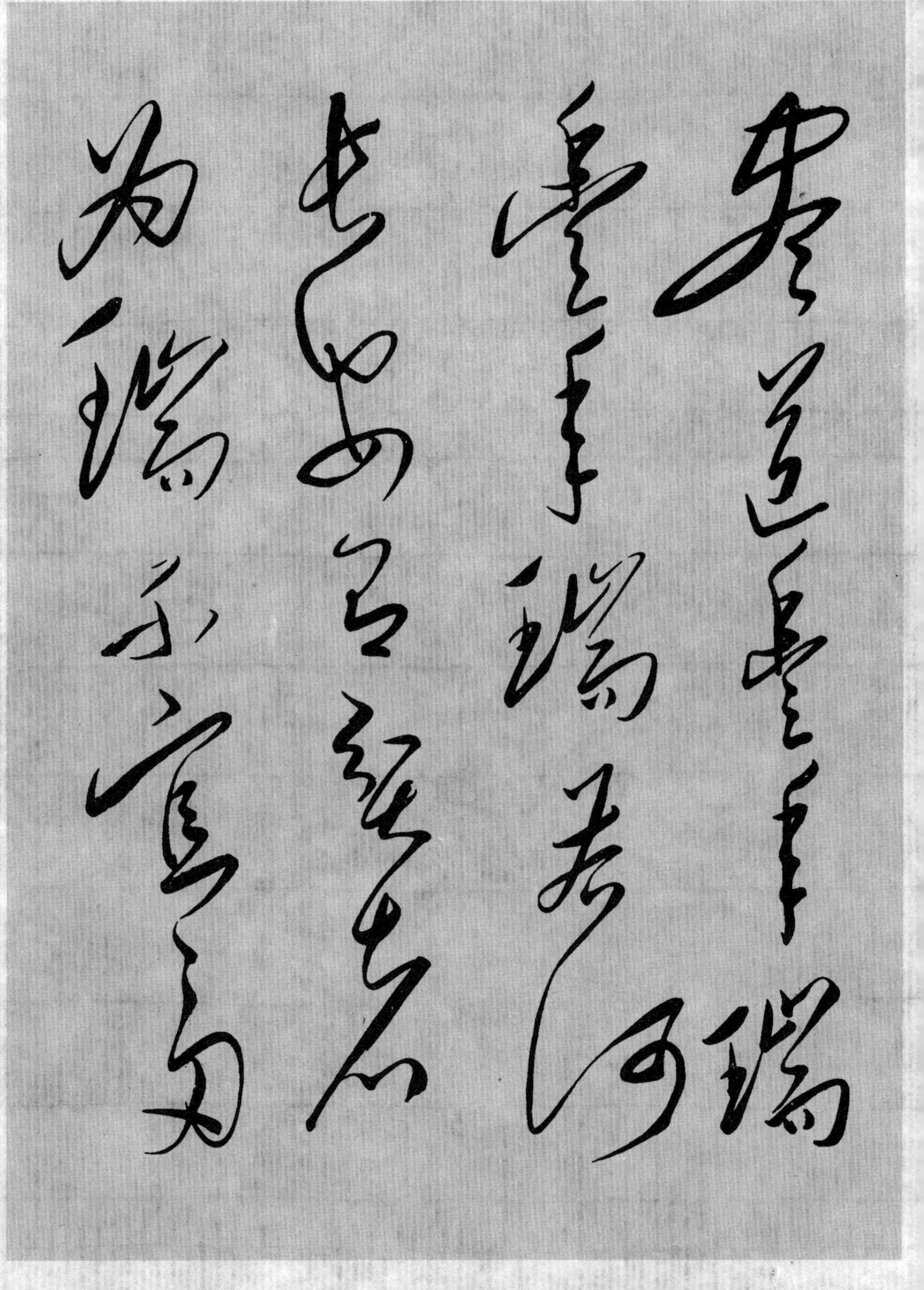

韦庄
赠边将

曾因征远向金微，马出榆关一鸟飞。万里只携孤剑去，十年空逐塞鸿归。手招都护新降虏，身着文皇旧赐衣。只待烟尘报天子，满头霜雪为兵机。

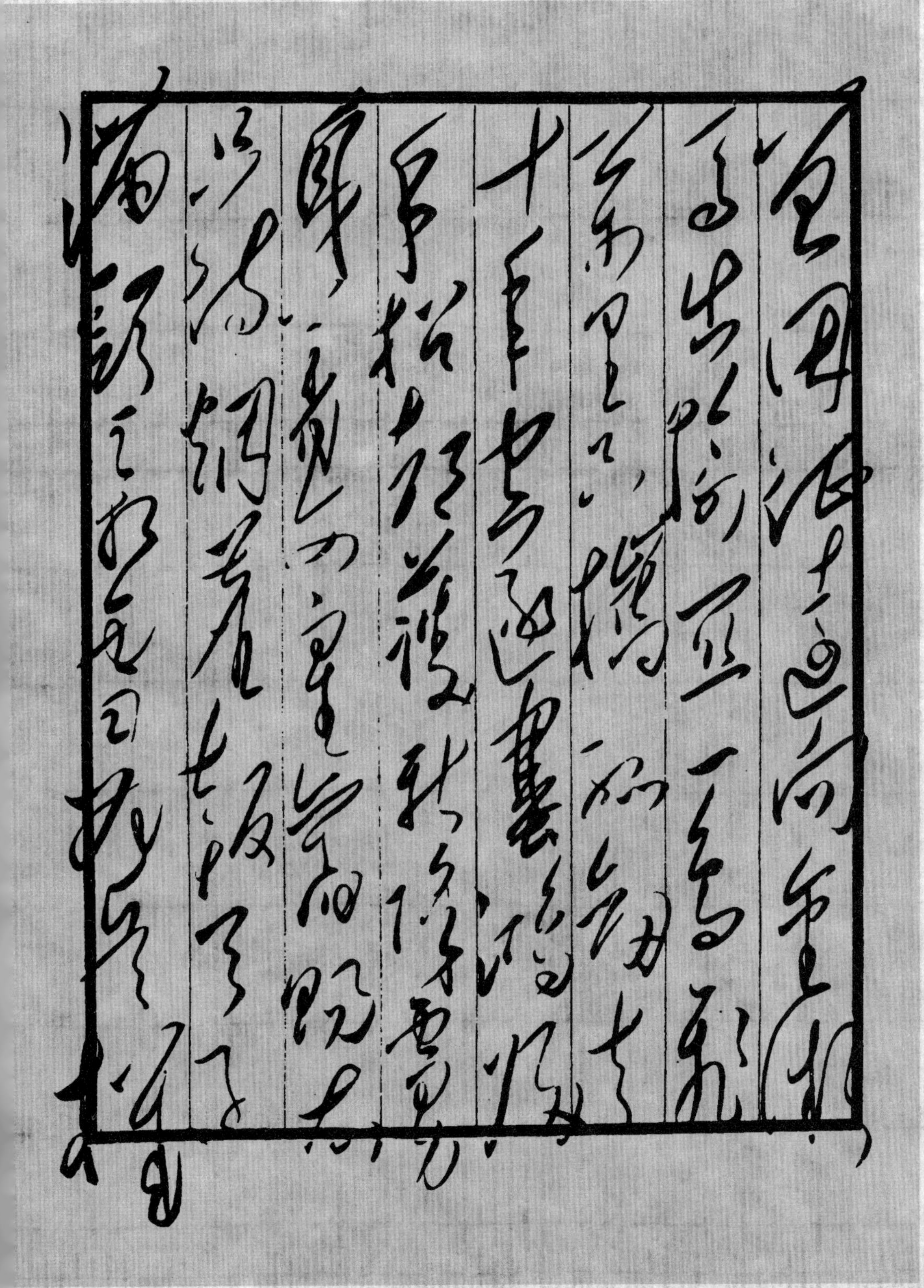

手书古诗文

薛逢

开元后乐

莫奏开元旧乐章，乐中歌曲断人肠。邠王玉笛三更咽，虢国金车十里香。一自犬戎生蓟北，便从征战老汾阳。中原骏马诛〔搜〕求尽，沙苑而今〔年来〕草又芳。

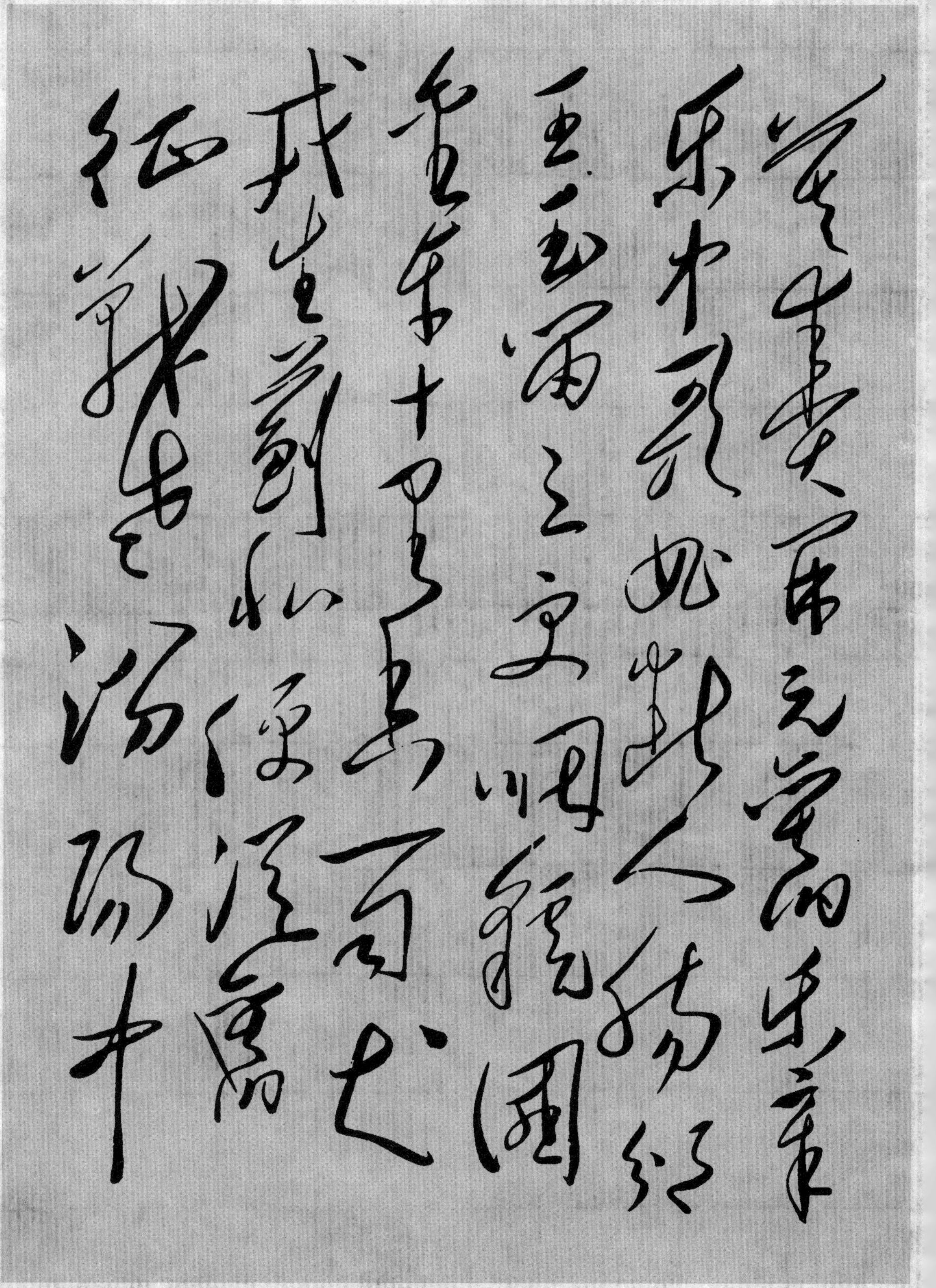

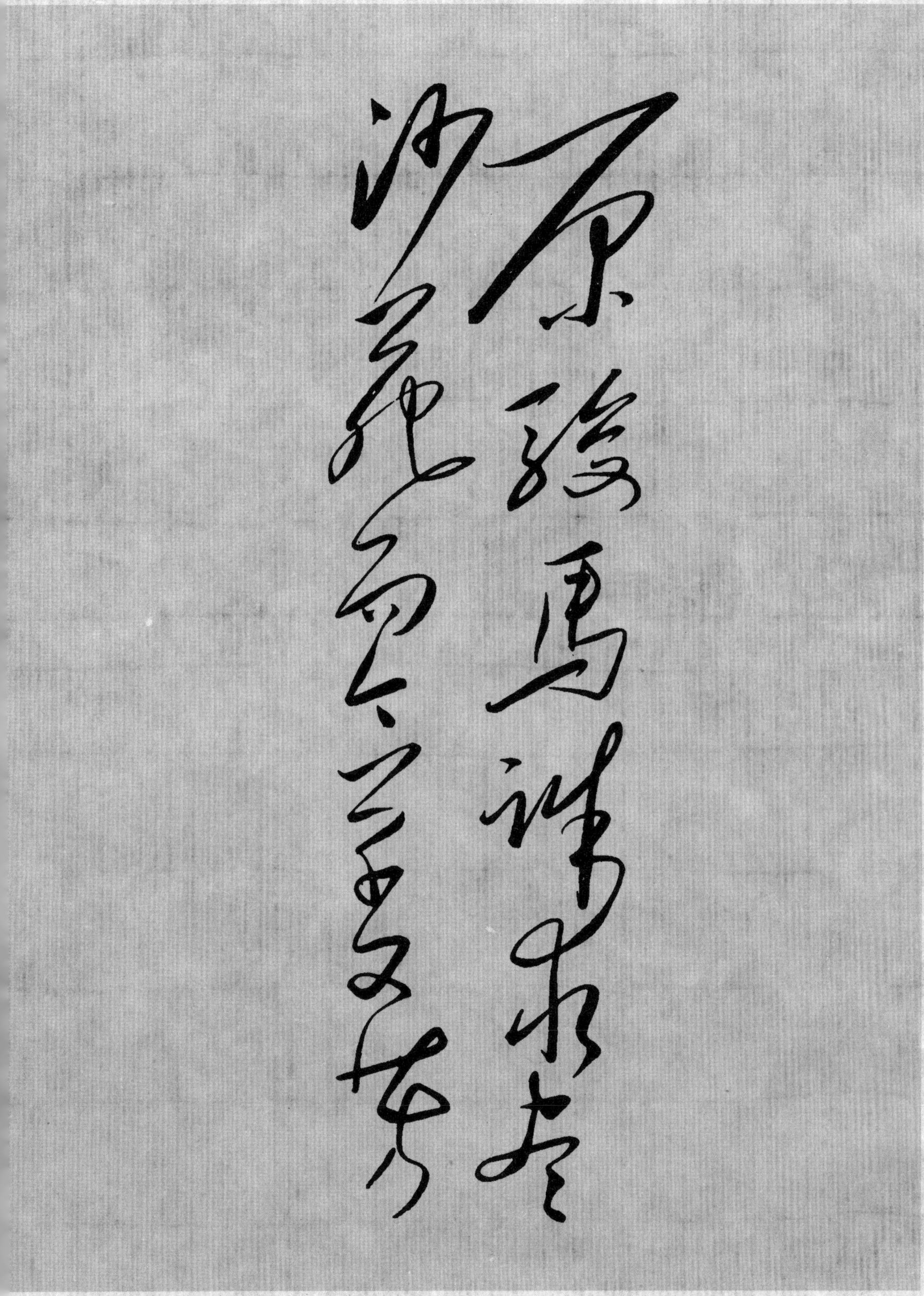

手书古诗文

柳永

望海潮

东南形胜，三吴都会，钱塘自古繁华。烟柳画桥，风帘翠幕，参差十万人家。云树绕堤沙。怒涛卷霜雪，天堑无涯。市列珠玑，户盈罗绮，竞毫〔豪〕奢。

重湖迭献〔堪〕清佳〔嘉〕，有三秋桂子，十里荷花，羌管弄晴，渔〔菱〕歌唱晚〔泛夜〕，嬉嬉钓叟莲娃。千骑拥高衙〔牙〕。乘醉听箫鼓，吟尝〔赏〕烟霞。异日图将好景，归去池威兮。

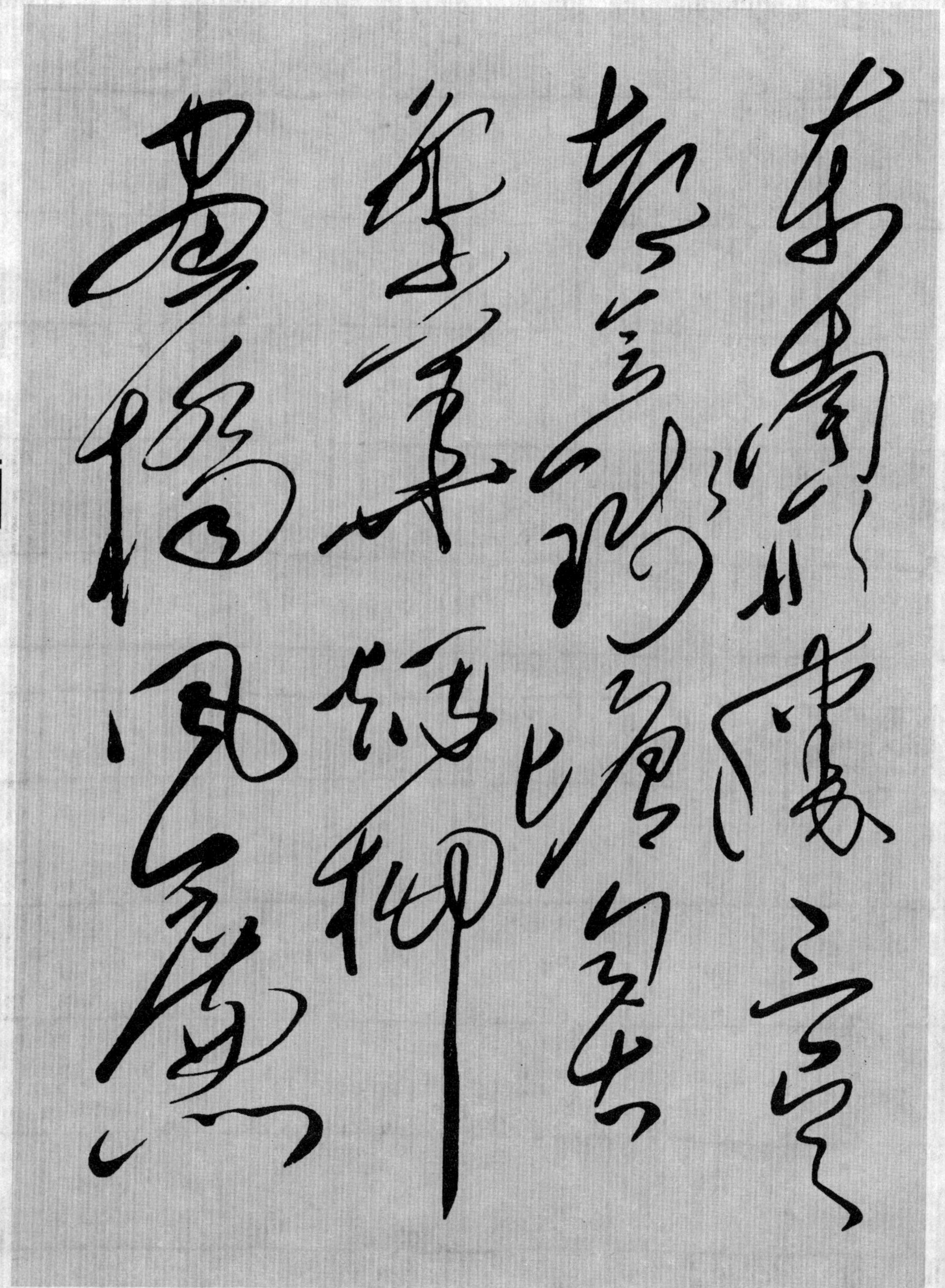

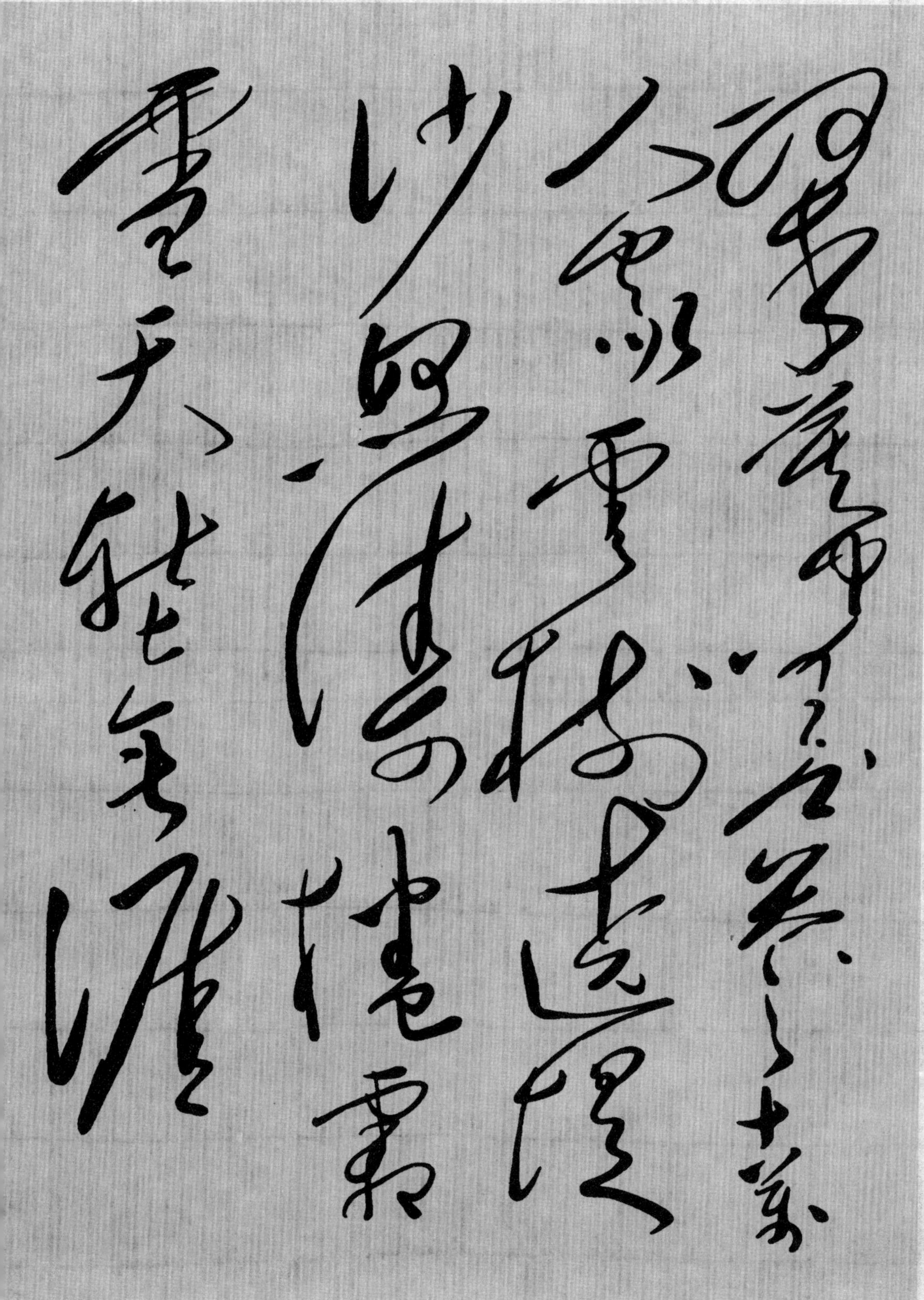

手书古诗文

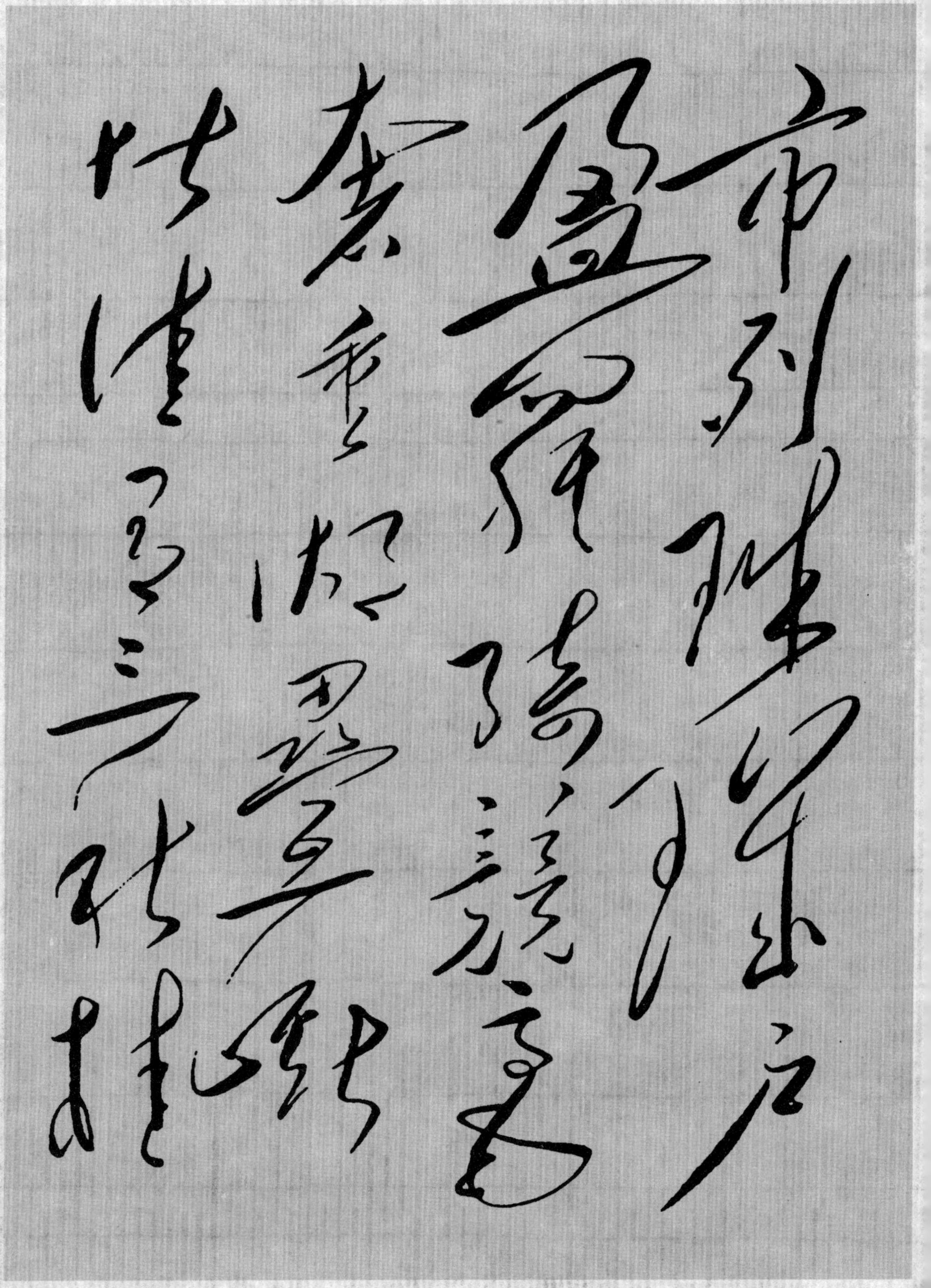

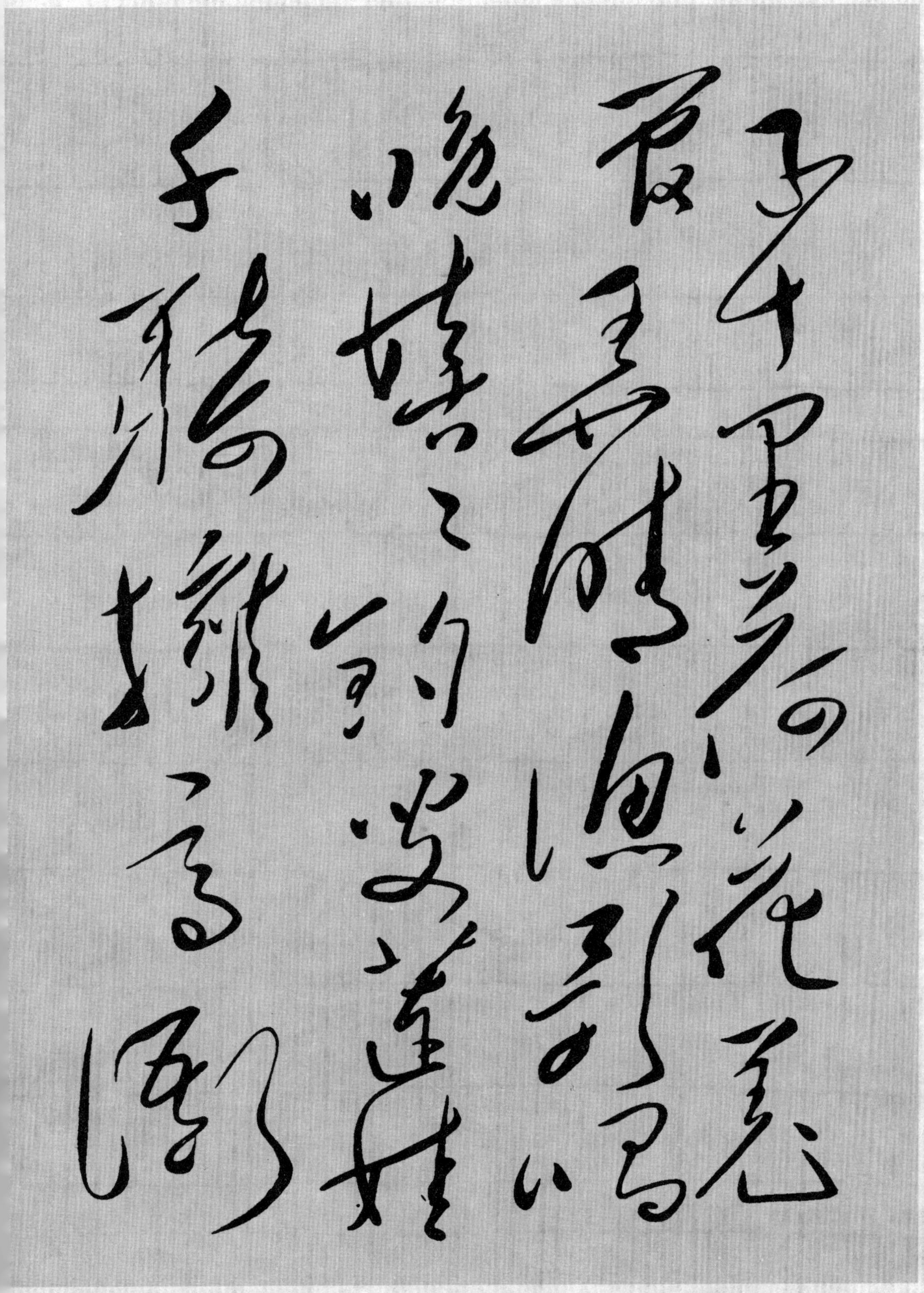

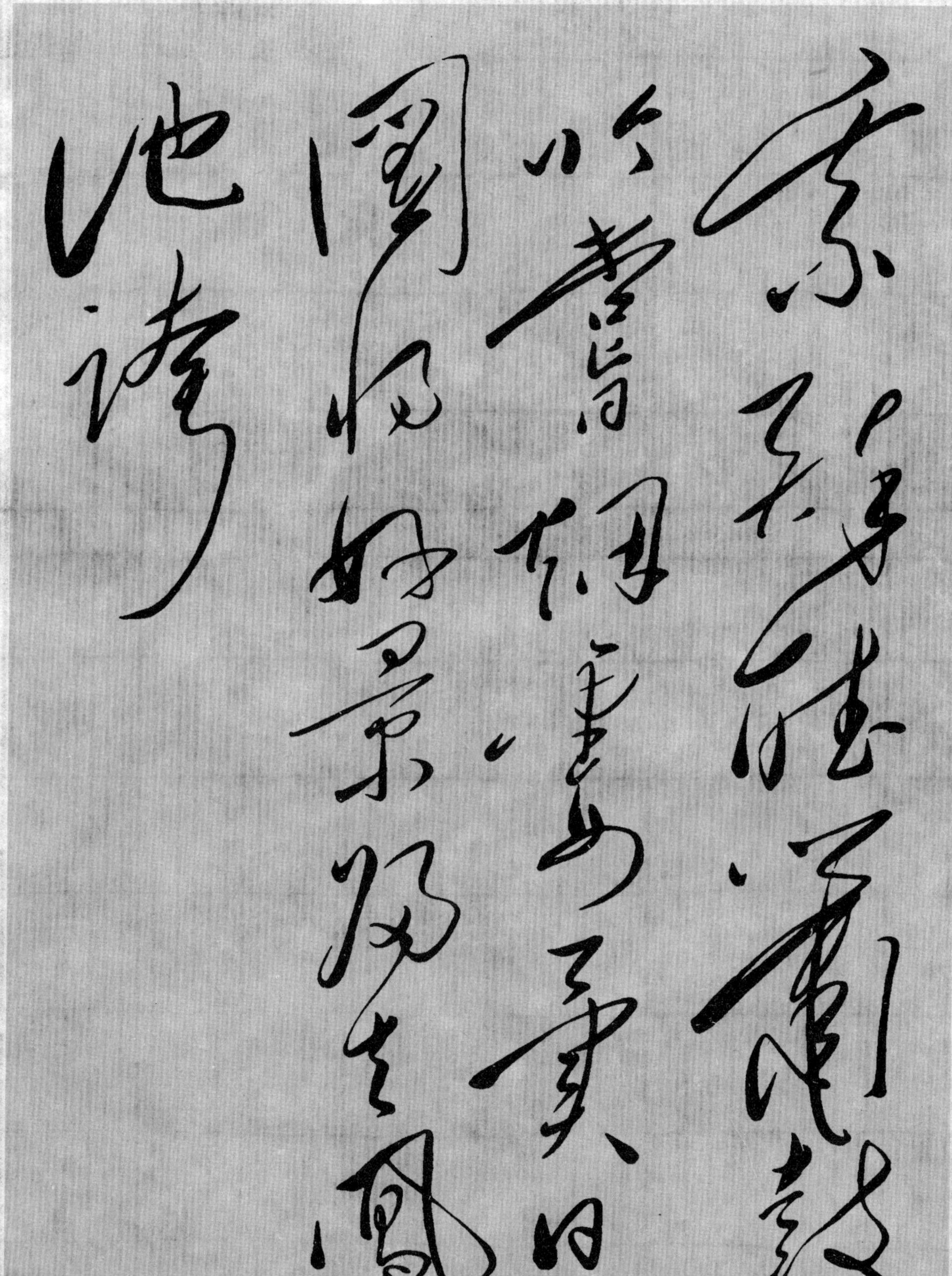

范仲淹

苏幕遮

碧云天，黄叶地，秋色连波，波上寒烟翠。山映斜阳天接水。芳草无情，更在斜阳外。

黯乡魂，追旅思，夜夜除非，好梦留人睡。明月楼高休独倚。酒入愁肠，化作相思泪。

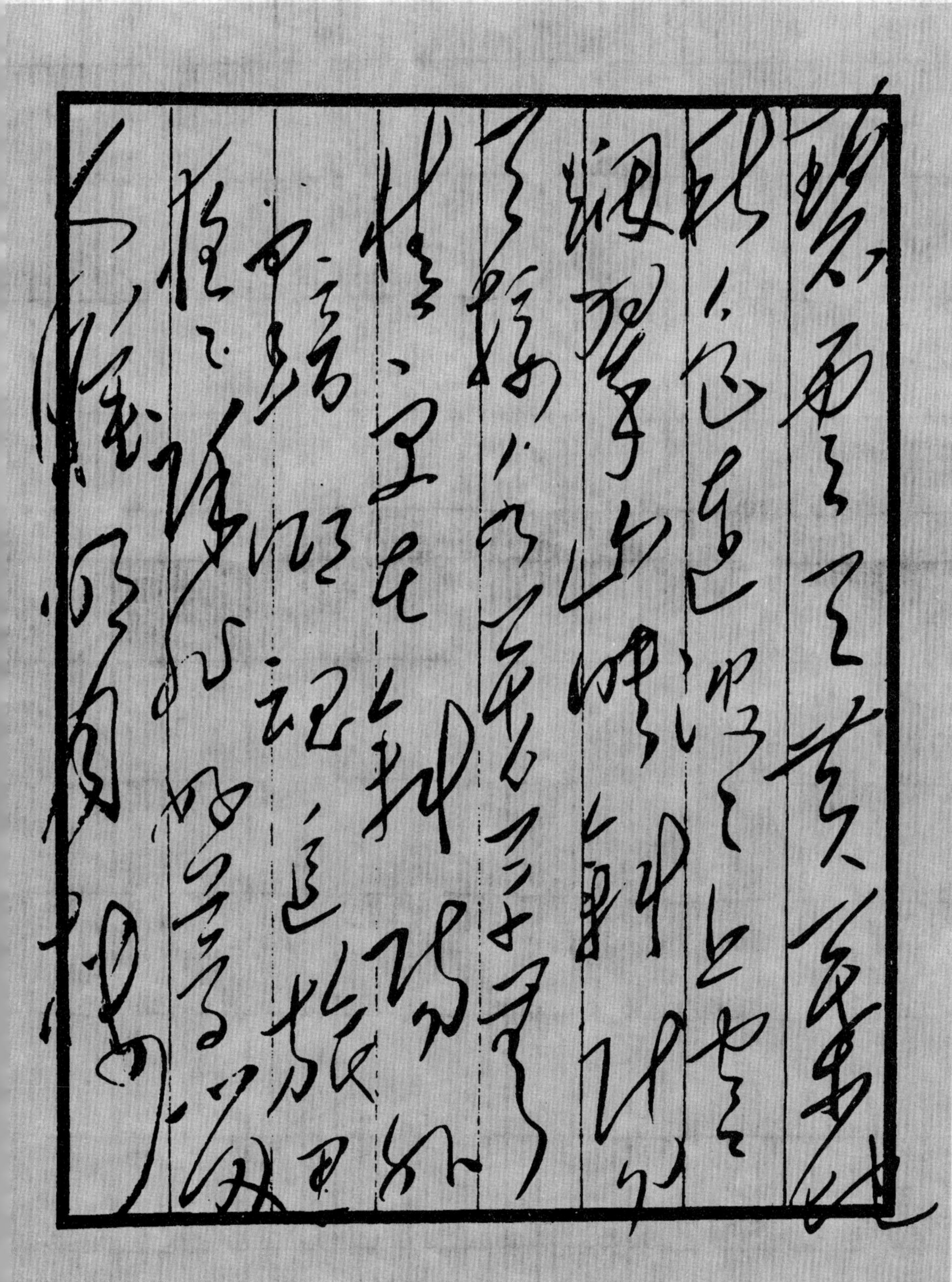

手书古诗文

程颢

春日偶成

云淡风轻近午天，旁花随柳到〔过〕前川。时人不识予心乐，将谓偷闲学少年。

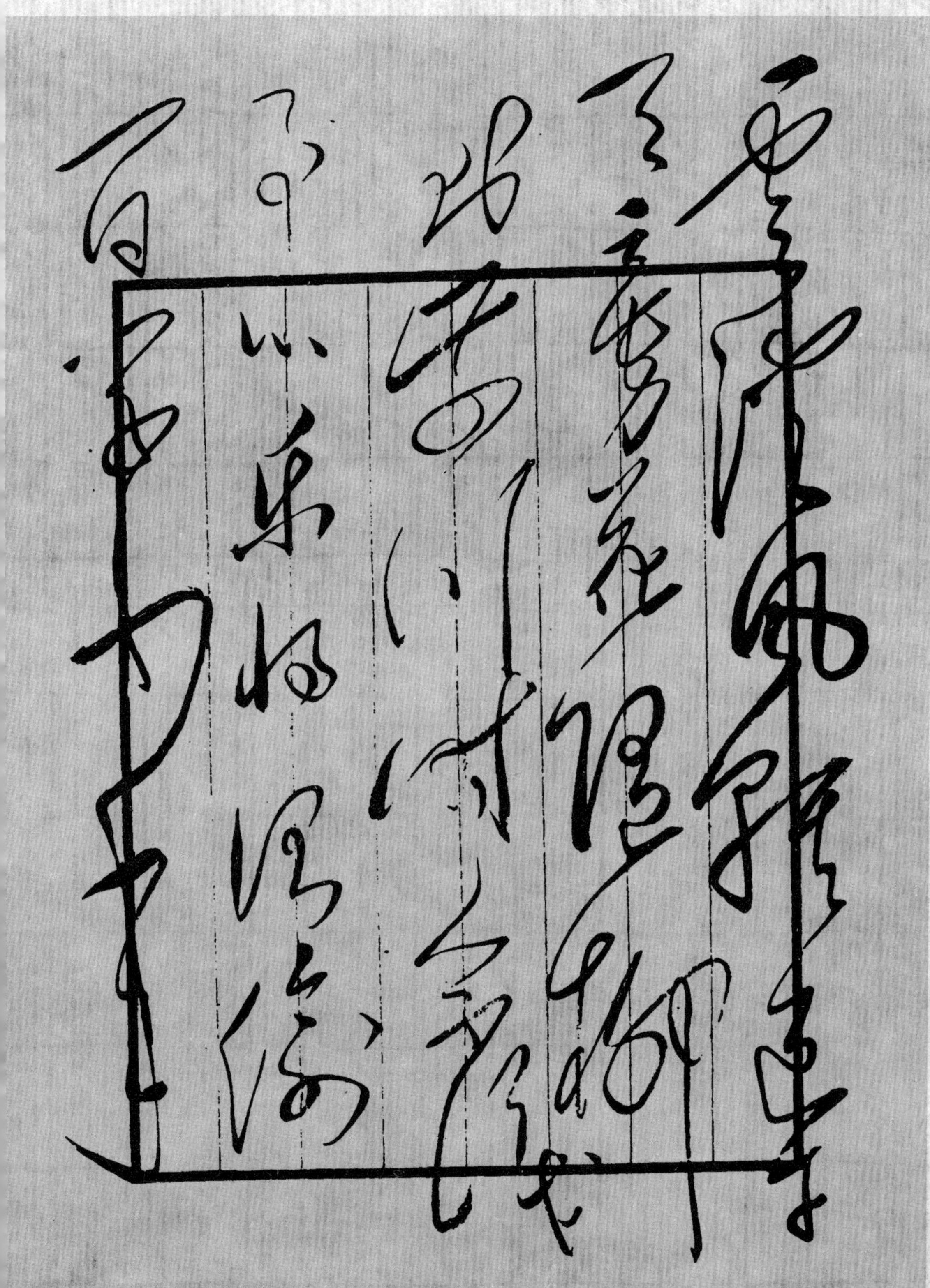

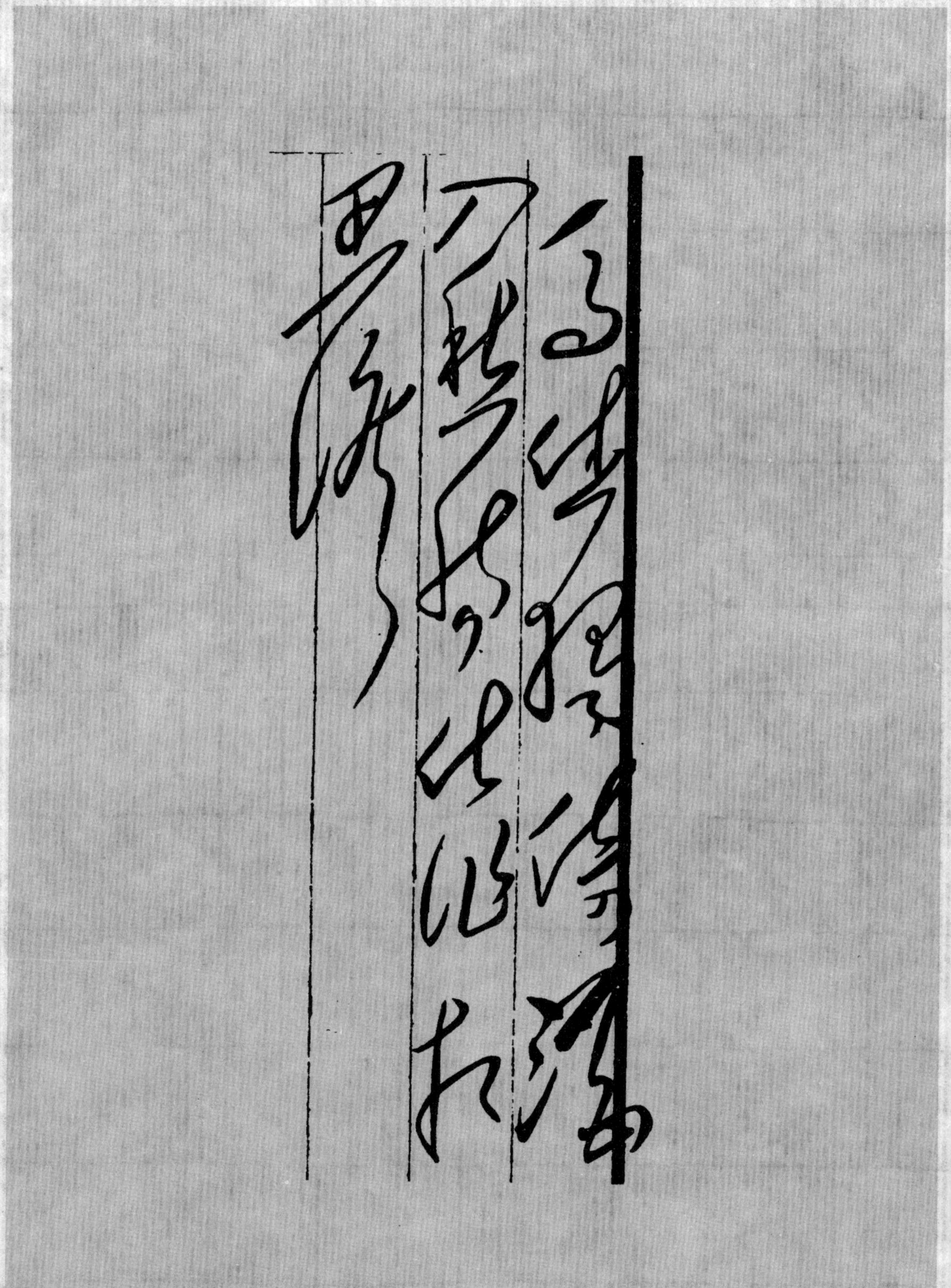

苏轼

念奴娇·赤壁怀古

大江东去，浪淘尽，千古风流人物。故垒西边，人道是，三国周郎赤壁。乱石崩云，惊涛掠〔裂〕岸，卷起千堆雪。江山如画，一时多少豪杰。

遥想公瑾当年，小乔初嫁了，雄姿英发。羽扇纶巾，谈笑间，樯橹灰飞烟灭。故国神游，多情应笑我，早生华发。人生如寄〔梦〕，一尊还酹江月。

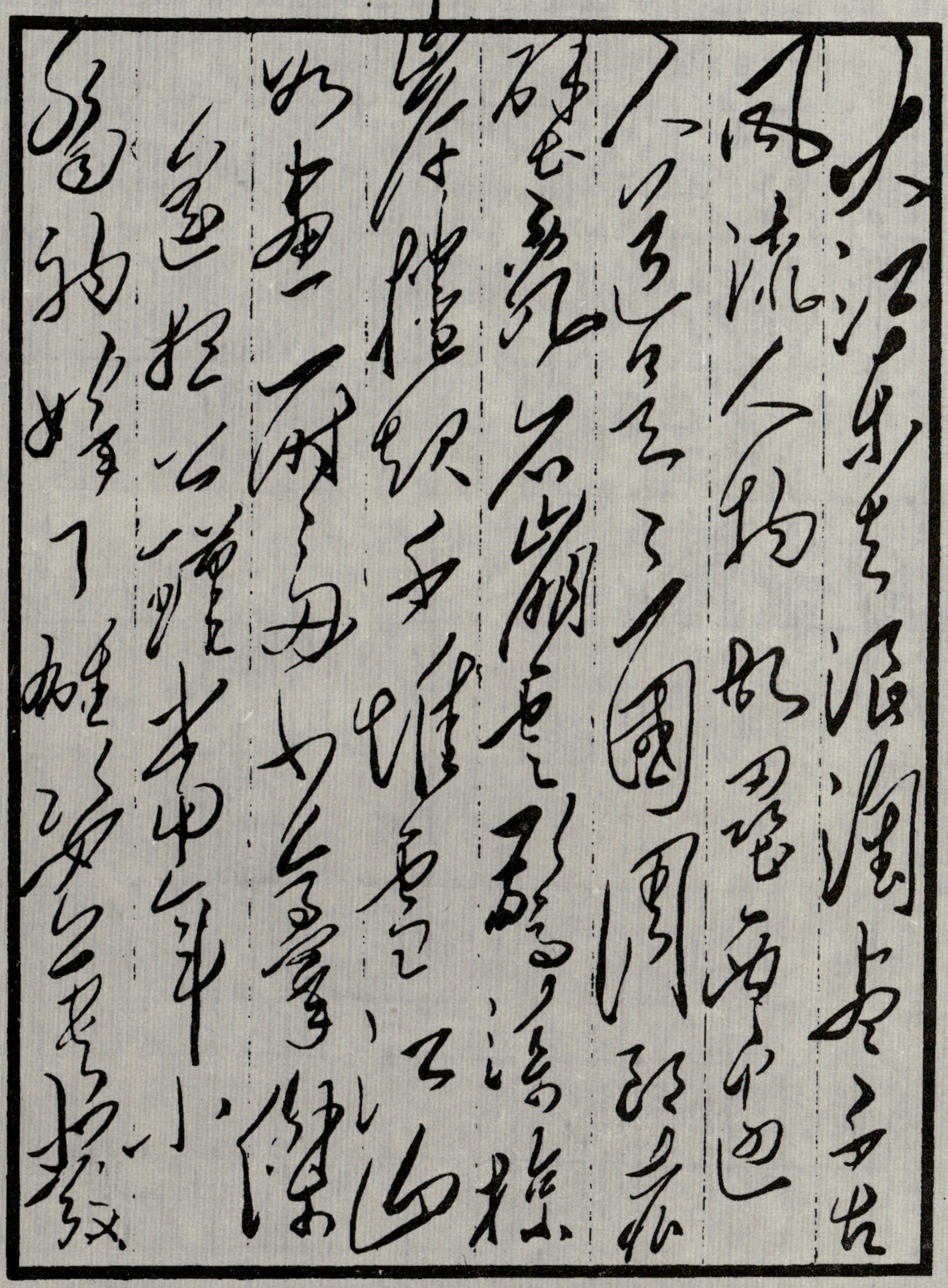

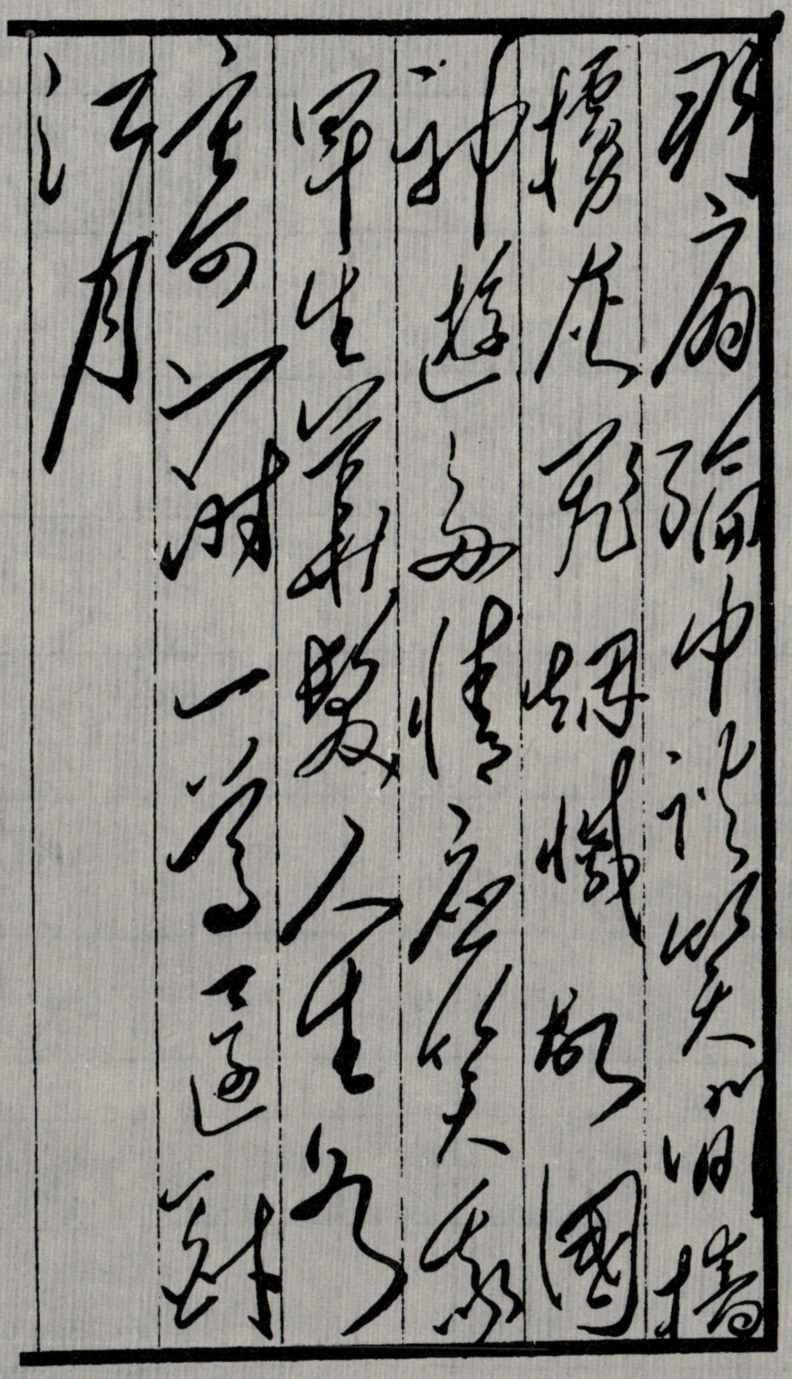

岳飞

满江红

怒发冲冠，凭栏处，潇潇雨歇。抬望眼，仰天长啸，壮怀激烈。三十功名尘与土，八千里路云和月。莫等闲白了少年头，空悲切。

靖康耻，犹未雪；臣子恨，何时歇〔灭〕？驾长车，踏破贺兰山阙。壮志饥餐胡虏肉，笑谈渴饮匈奴血。待从头收拾旧山河，朝天阙。

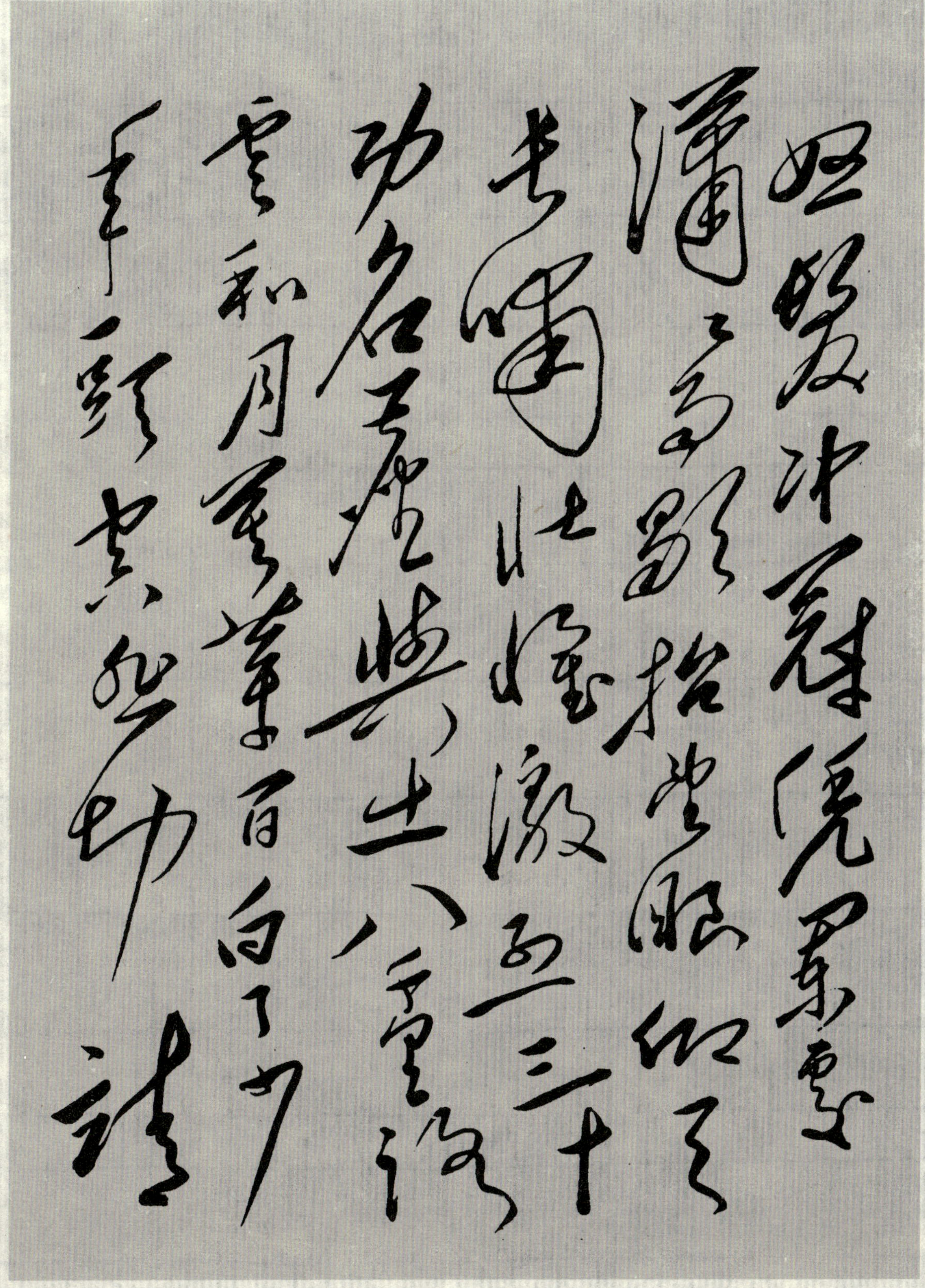

手书古诗文

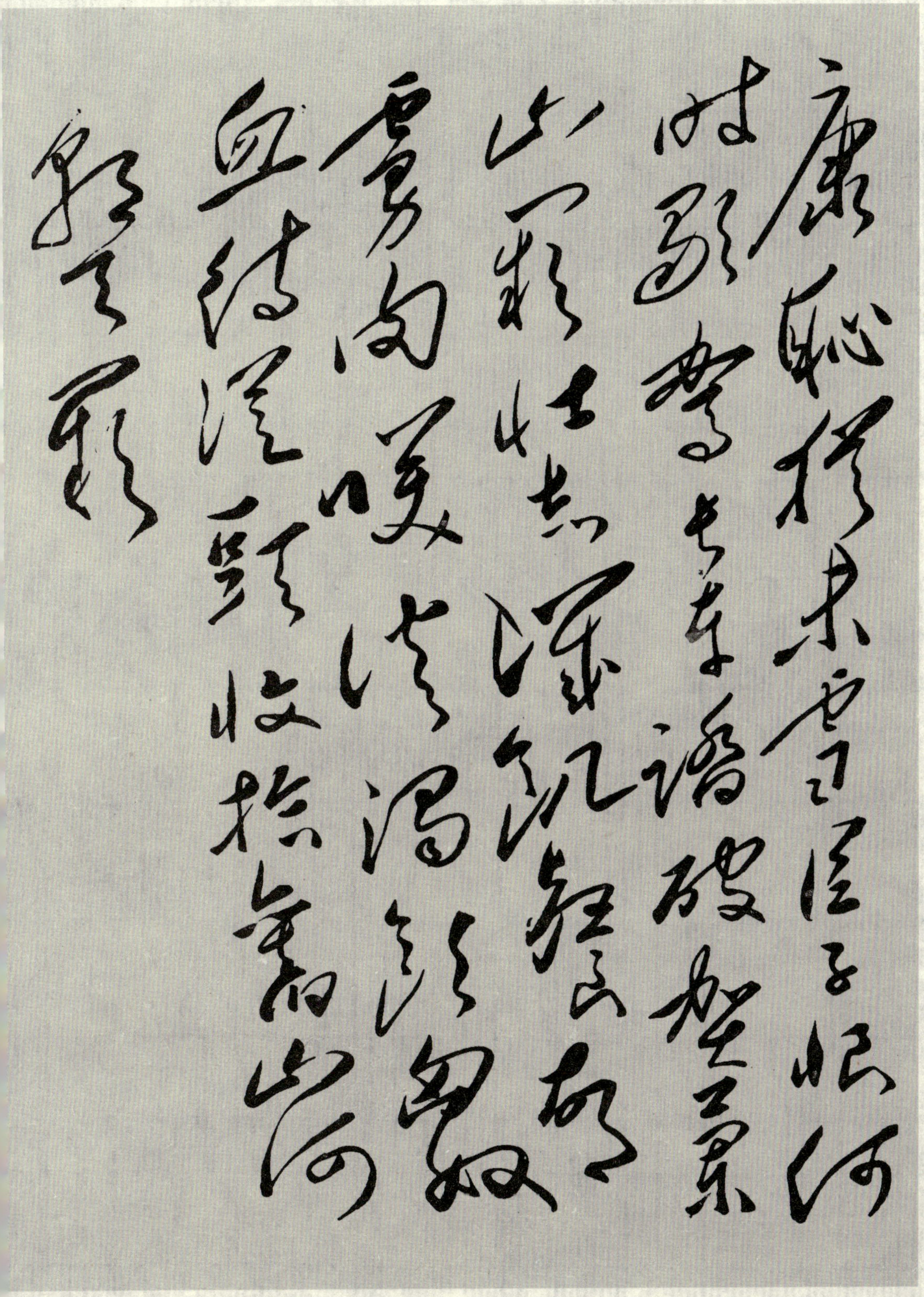

岳飞

池州翠微亭

经年尘土满征衣，特特寻芳上翠微。好水好山看不足，马蹄催趁月明归。

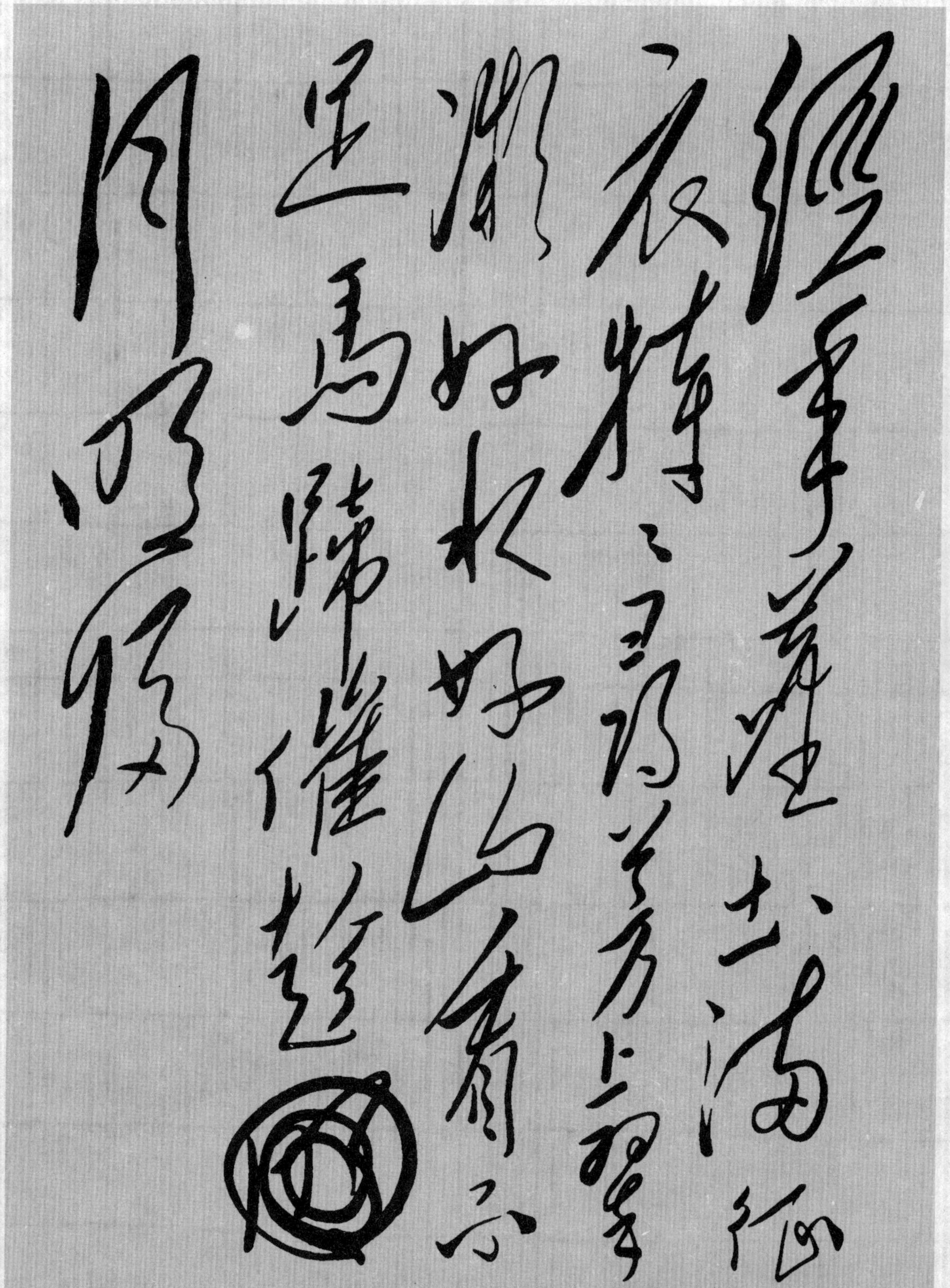

陆游

示儿

死去原知万事空，但悲不见九州同。王师北定中原日，家忌毋〔忘〕告乃翁。

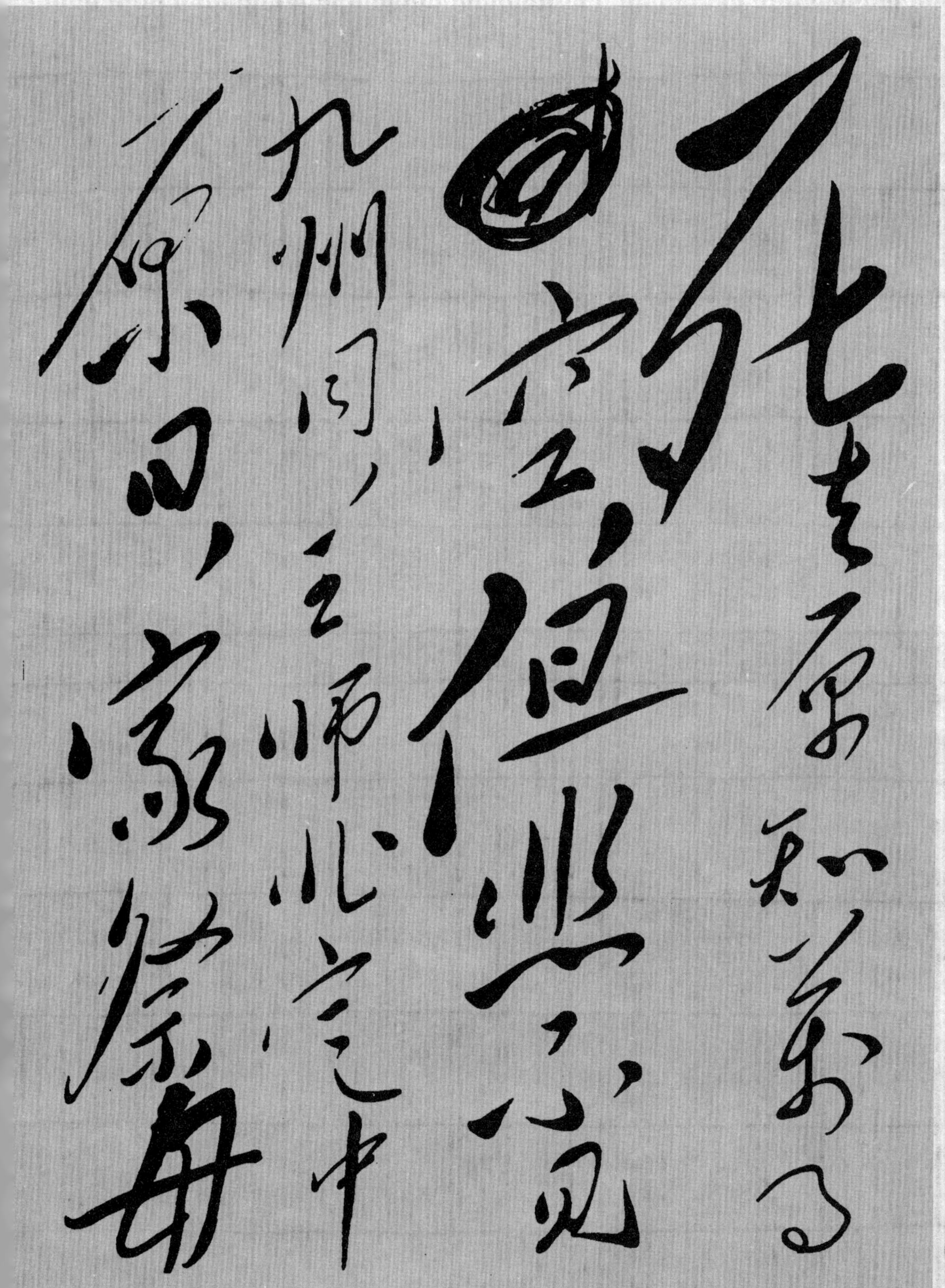

陆游

诉衷情

当年万里觅封侯，匹马戍梁州。关河梦断何处，尘暗旧貂裘。

胡未灭，鬓先秋，泪空流。此生何似〔谁料〕，心在天山，身老沧州。

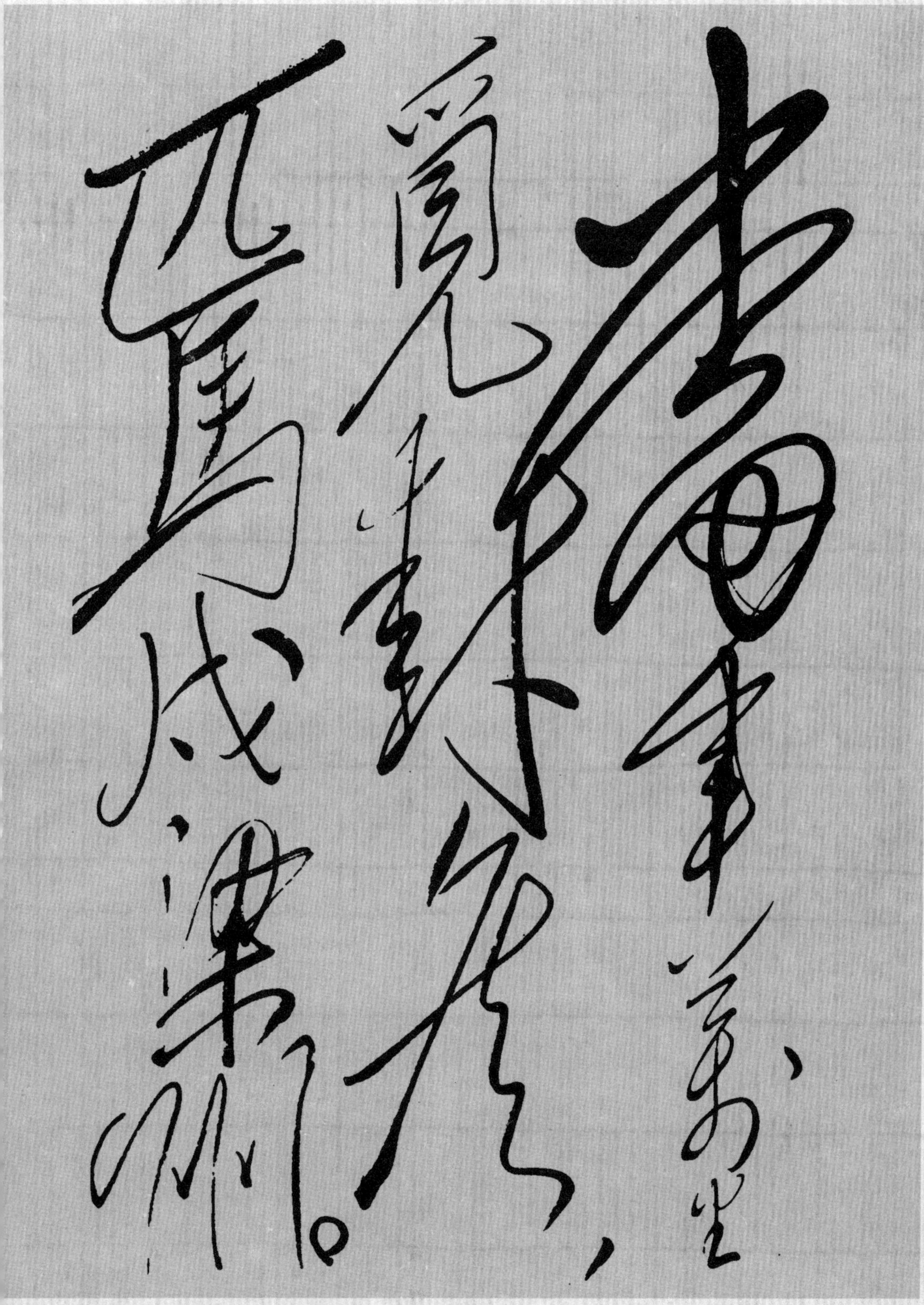

手书古诗文

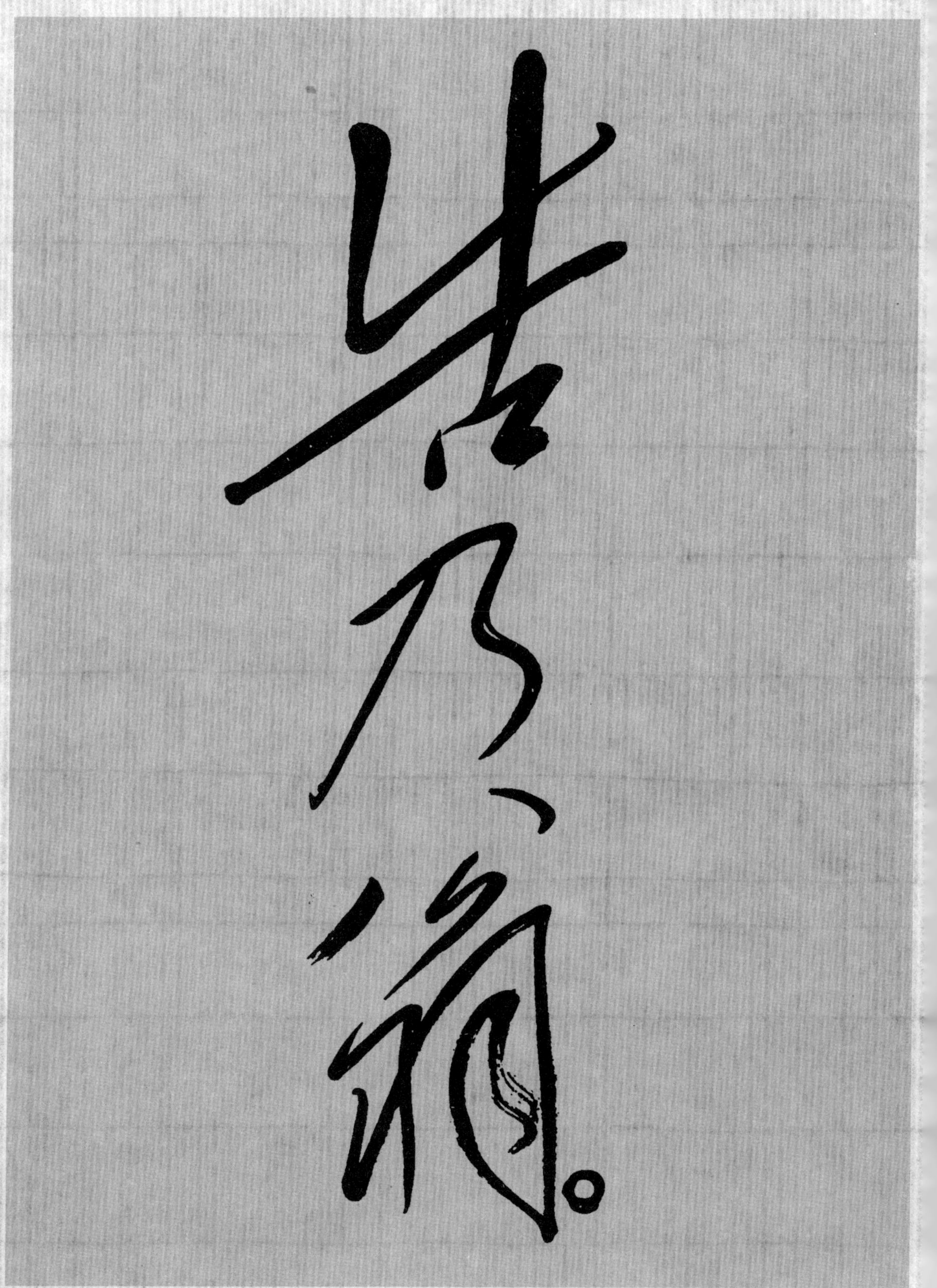

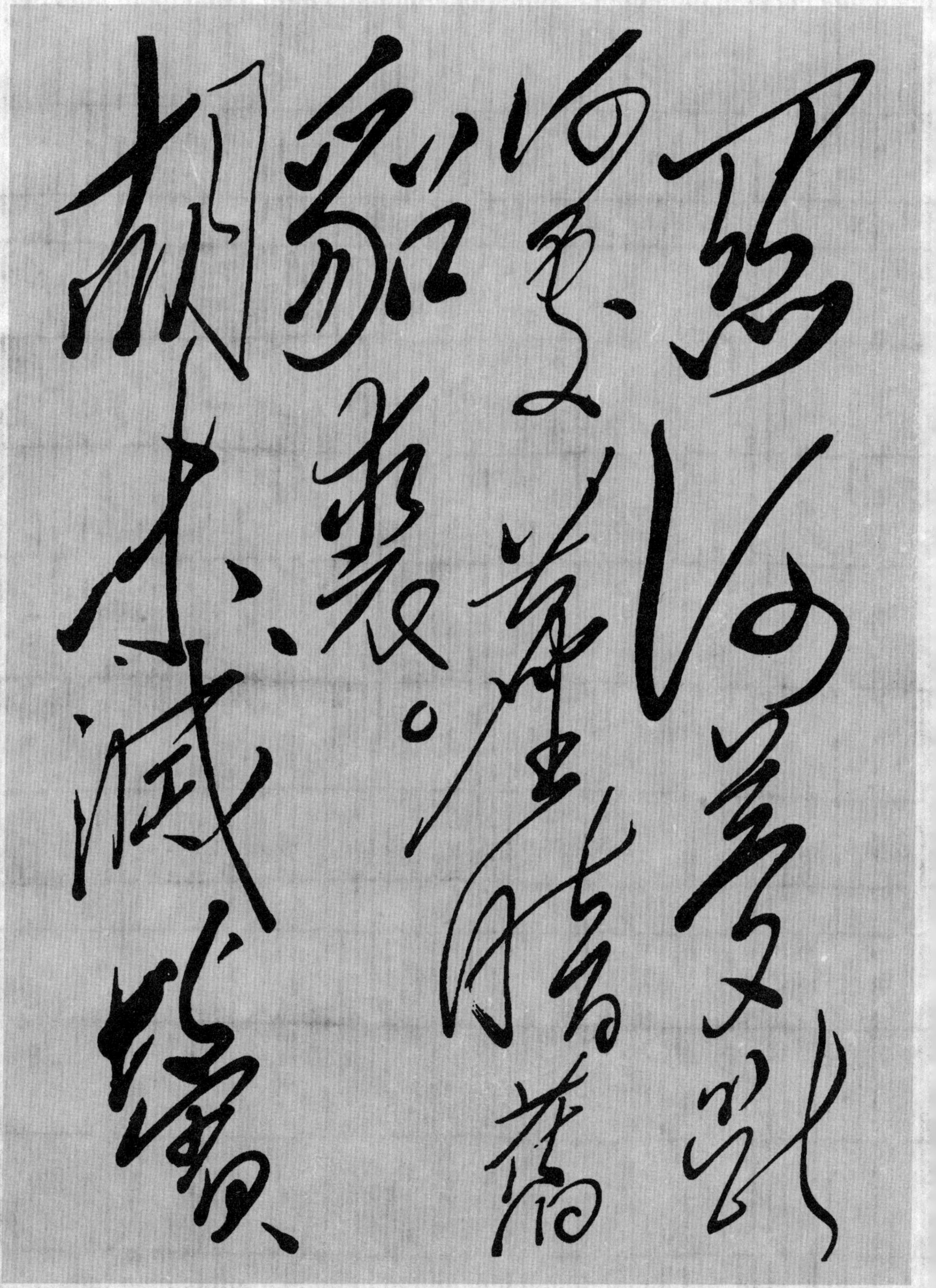

手书古诗文

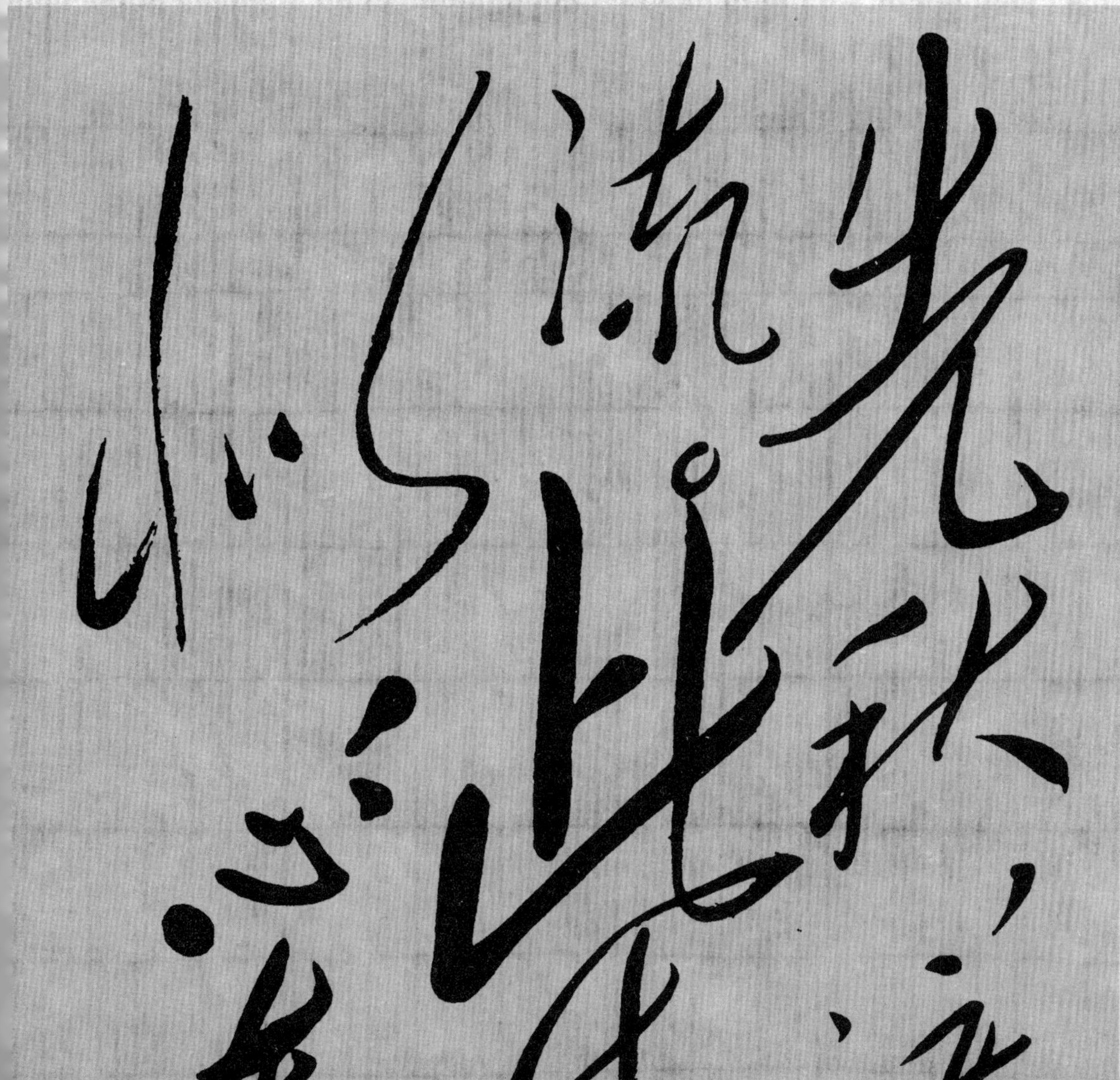

辛弃疾

菩萨蛮·书江西造口壁

郁姑〔孤〕台下清江水，中间多少行人泪。西北是〔望〕长安，可怜无数山。

青山遮不住，毕竟东流去。江晚正愁予〔余〕，山深闻鹧鸪。

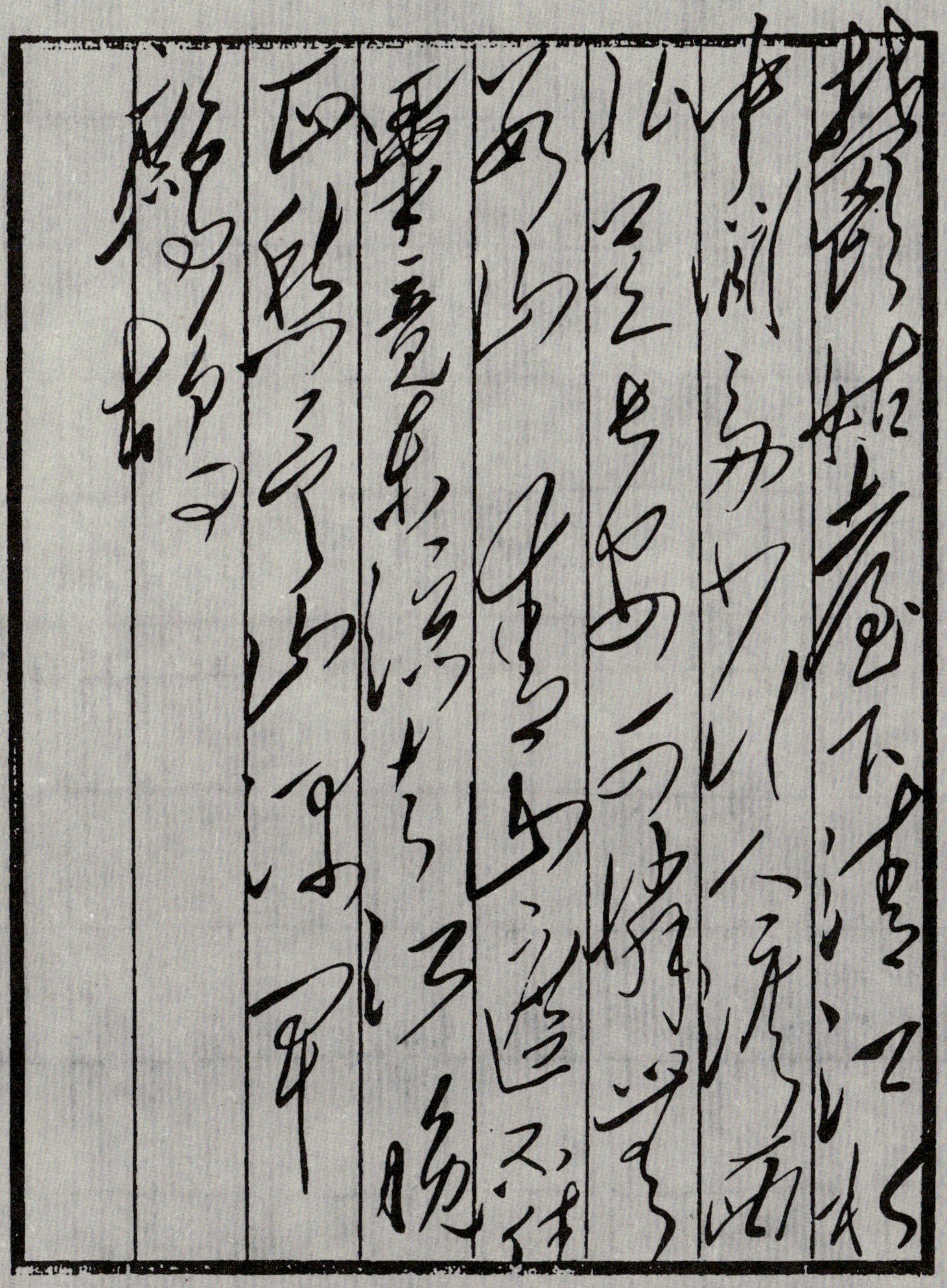

手书古诗文

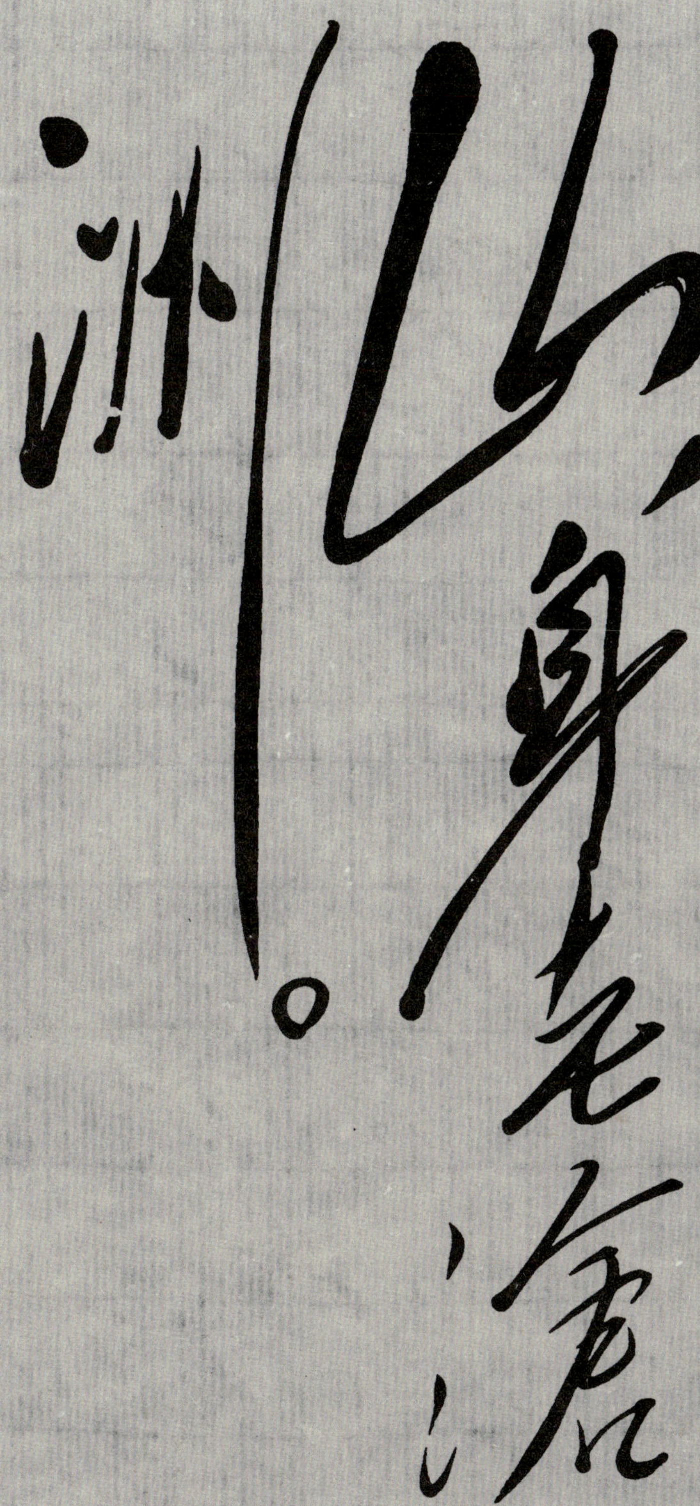

辛弃疾

摸鱼儿

更能消几番风雨，匆匆春又归去。惜春长恨[怕]花开早，何况落红无数。春且住，见说道、天涯芳草无归路。怨春不语，算只有殷勤，画檐珠[蛛]网，尽日惹飞絮。

长门事，准拟佳期又误，蛾眉曾有人妒，千金纵买相如赋，脉脉此情谁诉？君莫舞，君不见、玉环飞燕皆尘土。闲愁最苦。休去倚危栏，斜阳正在，烟柳断肠处。

摸鱼儿

辛弃疾

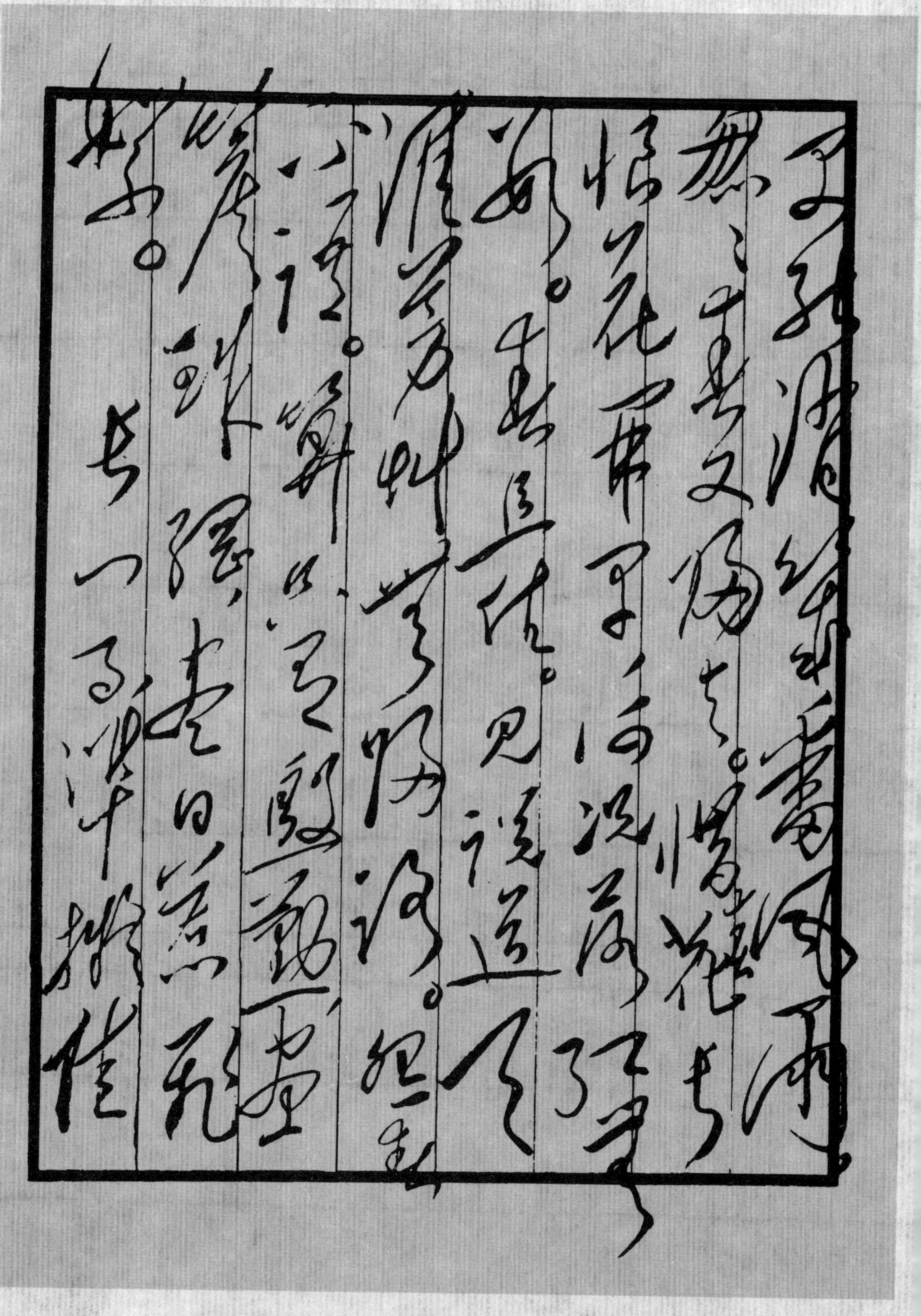

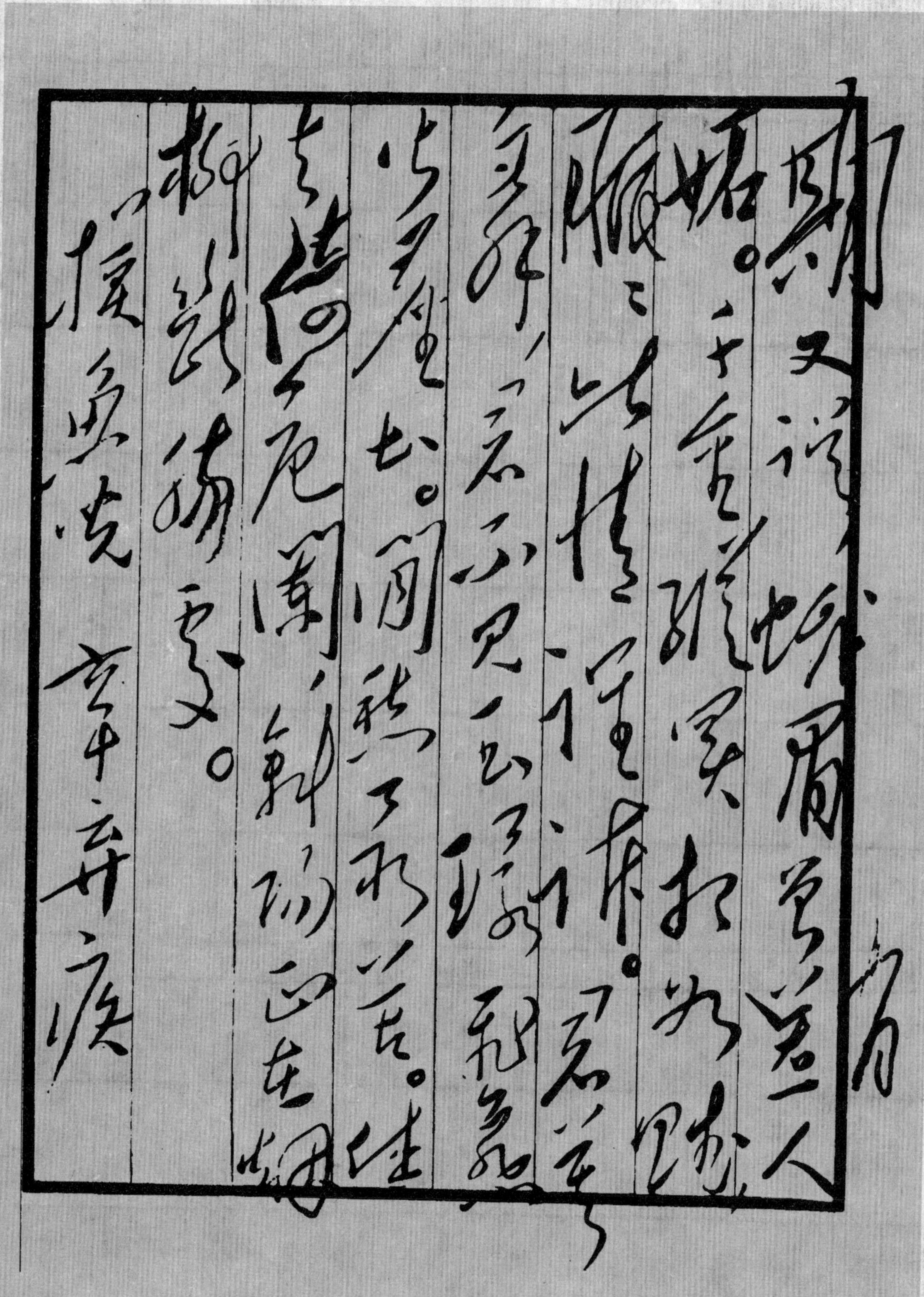

辛弃疾

南乡子·登京口北固亭有怀

何处望神州？满眼风光北固楼。千古兴亡多少事，悠悠不尽长江滚滚流。年少万兜鍪，坐断东南战未休。天下英雄谁敌手？曹刘。生子当如孙仲谋。

辛弃疾词一首

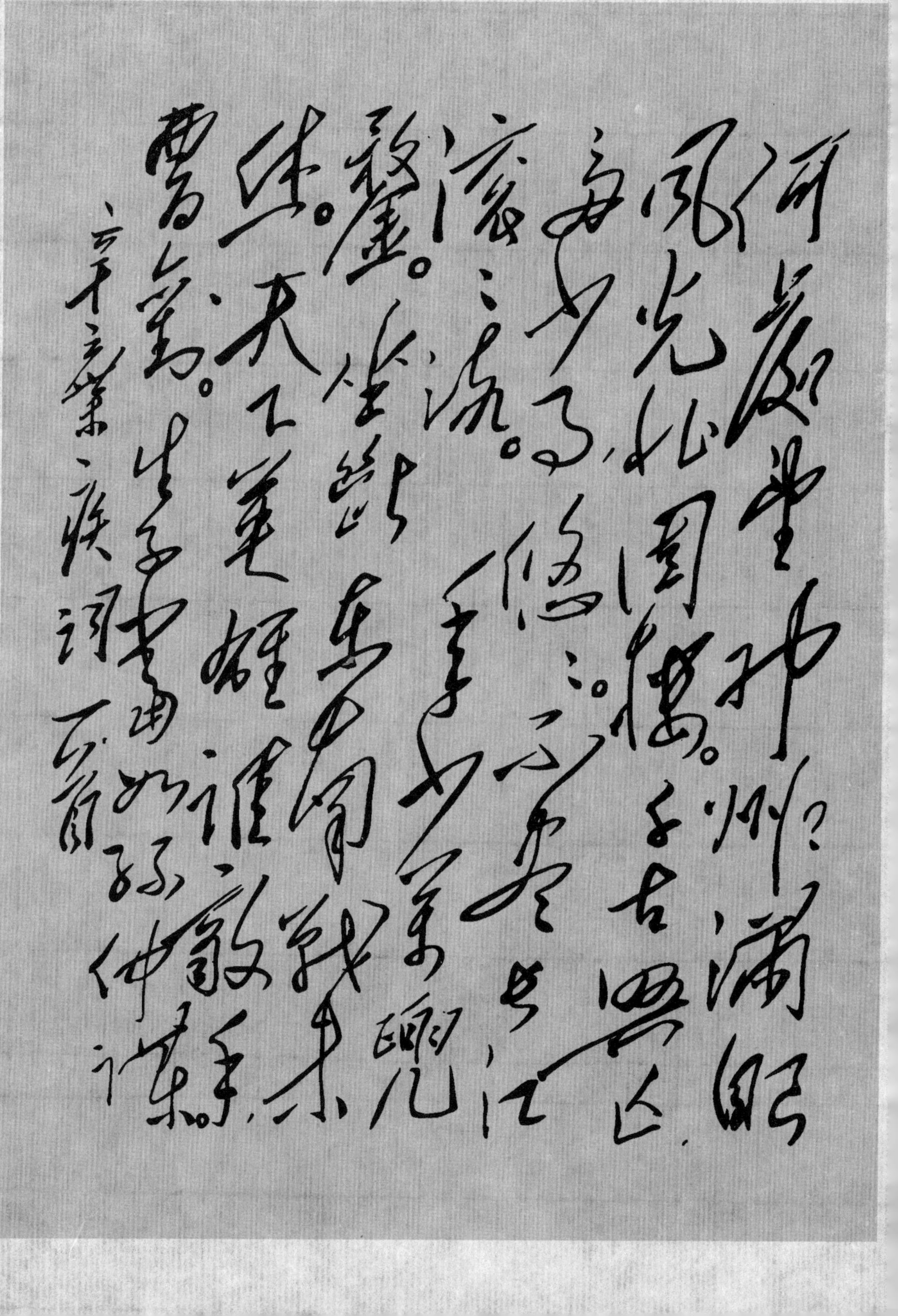

手书古诗文

辛弃疾

太常引·建康中秋夜为吕叔潜赋

一轮秋影转金波，飞镜又重磨，把酒问姮娥，被白发欺人奈何？ 乘风好去，长空万里，直下看山河。斫去桂婆娑，人道清光更多。

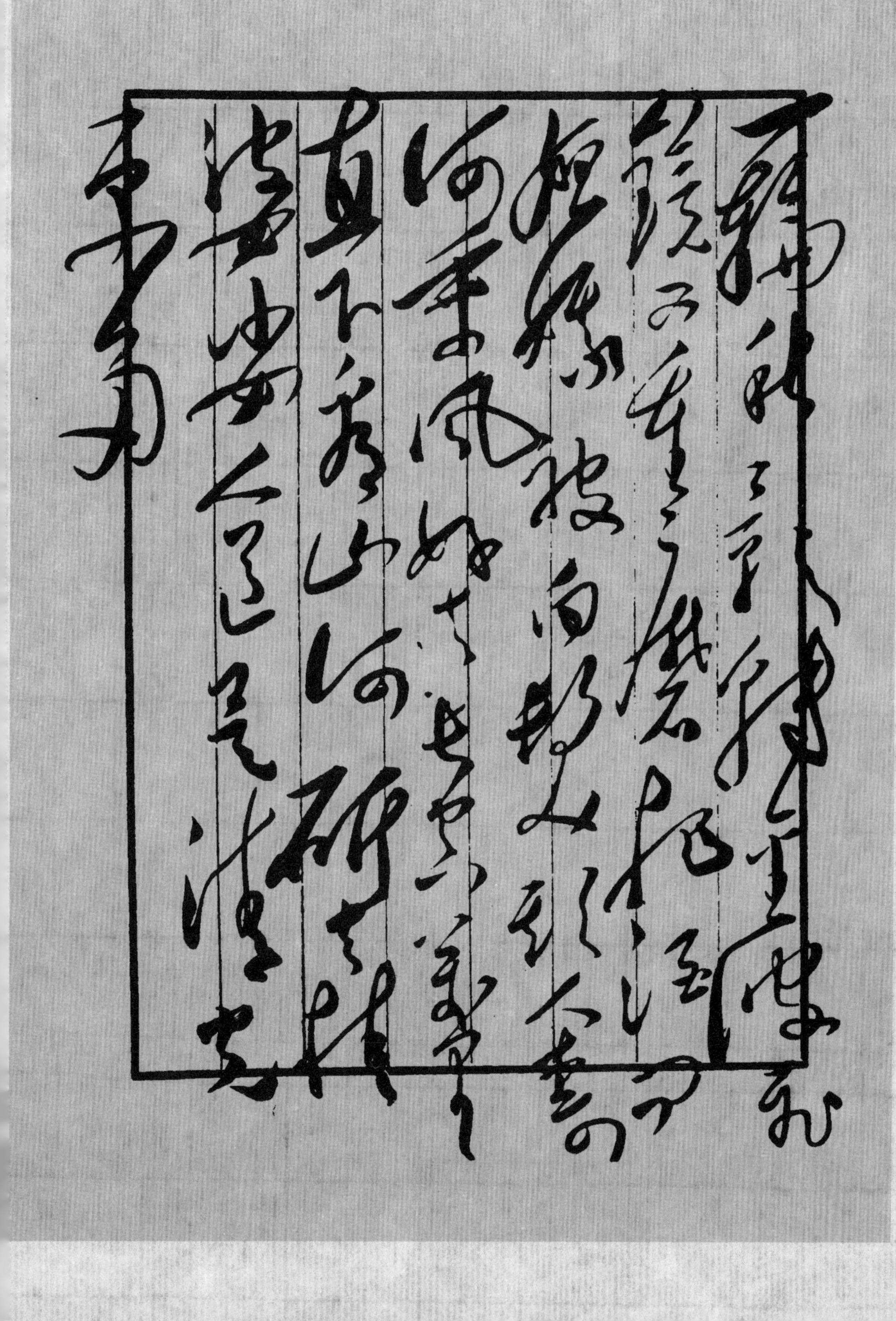

刘过

沁园春

刘过沁园春一首以词代书赠辛稼轩

斗酒彘肩，风雨渡江，岂不快哉！被香山居士，约林和靖，与坡仙老，驾勒吾回。坡谓：『西湖正如西子，浓抹淡装临照台。』二公者，皆掉头不顾，只管传杯。

白云〔言〕：『天筑〔竺〕去来，图画里峥嵘楼阁开。爱东西〔纵横〕二涧，纵横〔东西〕水绕；两山〔峰〕南北，高下云堆。』逋曰：『不然，暗香浮动，不若孤山先探〔访〕梅。须晴日〔去〕，访稼轩未晚，且此徘徊。』

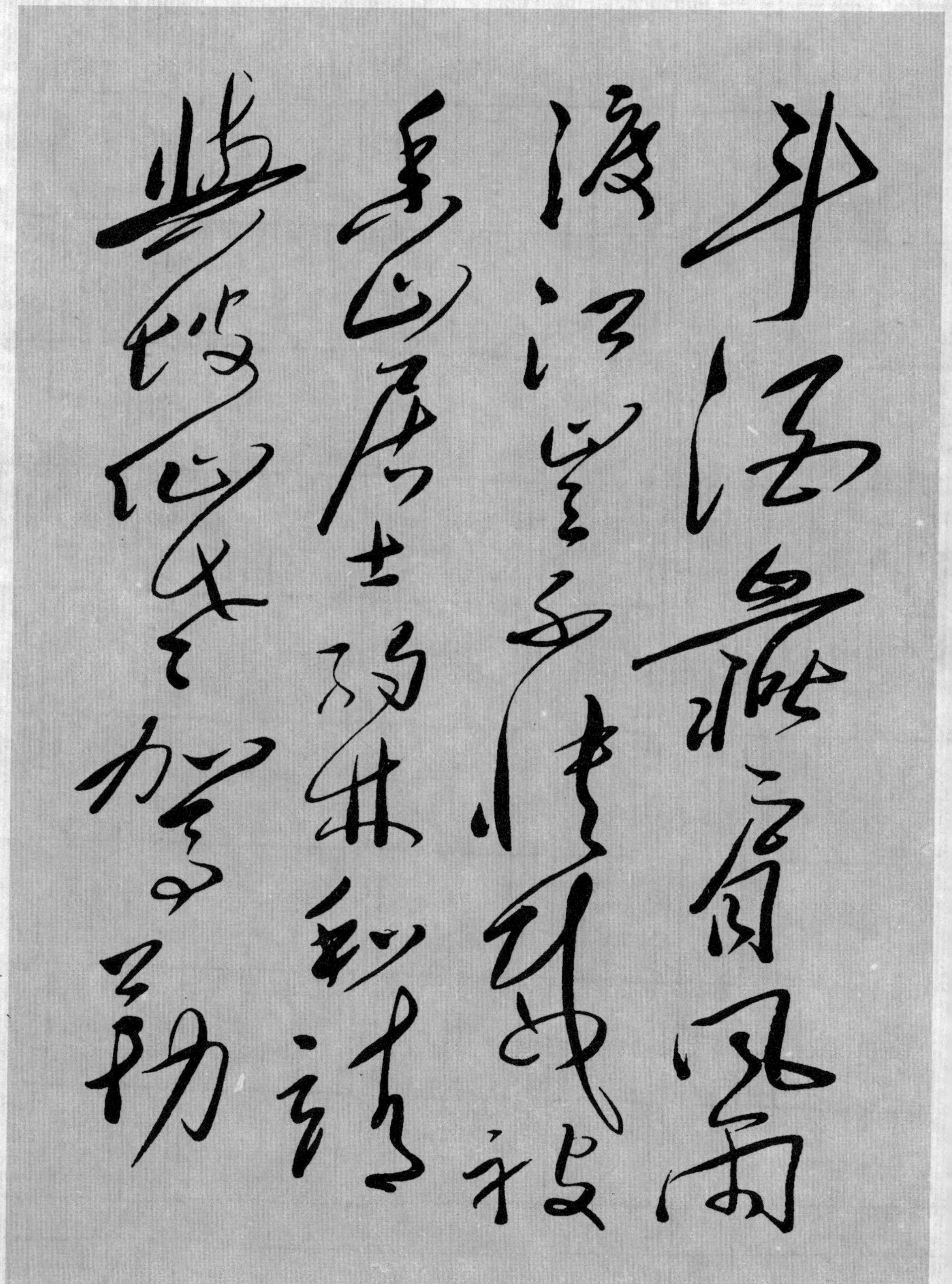

手书古诗文

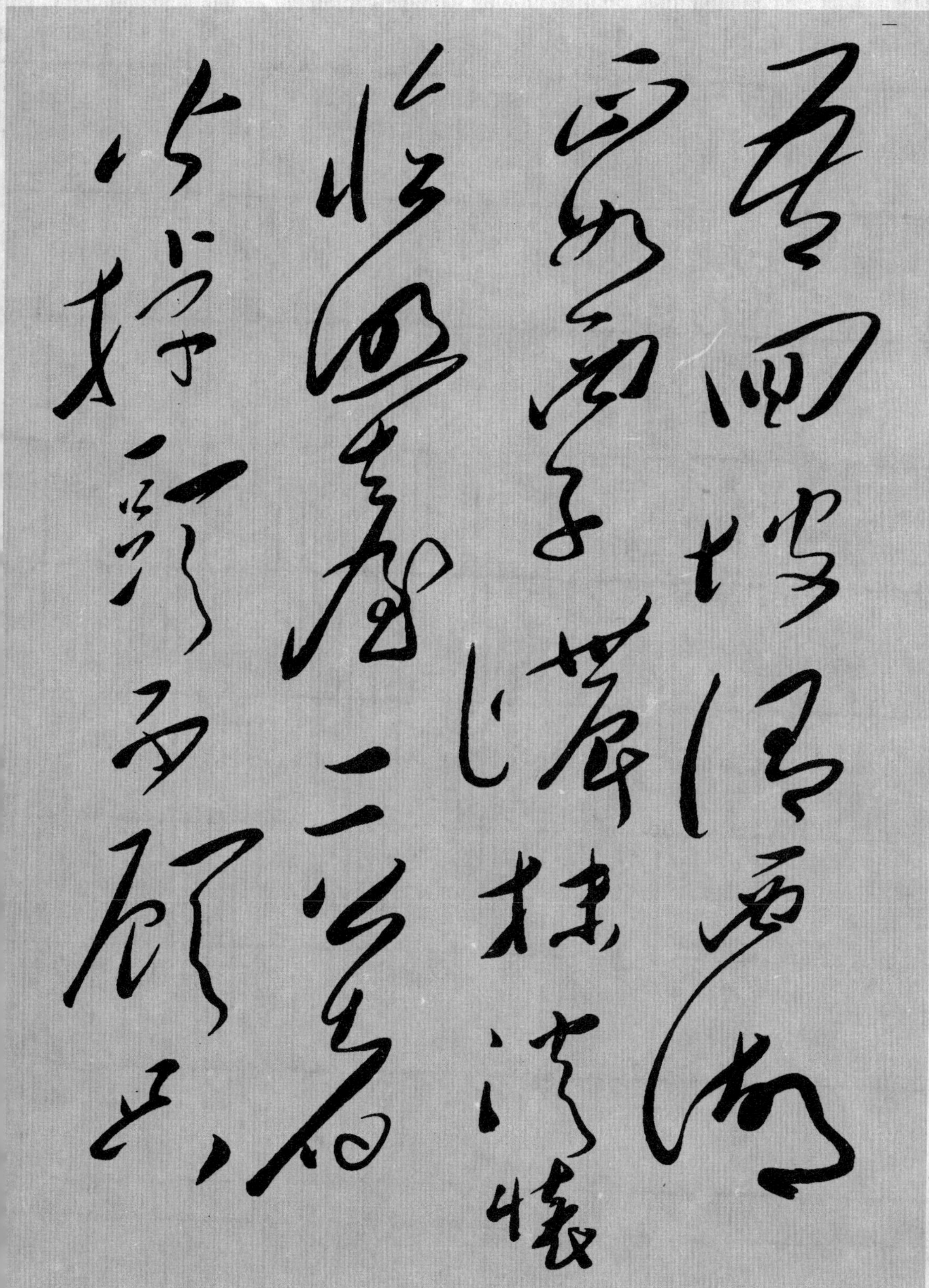

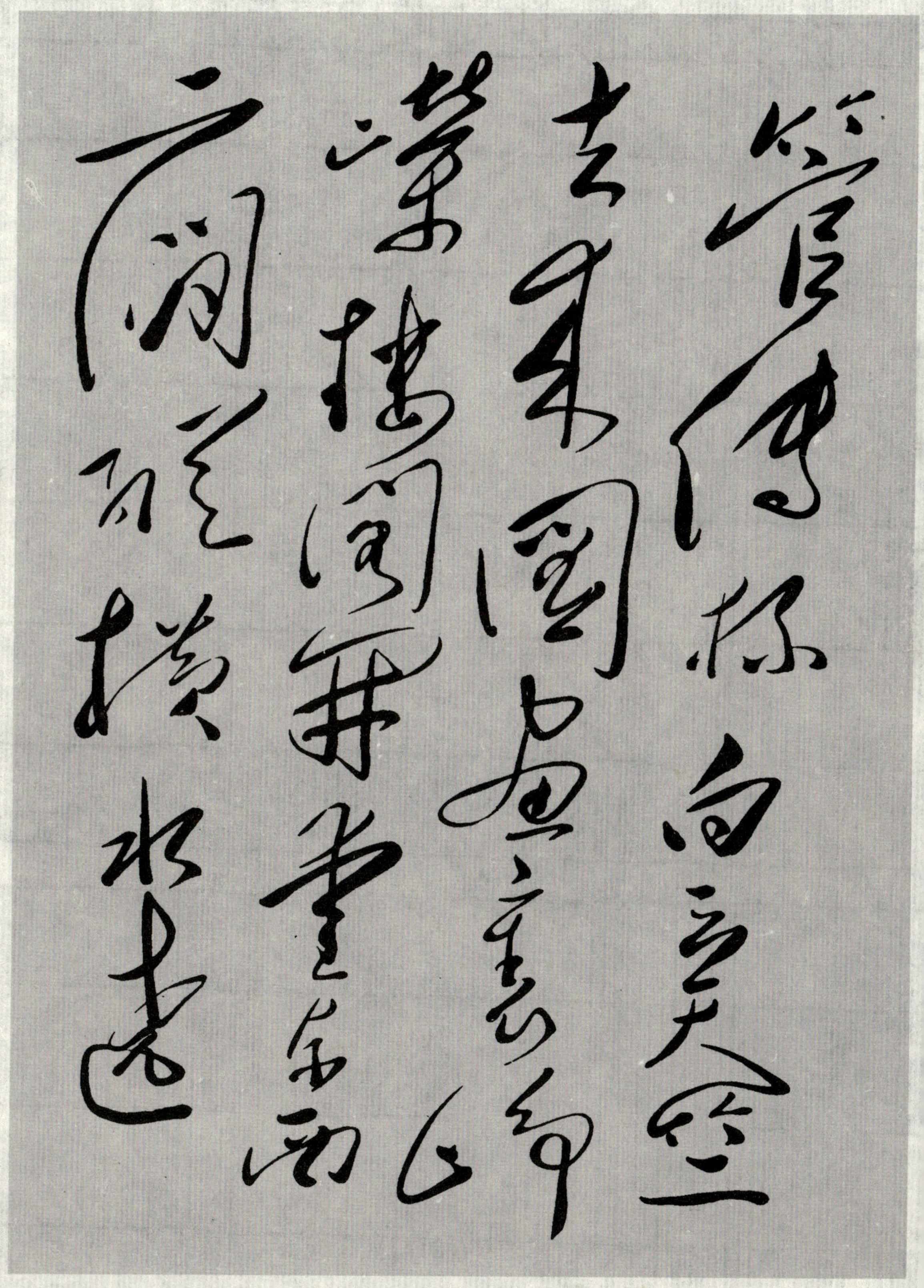

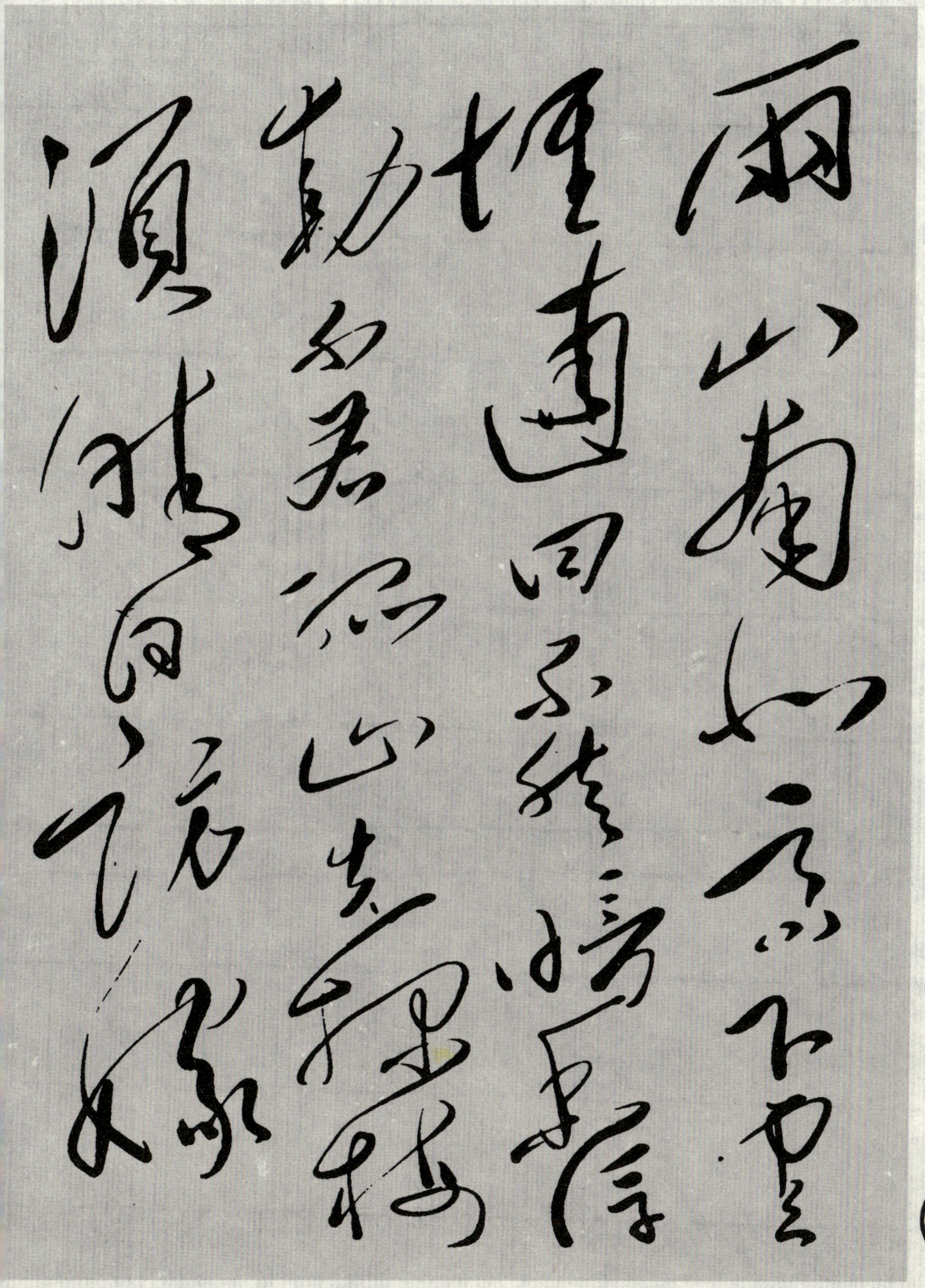

文天祥

过零丁洋

辛苦艰难〔遭逢〕起一经，干戈落落四周星。山河破碎风飘絮，身世浮萍浪〔沉雨〕打萍。惶恐滩头说惶恐，伶仃〔零丁〕洋里叹伶仃〔零丁〕。人生自古谁无死，留取丹心照汗青。

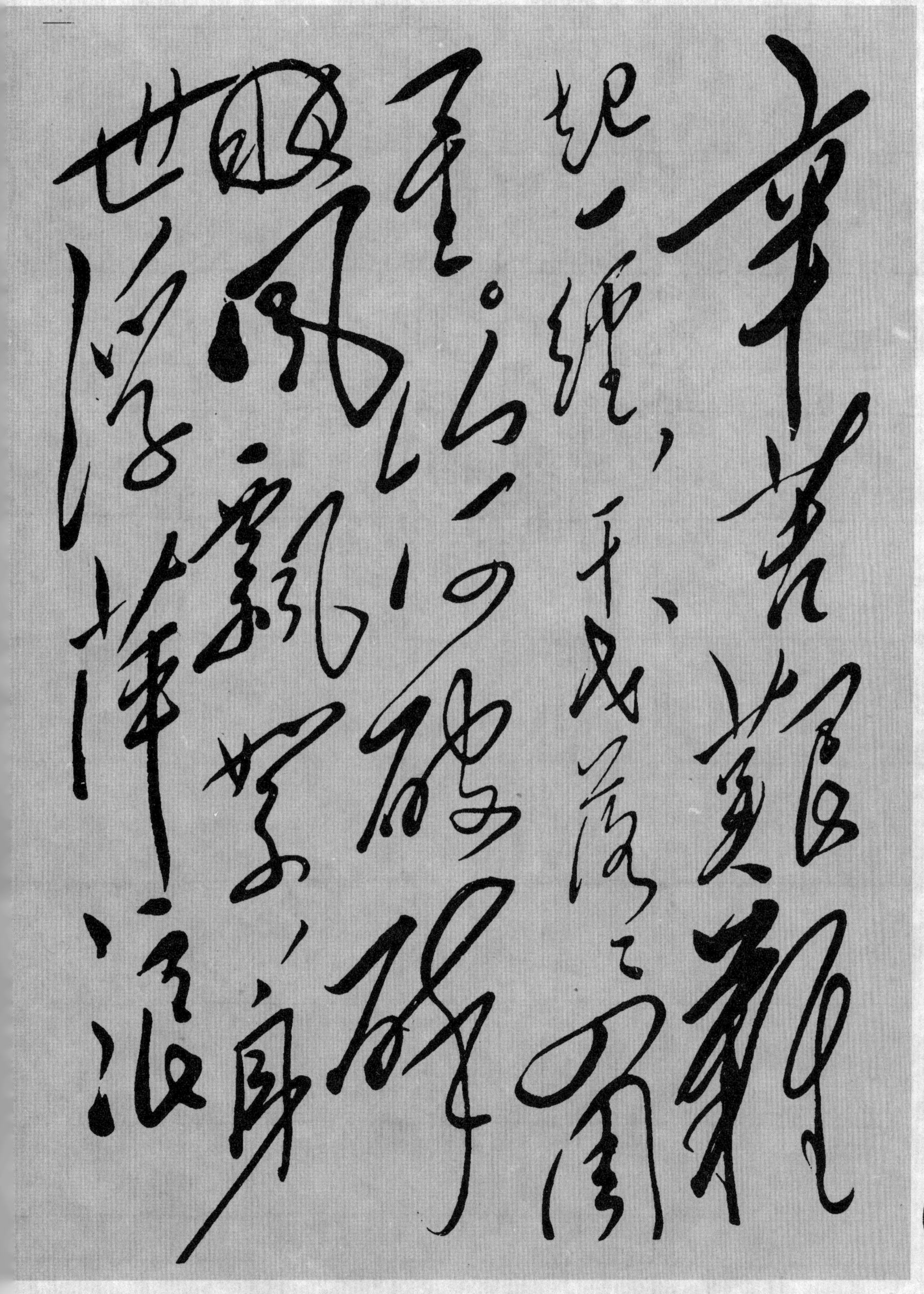

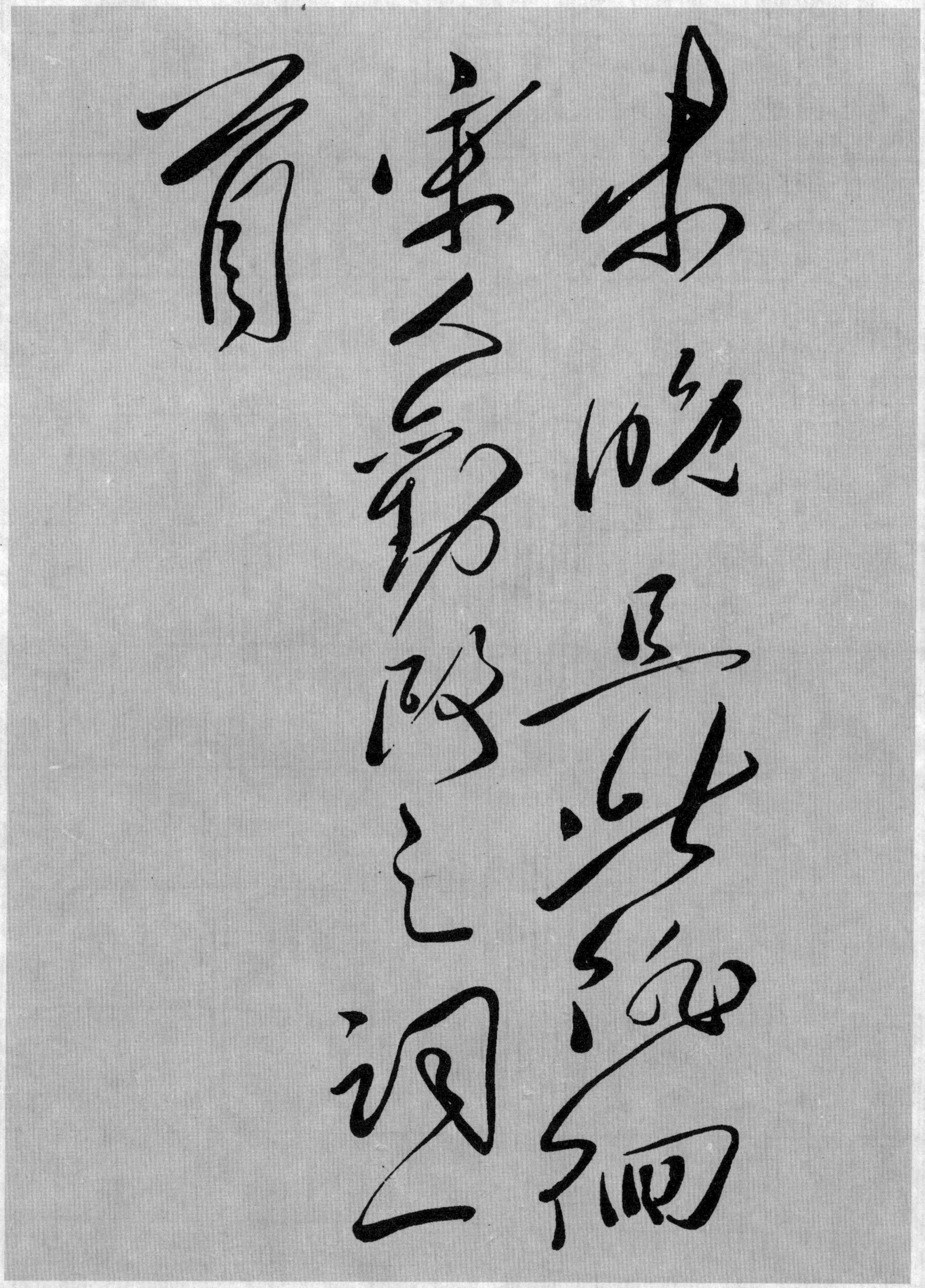

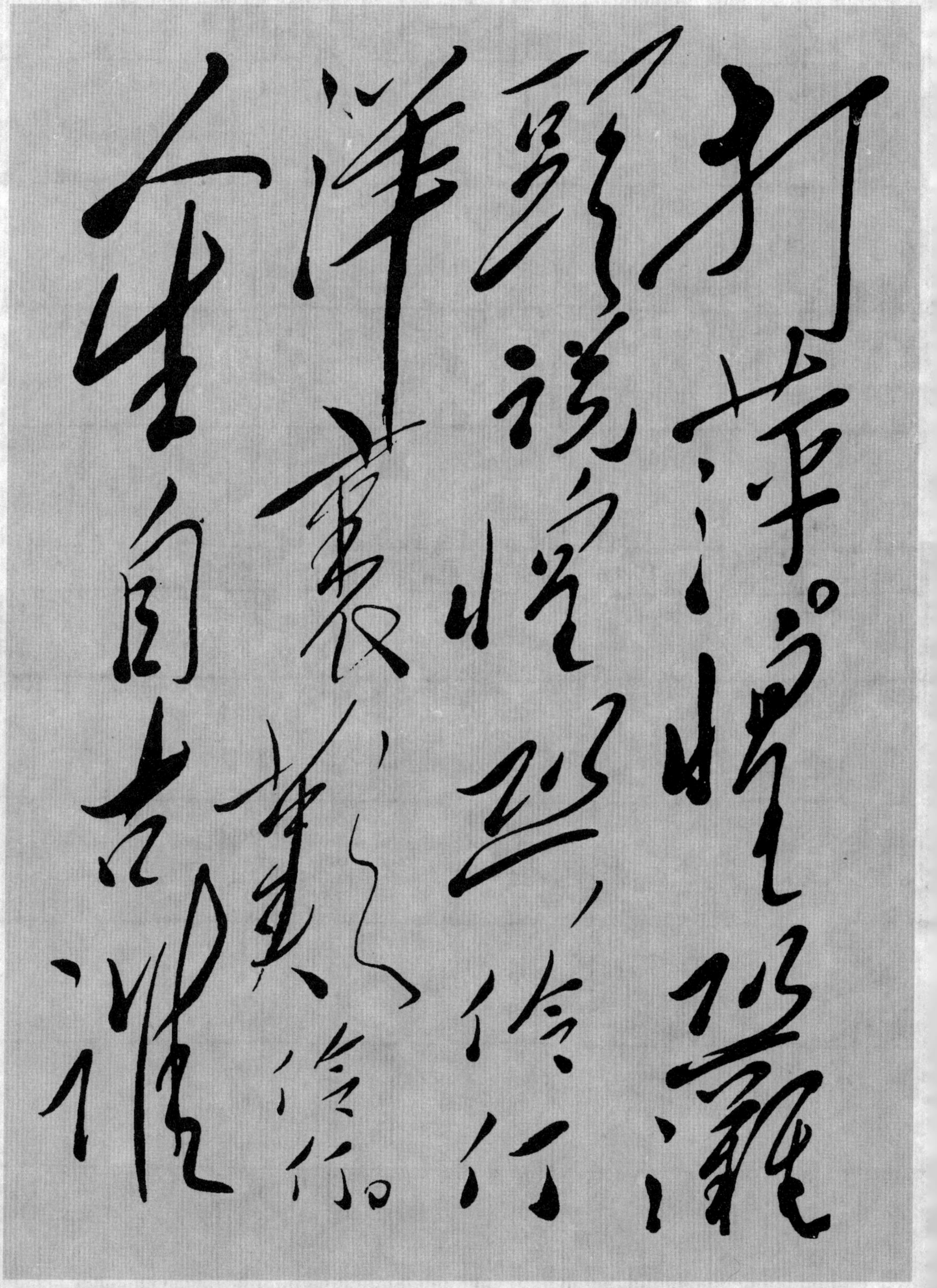

文天祥

正气歌（部分）

天地有正气，杂然赋流形。下则为河岳，上则为日星，于人曰浩然，沛乎塞沧溟〔苍冥〕。皇路当清夷，含和吐明庭。时穷节乃见，一一垂丹青。在齐太史简，在晋董狐笔；在秦张良椎，在汉苏武节。

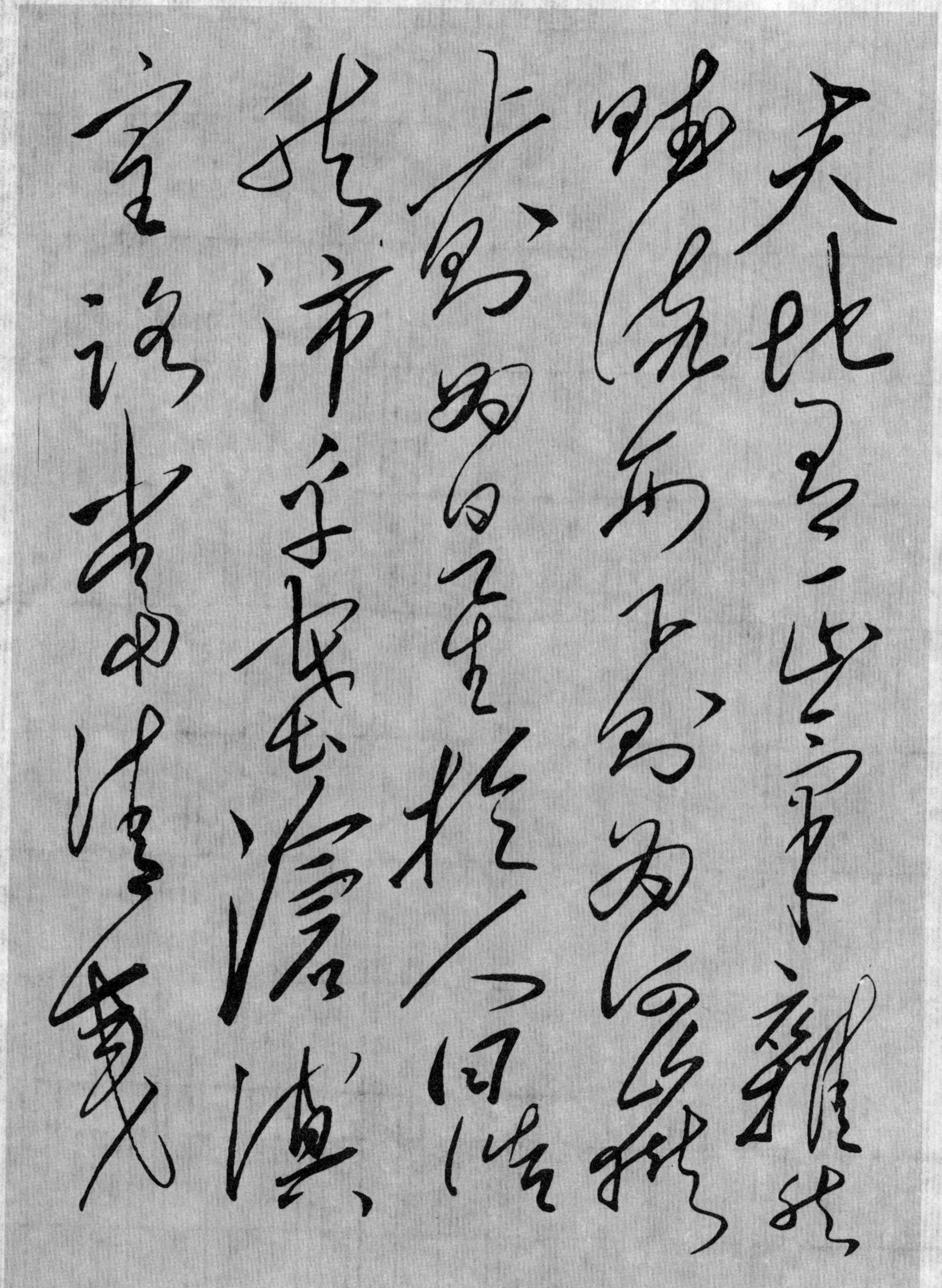

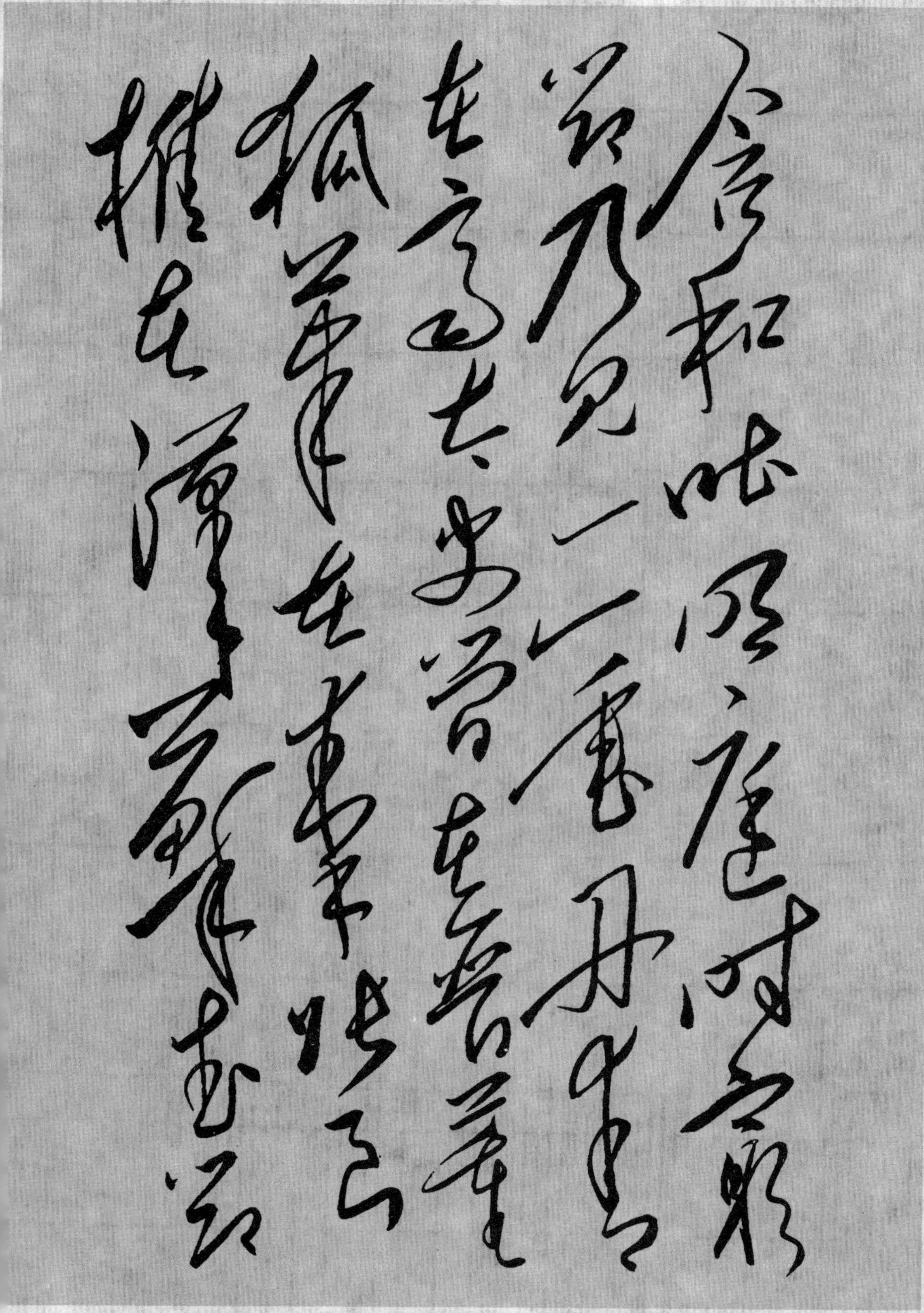

马致远

天净沙·秋思

枯藤老树昏鸦，小桥流水人家，古道西风瘦马。夕阳西下，断肠人在天涯。

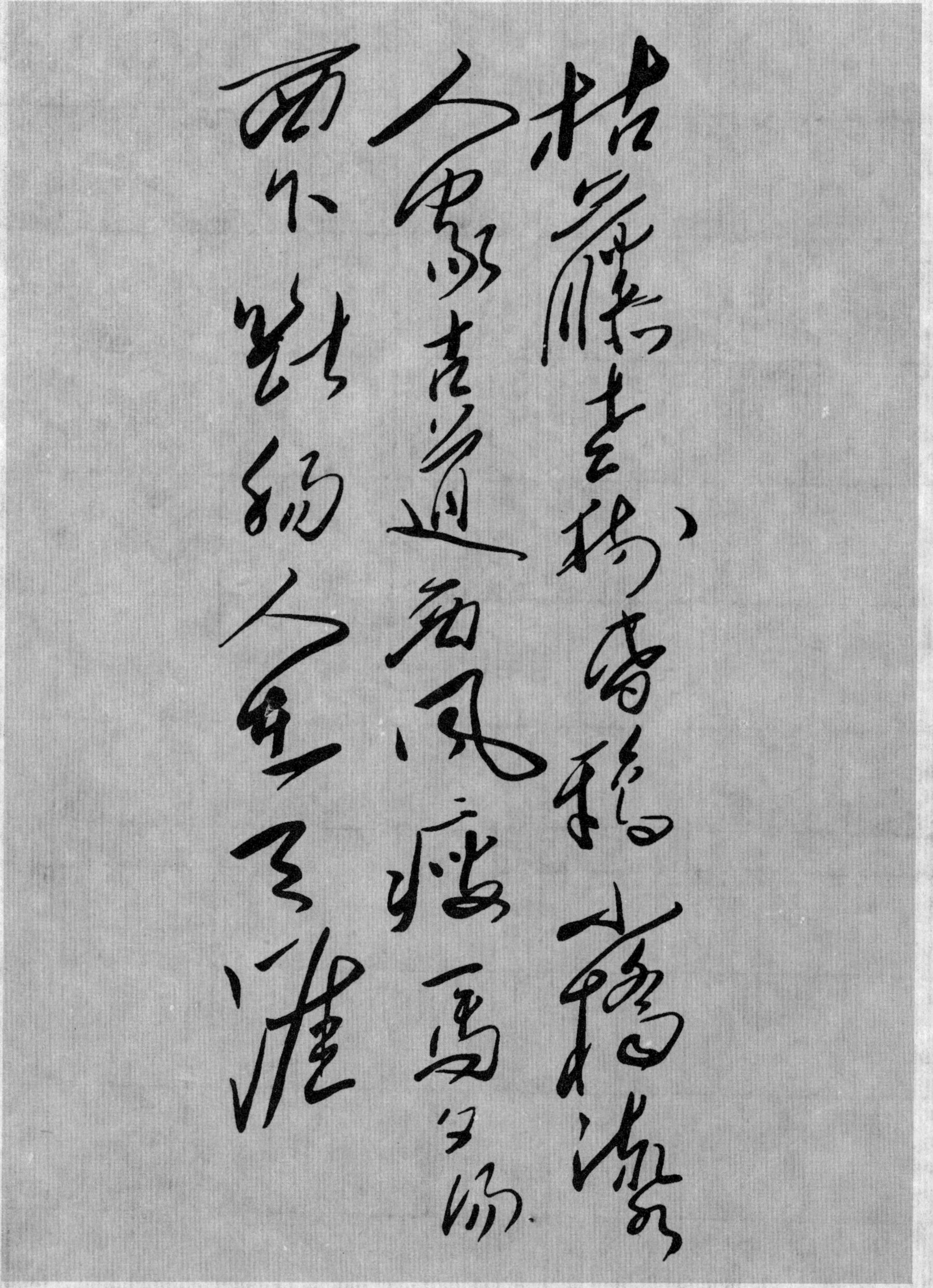

马致远

双调夜行船·秋兴

蛩吟一觉才宁贴，鸡鸣万事无休歇。争名利，何年是彻？密匝匝蚁排兵，乱纷纷蜂酿蜜，急攘攘蝇争血。裴公绿野堂，陶令白莲社。爱秋来那些：和露摘黄戴〔带〕霜烹紫蟹，煮酒烧红叶。人生有限杯，几个登高节？吩咐俺顽童听〔记〕者：『便北海探吾来，道东篱醉了也。』

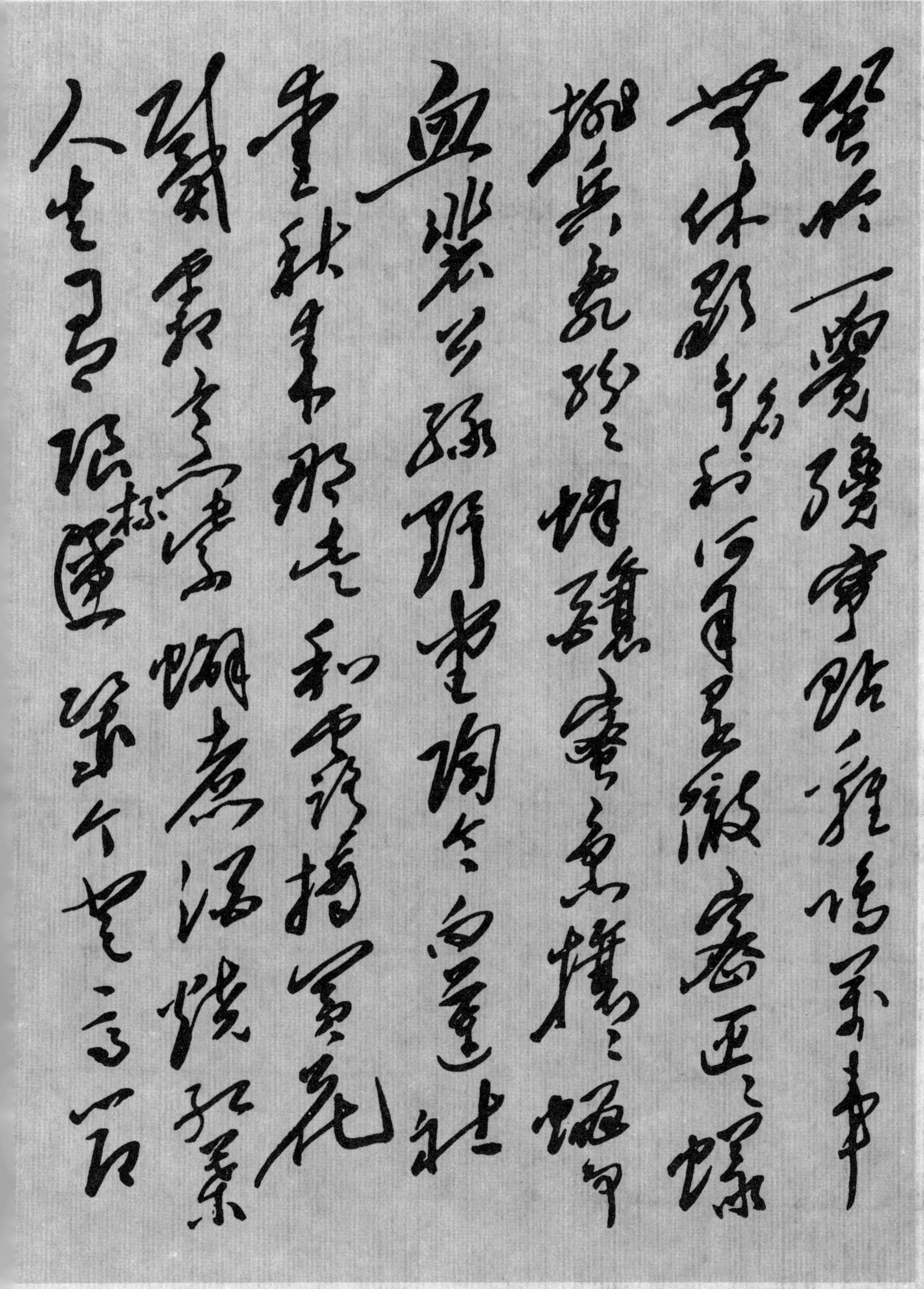

王实甫

西厢记

第一本第一折句

游艺中原，脚跟无线，如逢转。望眼连天，日近长安远。

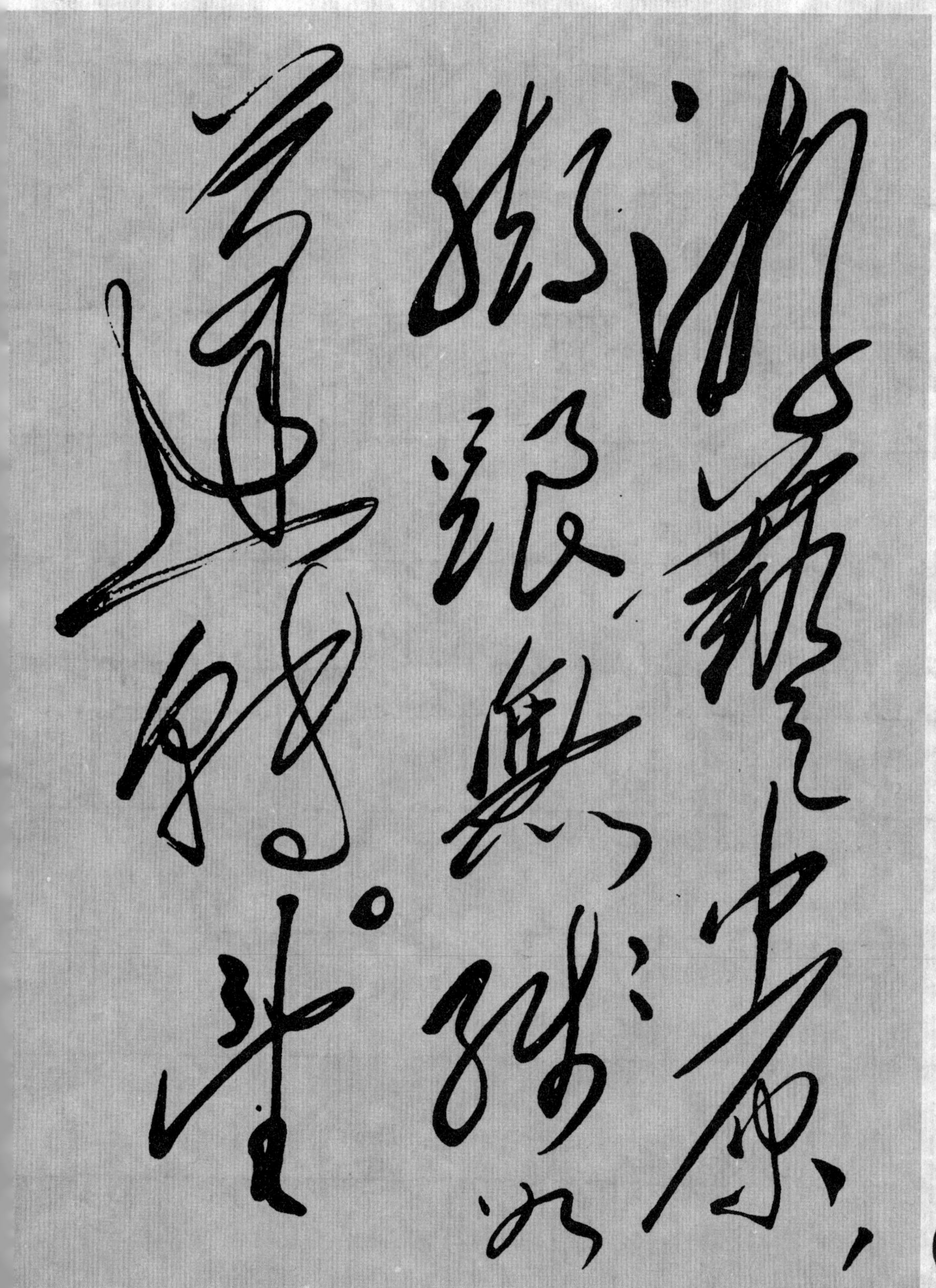

手书古诗文

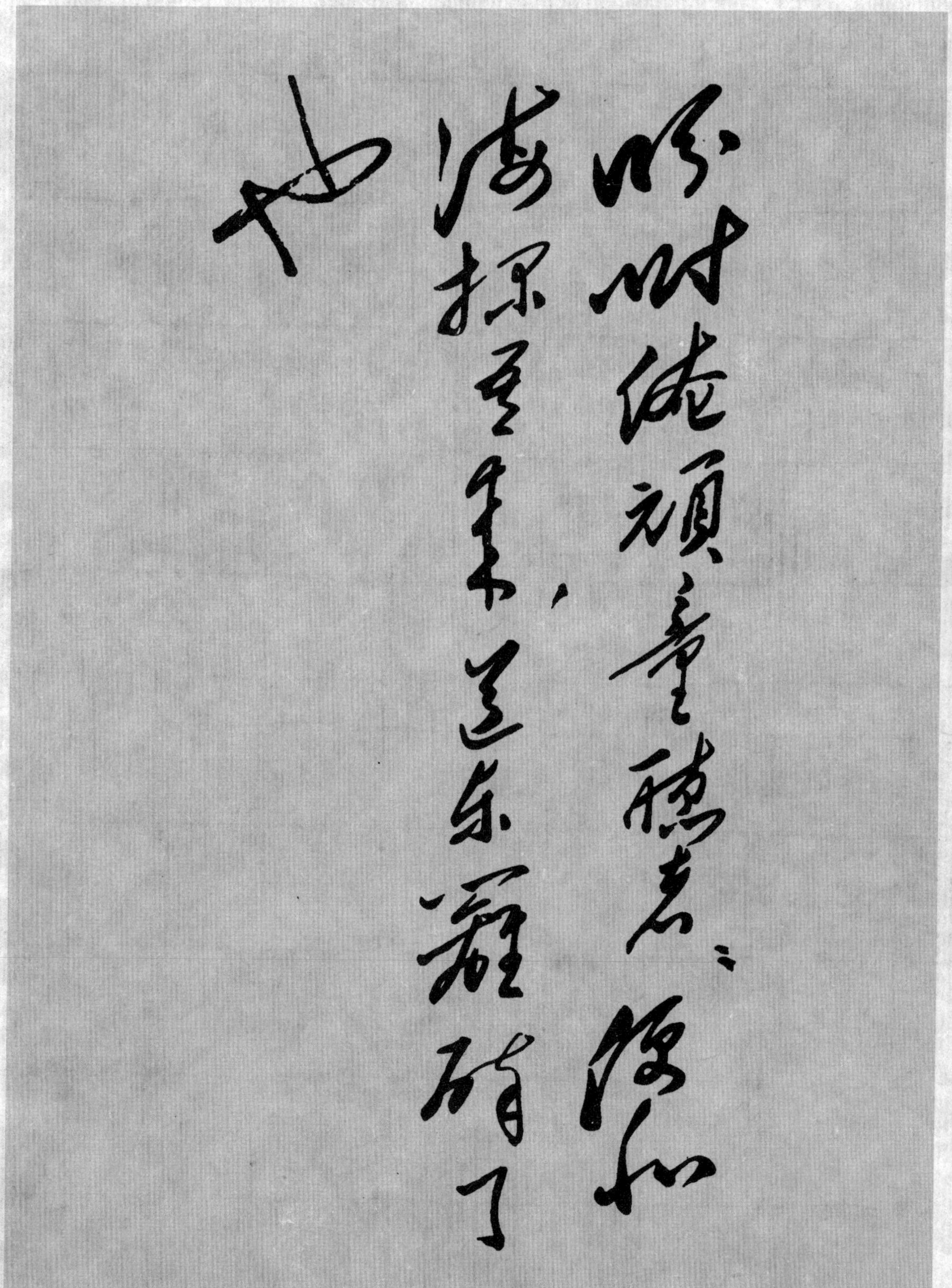

手书古诗文

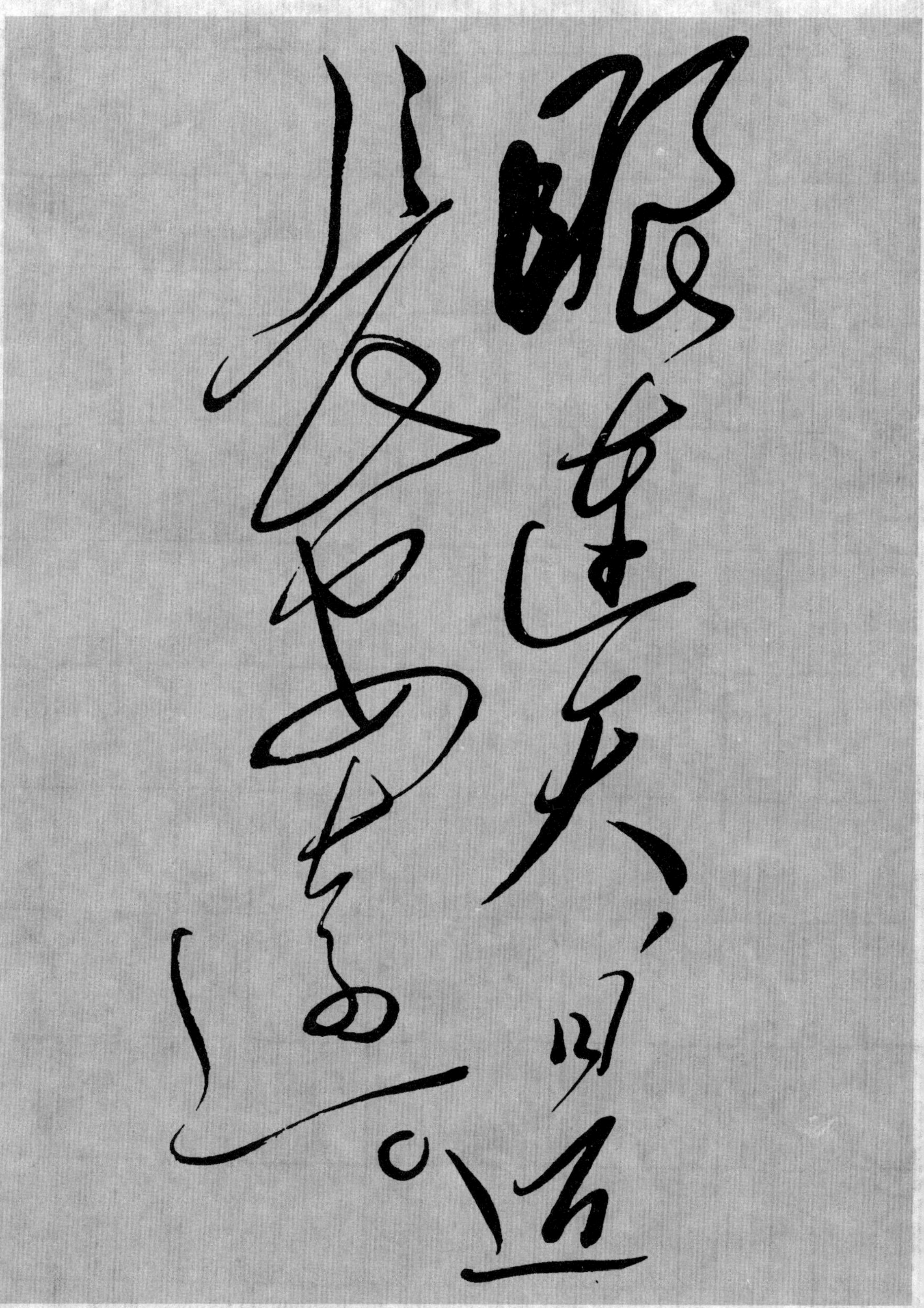

王实甫

西厢记

第一本第一折〔寄生草〕

兰麝香仍在，佩环声渐远。东风摇曳垂杨线，游丝牵惹桃花片，珠帘掩映芙蓉面。这边〔你道〕是河东〔中〕开府相公家，那边〔我道〕是南海水月观音院〔现〕。

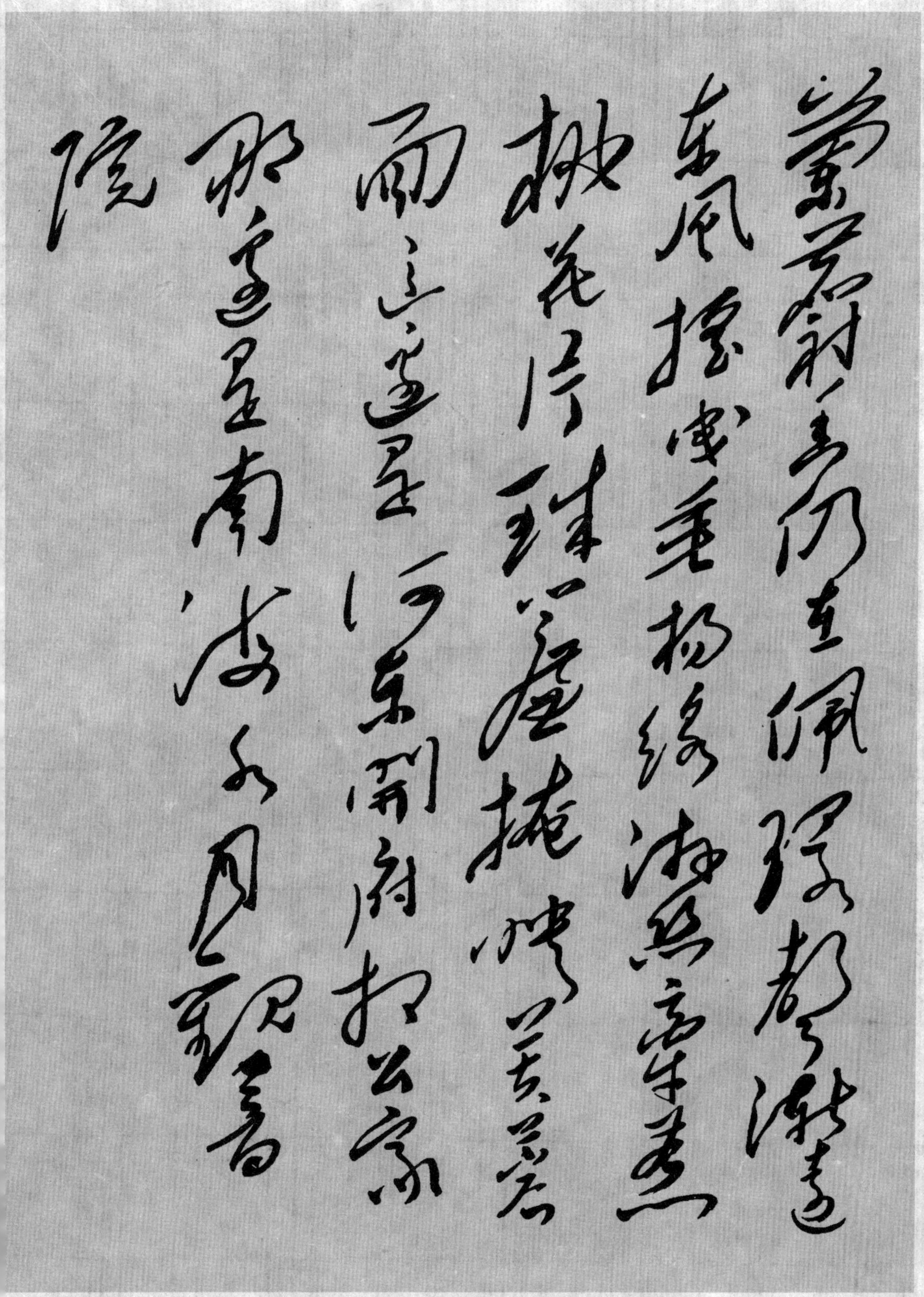

手书古诗文

赵天锡

折桂令·金山寺

长江浩浩西来，水面云山，山上楼台。山水相连，楼台上下，天地安排。

诗句就，云山失色，酒杯宽，天地忘怀。醉眼睁开，回首蓬莱，一半云遮，一半烟埋。

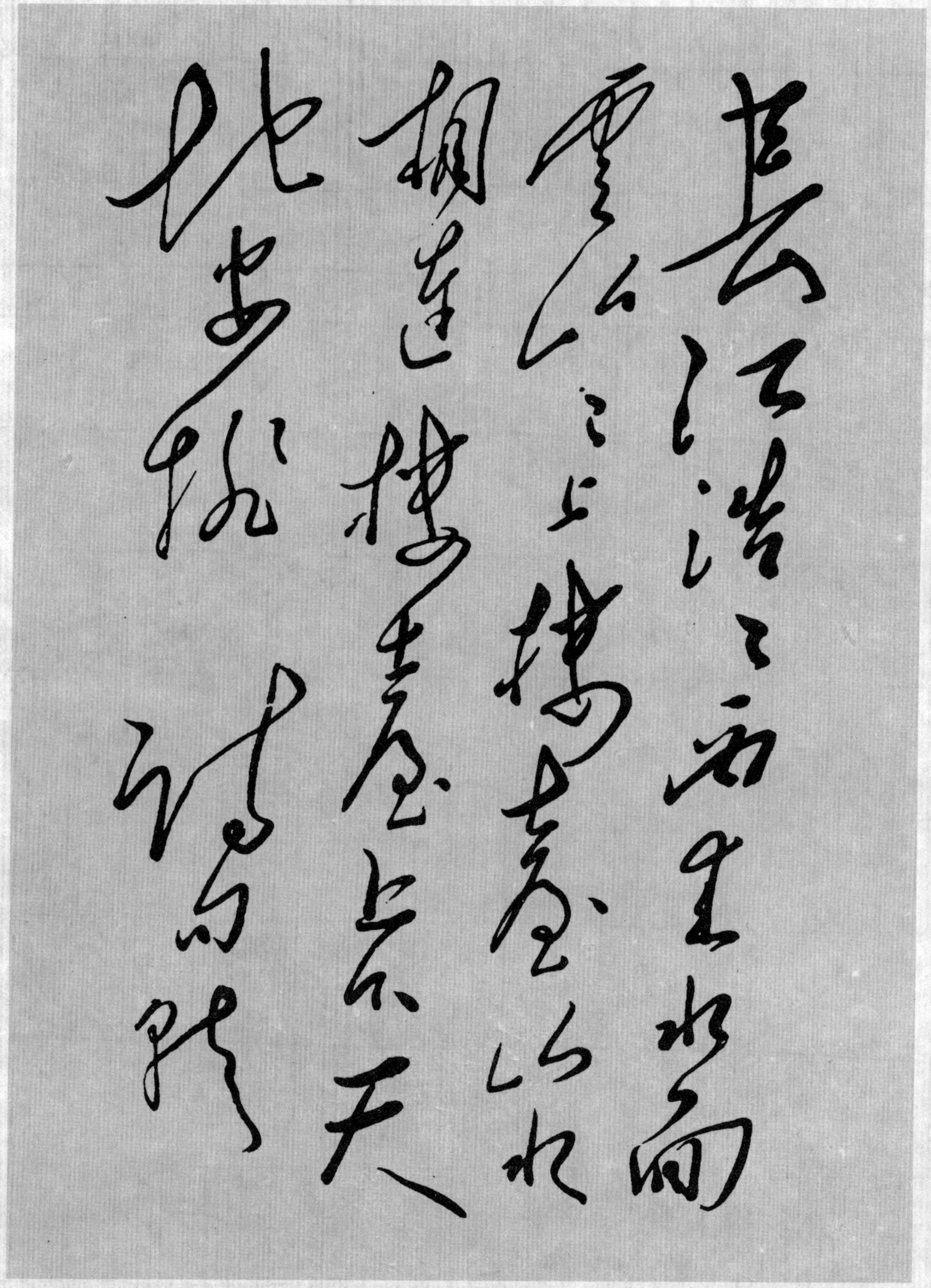

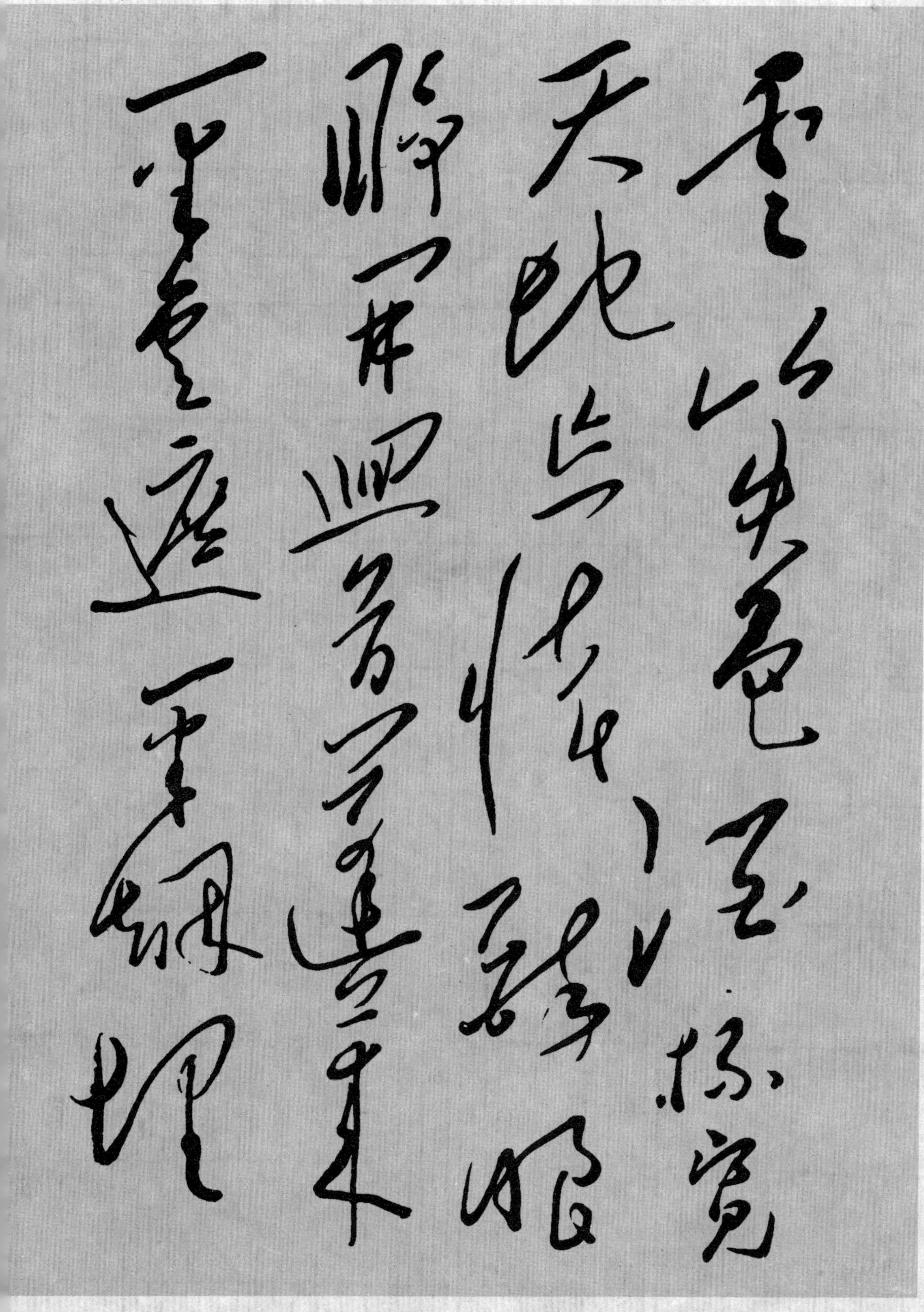

罗贯中

三国演义

第一回句

滚滚长江东逝水，浪花淘尽英雄。是非成败〔转头〕空：青山依旧在，满眼〔几度〕夕阳红。

白发渔翁〔樵〕江渚上，惯看秋月春风。一壶浊酒喜相逢：古今我少事，都在〔付〕笑谈中。

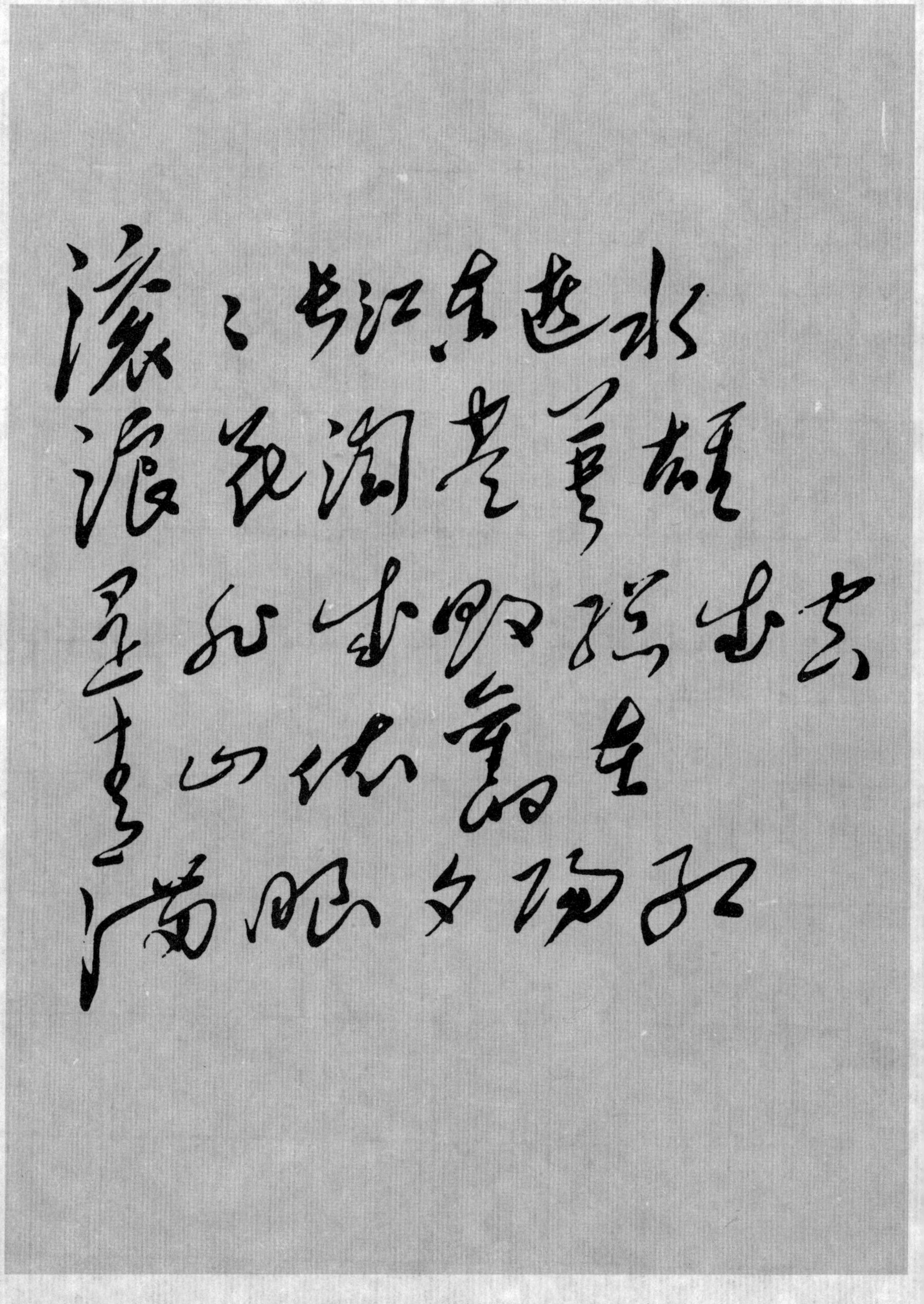

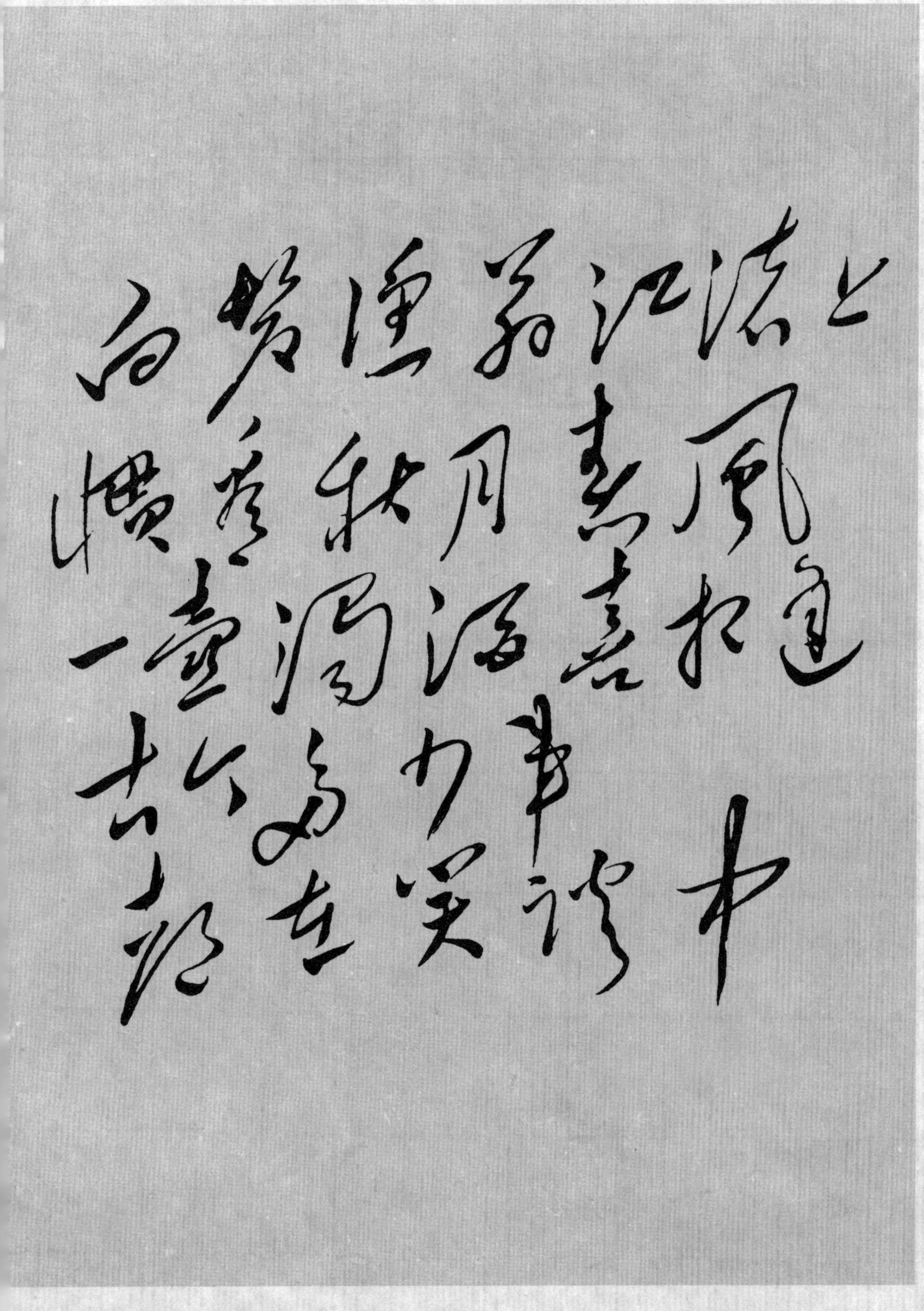

手书古诗文

高启
梅花
（九首之一）

高启字季迪，明朝最伟大的诗人。

琼姿只合在瑶台，谁向江南处处栽。雪满山中高士卧，月明林下美人来。寒依疏影萧萧竹，春掩残香漠漠苔。自去何郎无好咏，东风愁寂几回开。

一九六一年十一月六日

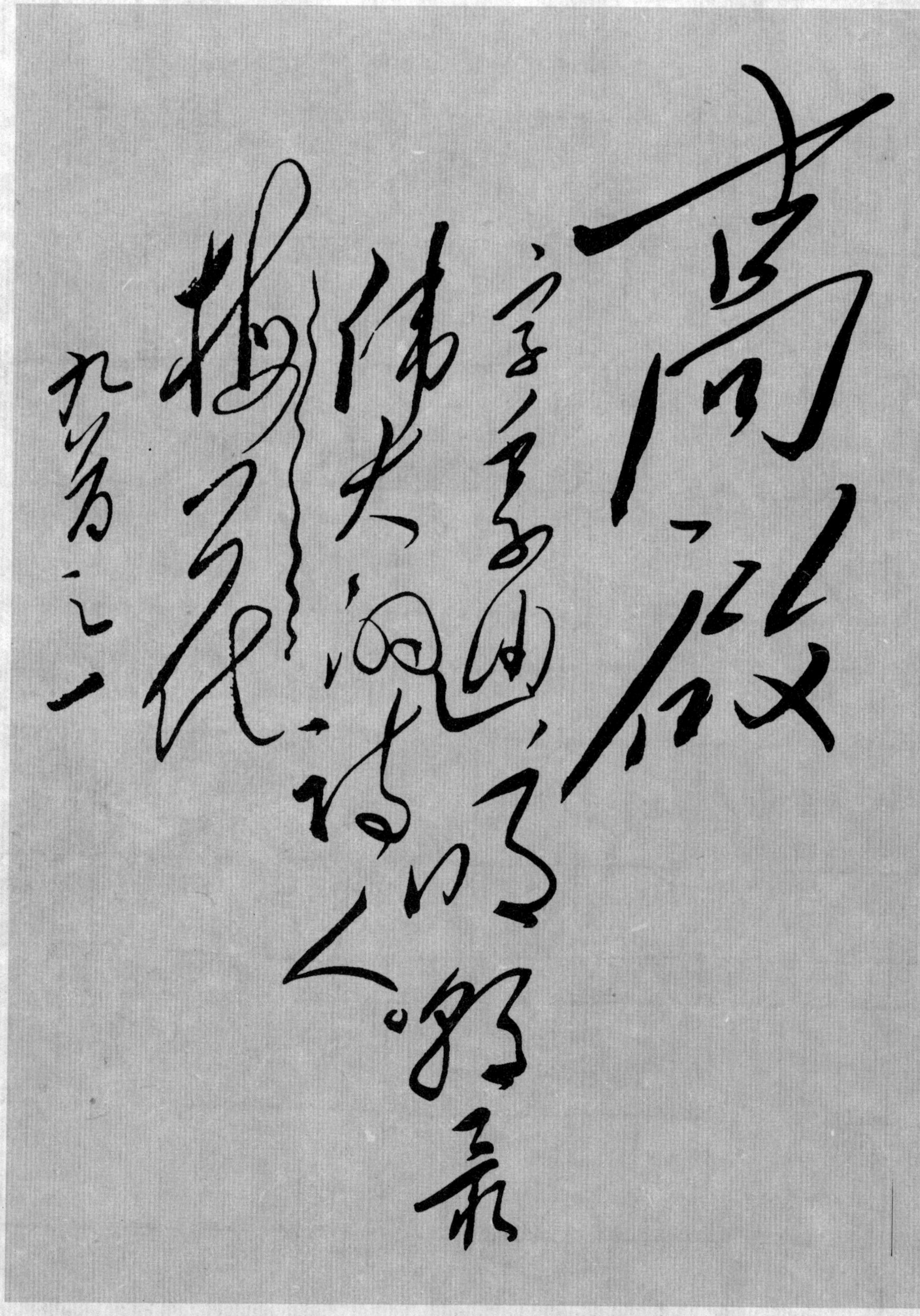

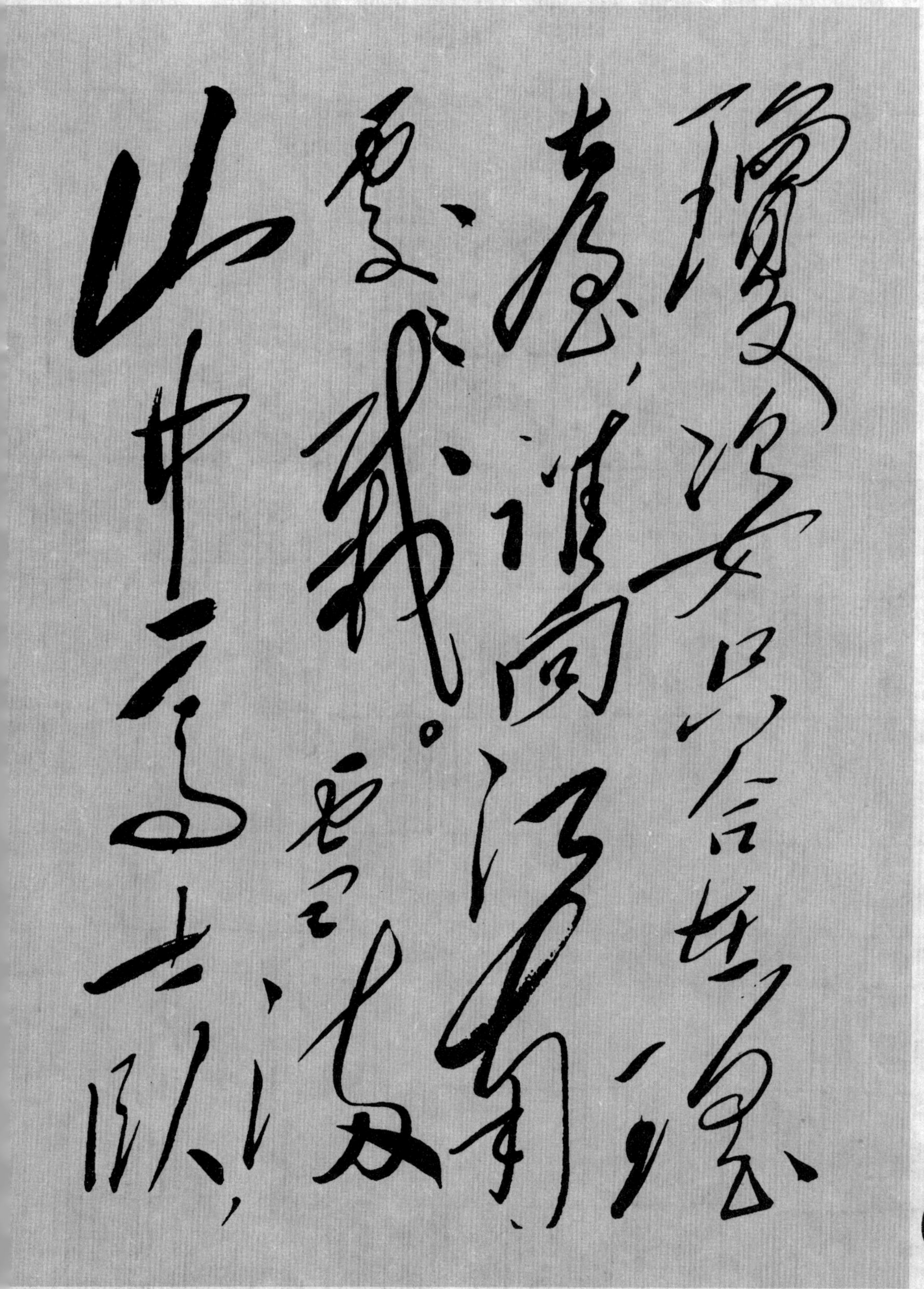

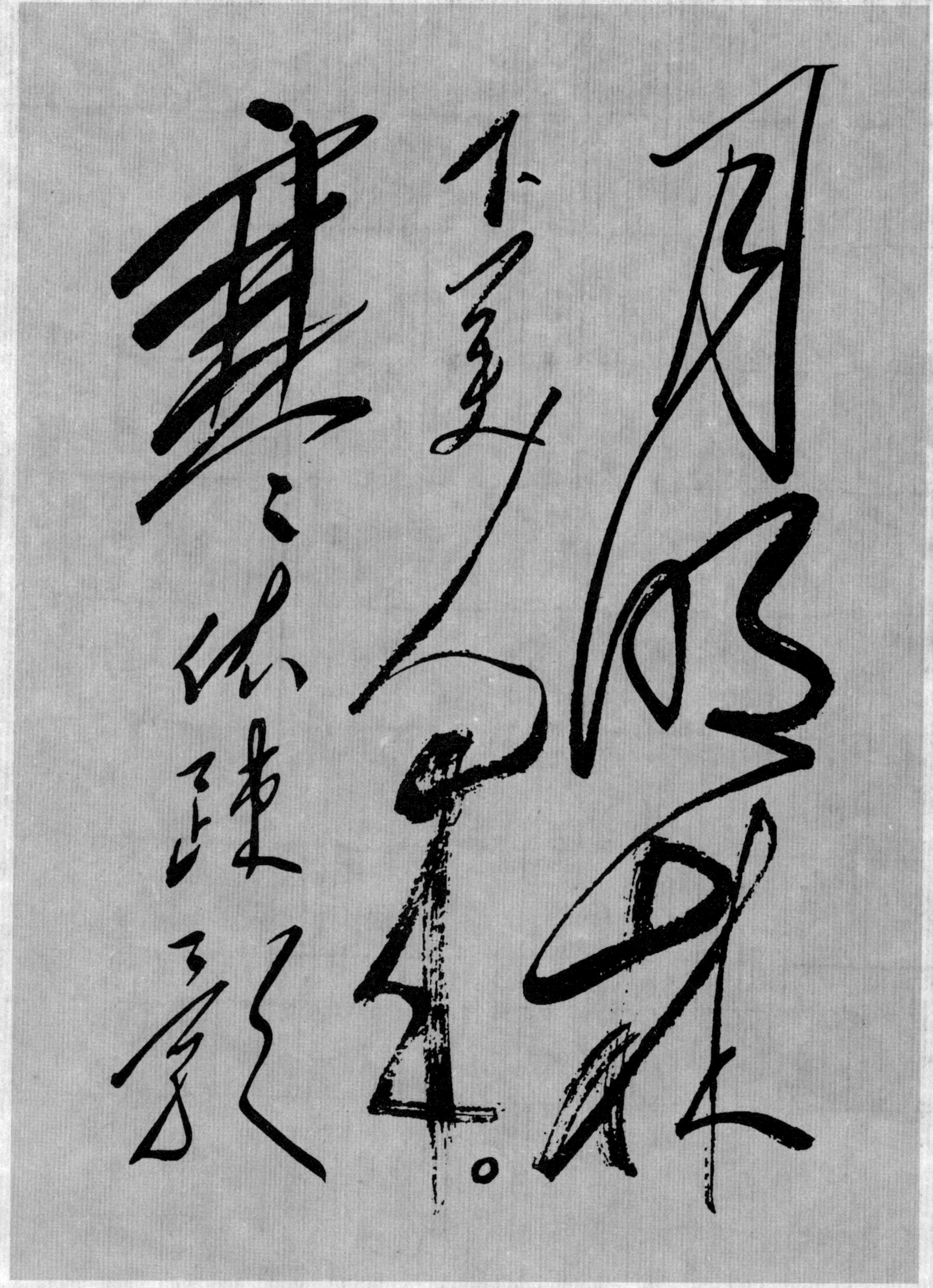

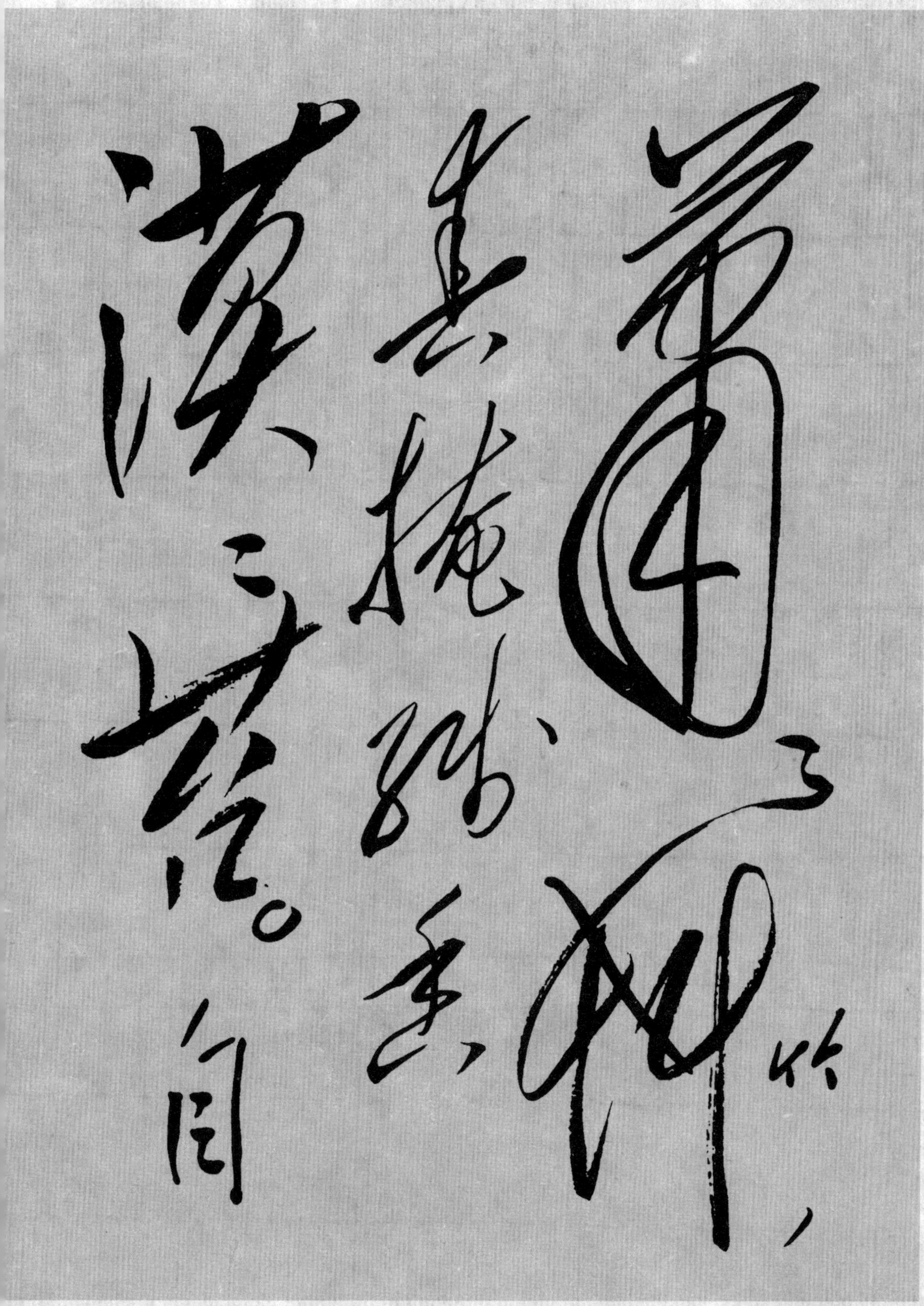

手书古诗文

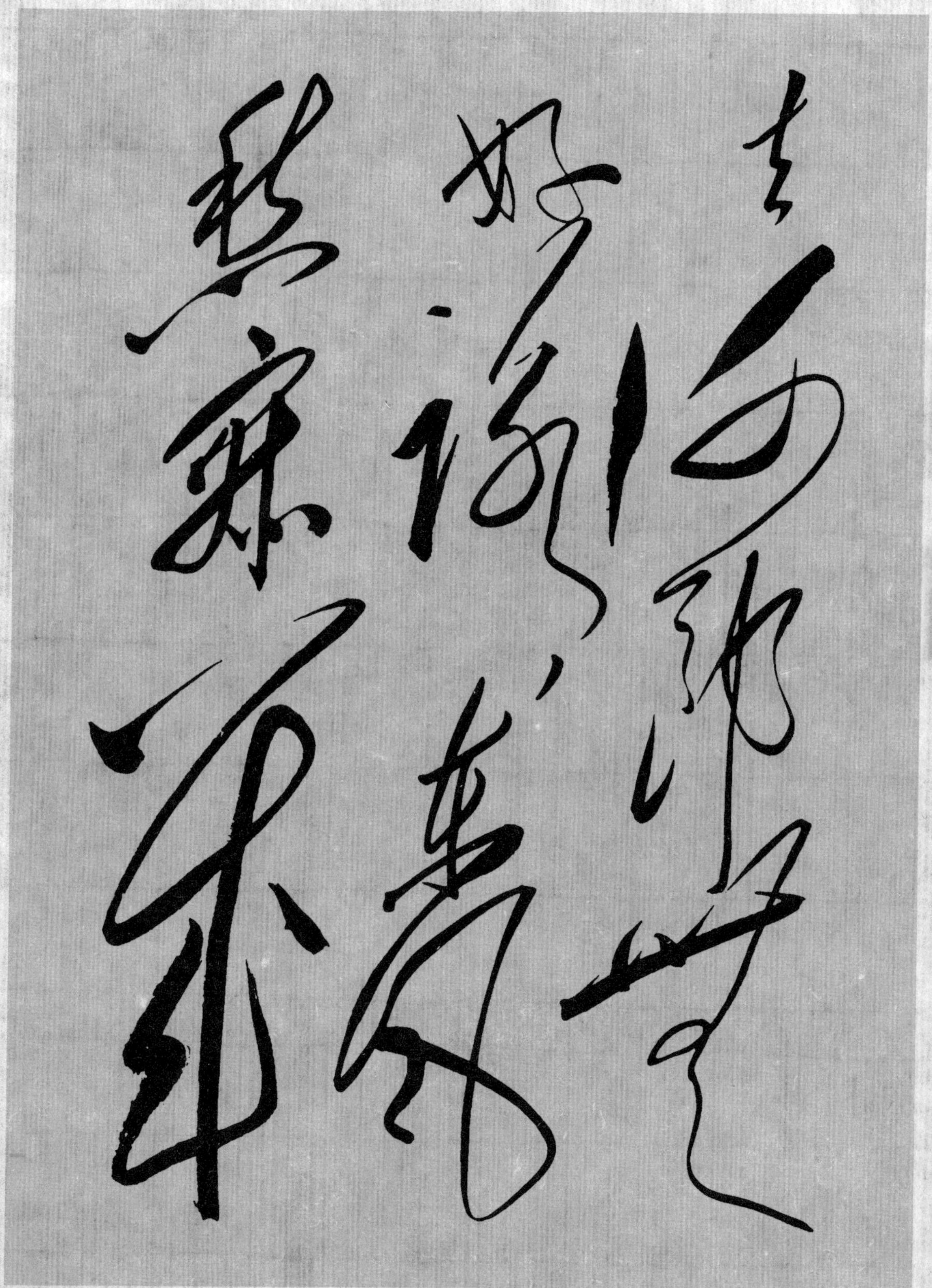

手书古诗文

汤显祖

邯郸记

第三出〔赏花时〕

翠凤翎毛〔毛翎〕扎帚叉，闲踏仙人〔天门〕扫落花。任〔你〕看风起玉尘砂，猛可的那一层云下，抵多少『门外即天涯』。么，你再休〔休再〕斩黄龙一线差，你〔再〕休向东老贫穷卖酒家。你与我〔俺〕高眼看向〔云〕霞，洞宾呵，〔你〕得了人早些来〔儿〕回话，迟呵，错教人留恨碧桃花。

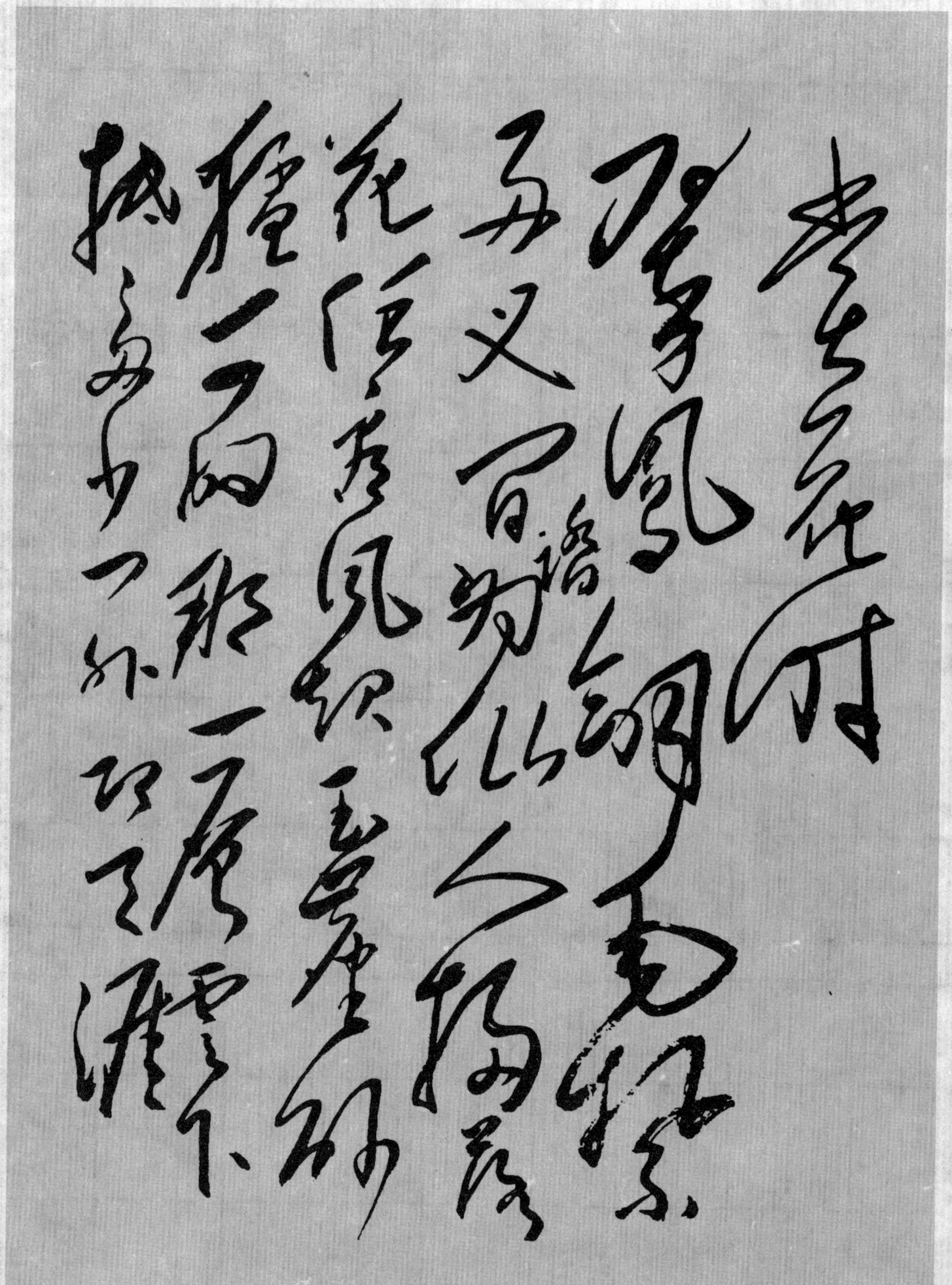

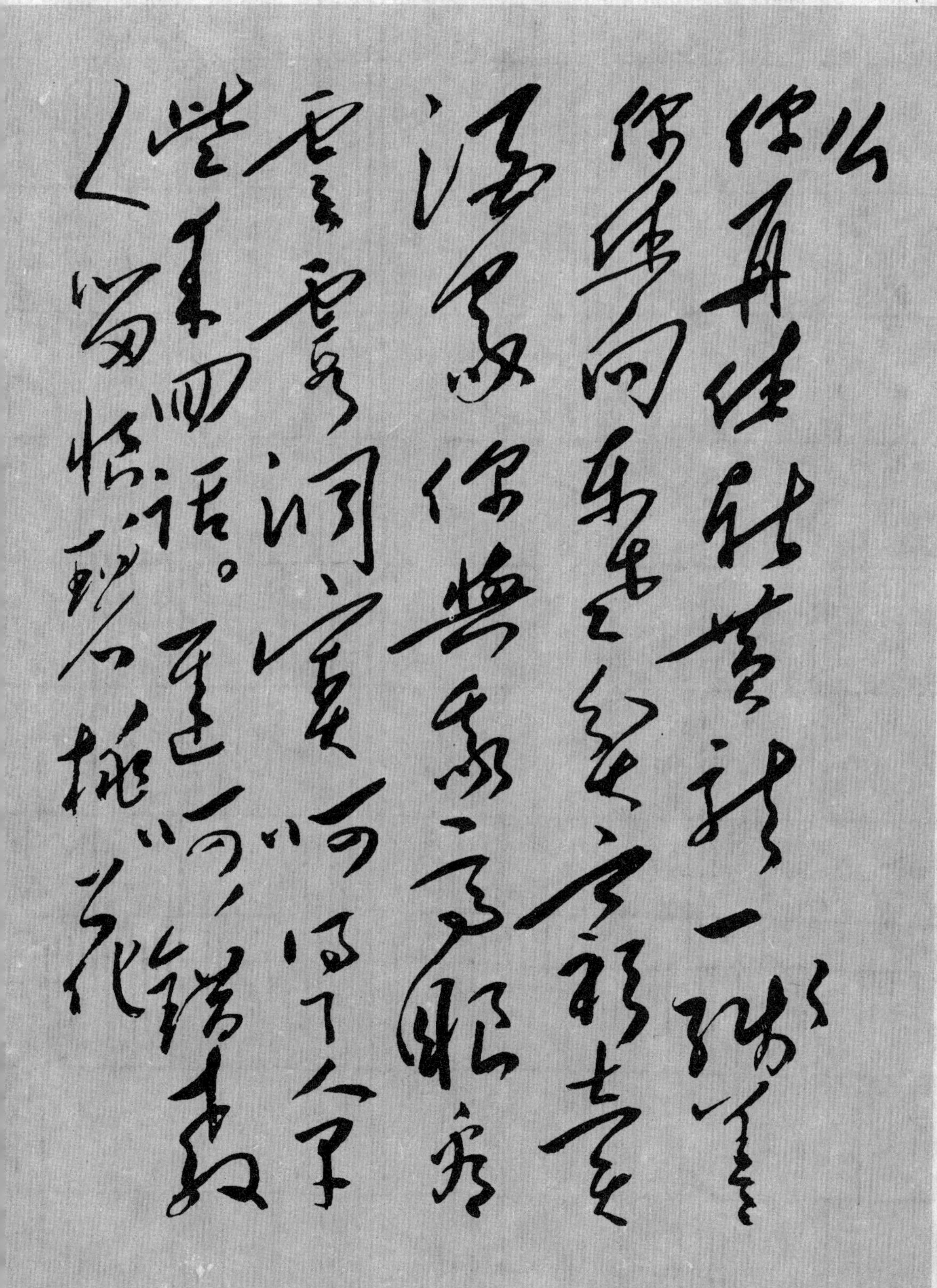

汤显祖
牡丹亭
惊梦句

原来是姹紫嫣红开遍，似这般都付与断井颓垣。良辱美景奈何天，赏心乐事谁家院。朝飞暮卷，云霞翠轩，雨丝风片，烟波画船。锦屏人也，忒看的这韶光贱。

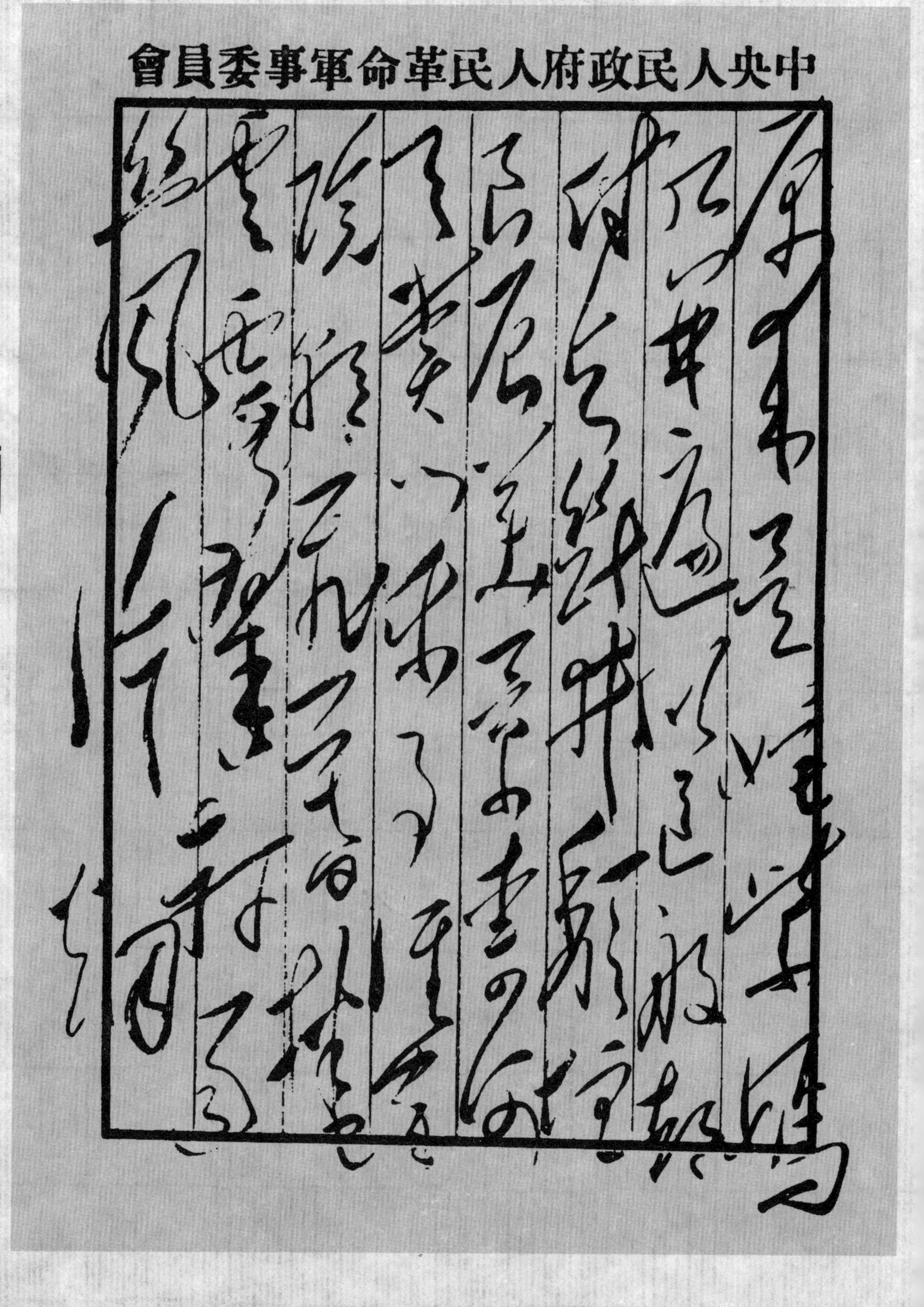

手书古诗文

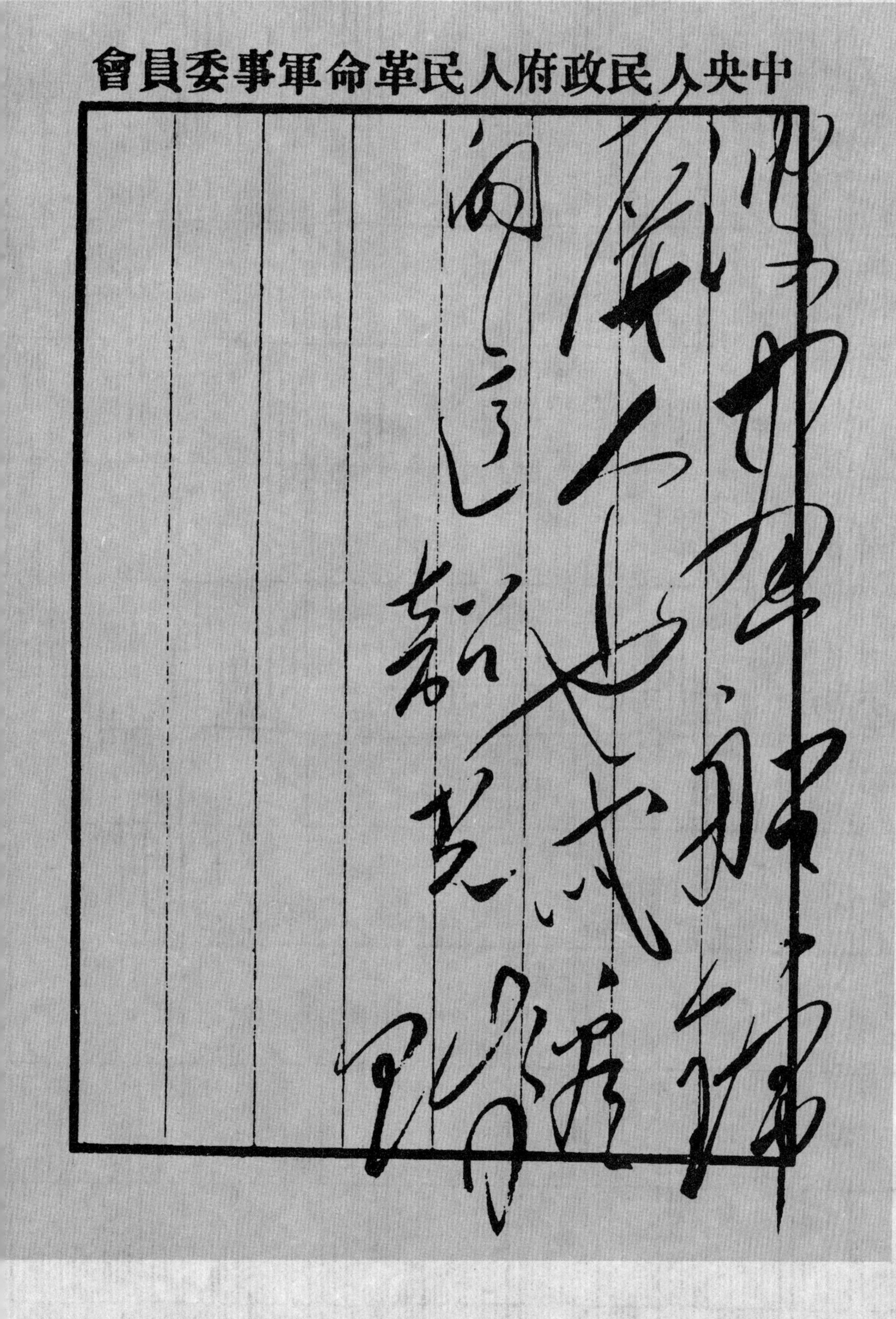

曹雪芹

红楼梦

第一回　好了歌注

陋室空堂，当年笏满床；衰草枯杨，曾为歌舞场；蛛丝儿结满雕梁，绿纱今又糊在蓬窗上。说甚么脂正浓、粉正香，如何两鬓又成霜？昨日黄土陇中堆白骨，今宵红绡帐里卧鸳鸯。金满箱，银满箱，转眼乞丐人皆谤；方谓他人命不长，如何自己归来丧？训有方，保不住日后作强梁。择膏粱，谁承望流落在烟花巷！昨怜破袄寒，今嫌紫蟒长；乱纷纷一似你方唱罢我登场，反认他乡是故乡，甚荒唐，都是为他人作嫁衣裳。

右红楼好了歌注

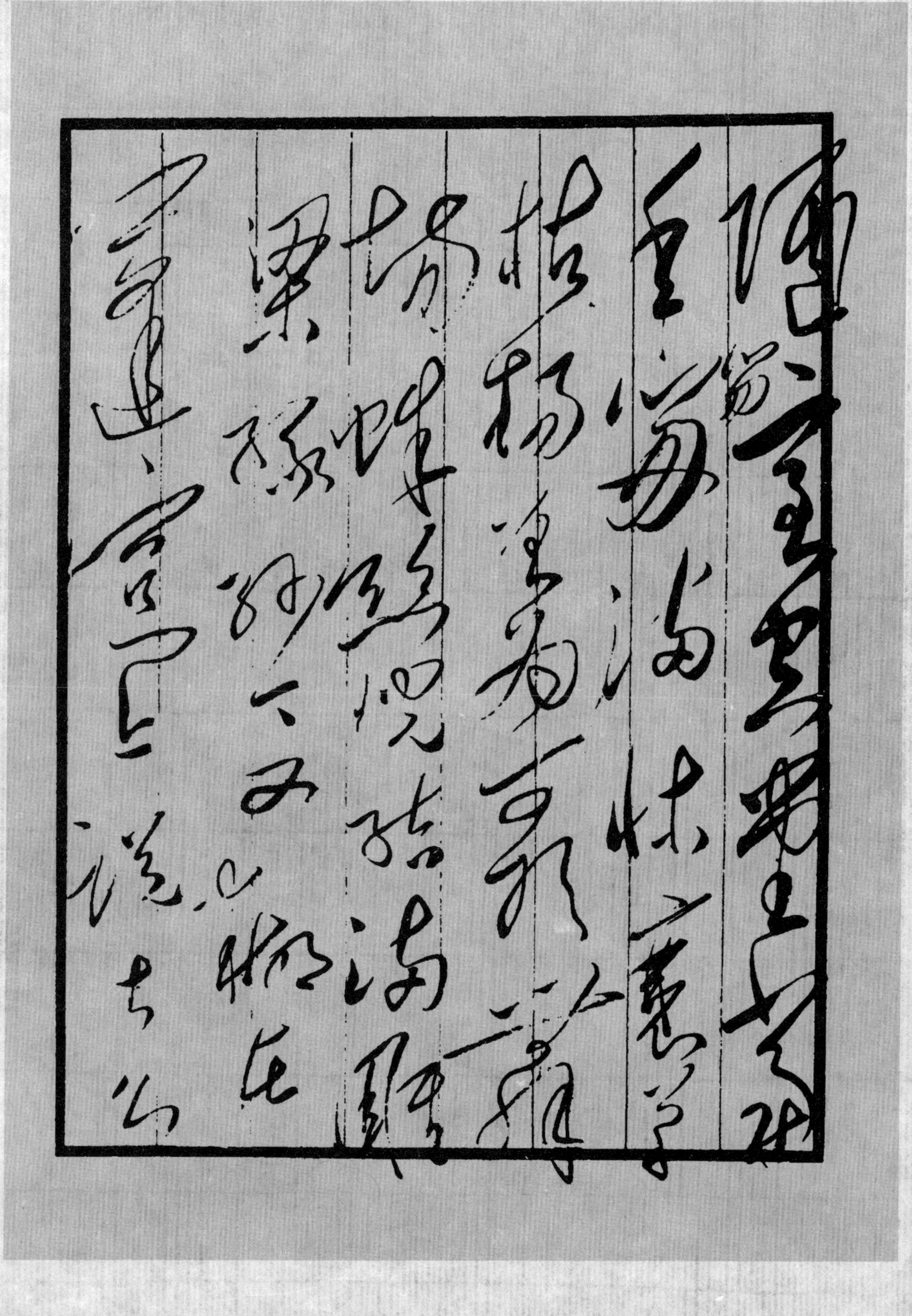

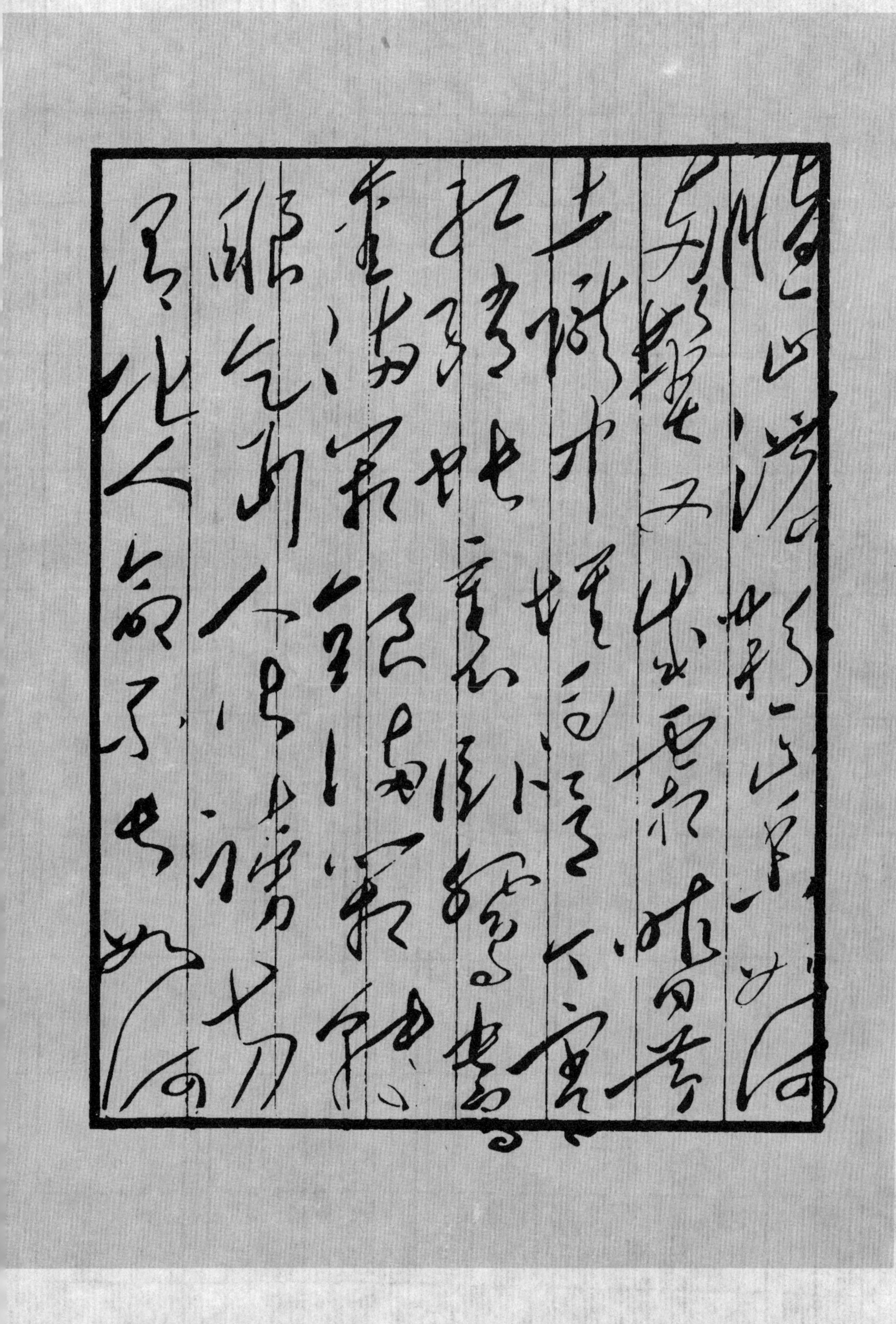

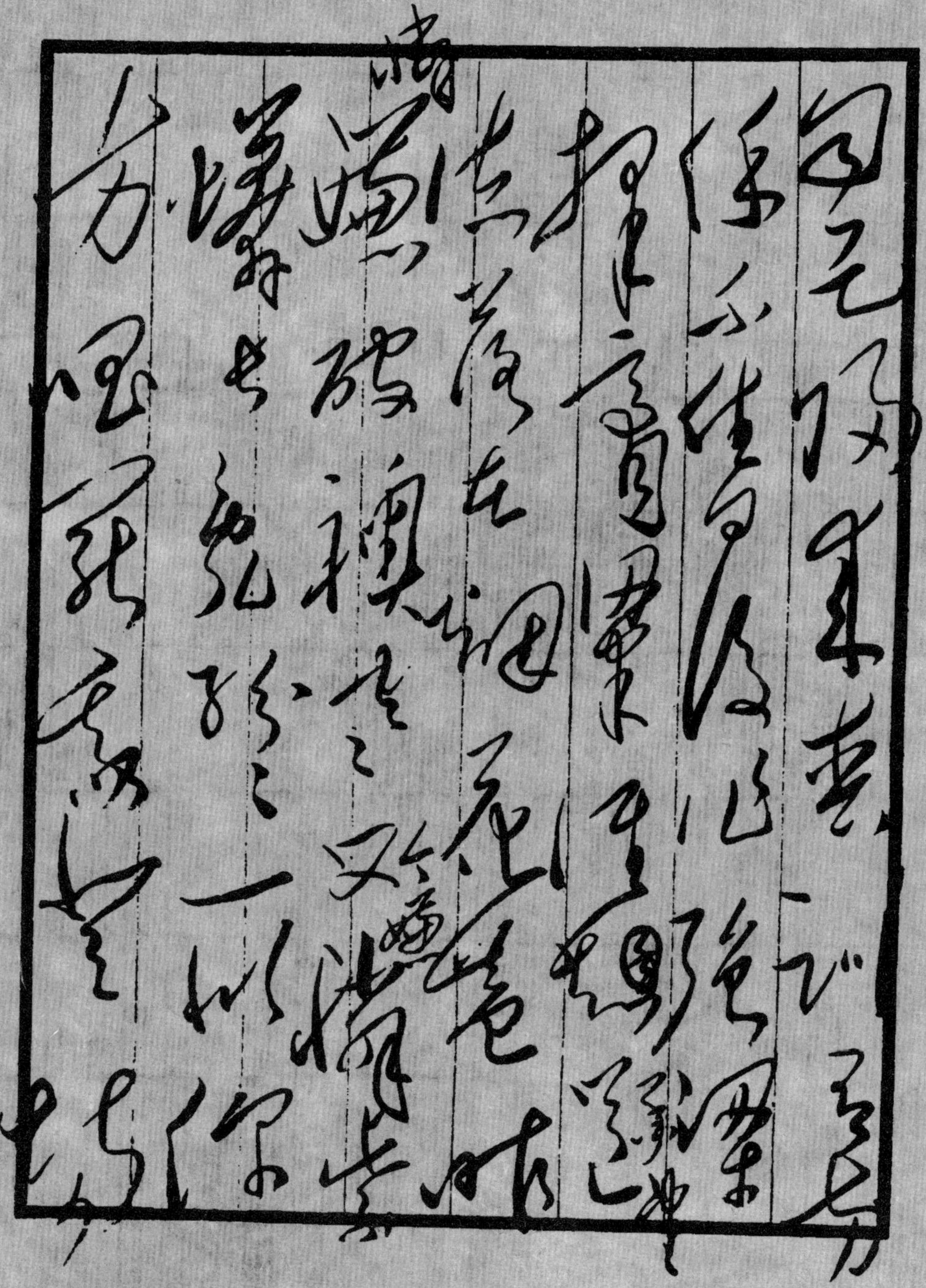

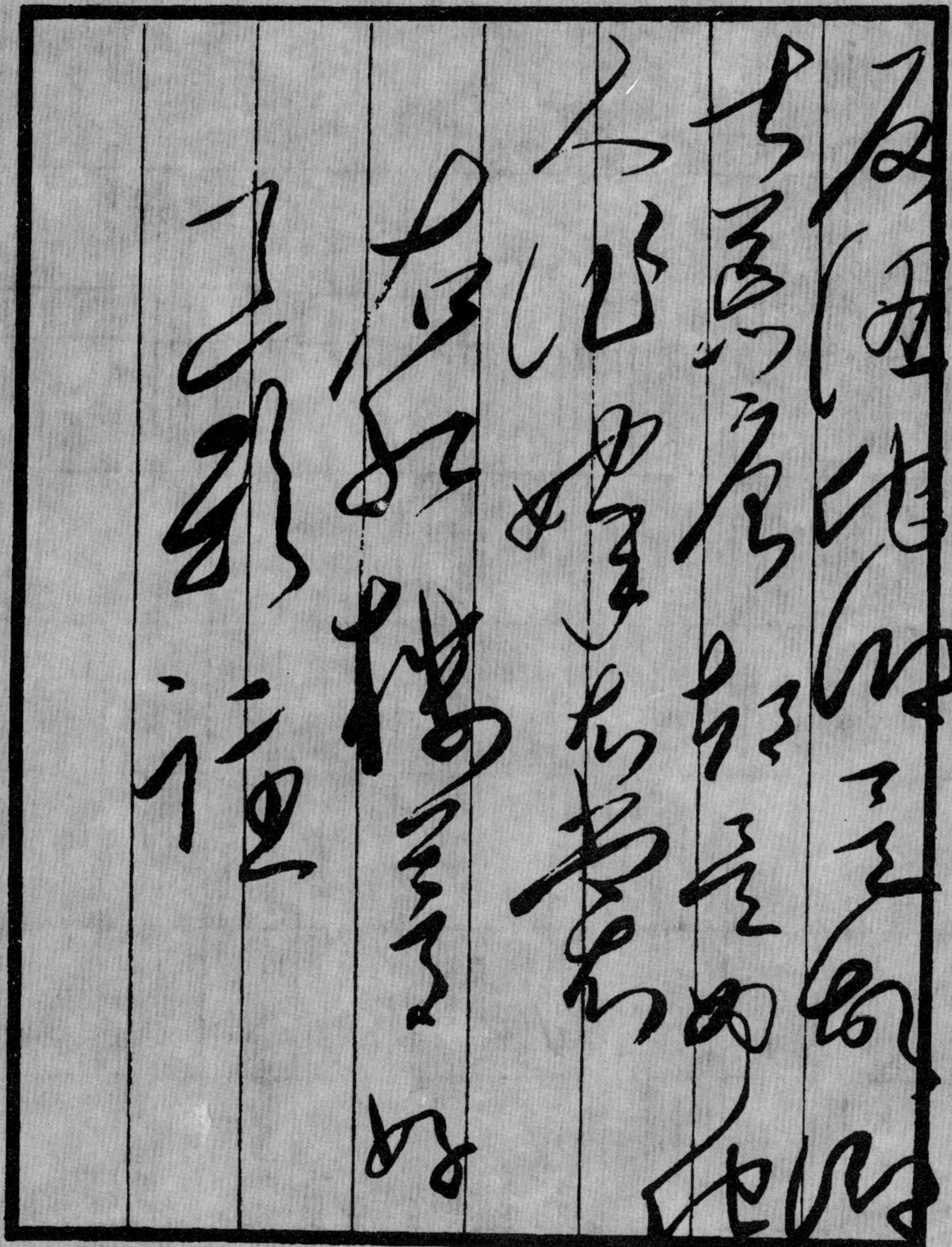

冯去鹏

一半儿·新嫁娘（之一）

少时独宿不关情，一〔彻〕夜酣眠到明。自有同衾人唤卿，怎安宁？一半儿迷蒙，一半儿醒。

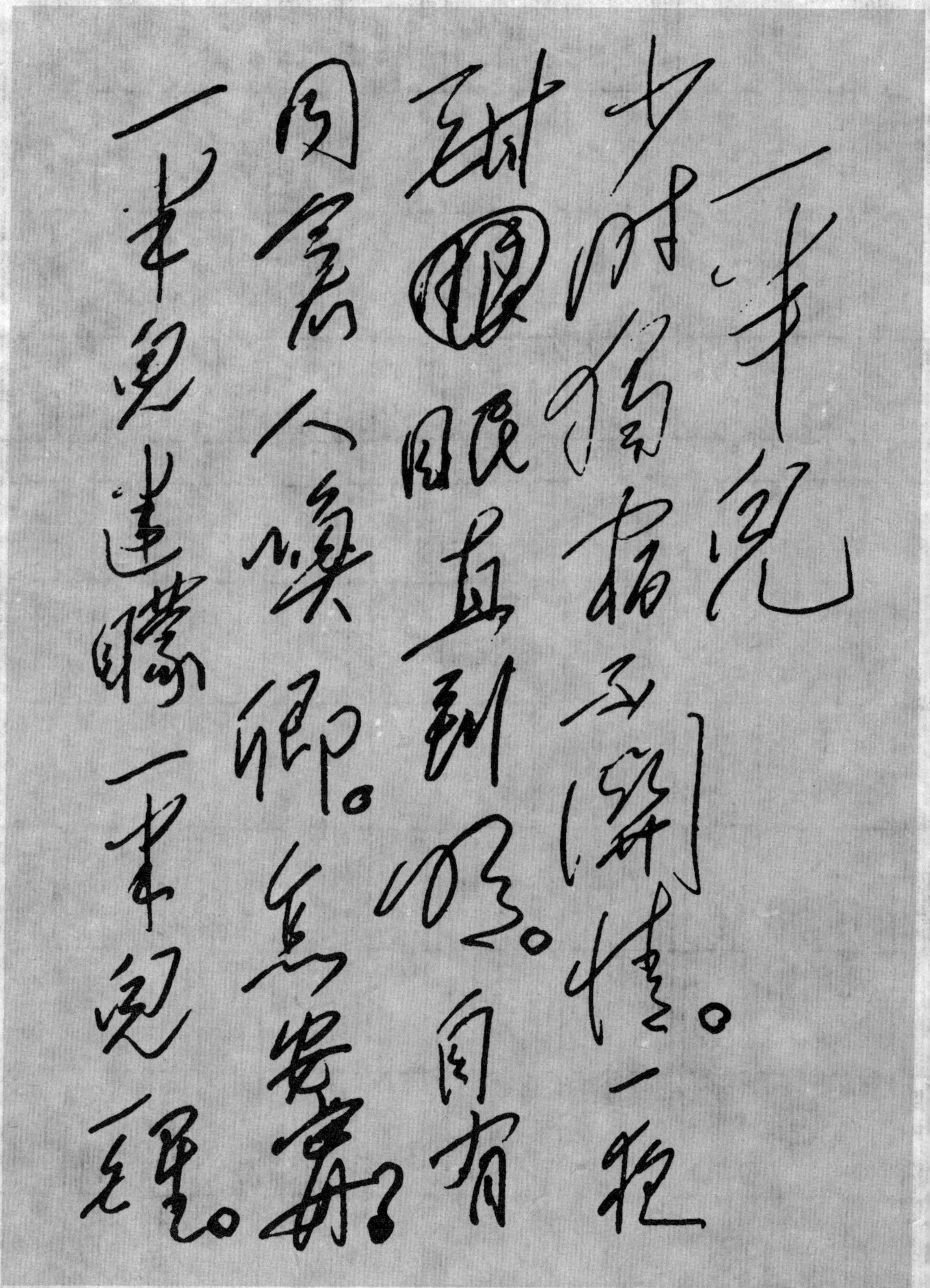

林则徐

出嘉峪关感赋（四首之一）

东西尉候往来通，博望星槎笑凿空。塞下传笳歌敕勒，楼头倚剑接崆峒。长城饮马寒宵月，古戍盘雕大漠风。除是卢龙千古〔山海〕险，东南谁比此关雄。

毛泽东

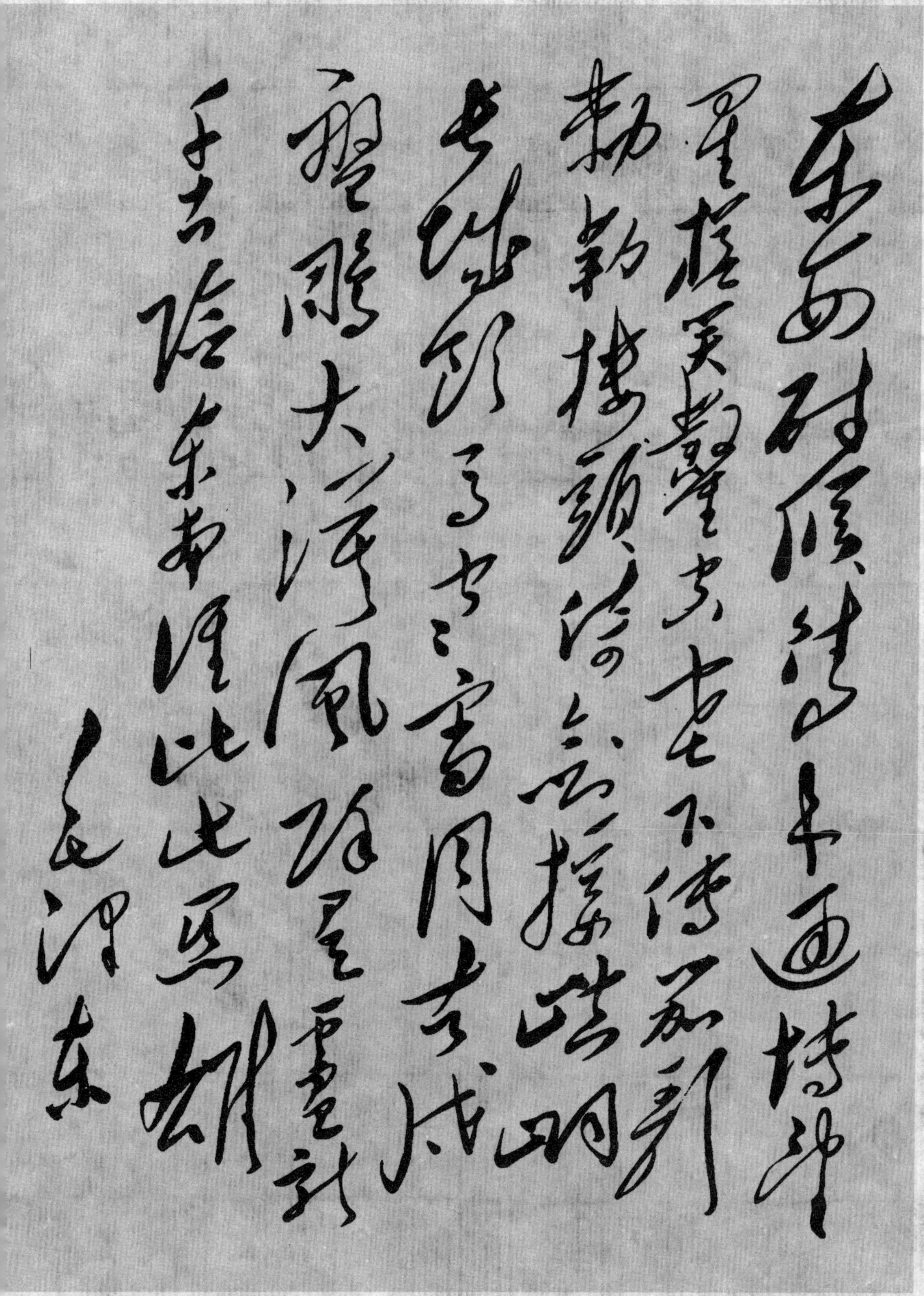

手书古诗文

许光洁
满庭芳

绿月野港，黄云陇亩，红雨村庄。东风归去春无恙，未了蚕忙。昨〔连〕日携〔堤〕笼采桑，几时荷锸栽〔秧〕？连筎〔加〕响，田塍夕阳，打豆好时光。

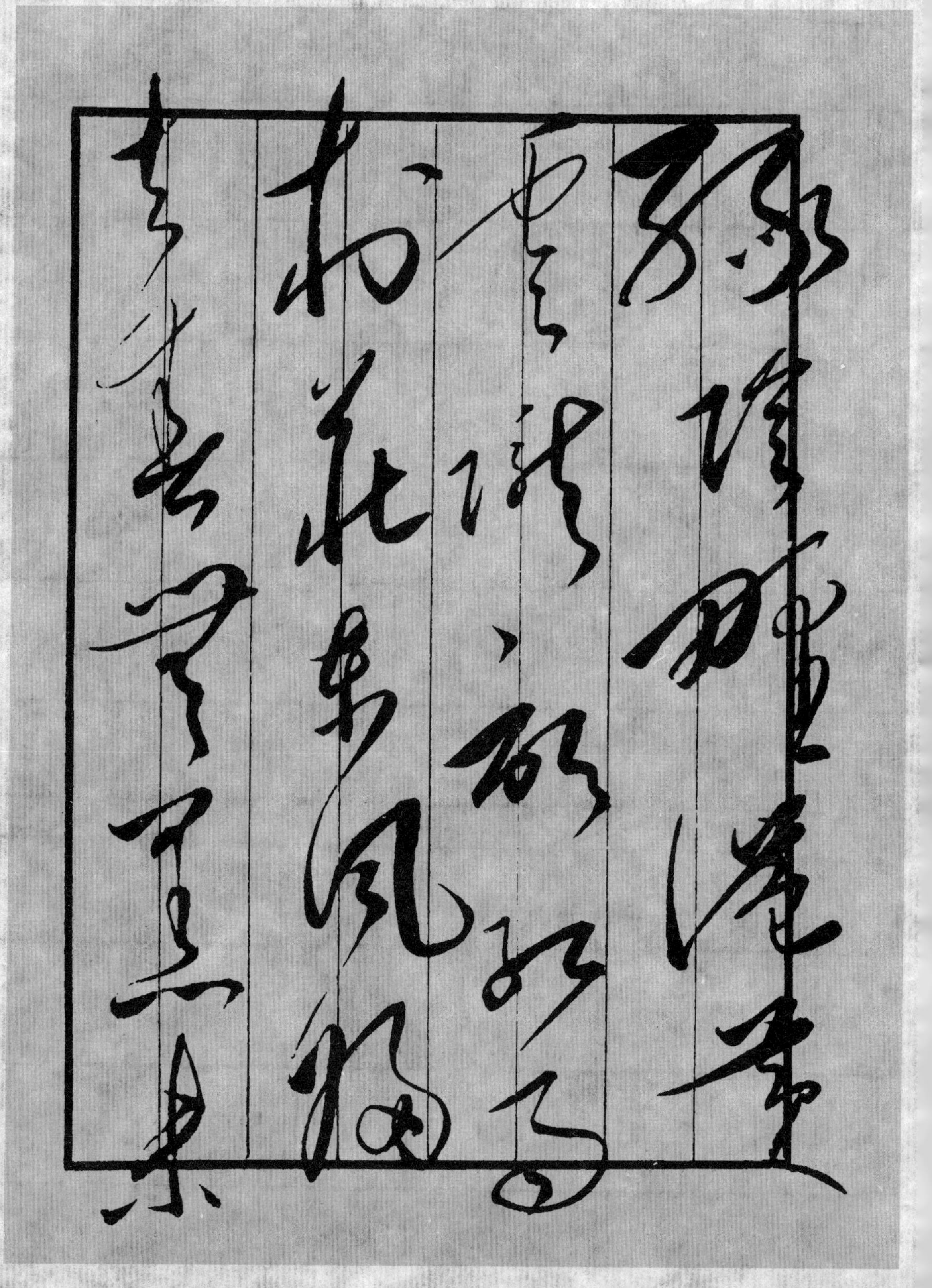

手书古诗文

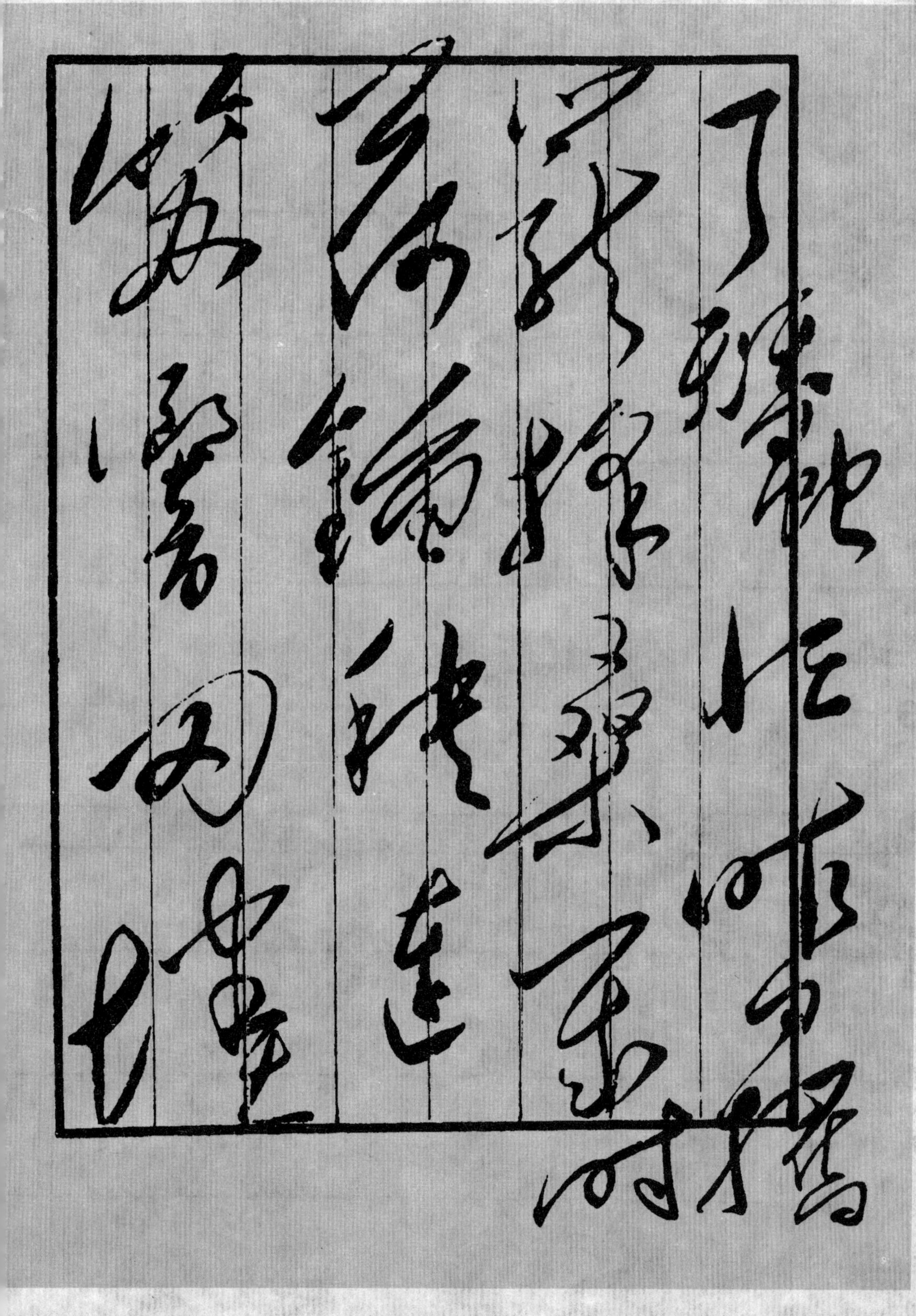

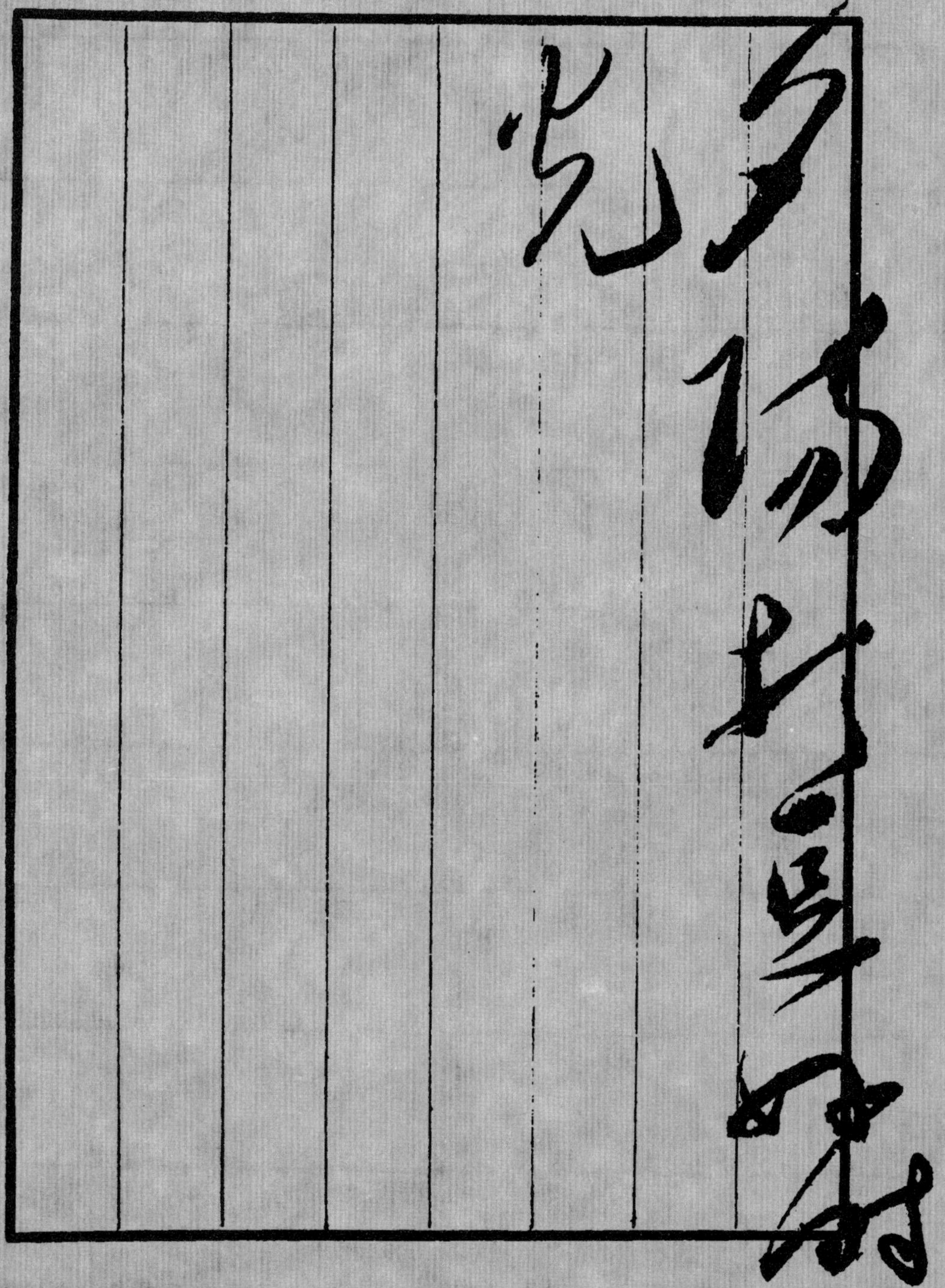

康有为
对联

岛中有岛，湖外有湖，通以州折画桥，〔览沿堤老柳，十顷荷花〕，食莼菜香，发此园林，四洲游遍未尝见。

霸业销烟，禅心止水，历〔阅〕尽千年陈迹，〔当朝晖暮霭，春煦秋阳〕饮山水绿，坐忘人世，万方同概欲〔更〕何之。

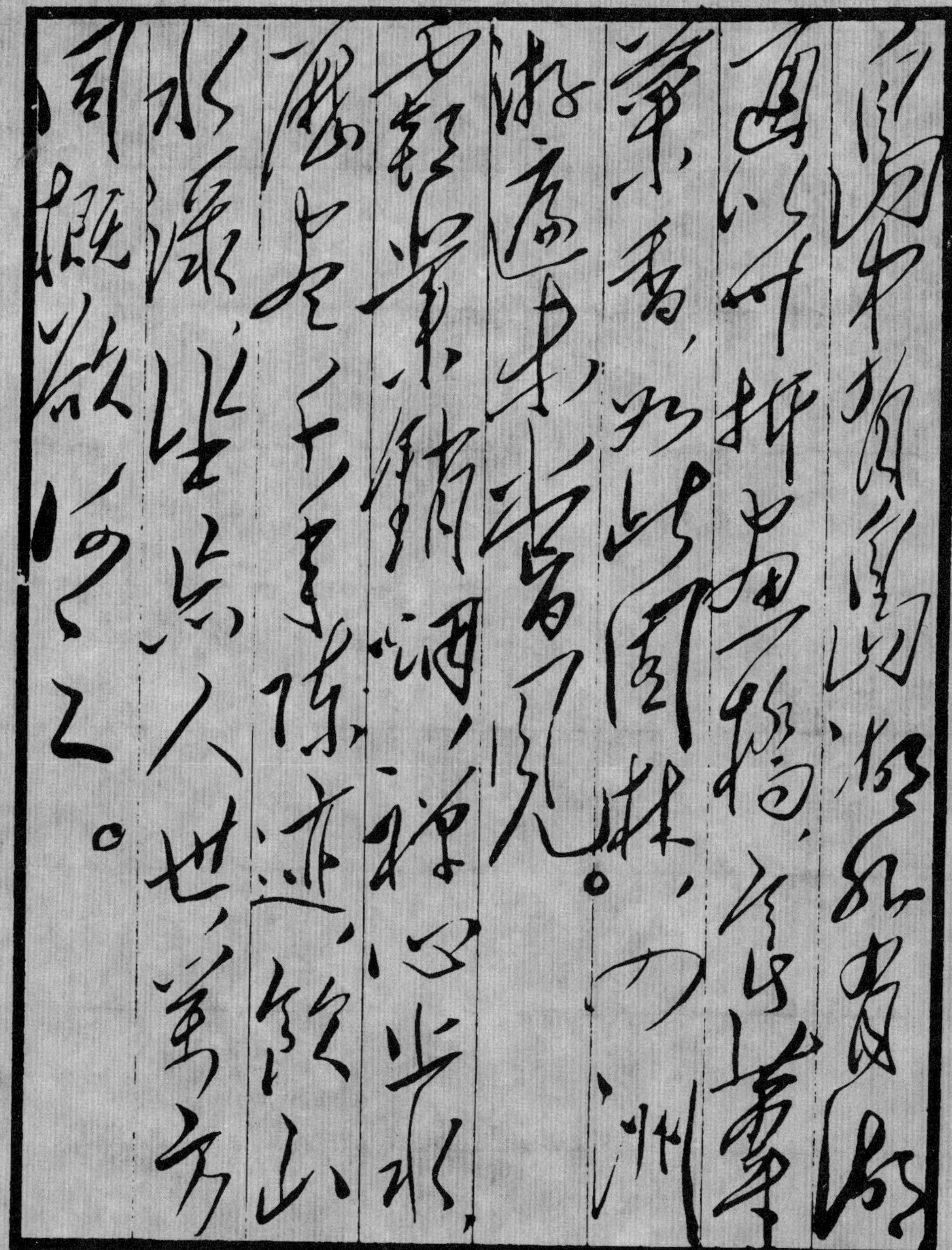

手书古诗文